正易句解

三正 權寧遠 著

상생출판

저자와의 협의에 따라 인지는 생략합니다.

정역구해

저 자 : 권영원
발행일 : 2011년 6월 13일(판권인수 초판 발행)
　　　　 2016년 1월 25일 2쇄 인쇄
발행인 : 안중건
발행처 : 상생출판
전화 : 070-8644-3156
팩스 : 0505-116-9308
E-mail : sangsaengbooks@sangsaengbooks.co.kr
출판등록 : 2005년 3월 11일(제175호)
ⓒ 2011, 2016 상생출판

正易句解

三正 權寧遠 著

상생출판

序

대저 正易은 人倫大道의 正體요 天地神明의 成書이다.

옛날 伏羲氏가 王天下할 때 우러러서는 天文을 보고서야 天下運氣를 알았고 굽어 보고서는 地理를 보살펴서 음양五行을 살폈으며, 鳥獸之文과 땅에 마땅한 이치를 살펴서 河圖八卦를 그려서 政事를 運用하였으니 이것이 오늘날 스마트폰과 같은 化權이었다.

이와 같은 造化文인 正易句解가 세상에서는 아직도 黎明을 뚫지 못하고 있다.

正易의 내용을 要約하자면 먼저 人類史를 말하는 道統淵源을 盤古化에서 시작하여 一乎一夫까지 15聖人의 功德을 말했고 그 理致로는 擧便无極에서부터 天地日月의 生成論理와 潮汐之理로 變化하는 五行度數와 天一壬水 地一子水의 理致로 后天이 이룩되는 것을 말하고 이것은 모두 化无上帝의 말씀이며 十一歸體의 功德이라 라고 하며, 无極 皇極 日極 月極度數, 五行相生 相克 그리고 28宿運氣度數가 모두 天工이 待人成이라는 것이며, 이러한 度數는 洛書九宮과 河圖八卦生成數에서 十一歸體하고 끝으로 24節氣候度數까지 제시한다.

이와 같은 易書를 펴서 日常生活에까지 도움을 주려고 사전체로 엮어서 일반에 읽혀왔는데도 正易의 解說에는 未洽하여 讀者들의 要求에 따라 더 자세하게 補充說明으로 원문에 한글을 附衍하여 一般에 친밀하게 하였지만 老病이 침입하여 洽足하지 못하였음을 송구하게 여긴다.

이 책을 補함에 상생출판사 素隱 全宰佑君의 도움 또한 고마웠다. 아무쪼록 이 책으로 正易을 공부하는데 도움이 된다면 더 없는 다행으로 여길 뿐이다.

2011년 3월 26일

權寧遠   識

序

세상에서 周易에 대하여는 一般的으로 흔히 알고 말하지만 正易에 대하여는 識者들에게 익숙히 알려지지 않았으리라 생각된다.

周易은 中國의 所產으로 伏羲 文王의 先後天易에 对하여 말한바 그 뒤를 이어 正易은 韓國에서 創出된 一夫 金恒先生의 作인 第三易으로서 앞으로 올 宇宙의 變化와 人類의 運命을 실은 人間最上의 原理와 天道無上의 神明이 合作한 心法의 大典이오 眞理의 道經이다.

正易이 이 땅에 나온지도 거의 百年, 正易의 이름을 들은 이는 많지만 그 內容에 대하여 아는 이는 稀少하다.

正易句解의 著者 三正 權 寧遠兄은 나의 畏友이다.

十九歲의 弱冠으로 鶴山 李正浩 선생의 門에 從遊한 以來 於焉 三十有六年 風雨寒暑 무릅쓰고 晝夜講磨 鼓舞窮理 오직 正易에만 전념하여 이에 그 蘊蓄한 結果의 一部를 「正易句解」의 一書에 披瀝發揮하였으니 正易을 一貫한 者가 아니면 누가 能히 이에 當하리오. 이제 그 내용을 一瞥하니 과연 正易學上 未曾有의 快著이요 力作이다. 이 册은 다만 正易의 句解에 그칠 뿐만 아니라 正易의 索引을 겸한 正易小辭典의 觀을 이루었다.

難解句節에 대한 明快한 解說, 該博한 典故, 精緻한 考証, 무엇하나 놀라지 아니할 수 없다. 이 冊이 正易의 原理를 探究하는 江湖人士와 初學之士에게 주는 貢獻은 至大하리라 믿는다. 特히 從來 難解處로 일러온 太陰 太陽의 胞胎養生에 관한 대목이라든지 金火頌 晦朔弦望의 變化, 水南 水北의 變動, 復上月 影生數와 皇中月 體成數, 包五含六 十退一進 等에 대하여 條理있고 正確한 解說을 하여 준데 대해여 正易을 배우는 後學에게 다시없이 참 고될 必須의 著述이라고 아니할 수 없다. 더구나 그 詳密한 手指象數와 親切한 多數의 圖表들은 正易을 理解하는데 큰 도움이 되리라고 믿어마지 않는다. 敢히 諸彦各位의 廣讀을 勸하는 바이다.

韓國思想의 탐구열이 高潮되는 現時點에서 本 著述을 出刊하게 되고 그 上梓에 즈음하여 余에게 序言을 求하기에 平日의 友誼를 저버릴 수 없어 敢히 所感의 一端을 記하여 冒頭에 白責한다.

1983년 10월 28일

韓國精神文化研究院長　柳 承 國

自 序

易은 번역이오 변화의 원리이다. 宇宙의 流轉과 日月星辰의 왕래, 만물의 盛衰와 人生禍福의 交替, 무엇하나 易의 原理에서 벗어나는 것이 없다.

易에는 天地自然의 素朴한 易과, 人爲造作의 文巧한 易이 있다. 전자는 部族時節의 結繩政事를 啓導하였고 후자는 書契以後의 國家文明을 조성하였다. 大陸의 東方 亞細亞의 震域에 5千年 이래 棲息하여온 人類의 歷史를 더듬어 보면 이 事實을 알 수 있다.

그러나 5千年이 지난 오늘날에는 상고의 簡朴한 伏羲易도 중고의 文巧한 文王易도 극도로 다양화하고 심각화된 우리 심신의 일상생활을 지도하기에는 너무나 狹隘하고 부족함이 있다. 우리에게는 바야흐로 천하를 대동하고 世界를 一家로 하는 全人類의 공통된 神化原理가 필요한 것이다. 이 요구에 응하여 나타난 것이 바로 제三易인 正易이다.

正易은 이제부터 약 100年前 大陸의 一角 韓半島의 艮城인 連山에서 儒士 金一夫(名 恒)先生에 의하여 宣布된 后天의 易이다.

正易은 文王易인 周易의 뒤를 이어 공자의 十翼정신을 바탕으로 하여 고도로 개발된 皇極易이오 无極易이다.

正易은 우리에게 어떻게 이웃을 사랑하고 나라를 사랑하며 온 人類를 사랑할 것인가, 어떻게 부모조상을 받들고 절대자인 하나님께 순종할 것인가, 우리는 어떻게 영원한 평화와 행복을 누리며 당면한 혼란과 재난을 克服하여 不滅의 생명을 獲得할 것인가, 어떻게 앞으로 다가올지도 모르는 天地의 대변화에 適應하며 그에 對備할 社會의 개조와 人間心性의 革命을 이룩할 것인가, 그리하여 일찍이 實現하지 못하였던 人類의 理想을 이땅 위에 實踐하여 사랑과 평화가 넘쳐 흐르는 希望의 福祉社會, 고도의 문화세계를 재건할 것인가... 이런 모든 문제들을 해결할 수 있는 原理와 方法을 正易이 제시하고 있다.

그러므로 正易은 오늘을 사는 모든 사람, 지위의 상하와 계급의 貴賤과, 피부의 흑백과, 문화수준의 고저를 莫論하고 누구에게나 傳達하고 익히게 하여 장차 政治·經濟·學術·文化·宗敎 等의 各 分野에서 하나의 目標, 하나의 世界를 志向하여 一致한 보조로 立道하는데 專力을 다하여야 할 것이다.

그러나 실지로 正易은 그 行文이 너무 간결하고 그 內容이 너무 深遠할 뿐만 아니라, 그 解答의 關鍵이라고도 할 수 있는 干支度數와 手指象數가 일반 讀者들에게는 너무나 생소하여 正易이 宣布된 후 오늘날까지 거의 1세기의 歷史를 記錄하지만 極히 미미한 범위 안에서 전해져 그에 從事하는 學人은 겨우 몇몇 사람에 지나지 않는 형편이다. 이에 대하여 筆者는 恒常 안타까이 생각한 나머지 正易에 뜻을 두는 初心者는 勿論이요, 이미 그에 대한 造詣가 있는 분일지라도 그 傳授心法과 실지 내용을 일층 더 깊이 認識하기 위하여 正易과 大易序에서 九百餘句를 추려서 辭典體로 엮어 解說하고 이름하여 「正易句解」라 하였다. 특히 正易의 獨特한 표현表現과 手指象數와 干支度數에 대하여는 되도록 그 由來를 밝히고 圖表를 많이 써서 親切한 解說을 하려고 노력하였으며, 또 正易句 索引·字索引·正易原文을 附錄하여 正易의 硏究에 便宜를 제공하였다. 이것이 장차 先后天學의 核心을 이루는 正易으로써 世界人類 文化에 크게 貢獻할 學者가 많이 輩出될 것을 바랄 때, 다행히 이 册을 읽는 분들의 參考가 된다면 望外의 보람이라 하겠다.

이 책을 엮음에 즈음하여 음으로 양으로 助言과 指導를 아끼지 않은 李正浩 先生, 그 「正易硏究」에 힘입은 바 큼을 明記한다. 본래 計劃은 先生의 古稀를 恭賀하는 의미에서 祝壽禮로 進奉하려 했으나 예상외로 제반 여건이 맞지 않아 이와 같이 지연되고 말았다. 悚懼스러운 일이다. 이 책이 이루어지기까지에도 正易學을 즐겨 공부한 事緣과 선생을 가까이서 가장 오래 모셨다는 師弟之緣으로 인해서 선생이 일일이 지시하고 지원을 아끼지 않았다. 그리고 이 책의 序文을 써주신 同學畏兄인 韓國精神文化硏究院長 道原 柳承國 博士에게 衷心으로 감사한다.

1983년 10월 28일

著者 識

凡 例

一. 本書는 1923년(癸亥) 遯巖書院에서 板刻된 木板本 正易을 臺本으로 하고, 1976년(丙辰) 李正浩 著 正易研究를 참고하였다.

一. 本書는 正易을 전문으로 연구하는 이와 처음 배우는 이를 위하여 正易 原文과 大易序文에서 九百餘 文句를 발췌하여 이를 사전체로 엮어서 해설한 것이니 독자들이 正易에 어느 문구가 어디 있으며 또 몇 번이나 쓰였는지 또 무슨 뜻인지를 알고자 하면 즉석에서 찾아 볼 수 있게 하였다.

一. 本書는 句節마다 解說 끝에 正易의 같은 문구를 모아서 독자가 전후 관계를 연구하는데 편의토록 하였고, 또 正易에 引用한 古詩文의 出典을 밝혀서 同文異義를 알게 하였다.

一. 本書는 文句아래에 같은 문구를 열거함에 略號를 썼으니 예를 들면 아래와 같다.

   (正 1:8) ···· 正易 1張 8行
   (書經) ···· 尙書 經文
   (杜詩) ···· 杜甫詩
   (大序) ···· 大易序 등이다.
   〈原典에는 序가 없지만 大易序를 原文과 같이 넣었다.〉

一. 本書는 句解 아래에 간혹 화살표→가 있는 것은 →이하의 다른 문구도 참조해 보라는 표시이다.

一. 本書는 手指象數 표시를 그림으로 하지 않고 「손도수」라 하여 숫자로 표시하였으니 아래와 같다.

一. 本書는 간간이 도표를 넣어서 독자가 쉽사리 이해할 수 있도록 노력하였고 원문과 句索引을 붙여서 正易을 연구하는데 相互對照의 편의를 도모하였다.

檢 字 〈不二字545字〉

檢字	句部	字部	檢字	句部	字部	檢字	句部	字部
①			丑	236	296p	⑤		
一	182-190 194·197	286p	中	213-215	296	丙		307p
乙	168	287	之		297	世	112	308
②			五	139-144	298	屮		308
丁	203-204	288	井		298	主	213	308
七	238-239	288	互	256-257	298	乎		308
乃	43-44	288	亢	252	299	以		308
九	27-28	289	今	31	299	府		308
二	171-177	289	仁	182	299	仙		308
人	182	290	化	258-261	299	令		308
入	199	290	元	149,151	299	兮		308
八	244-246	290	公		299	出	237	308
十	125-133	291	六	162-164	299	功	25	308
又	147	292	分	85	300	包	247	308
③			午	142	300	北	84-85	308
三	92-95	292	反		301	牟		309
上	95-98	293	壬		301	卯	60	309
下	250	293	夫	83-84	301	古	24	309
也		293	天	222-231	301	可		309
于	147	293	太	240-243	303	右		309
凡	78	294	孔	25	303	只	217	309
千		294	心	125	303	四	89-91	309
土	243	294	支		303	左	212	310
士		294	文	71-73	303	市		310
大	50-53	294	斗		303	布	247-248	310
女		294	方	76-77	304	平	247	310
子	199-200	294	无	62-71	304	必	249	310
小	113-114	295	日	182, 191-194	304	戊	67-69	310
山	91	295	曰		305	本	82	310
工		295	月	151-158	305	未	73-74	310
己	35,37, 39,41	295	木		306	正	205-207	311
巳		295	止	219	306	母		311
巾		295	水	116-120	306	氏		311
干	21	296	火	258, 260-261	306	玄	254-255	311
才		296	父	83	307	玉	145	311
已		296	牛		307	生	98	312
④			王		307	用	146-147	312
不	86-88	296				甲	22	312
						申	125	312
						白	77	312

檢字	句部	字部	檢字	句部	字部	檢字	句部	字部
石	100	312p	自	199	318p	身		321p
示	123	312	至	215-217, 219	318	辛		321
立	198	313	艮		318	辰	219	321
⑥			行	253	318	酉	161	322
交	26-27	313	西	99-100	318	里		322
亥	253	313	⑦			⑧		
伏	80-82	313	亨	255	318	事		322
伕		313	余	135	318	其		322
先	100-108	313	作		318	來	43-44	322
光	26	313	位		318	依		322
全		313	伸		318	兩	133	322
列		314	何	250	318	刻		322
危		314	兌		319	到	54-56	322
合	251-252	314	克	31	319	卦		322
后	265-269	314	初	235	319	呼		323
同	57	314	却	21	319	周	212-213	323
名		314	呂	135	319	和		323
回		314	吾	139,142, 145	319	命		323
在	202	314	吹	237	319	固	24	323
地	215-218	314	君		319	坤		323
多	48-49	315	否	89	319	垂	115	323
好	255-257	315	吟		319	夜	134	323
如		315	含		319	奇	36,38	323
存		315	坎	22	319	奉	82	323
字		316	壯	200	319	始	122	323
宅		316	妙	60	319	宜		324
安	134	316	尾		320	宙		324
守		316	弄	44	320	宗		324
宇	148	316	我	133	320	居	23	324
年		316	成	108-110, 112	320	屈	29	324
戌	120	316	抑	135	320	庚		324
旬		316	折		320	弦		324
曲		316	李		320	往		324
有	159-161	316	狂	26	320	性	110,112	324
次	220-221	316	矣		320	或		324
此	220	316	肖		320	所	114	324
江		317	見	24	320	房		325
汐		317	角		320	政		325
百		317	言		321	放		325
羽		317	赤	202	321	於	144	325
而	172	317				明	59	325
						易	135-137	325

檢字	句部	字部
旺		326p
東	57	326
松		326
武	60,65	326
河	248-249	326
法		326
泣		326
炎	138	326
物		326
直		326
空	25	326
金	32-34	326
長		327
門		327
青	232	327
非		327
⑨		
便	78	327
信		327
侶		327
則		327
前		327
南	42-43	327
哉		327
咸	251	327
圍	160	327
奎		327
室		328
帝	208	328
度	54-55	328
建	23	328
待	52	328
律	165-168	328
思		328
愍		328
恒	253	328
政	204	329
施	121	329
昂		329
星	110	329
昭	114	329
是	121	329

檢字	句部	字部
架		329p
柳		329
洛	42	329
洗	113	329
洞	243-244	329
界		329
癸		329
皇	262-264	329
盈	139	330
相		330
禹		330
紀		330
胃		330
胎		330
胞		330
衍		330
計		330
貞	207	330
軍		330
重	214	330
降		330
韋	158	330
風	248-249	330
飛		330
⑩		
倒	54-56	330
候		330
俯	82	331
倫		331
修	117	331
匪	89	331
原	149-150	331
宮	29	331
峯		331
師		331
時	122	331
書	99	331
朔		331
校	27	331
殷	168	332
氣	36, 38-39	332

檢字	句部	字部
消	114	332p
流	161	332
泰	241	332
玆		332
益		332
眞	219	332
神	123-125	332
笑	114	332
扇		332
翁		332
耕	24	332
能	46-48	332
豈		332
起	38	332
逆	135	333
退	244	333
鬼		333
⑪		
乾	23	333
偶		333
動		333
參		333
婆		333
宿		333
寅	181	333
將	201	333
巢		333
常		334
張		334
得	57	334
從	212	334
推	235	334
掛		334
排	77	334
教		334
旣	37,39-40	334
晩	59	334
晦	263	334
望		334
淸	232	334
淵	138	334
淡		334

檢字	句部	字部	檢字	句部	字部	檢字	句部	字部
焉		334p	登	57	337p	聖	108, 110-112	339p
理	171-172	334	短	49	337	萬	58-59	339
琉	158	335	筆		337	號		340
畢		335	結		337	詩		340
窓		335	絶		337	載	202	340
章		335	舜		337	農	44	340
符		335	萃	114	337	道	56	340
第	208-209	335	華		337	運	148	340
終	211	335	虛		337	違		340
絃	254	335	視		337	遣		340
脫	240	335	觜		337	鄕		340
莫	57-58	335	象		337	雷	44-46	340
處		335	軫		337	頌		340
貫		335	進	219-220	337	⑭		
通		335	量		337	劃	264	341
造	211	335	開	22	338	圖	54,56	341
陰	168	335	閏	164-165	338	寧		341
⑫			陽		338	暢	221	341
厭		335	雅	133	338	歌	21	341
喜	269-270	335	雲		338	碧		341
喪		336	順		338	盡	219	341
單	49	336	黃	263	338	監	22	341
堯	145	336	⑬			箕	37	341
尊	211	336	傳		338	綱		341
尋		336	鳴	143	338	維	160	341
就	238	336	圓	151	338	綜		341
巽		336	塞		338	蒼	221	341
幾	36	336	意	170	338	誠	110	341
復	79-80	336	感	22	338	魂		341
敢	22	336	搖		338	鳴		341
散		336	損	115	338	⑮		
斑	76	336	會		339	廟		341
斯	91	336	極	31	339	影	138-139	341
景	24	336	歲	113	339	德		342
普	79	336	滔	54	339	慕		342
拜		336	照	209	339	摩		342
殼		337	瑞	99	339	數	115-116 118,120	342
湯		337	當	49-50	339			
爲		337	窟		339	暮		342
然		337	經	24	339	樂	42	342
琴		337	義	170	339	潤		342
畵	257	337						

檢字	句部	字部
潮	210	342p
潭		343
璃		343
盤	75-76	343
窮	29	343
節		343
篇		343
緯		343
編		343
緒		343p
蓮	137	343
衝	237	343
調	210	343
誰	117	343
賜	90	343
鋤		343
震		343
養	134	343
魄		343
魯		343
⑯		
儘		343
儒	159	343
壁		343
學	250-251	344
曆		344
激		344
積		344
義		344
衡		344
親	238	344
謂		344
辦		344
錯	221	344
隨		344
靜	203	344
頭		344
龍	145,147	344
龜	30	344
⑰		
墾		344
濟		344

檢字	句部	字部
燧	117	345p
環		345
瞰		345
聲		345
臨		345
謝	90	345
蹈		345
⑱		
擧	22	345
歸	30	345
禮	139	345
翼		345
謹	31	345
⑲		
懶	41	345
疇		345
簫		345
識		345
辭		345
難	42	345
離		345
願		346
⑳		
勸	29	346
籌		346
㉑		
關	78	346
鶴		346
㉒		
權		346
聽	232	346
襲	121	346
讀	56	346
㉓		
變	78-79	346
體	233-234	346
麟	181	346
㉔		
鷺		346
㉕		
觀	25-26	346

〈정역구해 차례〉

가송〈歌頌〉: 성인聖人의 공덕을 칭송하여 노래하는 것. → 歌頌七月章

歌頌七月章(正 6:3)

가송칠월장〈歌頌七月章〉: 칠월장七月章을 찬송하는 것. 칠월장七月章은 시경詩經의 빈풍豳風편에 있는 글로서 주공周公이 성왕成王을 위하여 지은 성덕聖德을 노래한 것이나, 이에는 칠월七月의 뜻이 따로 있다.

歌頌七月章一篇 景慕周公聖德(正 6:3)

七月流火 九月授衣 一之日 發 二之日 栗烈 無衣無褐 何以卒歲 三之日 于耜 四之日 擧趾 同我婦子 饁彼南畝 田畯至喜(詩經 豳風七月章)

가악〈歌樂〉: 노래와 음악. →「歌樂章於武文」

歌樂章於武文(正5:7)

가악장어무문〈歌樂章於武文〉: 노래와 음악은 문무文武와 무문武文에서 문채를 이룬다. 즉 정역괘의 육진뢰六震雷는 무武, 구이화九離火는 문文이다. 이를 도표하면 아래와 같다.

手指象	1	2	3	4	5	6	7	8	9	10
正易卦	八艮	九離	十乾	一巽	二天	三兌	四坎	五坤	六震	七地
武文		(文)							(武)	

風雲動於數象 歌樂章於武文(正5:7)

각필〈却筆〉: 붓을 물리침.

畵工却筆雷風生(正 4:16)

간지〈干支〉: 천간天干인 「甲乙丙丁戊己庚辛壬癸」와 지지地支인 「子丑寅卯辰巳午未申酉戌亥」를 말한다. 백호통白虎通에 보면, 간지干支는 간지幹枝가 변한 것이라고 하여 이르기를

甲乙者 幹也已子丑者 枝也 由幹枝 省而爲干支⋯⋯⋯

라고 하였고 중국학자 노간勞幹의 말에 의하면

支干之稱 東漢以前無有也 古人稱 十干爲十日 稱十二支 爲十二辰

이라 하여, 간지라는 말을 동한東漢 이후에 나온 말이라 한다.

사기율서史記律書에는

稱十母十二子 由母子之義 變而爲幹枝

라고 하였다.

上元丑會干支圖(正14:12)

감곤〈坎坤〉: 감괘坎卦와 곤괘坤卦니, 여기서는 복희괘의 감(六坎)과 곤(八坤)하는 것을 말한다.

卦之坎坤 數之六八 北東維位(正22:16)

감언〈敢言〉: 감히 말함. (외람되이 말함)

豈一夫敢言(正 6:9)

天地有言 一夫敢言(正 9:11)

감언추리수〈敢言推理數〉: 감히 어찌 천지天地의 도수度數를 추리推理하리오마는? 하는데서 나오는 말이다.

不肖敢焉推理數 只願安泰父母心(正 10:9)

감읍〈感泣〉: 깊이 감동하여 눈물을 흘림.

感泣奉書(正 10:11)

감화사〈監化事〉: 변화하는 일을 거울같이 비쳐 보이심. →「化翁親視監化事」

化翁親示監化事(正 10:12)

갑기야반생갑자〈甲己夜半生甲子〉: 갑甲이나 기己일 한밤중에 닿는 시는 갑자甲子시가 생한다고 한것. →「己甲夜半癸亥」

甲己夜半生甲子丙寅頭(正 23:12)

개만고성인야〈皆萬古聖人也〉: 다 만고의 성인聖人이시다. 즉 공자와 맹자는 다 만고에 없는 성인聖人이라는 것이다.

皆萬古聖人也(大序)

개자〈開子〉: 하늘의 정사는 자子에서 개시開始되다.

天政 開子 地政 闢丑(正 22:4)

天開於子 地闢於丑 人生於寅………(皇極經世)

거변무극〈擧便无極〉: 엄지(拇指)를 들면 문득 무극无極임. 십十수를 말함.

舉便无極 十 十便是太極 一 (正 1:10)

거중〈居中〉: 두 편(十과 一) 중간에 있음.

居中五 皇極(正 1:12)

五居中位 皇極(正 2:6)

건곤〈乾坤〉: 역易의 두 괘 건괘와 곤괘, 하늘과 땅, 천지의 성정性情은 건곤乾坤, 건곤의 형체는 천지이다. 정역괘로서의 건곤乾坤.

乾坤中位(正 1:7)

乾坤天地雷風中(正 7:16)

日月大明乾坤宅(正9:16)

易三 乾卦(正27:1)

건곤중립〈乾坤中立〉: 건과 곤이 어느 쪽에도 편들지 아니하고 남북 중앙에 슴.

乾坤中立 上律下襲(正1:7)

건곤천지뇌풍중〈乾坤天地雷風中〉: 건곤과 천지에, 뇌풍이 중이다. 정역괘를 손에 형상해 보면 뇌풍雷風은 건곤과 천지 중간에 있다. 즉 뇌풍중위를 말한다.

手指象	1	2	3	4	5	6	7	8	9	10
正易卦	八艮	九離	十乾	一巽	二天	三兌	四坎	五坤	六震	七地
雷風中			乾	風	天			坤	雷	地

理會本原原是性 乾坤天地雷風中(正7:16)

건곤택〈乾坤宅〉: 건곤의 집. 흔히 사가私家를 택宅이라 하고, 왕가王家를 궁宮이라 하는데 정역괘에서 건곤을 택宅이라 하고, 뇌풍을 궁宮이라 하니 뇌풍이 건곤보다 더 높인 것은 정역의 특이한 이론이다.

日月大明乾坤宅 天地壯觀雷風宮 (正9:16)

건화〈建和〉: 후천 이십사二十四절기의 하나. 즉 미월未月 초삼일初三日의 절후

建和(正31:10)

견공〈見工〉: 천공天工을 봄.

　　六九之年始見工(正20:3)

경모〈景慕〉: 우러러 사모함. 앙모仰慕.

　　景慕周公聖德(正6:4)

　　凝情空景慕(柳宗元)

경서〈敬書〉: 경건히 씀.

　　一夫敬書 (大序)

경수차서〈敬受此書〉: 경건히 이 글을 받음.

　　敬受此書(大序表)

경시〈耕市〉: 경작의 농정農政과 교역交易의 시정市政.

　　神農耕市 (正1:4)

경천지지화권〈經天地之化權〉: 천지의 변화하는 권능權能을 경리經理함.

　　理金火之互位 經天地之化權(正5:6)

고금천지〈古今天地〉: 예부터 이제까지. 이 천지에서 (고금천지에서 없는 일)

　　古今天地一大壯觀 今古日月第一奇觀(正6:2)

고수〈固守〉: 굳게 지킴. 동북에서 굳게 지키는 것은 기氣라는 것이다.

　　氣東北而固守 理西南而交通(正5:4)

고인〈古人〉: 옛 사람들.

　　古人意思不到處 (正6:1)

　　敢將多辭古人月 (正10:4)

고인월〈古人月〉: 옛 사람들이 쓰이던 달력.

　　敢將多辭古人月 (正10:4)

고인의사부도처〈古人意思不到處〉: 옛 사람들의 의사意思에는 도달到達치 못한 곳이다. 즉 생각지도 못하던 곳이다. 금화문金火門이라는 것을,

　　四九二七金火門 古人意思不到處 (正6:1)

공구〈孔丘〉: 공자의 이름은 구丘요, 자는 중니仲尼이다. 공자의 부 숙량흘叔梁紇이 그의 아내 안씨顏氏와 니구산尼丘山에서 기도하여 아들을 낳으니 이름을 구丘라 하였고 자를 중니仲尼라 하였다. 중仲은 전실 아들이 있었기 때문에 둘째라는 뜻이다.

　　文學宗長 孔丘是也(大序)

공덕무량〈功德无量〉: 성덕盛德이 공로가 한량이 없다. 공功과 덕德이 그지없다. 즉 오운육기五運六氣의 운기運氣가 결국 십일十一로 귀체歸體됨은 그 공덕功德이 그지 없다는 것이다.

　　十一歸體 功德无量(正11:1)

공무위〈空无位〉: 공空하므로 일정한 위치가 있을 수 없다. 공空되니 원圓이오 원원圓圓하니 수는 36이다. 36은 율려律呂의 수요 360은 기朞의 수이라. 공空과 기朞를 추연推衍하면 여러 가지 미묘한 원리가 나온다. 주역에서는 방위가 없는 것은 신神이라 했고 본체가 없는 것을 역易이라 했다. 이것이 정역에 와서는 신神은 공空[律呂]으로 통하고, 역易은 기朞[曆]로 통한다.

　　朞生月 月生日 日生時 時生刻 刻生分 分生功 空无位 (正6:14)

　　无神无方而易无體 (易繫辭)

공부자〈孔夫子〉: 공자를 공경하여 친밀히 일컬으는 존칭.

　　洞得吾孔夫子小魯意 (正5:4)

공용〈功用〉: 공功이 백성들에게까지 다 쓰임을 말한다. 즉 조화옹造化翁의 공功이 백성들에게 쓰임.

　　造化功用 (正6:8)

공자〈孔子〉: 공자의 휘는 구丘요, 자子는 공성孔聖의 존칭.

　　孔子之時中之中 (正25:14)

관담막여수〈觀淡莫如水〉: 맑은 것을 봄에는 물만 같음이 없다 하니, 담수淡水는 즉 기갑야반생계해己甲夜半生癸亥인 계해수癸亥水를 말함.

　　觀淡莫如水 好德宣行仁(正19:16)

관덕〈觀德〉: 소목昭穆의 덕德을 볼만한 것.

　　殷廟可以觀德(正1:6)

　　七世之廟 可以觀德 萬夫之長 可以觀政(書傳)

관벽〈觀碧〉: 연담蓮潭 이운규李雲圭선생이 1861년年 일부一夫 36세 때 신유년에 김일부金一夫선생에게 준 도호.

　　先生賜號二字曰觀碧 (正19:15)

광서십년〈光緒十年〉: 청淸나라 선통황제의 연호. 즉 서기 1884년 고종 21년 되던 해이다.

　　至大淸光緒十年甲申 十一萬八千六百四十三年 (正19:12)

광일부〈狂一夫〉: 일부선생이 영가무도咏歌舞蹈로 음아어이우喑呀唹咿吁하며 노래와 춤을 추어 당시 사람들이 선생을 기롱하여 미쳤다고 한 까닭에 광일부狂一夫라고 자칭한 것이다.

　　六十平生狂一夫 自笑人笑恒多笑 (正17:16)

광화〈光華〉: 해는 휘광輝光하고, 달은 화려華麗하여 천지 청명한 유리세계琉璃世界가 되니, 일월광화日月光華라 한 것이다. 즉 일광日光 월화月華를 말함.

　　天地淸明兮 日月光華 (正27:8)

　　日月光華兮 琉璃世界 (正27:9)

교역지역〈交易之易〉: 주역周易에는 교역交易·변역變易·간역簡易라 하여 삼의三義가 있다고 하는데 정역에서는 교역交易·변역變易·호역互易·불역不易·비역匪易·정역正易등이 있는데 360일로 바뤄진 역易을 정역正易이라 하고, 360일이 되지 않으면 역易이 역 될 수 없다 하여 비역匪易이라 하고, 360일이 되면 또 다시 바뀌지 아니한다 하여 불역不易이라 하고, 360일이 된 정역正易은 금화金火가 남서南西에서 서로 되바뀐 것이라 하여 호역互易이라 하고, 365도¼이 360도로 변화變化한 것을 변역變易이라 하며, 복희선천역伏羲先天易에서 문왕文王 후천역后天易으로 괘의 위치만 바뀌는 것을 교역交易이라 한다.

　　先天之易 交易之易 后天之易 變易之易 (正22:12)

교위〈交位〉: 위치를 바꾸는 것. 정역에는 교위交位와 호위互位·정위正位·중위中位·유위維位가 있는데, 위位란 괘卦의 자리를 말한다. 모퉁이에 있는 괘를 유위維位라 하고, 동서남북東西南北 정위치에 있는 괘를 정위正位라 하고, 남북南北으로 있는 괘를 중위中位라 하고, 서남西南으로 뒤바뀐 괘를 호위互位라 하고, 남서南西로 바뀐 괘를 교위交位라 한다.

南西交位 (正23:4)

교정서송〈校正書頌〉: 틀린 글을 바로 잡아 쓰고 기린다.

校正書頌 (正8:1)

교통〈交通〉: 오고 가는 일.

理西南而交通 (正5:5)

구구〈九九〉: 셈법의 하나. 승법乘法·제법除法·개평開平·개위開位에 각각 구구九九가 있다.

九九吟 (正17:13)
九九中排列 (正18:3)
作九九之法 以合天道而天下化之(管子)

구구음〈九九吟〉: 구구九九를 읊음. (노래함)

九九吟(正17:13)

구구중배열〈九九中排列〉: 구구법에 의한 적적중에 질서있게 늘어 놈. 즉 원형이정元亨利貞을 형상한 손도수에 따라 배열한 것을 도표로 보이면 다음과 같다.

손도수	1	2	3	4
四時	元	亨	利	貞
排列數	(9×9+1×9)+	(8×9+2×9)+	(7×9+3×9)+	(6×9+4×9)+=360
大一元數	90　+	80　+	70　+	60　=360

大一元三百數 九九中排列(正18:3)

구궁〈九宮〉: 문왕선천역文王先天易 아홉 궁이란 문왕괘 일감一坎에서 구이

九離까지이므로 구궁九宮이라 한다.

易易九宮 易易八卦(正22:14)

洛書九宮生成數(正23:5)

구이착종〈九二錯綜〉: 신구辛九와 정이丁二가 한 곳에서 뒤섞임이다. 즉 건곤교乾坤橋에서 신유(第九指) 임술(第十指) 계해(第一指) 갑자(第二指) 을축(第三指) 병인(第四指) 정묘(第五指), 정묘가 정유(第九指·신유자리)로 변하니, 신구辛九와 정이丁二가 한자리에 뒤섞인 것을 구이착종九二錯綜이라 한다. 이를 다시 도표로 본다.

손도수	1	2	3	4	5	6	7	8	9	10
	癸亥	甲子	乙丑	丙寅	丁卯				辛酉 丁酉 九二錯綜	壬戌

九二錯綜五元數(正24:7)

五八尊空兮 九二錯綜(正27:5)

九二錯綜兮 火明金淸(正27:6)

구이착종오원수〈九二錯綜五元數〉: 정역에는 삼원三元과 오원五元이 상대적으로 되어 삼원三元은 선천수요, 오원五元은 후천수다. →「九二錯綜」

九二錯綜五元數(正24:7)

구주〈九疇〉: 옛날 중국의 우禹임금이 천하를 아홉 개의 주州로 나누었다는 행정구획. 서경書經의 우공禹貢에는 기冀·연兗·청靑·서徐·형荊·옹雍·예豫·양梁·탕揚이라 하여 구주九州로 쓰였다. 우리나라에서는 이를 본따서 신라시대에 통일후의 지방 행정구획을 상주尙州·양주良州·강주康州·웅주熊州·전주全州·무주武州·영주瀜州·삭주朔州·명주溟州 라 하여 아홉 개로 나누었다. 중국의 구주九州를 현재와 비교해 알아보자.

雍	梁	豫	荊	揚	徐	青	兗	冀	九疇
陝西省甘肅省靑海額濟納之地	四川省陝西省舊漢中道	河南省	仁恩州石坪等廣西廣東省連縣 舊遼重慶二府貴廣州恩南銅 湖南省湖北省四川省	福建省江蘇省安徽省江西省浙江省	舊兗州府舊徐州府邳縣山東省 江蘇省安徽省宿縣泗縣	滿洲遼寧省舊膠東道濟南道以東 山東省	河間遼東省遼河以南境 河北省大名府正定 山東省舊東昌府兗州濟南青州西北境	滿洲遼寧省遼河以西 河北省山西省河南省黃河以北	現代

大禹九疇玄龜(正1:5)

굴신〈屈伸〉: 굽힘과 폄. 굽혔다가 펴는 것은 후천의 태양정사에서 한다. 즉, 달의 소장消長을 나타낸 것.

　　進退屈伸律呂度數(正6:8)
　　后天之道 屈伸(正8:7)
　　屈伸之道(正8:9)
　　尺蠖之屈 以求信也(易繫下)

굴신지도〈屈伸之道〉: 굽혔다 펴는 도리道理. 즉, 달의 소장消長하는 형상(道도)이다.

　　屈伸之道 月消而月長(正8:9)

궁리수신후인수〈窮理修身后人誰〉: 사물의 이치를 연구研究하고 수양하여 몸을 닦고 행실을 올바르게 하는 자. 후천 사람 누구인가?

　　窮理修身后人誰(正17:15)

궁중〈宮中〉: 제 6지指인 일육궁一六宮. 즉, 포오함육包五含六자리, 황극궁皇極宮 속, 또는 일육궁一六宮과 구구궁九九中이기도 함.

　　只在此宮中(正18:5)

권군심차진〈勸君尋此眞〉: 그대에게 권하는 것이니(一夫일부에게) 천심월天心月의 빛이 움직이는 이 진리眞理를 찾아 보소.

影動天心月 勸君尋此眞(正19:16)

궐중지중〈厥中之中〉: 그 중의 중이니, 정역에 시중時中과 궐중厥中이 있는데 이를 구별해보면, 궐중의 중은 일일――의 중을 뜻하고 시중의 중은 십십十十의 중을 말한다. 그러므로 중中을 십십일일十十――의 공空이라고 하였다. 입도시立道詩에서는 공空에서 중中을 보았고, 십일귀체시十―歸體詩에서는 중中에서 공空을 보았다. 이를 유의하여 주기 바란다.

> 堯舜之厥中之中(正25:13)
> 允執厥中(書經大禹謨)

귀공〈歸空〉: 빈데로 돌려 둠. 정역에서는 귀공歸空과 존공尊空이 있다. 존공尊空은 빈데로 모셔 둔 것이며, 귀공歸空은 빈데로 돌려 둔 것인데, 빈데로 돌려 둔다 함은 형체를 없애는 뜻이오. 빈데로 모셔 둔다 함은 형체는 그대로 모셔 두고 용用을 하지 아니한다는 뜻이다.

> 單五歸空(正18:4)
> 十五歸空(正18:5)

귀서〈龜書〉: 거북이 그림을 등에 업고 낙수洛水에서 나온 일이니, 그러므로 이를 낙서洛書라고도 한다. 낙서洛書란 즉 구궁수九宮數인 선천수先天數이다. 또 낙서洛書를 귀서龜書라고 한 것은 죽서기년竹書紀年에

> 龍圖出河 龜書出洛

이라고 한데서 보인다.

> 龜書 旣濟之數而逆生倒成(正2:5)
> 龍圖出河 龜書出洛(竹書紀年)

귀체〈歸體〉: 제자리에 본체本體를 돌려 둠. →「十―歸體」

> 十―歸體 功德无量(正11:1)
> 十―歸體詩(正24:13)
> 十―歸體兮 五八尊空(正27:4)

귀축〈歸丑〉: 축丑자리에 돌려 둠. 즉 묘卯를 축丑자리인 제 3지指에 돌려 둔다는 것이다. →「卯兮歸丑戌依申」

> 卯兮歸丑戌依申(正25:1)

극종극시〈克終克始〉: 능히 마치고 능히 비롯한다는 것은 마친 자리에서 시작한다는 것이다. 이를 주역에서는 원시반종原始反終이라고 하였고. 이를 부연하여 주역계사에는

引而伸之 觸類而長之 天下之能事畢矣

라고 하였다. →「旣順旣逆」

旣順旣逆 克終克始 十易萬曆(正27:2)

극즉반〈極則反〉: 극하면 반한다. 즉 천하天下의 이치理致는 극極에 달하면 반드시 도루 반복反復된다는 것이다. 수리數理로 말하면 하나에서 열에까지 가면 도루 하나로 돌아온다는 것이다. 낙서구중洛書九宮이다라하면 다시 하도십수河圖十數로 복귀復歸된다는 것이다.

易逆也 極則反(正2:7)

天道之數 至則反 盛則衰………(管子)

근봉서〈謹奉書〉: 삼가 받들어 쓴다. 서기 1885년(高宗22年 淸·德宗 光緖11年)「을유세乙酉歲 6월月(癸未月) 28일(乙未日) 불초자不肖子 김항金恒은 삼가 받들어 쓴다」하였다. 선생의 나이 60세 되는 해, 이때 정역 한 편을 모두 마친 날을 기록한 것이다.

乙酉歲癸未月乙未日二十八 不肖子金恒 謹奉書(正27:15)

금고일월〈今古日月〉: 이제와 옛의 일월日月. 즉 이제와 옛의 긴 세월에서란 뜻.

今古日月第一奇觀(正6:2)

生乎今之世 反古之道(中庸)

今古奇觀(明, 抱甕老人著)

금일〈今日〉: 오늘 날.

襲于今日(正1:7)

嗚呼 今日今日(正1:8)

夫子之不言 是今日(正6:5)

금일금일〈今日今日〉: 오늘인가 오늘인가. 즉 미구未久에 닥칠 시각.

嗚呼 今日今日(正1:8)

금화〈金火〉: 금金에서 화火로 한다. 화火에서 금金으로 하면 선천수先天數요, 금金에서 화火로 하면 후천수后天數가 된다. 이는 구이착종九二錯綜이란 후천수后天數의 금화金火를 말하는 것이니, 도표로 알아보자.　→「火金金火」

金
十 九 八 七 六 五 四 三 二 一

一 二 三 四 五 六 七 八 九 十
火
金火互宅倒逆之理(正2:10)
金火一頌(正4:4)
聖人垂道金火明(正4:15)
金火二頌(正5:3)
理金火之互位(正5:6)
金火三頌(正5:10)
金火四頌(正5:16)
四九二七金火門(正6:1)
金火五頌(正6:6)
嗚呼金火互易 不易正易(正6:7)
大哉金火門(正9:13)
正明金火日生宮(正10:1)
嗚呼 金火正易 否往泰來(正10:13)
正明金火理(正17:11)
十五一言兮 金火而易(正18:16)
金火而易兮 萬曆而圖(正19:1)
金火正易圖(正21:)
火金金火原天道(正24:14)

금화리〈金火理〉: 금金과 화火가 서로 변하는 이치理致.
正明金火理 律呂調陰陽(正17:11)

금화명〈金火明〉: 금화金火가 밝아짐. 즉 성인聖人께서 도道를 드리우시니, 금화金火가 밝어졌다.
聖人垂道金火明(正4:15)

금화문〈金火門〉 : 금화金火의 문. 즉 천지도 이 금화문金火門에 출입出入하고, 일부一夫도 이에 출입出入하니, 금화문金火門은 삼재문三才門과 같이 크다는 것. 주역에서는 역易을 천지天地와 같이 크다고 강조하는 말에서

易與天地準 故能弥綸天地之道

라고 하였고 정역에서는 금화문金火門이 천지인天地人(三才)보다 크다고

강조하는 말에서

大哉金火門 天地出入 一夫出入 三才門

라고 하였다.

四九二七金火門(正6:1)

大哉金火門 天地出入 一夫出入 三才門(正9:13)

금화사송〈金火四頌〉 : 금화金火를 네 번째로 기린다. 금화송金火頌에는 일一·이二·삼三·사四·오송五頌이 있는데 이를 오행五行에 따라 아래 표와 같이 대비하여 보자.

金火頌對比

頌別	五行	各頌要旨	金火說	主指	十一歸體數象
一頌	水	德符天皇·水土平	金火明	拇指	十一
二頌	火	庚金·丁火·交通	理金火	食指	九二
三頌	木	東山第一三八峯	赤赤白白	中指	八三
四頌	金	四九二七金火門	金火門	無名指	七四
五頌	土	다섯 指立	金火互易	小指	六五

金火四頌(正5:16)

금화삼송〈金火三頌〉 : 금화金火를 세 번째로 기린다. →「金火四頌」

金火三頌(正5:10)

금화오송〈金火五頌〉 : 금화를 다섯 번째로 기린다. →「金火四頌」

金火五頌(正6:6)

금화이송〈金火二頌〉 : 금화金火를 두 번째로 기린다. →「金火四頌」

金火二頌(正5:3)

금화이역〈金火而易〉: 이에서 금화역金火易이란 역易을 력曆으로 볼 수 있으니, 정역에 이른 바,

　　金火而易兮 萬曆而圖

라 하여 대역서大易序에

　　易 曆也

라는 해석이 된다. 이而는 이에(乃)와 같으니, 즉 금화金火가 이에서 역易[曆]이 된다는 것이다.

　　十五一言兮 金火而易(正18:16)
　　金火而易兮 萬曆而圖(正19:1)

금화일송〈金火一頌〉: 금화金火를 첫 번째로 기린다. →「金火四頌」

　　金火一頌(正4:14)

금화정역〈金火正易〉: 정역에는 금화정역金火正易 외에 금화호역金火互易 금화이역金火而易 불역정역不易正易 중위정역中位正易과 십역十易 원역原易 윤역閏易 교역지역交易之易 변역지역變易之易 등이 있다. 오행五行을 중심한 정역正易은 금화정역金火正易이라 하고, 팔괘八卦를 중심한 정역은 중위정역中位正易이라 하고, 수리數理로 중심한 정역은 십역만력十易萬曆이라 한다. 그리고 선후천先后天을 통通하여 말하는 정역正易을 원역原易이라 하였다.

　　嗚呼 金火正易 否往泰來(正10:13)
　　金火正易圖(正21:)

금화정역도〈金火正易圖〉: 금화정역金火正易의 그림. 천지天地는 수토水土로 성도成道되고, 일월日月은 금화金火로 합덕合德이 된다. 그러므로 금화金火로 바뀌진 력曆을 금화정역金火正易이라 한 것이다. 금화金火를 거꾸로 화금火金이 되면 윤역閏易인 것이다.

　　金火正易圖(正21:)

금화호역〈金火互易〉: 금화金火로 서로 엇바뀐 역易. →「金火正易」

　　金火互易 不易正易(正6:7)

금화호택〈金火互宅〉: 금화金火가 서로 엇바뀐 집. 즉 이二자리에 구금九金

이 높이고 구九자리에 이화二火가 놓여 수가 도倒와 역逆하는 과정에서 금 金과 화火가 서로 같은 집을 차지하는 이치理致가 있는 것이다.

→「金火正易」

金火互宅 倒逆之理(正2:10)

기갑야반생계해정묘두〈己甲夜半生癸亥丁卯頭〉: 기일己日이나 갑일甲日의 한 밤중에서 계해수癸亥時가 생하니 그 해(己甲) 첫 월건은 정묘월로 머리를 한다. 즉 천간天干의 기경신임계己庚辛壬癸에서 그 갑을병정무甲乙丙丁戊로 서로 대비하여 옮아가는 사이에는 계해癸亥가 남. 선천先天에 갑기甲己로 하던 것을 후천后天은 기갑己甲으로 바뤄진다.

指象	日辰	生時	歲次	月建
一六	己甲日初	癸亥時	己甲年初	丁卯月頭
二七	庚乙日初	乙亥時	庚乙年初	己卯月頭
三八	辛丙日初	丁亥時	辛丙年初	辛卯月頭
四九	壬丁日初	己亥時	壬丁年初	癸卯月頭
五十	癸戊日初	辛亥時	癸戊年初	乙卯月頭

己甲夜半生癸亥丁卯頭(正24:8)

기경임갑변〈己庚壬甲丙〉: 정역正易에는 정령政令인 기경임갑병己庚壬甲丙과 여율呂律인 무정을계신戊丁乙癸辛이 있어, 이 정령政令은 태음太陰·태양太陽의 표상表象을 이루는 것이다. 이 상象은 뇌풍정위용정수雷風正位用政數에 잘 묘사 돼 있다. 이를 정령도政令圖로 표시하면 다음과 같다. 그리고 금화정역도金火正易圖에 견줘보면 정령政令은 남북南北으로 있고 여율呂律은 동서東西로 놓여 있는 것을 알 수 있다.

<table>
<tr><td colspan="5" align="center">政令圖</td></tr>
</table>

指象	天干	數	日 月	政令
一	己	十		
二三	庚壬	四一	四金之魄 一水之魂 ㉍月	政
六八	甲丙	八七	八木之體 七火之氣 ㋿日	令

<table>
<tr><td colspan="5" align="center">呂律圖</td></tr>
</table>

呂律	五行	數	天干	指象
	土	五	戊	十
汐分呂	火木	二三	丁乙	九七
潮會律	水金	六九	癸辛	五三

政令己庚壬甲丙 呂律戊丁乙癸辛(正24:16)

天道圓 庚壬甲丙(正26:5)

기관〈奇觀〉: 기이한 광경光景. 볼만한 경치景致.

今古日月第一奇觀(正6:3)

기도복상당천심〈幾度復上當天心〉: 몇 번이나 복상復上을 건너 천심天心을 당當하게 할 것인가? 즉 복상復上이란 갑을병정무甲乙丙丁戊인 갑甲에 해당하는 자리이니, 지상指象으로 일一자리이다. 무戊가 소지小指 오五인 이천二天자리에 닿으니, 이를 천심天心이라 한다.

敢將多辭古人月 幾度復上當天心(正10:4)

기동북이고수〈氣東北而固守〉: 기氣는 동북東北에서 굳게 지킴. 정역正易의 리理와 기氣는 종래從來의 학자學者들이 말하는 이기설理氣說과는 좀 다르다. 정역正易의 이기理氣는 일이삼사오一二三四五와 같이 선천의 생장과정을 기氣라 하고 육칠팔구십六七八九十과 같이 후천의 성숙과정을 모두 리理라 하고 있다.

氣東北而固守 理西南而交通(正5:4)

기령〈氣盈〉: 기氣가 찬 형상을 뜻한다. 정역正易에는 수영기허數盈氣虛와 기영수허氣盈數虛가 있는데 달의 형상을 말할 때는 수영기허數盈氣虛라 하였고, 화금火金에서 금화金火로 변變하는 때는 기영수허氣盈數虛 즉,

庚金九而氣盈 丁火七而數虛

라고 한다.

庚金九而氣盈 丁火七而數虛(正5:5)

日月星辰氣盈 一夫氣盈 五元門(正9:14)

氣盈朔虛而閏生焉(書經)

기묘궁〈己卯宮〉: 기묘궁己卯宮은 경진庚辰 신사辛巳 임오壬午 계미癸未 갑자甲申 을유乙酉 병술丙戌 정해丁亥 무자戊子까지를 말한다.

己卯宮 庚辰 辛巳 壬午 癸未 甲申 乙酉 丙戌 丁亥 戊子(正15:7)

기미궁〈己未宮〉: 기미궁己未宮은 경신庚申 신유辛酉 임술壬戌 ……… 무진戊辰까지를 말한다.

己未宮 庚申 辛酉 壬戌 癸亥 甲子 乙丑 丙寅 丁卯 戊辰(正15:3)

기사궁〈己巳宮〉: 기사궁은 경오庚午 신미辛未 임신壬申……… 무인戊寅까지를 말한다. 그리고 기사궁己巳宮은 선천先天이로되 후천后天이라는 원천화原天火의 하늘을 상징象徵한다. 이에 대비對比하는 무술궁戊戌宮과 하도河圖·낙서洛書의 수數를 이루니, 기사궁己巳宮은 하도河圖요, 무술궁戊戌宮은 낙서수洛書數가 된다.

己巳宮 先天而后天(正12:6)

己巳宮 庚午 辛未 壬申 癸酉 甲戌 乙亥 丙子 丁丑 戊寅(正15:5)

기성〈箕聖〉: 기자箕子는 은殷나라 말왕末王 주紂의 삼촌이다. 주紂가 망하자 주周나라 무왕武王이 대노大老로 모시고 홍범구주洪範九疇의 법도法度를 이어받아 주周나라가 흥興하였다. 기자箕子를 후에 조선朝鮮을 봉封하여 주었다 한다.

箕聖乃聖 周德在玆 二南七月(正1:6)

기성내성〈箕聖乃聖〉: 기자箕子 성인聖人이 이에서 성인聖人되시니, 주周나라 성덕盛德이 이에 있다는 데서 한 말이다.

箕聖乃聖 周德在玆 二南七月(正1:6)

기순기역극종극시〈旣順旣逆 克終克始〉: 정역正易에서는 순역順逆하는 리理와 종시終始·종복終復하는 기氣가 서로 체용體用을 이룬다. 순역順逆의 리理는 태음지모太陰之母·태양지부太陽之父의 문구에서 보이고, 종시終始의 기氣는 태음太陰과 태양太陽의 종복終復을 말하는 데서 나타난다. 그리고 기순기역旣順旣逆은 용도龍圖에서 보이고, 극종극시克終克始는 귀서龜書에서 그 이치理數가 담겨 있다.

    嗚呼旣順旣逆 克終克始 十易萬曆(正27:2)
    度順道逆(正11:8)
    度順而道逆(正3:2)

기영〈氣影〉 : 기氣는 무형無形한 기운이요, 영影은 무형無形에서 유형有形으로 되어지는 순간이다. 열자(列子·天道篇)는 영影에 대해

    形動不生形而生影

이라고 하여 영影에 대한 표현을 잘 묘사描寫하였다. 수數의 생성과정生成過程에서 영생수影生數라 한다든지, 후천 변화變化의 조짐과정에서 영동천심월影動天心月이라든지, 또는 둥근 하늘이 땅을 포용包容한 형상形象에서 영影이라 하는 등의 표현表現을 한 것으로 보아 영影은 곧 기氣의 음형陰形한 것이오, 기氣는 문득 영影의 양체陽體라고 풀이 된다. 문중자文中子(守弱篇)는 기氣에 대해

    形者 生之舍也 氣者 生之元也

라고 하였다. 또 기氣자의 고문古文은

    旡·炁·气

로도 쓰였으니, 이것으로 보아도 기氣는 양陽이며 화火에 속하고, 영影은 음陰이며 수水에 속한다고 보아진다.

    月星辰氣影 一夫氣影 五元門(正9:14)

기우지수〈奇偶之數〉 : 일삼오칠구一三五七九를 기수奇數라 하고 이사육팔십二四六八十을 우수偶數라 한다. 주역周易에서는 이를 천지지수天地之數라 하여 기수奇數는 천수天數 우수偶數는 지수地數라 하여 천지天地의 수가 도합 오십오五十五인데 이로써 변화變化를 이루며 귀신鬼神이 행하는 것이라고 한다.

    奇偶之數二五 先五天道 后五地德(正22:9)
    天數二十有五 地數三十 凡天地之數 五十有五 此所以成變化 以行鬼神也(周易
    繫上)

기월〈起月〉 : 달을 시작한다는 것이니, 즉 갑甲을 일지一指에서 시작하면

복상기월復上起月이라 하고, 갑甲을 육지六指에서 시작하면 황중기월皇中起
月이라 한다.

> 復上起月 當天心(正10:3)
> 皇中起月 當皇心(正10:3)

기위〈己位〉 : 기己는 십十이오 후천后天이며, 무戊는 오五이오 선천先天이다.
이 무戊와 기己는 오행五行의 대종大宗이 되며, 일월의 바탕이 된다.
기위己位는 기사己巳이며, 무위戊位는 무술戊戌이다.

> 己位 度逆而道順(正3:4)
> 終于己位成度之年(正3:10)
> 胞於己位成度之日(正3:16)
> 復於己位成度之年(正4:3)
> 己位親政 戊位尊空(正10:14)
> 己位 四金一水八木七火之中(正26:2)

기위친정〈己位親政〉 : 십수十數인 기위己位가 친親히 정사政事를 함. 상제조
림上帝照臨과 같은 뜻이다. 그러므로 기위己位는 상제上帝님의 자리라 하겠
다. 기己는 몸기 자니 몸은 곧 나의 몸인 동시同時에 상제上帝의 몸으로 통
通하는 기위己位이다.

> 己位親政 戊位尊空(正10:14)

기유궁〈己酉宮〉 : 기유궁己酉宮은 경술庚戌 신해辛亥 임자壬子 계축癸丑
‥‥‥‥‥무오戊午까지이다.

> 己酉宮 庚戌 辛亥 壬子 癸丑 甲寅 乙卯 丙辰 丁巳 戊午(正15:1)

기절〈氣節〉 : 기후氣候와 시절時節이니, 십일十日을 일기一氣라 하고, 십오일
十五日을 일절一節이라고 하였다.

> 隨時候氣節 日月之政(正8:15)

기제〈旣濟〉 : 정역正易에는 도서지리圖書之理와 기제미제旣濟未濟의 도道가
대비되어 있으니, 도서(河圖·洛書)는 시간적時間的인 선후천先后天의 관계
를 말하고 기제미제旣濟未濟는 공간적空間的인 선후천先后天의 변화變化를
나타낸다고 볼 수 있다. 이에 기제旣濟라 함은 선천先天에 정사政事하는 수

화수火를 말하는 괘명卦名이오, 미제未濟라 함은 후천后天에서 정사政事할 화수미제火水未濟를 말한다 하겠다. 수화水火란 곧 일수一水 이화二火 육수六水 칠화七火를 뜻하고, 화수火水란 곧 칠화七火 육수六水 이화二火 일수一水로 나타낸 수지형상手指形象을 의미意味한다.

天地之道 旣濟未濟(正2:3)
龜書 旣濟之數(正2:5)
旣濟而未濟(正3:6)
未濟而旣濟(正3:15)
水火旣濟兮 火水未濟(正9:4 18:10)
旣濟未濟兮 天地三元(正18:11)
咸恒旣濟未濟(正27:1)

기제미제〈旣濟未濟〉 : 수화기제水火旣濟와 화수미제火水未濟. 즉 기제旣濟에서 미제未濟하는 천지天地의 가는 길을 말한다. 선천先天은 기제旣濟가 용사用事하고 후천后天은 미제未濟가 용정用政한다. 정역正易에 기제미제旣濟未濟란 말이 세군데 있는데, 각기 의미하는 바가 다르다. 이를 구분해 보면,

天地之道 旣濟未濟

란 말은 천지天地의 도道는 기제旣濟(水火旣濟)에서 미제未濟(火水未濟)로 변하는 현상을 말하는 것이며, 다음으로

旣濟未濟兮 天地三元

이란 말은 기제旣濟면서 미제未濟함이여! 천지삼원天地三元인 선천先天이란 말이요, 다음

咸恒旣濟未濟

란 말은 함咸과 항恒과 기제旣濟와 미제未濟란 말이다.

天地之道 旣濟未濟(正2:3)
旣濟未濟兮 天地三元(正18:11)
咸恒旣濟未濟(正27:1)

기제이미제〈旣濟而未濟〉 : 기제旣濟로되 미제未濟라는 태음太陰의 도를 말한 것이다.

太陰 逆生倒成 先天而后天 旣濟而未濟(正3:6)

기제지수〈旣濟之數〉 : 일一에서 구九까지 가는 수數를 기제지수旣濟之數라

한다. 기제既濟란 수화水火니, 수화水火란 일수一水·이화二火 즉,

水火　　火水

一二三四五六七八九十 로 역逆하는 수를 뜻한다.

　　龜書 旣濟之數而逆生倒成 后天无極(正2:5)

기축궁〈己丑宮〉: 기축己丑은 기십己十 축십丑十. 즉, 십十·십十이니 주역계사周易繫辭에서 말하는 바

　　成性存存 道義之門

이라 함과 상통相通한다. 도의道義의 문門에서 반고화盤古化가 시작始作 되듯이 기축궁己丑宮에서 상원上元이 시작된다. 그러므로 반고盤古는 즉 기축己丑이오, 기축己丑은 곧 상원上元의 원원元元인 것이다. 기축궁己丑宮은 경인庚寅 신묘辛卯 임진壬辰 계사癸巳 ……… 무술戊戌이다.

　　己丑宮 庚寅 辛卯 壬辰 癸巳 甲午 乙未 丙申 丁酉 戊戌(正14:13)

기해궁〈己亥宮〉: 기해궁己亥宮은 경자庚子 신축辛丑 壬임인寅 계묘癸卯……… 무신戊申까지를 말한다.

　　己亥宮 庚子 辛丑 壬寅 癸卯 甲辰 乙巳 丙午 丁未 戊申(正14:15)

기후〈氣候〉: 정역正易에는 기절氣節이란 말과 기후氣候란 말이 있는데 기절氣節은 일월정사日月政事에서 한서온양寒暑溫凉의 절서節序를 말한 것이오, 기후氣候는 일년이십사절一年二十四節의 온도溫度 변화變化의 상태狀態를 말한다.

　　二十四節氣候度數(正31:1)

김항〈金恒〉: 정역正易에는 김항金恒이란 곳이 두 곳이 있는데, 상제上帝의 말을 하는 경우에만 썼다,

　　不肖子金恒 感泣奉書(正10:10)

　　不肖子金恒 謹奉書(正27:15)

나요백우선〈懶搖白羽扇〉: 정역正易에서 이는 금화이송金火二頌 중에 진손괘震巽卦를 의미意味하는 노래이다. 옛날 이태백李太白의 하일산중시夏日山中詩를 빌어다가 후천后天 정역괘正易卦를 노래한 것이지만, 나요懶搖란 진동振動하는 것으로 진震을 뜻하고, 백우선白羽扇이란 바람(風)으로서 손巽을

뜻한 것이다.

> 懶搖白羽扇 俯瞰赤壁江(正5:14)
> 懶搖白羽扇 裸體靑林中(李太白夏日山中詩)
> 諸葛武候以白羽扇 指揮三軍(語林)

낙서〈洛書〉: 우禹임금이 구주九疇를 다스릴 때 낙수洛水에서 거북이 등에 글을 지고 나왔다 하여 낙서洛書라 하였다. 이를 귀서龜書라고도 한다.

> 龜洛九宮生成數(正23:5)
> 洛書(正28:)
> 龜書 旣濟之數(正2:5)

낙서구궁생성수〈洛書九宮生成數〉: 낙서洛書는 일一에서 구九까지 이루어진 수數라서 구궁九宮이라 하니, 이 구궁九宮의 용수用數는 일삼오칠구一三五七九인데 천일생임수天一生壬水하면 지일성자수地一成子水등의 생성生成을 말한다.

> 洛書九宮生成數(正23:5)

낙천지성〈樂天之聖〉: 하늘을 즐거워 하신 성인聖人. 즉 문왕文王을 가르킨 말이다. 문왕은 맹자孟子가 말하는 바

> 以大事小者 樂天者也

라고 하여 세력勢力이 큰 나라로서 세력勢力이 작은 나라를 섬기는 것은 하늘을 즐거워 함이라고 하였다. 정역正易에서는 낙천지성樂天之聖 외에 지천지성知天之聖·친천지성親天之聖이란 말이 있는데, 지천지성知天之聖은 복희씨伏羲氏를 가르킨 것이오, 친천지성親天之聖은 공자孔子를 가르킨 것이다.

> 知天之聖 聖也 樂天之聖 聖也 親天之聖 其惟夫子之聖也(大序)
> 以大事小者 樂天者也(孟子)

난판〈難辨〉: 판별하기가 어려운 일. →「早暮難辨」

> 早暮難辨(正9:3)

남망청송가단학〈南望靑松架短壑〉: 남방南方을 바라보니, 푸른 소나무가 짧은 골짜기에 시렁을 하듯하다고 한 말은 정역팔괘正易八卦의 곤坤을 가르킨 뜻이다. 이 시구詩句는 두자미杜子美의 시詩를 빌어다가 곤삼절坤三絶

의 형상形象을 그려 본 것이다.

南望靑松架短壑 西塞山前白鷺飛(正5:13)
南望靑松架短壑 安得赤脚踏層氷(杜子美詩)

남서교위〈南西交位〉: 남南쪽과 서西쪽에서 서로 위치함. 즉 금화교역金火交
易 자리에서 위치함.

干之庚辛 數之九四 南西交位(正23:4)

남천〈南天〉: 남南쪽 하늘. 정역괘正易卦에는 남천南天과 북지北地가 아니라,
남지南地며 북천北天이다. 그런데, 남천南天과 북지北地라 한 것은 복희괘伏
羲卦를 뜻한 것이다. 이에는 복희괘伏羲卦가 정역괘正易卦로 변變하는 것을
가르킨 것이다. 그러므로 수화기제水火旣濟今 화수미제火水未濟라고 해설
解說한 것이다.

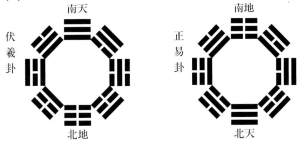

이상의 도표로 볼 때 수석북지水汐北地가 조모난판早暮難辨이라 하였으니
복희괘伏羲卦가 정역괘正易卦로 변하는 데는 남천南天이 변하는 것이 아니
라 북지北地가 변하는 것이다. 즉 하늘이 변變하는 것이 아니라 땅이 변
變하는 것이며 태양이 변變하는 것이 아니라 태음이 변變하는 것이다. 그
러므로 태양太陽은 항상恒常이라 하였고 태음太陰은 소장消長이라 하였다.
→「水潮南天」

水潮南天 水汐北地(正9:2)

내도내서〈乃圖乃書〉: 이에 말하는 용도龍圖며 이에 말하는 귀서龜書이다.

元降聖人 示之神物 乃圖乃書(正2:2)

내내지역〈來來之易〉: 후천 정역正易. 초초지역初初之易은 선천의 복희역伏羲
易이다.

初初之易 來來之易 所以作也(大序)

내력 신라삼십칠왕손〈來歷 新羅三十七王孫〉: 일부선생一夫先生의 혈연적血緣的인 내력來歷은 신라新羅 37 왕王의 후손後孫이다.

　　淵源 天地无窮化无翁 來歷 新羅三十七王孫(大序)

내력장원〈來歷長遠〉: 조상祖上으로부터 온 역사歷史가 길고 먼 것.

　　淵源无窮 來歷長遠(大序)

내성〈乃聖〉: 이에서 말한 성인聖人.

　　箕聖乃聖(正1:6)
　　益曰都 帝德廣運 乃聖乃神 乃文乃武(書經大禹謨)

내수〈乃燧〉: 수燧란 화火를 완수完遂했다는 것으로서, 이에 수燧하다. →「燧人乃燧」

　　燧人乃燧(正1:3)

농명월〈弄明月〉: 밝은 달을 보고 즐겨 노래함. →「吹簫弄明月」

　　吹簫弄明月(正5:15)
　　吟風弄月以歸(宋史)

농부세서세공성〈農夫洗鋤歲功成〉: 농부農夫가 호미를 씻으니 그해 농사農事 일이 이루어졌다. 이 송구頌句에서 금화사송金火四頌의 가송칠월장歌頌七月章이 조응照應된 것이라면,

　　聖人垂道金火明은 금화이송金火二頌에서
　　將軍運籌水土平은 금화삼송金火三頌에서
　　農夫洗鋤歲功成은 금화사송金火四頌에서
　　畵工却筆雷風生은 금화오송金火五頌에서

각각 전개展開된 것이라 볼 수 있다.

　　農夫洗鋤歲功成(正4:15)

뇌풍〈雷風〉: 우레와 바람. 뇌풍雷風은 건곤乾坤의 용용이다. 정역正易에 뇌풍설雷風說을 상고해 보면 화공畵工의 붓에 의해서 뇌풍雷風이 생겼다면 그 뇌풍雷風이 건곤천지중乾坤天地中에 있어서 하늘에 있어서는 뇌풍천상雷風天上 대장大壯이 되어 비례부리非禮弗履의 장도壯途를 행하고 땅에 있어

서는 풍행지상風行地上 대관大觀이 되어 신도神道를 설교設敎하여 만민萬民
이 복종服從하는 일을 모두 뇌풍雷風이 중심中心이 되어 천정天政을 행行하
고 있다. 그러기에 이 천지天地에는 뇌풍대장雷風大壯과 풍지대관風地大觀
이 장관壯觀을 이루는 뇌풍雷風의 궁궁이 되었다. 아마도 정리현현진경正
理玄玄眞經이 다만 이 뇌풍궁중雷風宮中에 있으니, 지재차궁중只在此宮中이란
바로 뇌풍궁雷風宮과 뇌풍중雷風中을 가르킨 것이 아닌가 한다. 이는 뇌풍
雷風이 십오十五인 까닭이며, 십오十五는 무기戊己이며 건곤乾坤의 수數니 뇌
풍雷風이 정위正位하여 용정用政함도 무위戊位·기위己位로 하는 중위정역中位
正易인 것이 아닌가 한다. 학역자學易者는 뇌풍雷風에 관해서 깊이 연구硏究
하면 작역자作易者의 소위所爲를 가히 짐작하리라 믿는다. →「雷風宮·雷風
生·雷風正位用政數·雷風中」

　　畵工却筆雷風生(正4:10)
　　一張圖畵雷風生(正20:13)
　　乾坤天地雷風中(正7:16)
　　天地壯觀雷風宮(正9:16)
　　雷風正位用政數(正26:1)
　　雷風相薄 水火不相射(易說卦)
　　鼓舞萬物者雷風乎 鼓舞萬民者號令也(揚子法言 先知篇)

뇌풍궁〈雷風宮〉: 우레와 바람의 궁궁. 뇌풍雷風의 궁궁이란 뇌풍대장雷風大
壯의 뇌雷와 풍지관風地觀의 풍風이니, 고금천지일대장관古今天地一大壯觀이
나 관어차이대장觀於此而大壯의 장관壯觀등과 상통相通되는 말이라 한다면
뇌풍궁雷風宮이란 궁궁은 이 천지天地에 대장大壯하고 굉장히 큰 집. 즉 대
관大觀인 것이라고 보인다. →「天地壯觀雷風宮」

　　天地壯觀雷風宮(正9:16)

뇌풍생〈雷風生〉: 뇌(雷震)와 풍(風·巽)이 생겼다는 것이니, 즉 화공畵工이
한번 그림을 그리고 붓을 물리치니 뇌풍雷風이 생생하였다는 것이다. 다
시 말하면 화공畵工이 한번 정역팔괘正易八卦의 그림을 그리고 붓을 물리
치니, 그 가운데는 뇌풍雷風이 생생한 것이라는 뜻이다. →「畵工却筆雷風
生·一張圖畵雷風生」

畵工却筆雷風生(正4:10)

一張圖畵雷風生(正20:13)

뇌풍정위용정수〈雷風正位用政數〉: 괘괘卦중에 진손震巽은 수數로는 십오十五라 하였다. 수數의 십오十五란 기위己位 십수十數와 무위戊位 오수五數를 말한다. 이래서 이 십오十五가 중위정역中位正易이 되어 뇌풍雷風이 정위正位하여 정사政事를 한다 하니, 천지天地의 정사政事는 뇌풍雷風으로 하고, 인간人間의 정사政事는 호령號令으로 한다함은 양자법언揚子法言에도 이미 말하기를

鼓舞萬物者雷風乎 鼓舞萬民者號令乎

라 하였다.

雷風正位用政數(正26:1)

뇌풍중〈雷風中〉: 중中은 정正의 체體요, 정正은 중中의 용用이라면 뇌풍중雷風中은 뇌풍정위용정雷風正位用政의 체體라고 보아진다. 그러므로 뇌풍정위용정雷風正位用政에는 무극이태극십일无極而太極十一·황극이무극오십皇極而无極五十을 설명說明하였고, 뇌풍중雷風中은 건곤천지乾坤天地를 말하고 있다. 중中이 공간적空間的인 면을 가르친 것이라면 정正은 시간적時間的인 면面을 가르친 것이 아닌가 한다. 그러므로 정역正易은 시간적時間的인 력曆이 용用이 되는 까닭에 중위정역中位正易. 즉 중中을 체體로 한 정역正易이 되는 것이다.

乾坤天地雷風中(正7:16)

뇌화〈雷和〉: 이십사절기二十四節氣의 하나. 사월巳月 초삼일初三日에 닿는 절후이다.

巳月 初三日乙酉酉正一刻十一分 雷和(正31:6)

능명〈能名〉: 능히能히 (容易하게) 이름함. →「不能名」

德符天皇不能名(正5:1)

능소기소소이가〈能笑其笑笑而歌〉: 능히能히 그 웃을만한 것을 생각하면서 웃고 그 웃음으로 노래한다. 그 웃음노래란 [음아어이우喑呀嗷咿吁]노래이다. 음아어이우란 오행가五行歌로서 아악雅樂중의 기본基本 아악雅樂이

라 한다. 그리고 웃음 소(笑)자가 열자이고, 실지로 웃는 웃음은 다섯자이니 이 또한 십오十五가 아닌가 한다.

영가咏歌와 오행五行을 견줘서 보기 위하여 도표해 보면 다음과 같은 것으로 구별된다.

咏歌와 五行圖

五音		五精	五行	五數	五色	五方	五常	五教	五臟	五官	五味	五臭	正音					五元
今	古																	
음암	宮	句陳	土	五十	黃	中央	信	朋友信	脾	口	甘	香	唇音	ㅁ	ㅂ	ㅍ	ㅡ	地
아야	商	白虎	金	四九	白	西	義	君臣義	肺	鼻	辛	腥	齒音	ㅅ	ㅈ	ㅊ	㉿金	月
어뚜	角	蒼竜	木	三八	靑	東	仁	父子親	肝	目	酸	臊	牙音	ㆁ	ㄱ	ㅋ	ㅣ	人
이이	徵	朱雀	火	二七	赤	南	禮	長幼序	心	舌	苦	焦	舌音	ㄴ	ㄷ	ㅌ	㉿火	日
우우	羽	玄武	水	一六	黑	北	智	夫婦別	腎	耳	鹹	腐	喉音	ㅇ	ㆆ	ㅎ	·	天

能笑其笑笑而歌(正18:1)

능언〈能言〉: 능能히 말할 수 있는 것. 일부선생이 능能히 말할 수 있는 것〔能言〕, 능能히 들을 수 있는 것〔能聽〕, 능能히 웃을 수 있는 것〔能笑〕, 능能히 할 수 있는 것〔能之〕, 능能히 이름 할 수 없는 것〔不能名〕 등이 있는데, 능能히 말할 수 있는 것은 조석潮汐의 변화變化요, 능能히 들을 수 있는 것은 용뿔(戊辰龍에 角)의 변화變化요, 능能히 웃을 수 있는 것은 영가咏歌의 변화變化요, 능能히 할 수 있는 것은 무형無形한 경지境地를 변통變通함이요, 능能히 이름 할 수 없는 것은 지덕地德을 천황天皇 대도大道에 부치는 즉 지십위천地十爲天 천오지지天五地地하는 변화變化이다.

이 다섯가지 능能함을 오능五能이라고 할 수 있다. 이를 도표로 하여 팔괘八卦와 비하면 다음과 같다.

〈五能圖〉

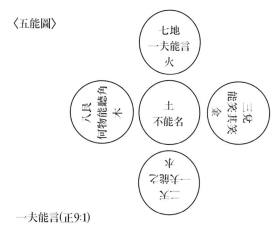

一夫能言(正9:1)
一夫能言兮 水潮南天 水汐北地(正9:2)

능청각〈能聽角〉: 소리를 능能히 뿔로 듣는다하니 원람原覽에도 용龍은 뿔로 소리를 듣고, 소는 코로 듣고, 뱀과 자라는 눈으로 듣는다고 전傳한다. 선천先天 맨 초하루 일진은 무진戊辰이었다. 무진戊辰 용龍에 각수角宿가 당해서 용사用事하던 각角을 가져다가 임자壬子 쥐(鼠)에다 각角을 당하게 하니, 그러므로 하물능청각何物能聽角고 한것이라 이를 다음 도표에서 보인다. 각角은 또 오청五聲중 동방목東方木의 소리이다.

先天	戊辰角	日	一	二	三	四	五	六	七	八	九	十	一	二	三	四	五	六	七	八	九	十	一	二	三	四	五	六	七	八	九	十	三
	己	庚	辛	壬	癸	甲	乙	丙	丁	戊	己	庚	辛	壬	癸	甲	乙	丙	丁	戊	己	庚	辛	壬	癸	甲	乙	丙	丁			
	巳	午	未	申	酉	戌	亥	子	丑	寅	卯	辰	巳	午	未	申	酉	戌	亥	子	丑	寅	卯	辰	巳	午	未	申	酉			
星	亢	氐	房	心	尾	箕	斗	牛	女	虛	危	室	壁	奎	婁	胃	昴	畢	觜	參	井	鬼	柳	星	張	翼	軫	角	亢			

后天	星	軫	翼	張	星	柳	鬼	井	參	觜	畢	昴	胃	婁	奎	壁	室	危	虛	女	牛	斗	箕	尾	心	房	氐	亢	角
	日	癸	甲	乙	丙	丁	戊	己	庚	辛	壬	癸	甲	乙	丙	丁	戊	己	庚	辛	壬	癸	甲	乙	丙	丁	戊	己	庚	辛	壬子
	辰	未	申	酉	戌	亥	子	丑	寅	卯	辰	巳	午	未	申	酉	戌	亥	子	丑	寅	卯	辰	巳	午	未	申	酉	戌	亥	

何物能聽角 神明氐不亢(正17:9)

다사고인월〈多辭古人月〉: 말이 많은 옛날 사람의 달력. 선천력先天曆은 윤역閏易인 까닭에 말이 많았던 것이다. 예컨대 하夏나라는 인월寅月로 세수歲首를 삼고, 은殷나라는 축월丑月로 세수歲首를 삼고, 주周나라는 자월子月로 세수歲首를 삼았으며, 그리고 진秦나라는 해월亥月로 세수歲首를 잠시 하였고, 한무제漢武帝 때는 도로 인월寅月로 세수歲首하였다.

敢將多辭古人月 幾度復上當天心(正10:4)

다소〈多笑〉: 웃는 일이 많음. →「自笑人笑恒多笑」

自笑人笑恒多笑(正18:1)

단오귀공오십오점소소〈單五歸空五十五點昭昭〉: 육십수六十數에서 단 오五를 공空에 돌리면 오십오五十五점인 하도수河圖數에 밝혀진다. 이를 도표로 보자. 무무위귀공도无无位歸空圖라고 하였다.

〈无无位歸空圖〉

三百六十當朞日 大一元三百數九九中排列 无无位六十數一六宮分張				
(1指)	(2指)	(3指)	(4指)	
元	亨	利	貞	
(9×9+1×9)+	(8×9+2×9)+	(7×9+3×9)+	(6×9+4×9)+	=360(當朞日數)
		┌ 九 九 中 ┐		
		春 夏 秋 冬		
	300(大一元)	=(90+80+70+60)		
360(當朞日)	60(无无位)	− 5(單五歸空) =	55 点 (河圖) 昭昭	
		−15(十五歸空) =	45 点 (洛書) 斑斑	
	(6指)			
	(一元宮)			

單五歸空五十五點昭昭(正18:4)

단학〈短壑〉: 짧은 구렁. 곤괘坤卦의 형상.

南望靑松架短壑(正5:13)

당기삼백육십일〈當朞三百六十日〉: 일년一年에 360일이 한 돐이 당한 것이 기朞를 공부자孔夫子의 기朞라고 한다. 일부一夫의 기朞는 375도度니 이에서 15 건곤수乾坤數를 존공尊空시키면 공부자孔夫子의 기朞인 당기삼백육십일當朞三百六十日이라는 것이다.

夫子之朞 當朞三百六十(正7:2)

당기일〈當朞日〉: 360일日만에 기일朞日이 당도하는 것을 말한다.

三百六十當朞日(正18:3)

당천심〈當天心〉: 천심天心에 당한다는 천심天心은 지뢰복괘地雷復卦의 천지중심天地之心이 아니라 이천二天에 닿는 무戊의 천심天心과 칠지七地에 닿는 무戊의 황심皇心자리를 뜻한다.

> 吾皇大道當天心(正5:4)
> 復上起月當天心(正10:4)
> 復其見天地之心(易復)
> 劍立溪峰信險深 吾皇大道當天心(周濂溪劍門閣詩)

당황심⟨當皇心⟩ : 황황이 기己를 뜻한다면 천天은 무戊를 의미意味한다고 보겠다. 그러므로 덕부천황德符天皇이란 기와 무戊가 한 자리에서 지십위천地十爲天천오지天五地가 되는 것을, 덕부천황德符天皇이라 한것이다. 기월起月하면 어디까지나 갑甲을 일으킨다는 것이니, 황중皇中은 오육五六자리를 말하고, 황심皇心은 십十자리를 말한다. 기월起月을 갑甲으로 시작한다는 말은 과거 역상가曆象家들도 일컬어 왔다. 예를 들어 춘상갑春上甲·하상갑夏上甲·추상갑秋上甲·동상갑冬上甲의 날에 기후를 보고 춘하추동春夏秋冬의 수한水旱을 점쳐보고 하였다.

> 皇中起月當皇心(正10:4)

대덕종지⟨大德從地⟩ : 주역周易에서도 천덕天德은 군덕君德인지라 우두머리가 되지 못한다고 하였다. (天德不可爲首也)
대덕大德은 땅으로조차 나온다는 말이다. 즉 무위戊位는 지심(地心·皇心)자리에 놓인다는 뜻이다.

> 大德從地兮 地從言(正9:6)
> 小德川流 大德敦化(中庸)

대도⟨大道⟩ : 사람이 지켜야 할 큰 도리道理를 대도大道라 하는데 성리性理로 정역正易에서 말하는 대도大道는 기위己位를 뜻한다.

> 吾皇大道當天心(正5:4)
> 大道從天兮 天不言(正9:5)
> 大道之行也 天下爲公(禮記 禮運)

대도종천⟨大道從天⟩ : 대도大道는 하늘로 조차 나온다. 정역正易에서는 지십위천地十爲天이란 말로서, 땅에(六指) 있던 기위(己位·大道)가 하늘(一指)로 조차 시작이 되니 하늘이 말씀하지 아니하시랴? 한 것이다.

> 大道從天兮 天不言(正9:5)

대명〈大明〉: 크게 밝음. 또는 태양의 별칭別稱을 대명大明이라 하지만 여기서는 크게 밝음이다.

> 大明后天三十日(正4:9)
> 日月大明乾坤宅(正9:16)
> 大明 生於東(禮記 禮器)

대명후천삼십일〈大明后天三十〉: 후천后天에 30일日을 크게 밝힌다. 정역도수正易度數로 보면 30수數는 사상분체도四象分體圖 159(61+32+36+30)수數 중에 태음수太陰數(30)에 속하는 수數이다. 즉 36수數에 성도成道한 신해궁辛亥宮이 선천先天에서는 14일日째이던 선천先天(선보름)을 밝힌 달이던 것이 후천后天에서는 29일日째에서 30일日을 밝힌다함을 대명후천삼십일大明后天三十日이라 한것이다. 이를 도표로 알아본다. 이를 대명후천삼십일大明后天三十日라 하였다.

〈大明后天三十日圖〉

癸未	甲申	乙酉	丙戌	丁亥	戊子	己丑	庚寅	辛卯	壬辰	癸巳	甲午	乙未	丙申	丁酉
軫	翼	張	星	柳	鬼	井	參	觜	畢	昴	胃	婁	奎	壁
癸丑	甲寅	乙卯	丙辰	丁巳	戊午	己未	庚申	辛酉	壬戌	癸亥	甲子	乙丑	丙寅	丁卯
一日	二	三	四	五	六	七	八	九	十	十一	十二	十三	十四	十五

后天初一日

戊戌	己亥	庚子	辛丑	壬寅	癸卯	甲辰	乙巳	丙午	丁未	戊申	己酉	庚戌	辛亥	壬子
室	危	虛	女	牛	斗	箕	尾	心	房	氐			亢	角
戊辰	己巳	庚午	辛未	壬申	癸酉	甲戌	乙亥	丙子	丁丑	戊寅	己卯	庚辰	辛巳	壬午
十六	十七	十八	十九	二十	二一	二二	二三	二四	二五	二六	二七	二八	二九	三十
1	2	3	4	5	6	7	8	9	10	11	12	13	14	15

先天朔日

三十六宮先天月 大明后天三十日(正4:9)

대성칠원군〈大聖七元君〉: 일부 선생先生의 별다른 존칭尊稱. 즉 칠원성군七元聖君이니 이는 북두칠성北斗七星의 정기正氣로 나시어 북두칠성北斗七星에 의한 사명使命을 띠시었다고 보아진다. 북두칠성北斗七星을 보면 밤하늘 술시戌時(21시~22시)를 표준標準하여 보이는 방향方向에 따라 춘하추동春夏秋冬 사시四時와 일년一年 십이월十二月의 월건月建이 가름된다. 북두칠성北斗七星이 술시戌時 기준基準하여 동東쪽에 있으면 봄이요, 남南쪽에 있으면 여름이요, 서西쪽에 있으면 가을이요, 북北쪽에 있으면 겨울이다. 또 북두칠성北斗七星의 자루(斗柄)가 인방寅方을 가르치면 정월正月이요, 묘방卯方을 가르치면 이월二月이요, 진방辰方을 가르치면 삼월三月이요, 사방巳方을 가르치면 사월四月·········십이지지十二地支 가르치는데 따라 그달 그달을 가르킨다. 이러한 북두칠성北斗七星의 력수曆數의 사명使命을 띤 일부一夫인지라 칠원군七元君이라고 한것이 아닌가 한다.

大聖七元君書(正9·9)

대역〈大易〉: 소강절邵康節이 주역周易을 읊은 시를 대역음大易吟이라고 하였으나 이에 대역大易은 정역正易을 일컬은 것이라고 본다.

大易序(大序)

대우〈大禹〉: 중국中國 하夏나라를 창시創始한 성군聖君. 하우씨夏禹氏라고도 한다. 우禹임금은 키가 구九척 구九촌이요, 목이 길고(長頸장경), 새부리 잎(鳥喙조훼)에 범의 코(虎鼻호비)에 두 귀는 구멍이 셋이며(兩耳三竅양이삼규), 수壽는 일백一百세를 누리고 재위在位 팔년八年(서기전2205~2197)이라 전傳한다. → 「大禹九疇玄龜」

大禹九疇玄龜(正1·5)

대우구주현귀〈大禹九疇玄龜〉: 대우大禹가 천하天下를 구주九疇로 나누어 행정구역行政區域을 정할 때 낙수洛水에서 현귀玄龜가 등에 구주九疇의 형상을 지고 나온 것을 보고 그 이치理致대로 정치政治를 하였다고 전傳한다. 구주九疇의 이름은 서경書經 대우편禹貢篇에는 기冀·연兗·청靑·서徐·형荊·옹雍·예豫·양揚·량梁이라 함. 그러나 우禹의 구주九疇는 구주九州며 구주九疇는 기자箕子가 주周의 무왕武王의 물음에 가르친 바, 천하天下를 다스리는 아홉가지의 대법大法 곧 ①오행五行 ②오사五事 ③팔정八政 ④오기五紀 ⑤황극皇極 ⑥삼덕三德 ⑦계의稽疑 ⑧서징庶徵 ⑨오복五福인 구법九法이다.

大禹九疇玄龜(正1·5)

대인성〈待人成〉: 인간완성人間完成을 기다려서 천지天地도 완성完成한다는 일.

誰識天工待人成(正20·14)
天工人其待之(中庸)

대일원〈大一元〉: 정역正易에는 일원一元과 대일원大一元·상원上元과 원원元元·삼원三元·오원五元 그리고 원강성인元降聖人의 원元 또는 칠원七元 등 원元이 있다. 하늘을 상징象徵해 말할 때는 원강성인元降聖人의 원元이며, 선후천先后天을 말할 때의 원元은 삼원三元·오원五元이며, 천지天地의 기운氣運의 원천을 말할 때는 원원元元이며, 원元이 맨 처음 운행運行을 시작하는 것을 상원上元이라 하며, 크게 불리는 원元을 대일원大一元이라 하며, 건도乾道를 불리는 수數를 일원一元이라 한다.

　　大一元三百數 九九中排列(正18:3)

대일원삼백수〈大一元三百數〉: 300(90+80+70+60) 수數는 크게 하나로 되는 원元이다.

　　大一元三百數 九九中排列(正18:3)

대장〈大壯〉: 뇌천대장괘雷天大壯卦 이름인데 여기서는 아주 씩씩함을 뜻하기도 한다.

　　觀於此而大壯(正5:9)
　　古今天地一大壯觀(正6:3)

대재〈大哉〉: 크다는 형용사形容詞며 감탄사感歎詞.

　　大哉體影之道(正1:16)
　　大哉金火門(正9:13)

대저〈大著〉: 크게 현저顯著함. 또는 대大 저작著作임.

　　秉義理大著春秋事者 上敎也(大序)

대청〈大淸〉: 청淸나라를 높이는 뜻에서 대大자를 더하여 대청大淸이라 한다.

　　大淸光緖十年(正19:12)

대청광서십년〈大淸光緖十年〉: 청淸나라 덕종德宗의 연호는 광서光緖이니 대청광서십년大淸光緖十年은 서기 1884년 고종高宗 21년年이다.

　　大淸光緖十年甲申(正19:12)

대화〈大和〉: 후천 이십사절기二十四節氣의 하나. 진월辰月 초삼일初三日의 절기節氣 이름.

　　辰月初三日乙卯卯正一刻十一分大和(正13:4)

도도〈滔滔〉: 시대時代의 조류潮流에 따라가는 모양. 물이 흘러가서 돌이킬 수 없음과 같이 되는 형용사形容詞.

> 凡百滔滔 儒雅士(正17:14)
> 滔滔者天下皆是也(論語 微子)

도상천리부모위〈倒喪天理父母危〉: 천리天理를 거꾸로 훼상毁喪하면 천지부모가 위태롭다.

> 倒喪天理父母危(正10:8)

도생역성〈倒生逆成〉: 십十에서 일一로 거꾸로 가는 수數를 도倒라 하고 일一에서 십十으로 거슬러 가는 수數를 역逆이라 하며, 시작始作을 생生이라 하고 끝남을 성成이라 한다. 그러므로 이에는 십十에서 시작始作하여 일一에서 끝난다는 말이다. 이것을 순수順數라고도 한다.

> 龍圖 未濟之象而倒生逆成 先天太極(正2:5)
> 太陽 倒生逆成 后天而先天(正3:15)

도서지리〈圖書之理〉: 도서圖書는 하도河圖와 낙서洛書이며, 도서지리圖書之理는 그 운행작용運行作用을 하는 원리原理이다.

> 圖書之理 后天先天(正2:4)

도수〈度數〉: 거듭하는 회수. 또는 각도·광도·갑어치 등의 크기를 나타내는 수數. 즉 정윤도수正閏度數·주회도수周回度數·기후도수氣候度數는 거듭하는 회수回數를 나타내는 도수度數이며, 체위도수體位度數는 광도 각도의 부피를 나타내는 도수度數이며, 원도수原度數·율려도수律呂度數·천지지도수天地之度數는 갑어치 도수度數를 나타낸 것이다.

> 天地之度數止乎十(正2:16)
> 律呂度數 造化功用立(正6:8)
> 一歲周天律呂度數(正7:11)
> 无極體位度數(正11:2)
> 皇極體位度數(正11:6)
> 月極體位度數(正11:10)
> 日極體位度數(正11:15)
> 先后天正閏度數(正19:4)

先后天周回度數(正19:8)

十干原度數(正30:)

二十四節氣候度數(正31:1)

日月星辰之度數 天道備焉(周禮)

도순도역〈度順道逆〉: 간지干支로 가는 도度는 순順하고, 간지干支로 간 천간天干 수數의 도道는 역逆하니라. 도표로 보면 다음과 같다.

〈度順道逆圖〉

그리고 도度와 도道가 다른 점은 즉 갑자을축甲子乙丑으로 치는 것을 도순度順이라 하고, 을축갑자乙丑甲子로 치는 것을 도역度逆이라 하며, 오五에서 십十으로 가는 수를 도역道逆이라 하고, 십十에서 오五로 오는 수數를 도순道順이라 한다.

度順道逆(正11:8)

도순이도역〈度順而道逆〉: 간지干支로는 무술 기해하니 간지도干支度는 순順하드라도 수數는 오五에서 십十으로 역逆한다 함.

戊位 度順而道逆(正3:2)

도역도순〈度逆道順〉: 간지干支의 도度는 기사己巳에서 무진戊辰으로 역逆하고 도道는 십十(己)에서 오五(戊)로 순順한다 함.

己位 度逆道順(正11:4)

도역이도순〈度逆而道順〉: 간지干支로는 기사己巳에서 무진戊辰으로 도度가 역逆하드라도 수(道)는 십十(己)에서 오五(戊)로 순順하다 함.

己位 度逆而道順(正3:2)

도역지리〈倒逆之理〉: 십十에서 일一로 도倒하고 일一에서 구九로 역逆하는 순간에 사구이칠四九二七인 금화金火가 한자리에서 놓이게 되므로 금화호택金火互宅하는 것은 도역倒逆. 즉 도생역성倒生逆成하는 데서 생긴 이치理致

라 한다.

　　　　金火互宅 倒逆之理(正2:10)

도죄〈逃罪〉: 잘못된 허물(罪^죄)을 면하게 되는 일. 허물을 피하게 됨.

　　　　庶幾逃罪乎(大序)

도처〈到處〉: 이르는 곳. →「不到處」

　　　　古人意思不到處(正6:1)

도통〈道通〉: 도(道^도)를 통함. →「道通天地无形外」

　　　　道通天地无形外(大序)

도통천지무형외〈道通天地无形外〉: 이는 정명도程明道시에서도 이른 바

　　　開來無事不從容 睡覺東聰日已紅
　　　萬物靜觀皆自得 四時佳興與人同
　　　道通天地有形外 思入風雲變態中
　　　富貴不隱貧賤樂 男兒到此是豪雄

이라고 한데서 취한 구절이다. 정역正易에서는 이 뜻과는 달리 도道를 천지天地의 형상없는 밖에로 통通했다 하니 이는 곧 우주宇宙의 무중벽无中碧을 고요히 관찰하는 일이나 천지天地의 무형외无形外를 통通하는 일이나 십십일일十十一一의 공空(无形外^무 형 외)과 중中이 상통相通하는 말이다.

　　　　道通天地无形外(大序)
　　　　道通天地有形外 思入風雲變態中(程明道詩)

도화〈圖畵〉: 그림. 그림을 그림. →「一張圖畵雷風生」

　　　　一張圖畵雷風生(正20:13)

독서〈讀書〉: 글을 읽음. 정역正易에서는 서경書經을 읽는 것. →「讀書學易先天事」

　　　　讀書學易先天事(正17:4)

독서학역선천사〈讀書學易先天事〉: 서경書經을 읽고, 주역周易을 배우는 것은 선천先天의 이미 지나간 옛 일이라는 것이다. 즉 시대時代의 조류潮流에 도도滔滔히 흐르는 유사儒士들처럼 서경書經을 읽고, 주역周易을 배우기만 하던 일은 선천先天 유아사儒雅士들이 하던 일이다. 그러면 이치理致를 궁

구궁究하고 몸을 수양修養하는 이는 후천사람 누구인가? 라고하는 노래의 한 구절句節이다.

讀書學易先天事 窮理修身后人誰(正17:4)

동궁〈同宮〉: 궁궁을 한가지로 함. →「日月同宮有无地」

日月同宮有无地(正4:8)

동도〈同度〉: 도수度數가 같은 것. →「月日同度先后天」

月日同度先后天(正4:8)

동북〈東北〉: 동東쪽과 북北쪽의 중간이 되는 방위方位도 되나 이에서는 정동正東과 정북正北을 말함. →「氣東北而固守」

氣東北而固守(正5:4)
東北正位(正22:15)

동북정위〈東北正位〉: 정동正東과 정북正北으로 정위正位함.

卦之離乾 數之三一 東北正位(正22:15)

동산〈東山〉: 동東쪽에 있는 산. →「東山第一三八峰」

東山第一三八峰(正5:11)

동산제일삼팔봉〈東山第一三八峰〉: 동東쪽나라에 있는 산山의 제일봉第一峯은 삼팔봉三八峯이라는 것. 삼팔三八은 목木이며, 목木은 동방東方을, 동방東方은 정역正易의 팔간산八艮山을 뜻한다.

東山第一三八峰 次第登臨(正5:11)

득왕〈得旺〉: 왕성旺盛한 운運을 얻었다 함. →「丑宮得旺」

丑宮得旺(正10:15)

등림〈登臨〉: 팔간산八艮山에 올라 목적지에 임함. →「次第登臨」

次第登臨(正5:4)

막막〈莫莫〉: 시경詩經에 보면 잎이 무성한 모양을 일컬어 유엽막막維葉莫莫이라 하였다. 여기서는 더 없고 없다하는 형용사形容詞이다. →「莫莫莫无量」

막막막무량〈莫莫莫无量〉: 더 없고 없는 한량없는 무량无量수임. 무량无量이란 한 수의 단위單位이다. →「无量」

室張三十六 莫莫莫无量(正17:10)

만고〈萬古〉: 아주 옛날. 태고太古적부터. →「萬古文章日月明」

萬古文章日月明(正20:13)

不廢江河萬古流(杜甫詩句)

만고문장일월명〈萬古文章日月明〉: 일월日月같이 밝은 천만고千萬古의 문장文章이여하면 주어主語가 문장文章을 말하는 것이지만 이 글에는 주어主語가 일월명日月明이요 이어서 뇌풍생雷風生인듯 싶다. 포도시布圖詩를 한번 읊어 본다.

萬古에 裝飾한 文彩는 日月로 밝혀 졌고
한번 베푼 그림에 우뢰와 바람이 일어났네.
고요히 저 宇宙 无中碧을 觀察하니
뉘 알리오 天工도 사람을 기다려 이루는 줄을?
萬古文章日月明(正20:13)

만고성인〈萬古聖人〉: 아주 옛적부터 제일가는 성인聖人.

皆萬古聖人也(大序)

만력〈萬曆〉: 앞으로 다가올 후천后天의 일월성신日月星辰의 운행運行과 절후節侯를 추산하여 엮은 만세 책력. →「十易萬曆」

萬曆而圖(正19:1)

萬曆而圖兮 咸兮恒兮(正19:2)

十易萬曆(正27:2)

만역이도혜 함혜항혜〈萬曆而圖兮 咸兮恒兮〉: 만세의 책력册曆으로 된 그림이여, 함咸이며 항恒의 그림이로세, 십이월十二月 이십사절二十四節 절후도수氣候度數를 보면 원화元和·중화中化 등 화和와 화化로 일관一貫되었으니 이는 함괘咸卦의 천하화평天下和平과 항괘恒卦의 천하화성天下化成의 화和와 화化를 취한 절후節侯 이름으로서 만력도萬曆圖를 만든 것이 아닌가 한다.

萬曆而圖兮 咸兮恒兮(正19:2)

만변일창공〈萬變一蒼空〉: 수없이 변變해온 하나의 창천蒼天 →「靜觀萬變一蒼空」

　靜觀萬變一蒼空(正20:3)

만세사〈萬世師〉: 만세萬世의 스승. 이후 만세까지 갈지라도 인류人類의 스승이 된다는 뜻. →「儘我萬世師」

　儘我萬世師(正2:13)

만이희지〈晚而喜之〉: 늦게서야 기뻐하다.

　晚而喜之 十而翼之 一而貫之(正2:13)

만절우귀〈萬折于歸〉: 신부가 처음으로 시집에 들어가는 일을 우귀于歸라 하듯이 지일자수地一子水가 만번이나 꺾이어서 결국 천일임수天一壬水에로 들어가 합친다는 뜻이다.

　地一子水兮 萬折于歸(正9:8)

만절필동〈萬折必東〉: 황하黃河가 여러번 꺾여 흘러가도 필경 동東쪽 황해黃海로 흘러든다는 뜻으로 곡절이 있으나, 필경은 본뜻대로 나간다는 중국中國의 순재학荀在鶴의 시구詩句를 빌어다가 정역正易에서는 북방北方의 천일임수天一壬水가 만번이나(수없이) 격절激折하여 반드시 동東쪽으로 흐른다는 것이니 이는 일부一夫가 능언能言한 수조북지水汐北地의 격동激動현상의 수數를 뜻한 것이다.

　天一壬水兮 萬折必東(正9:7)
　水萬折而必東(荀在鶴詩)

명월〈明月〉: 밝은 달. 또는 보름 달. →「吹簫弄明月」

　中有學仙侶 吹簫弄明月(正5:15)

명청오일언〈明聽吾一言〉:「나의 한마디 말을 밝게 들어 보라」는 소자小子들에게 일깨우는 말.

　明聽吾一言小子(正25:16)

명화〈明化〉: 후천后天 이십사절기二十四節氣의 하나. 즉 해월십팔亥月十八일 절후節侯.

十八日庚子子正一刻十一分明化(正32:3)

묘궁용사〈卯宮用事〉: 후천은 세수歲首를 묘월卯月로 하므로 묘궁卯宮이 정사政事에 쓰인다 함. →「卯宮用事 寅宮謝位」

　卯宮用事 寅宮謝位(正10:16)

묘궁용사 인궁사위〈卯宮用事 寅宮謝位〉: 후천에는 정월세수正月歲首를 묘궁卯宮이 행사行事하여 쓰이니 선천에 세수歲首로 쓰이는 인궁寅宮은 본 위位에서 물러간다.

　卯宮用事 寅宮謝位(正10:16)

묘리〈妙理〉: 미묘微妙한 이치理致. →「玄妙理」

　妙妙玄玄玄妙理(正20:3)

묘묘현현현묘리〈妙妙玄玄玄妙理〉: 묘묘妙妙는 미묘微妙한 중에 더 신묘神妙한 것. 현현玄玄은 현오玄奧한 중에 더 현오玄奧한 것. (玄之又玄) 즉 묘중妙中에 묘妙하고, 현중玄中에 현玄한 현묘玄妙한 이치理致.

　妙妙玄玄玄妙理 无无有有有无中(正20:3)

　玄之又玄 衆妙之門(老子)

묘혜귀축술의신〈卯兮歸丑戌依申〉: 정역正易에 오팔존공五八尊空이란 무오戊五 묘팔卯八을 말한다. 이 묘술卯戌인 공空이 어데로 귀의歸依하는가 하면 묘卯는 축丑에 돌아가고, 술戌은 신申에 의지한다고 하니, 귀의歸依하는 축신丑申은 무슨 상수象數일까? 축丑은 십十이니, 미제지상未濟之象에 당當하는 것이라면, 신申은 구九로서 기제지수既濟之數에 당當하는 것이 아닌가 한다.

　地十爲天天五地 卯兮歸丑戌依申(正25:1)

무공평위산〈武功平胃散〉: 이 시詩(尊空詩)는 양운陽韻을 써서 읊은 시이다. 이를 읊어 보면,

　武功平胃散 文德養心湯

　正明金火理 律呂調陰陽(陽韻)

무공武功은 평위산平胃散이라야 하고, 문덕文德은 양심탕養心湯이라야 한다. 금화金火 바뀌는 이치理致를 바로 밝혔으니, 율려律呂로는 음양陰陽

을 고르게 (調陽律陰)하리라. 이 시詩의 지침指針은 율려조음양律呂調陰陽에 있다. 그리고 평위산平胃散과 양심탕養心湯은 한약명漢藥名으로서 배속(坤爲腹)이 불화不和한데는 평위산平胃散이어야 하고, 머릿속(乾爲頭)이 불안不安한데는 양심탕養心湯이어야 한다는 좀 이채로운 말이다. 그 속뜻은 평위산平胃散은 이십팔수二十八宿의 위수胃宿을 가르키고, 양심탕養心湯은 이십팔수二十八宿의 심수心宿을 뜻한다. 이 위胃와 심心은 사구이칠四九二七 금화金火의 변화變化를 뜻하니 이를 도표로 알아 본다.

16	17	18	19	20	21	22	23	24	25	26	27	28	29	30	1	2	3	4	5	6	7	8	9	10	11	12	13	14	15	先天后天
1	2	3	4	5	6	7	8	9	10	11	12	13	14	15	16	17	18	19	20	21	22	23	24	25	26	27	28	29	30	
癸未	甲申	乙酉	丙戌	丁亥	戊子	己丑	庚寅	辛卯	壬辰	癸巳	甲午	乙未	丙申	丁酉	戊戌	己亥	庚子	辛丑	壬寅	癸卯	甲辰	乙巳	丙午	丁未	戊申	己酉	庚戌	辛亥	壬子	
軫	翼	張	星	柳	鬼	井	參	觜	畢	昴	胃	婁	奎	壁	室	危	虛	女	牛	斗	箕	尾	心	房	氏			亢	角	
癸丑	甲寅	乙卯	丙辰	丁巳	戊午	己未	庚申	辛酉	壬戌	癸亥	甲子	乙丑	丙寅	丁卯	戊辰	己巳	庚午	辛未	壬申	癸酉	甲戌	乙亥	丙子	丁丑	戊寅	己卯	庚辰	辛巳	壬午	
后天初一日											平胃散				先天初一日								養心湯							

그러면 위胃는 선천先天 27일日이, 후천后天 12일日이 되는 이二와 칠수七數 화火에 당하고, 심心은 선천先天 9일日이 후천后天 24일日이 되는 사四와 구수九數 금金이 당하여 사구이칠四九二七 금화金火가 나타나 있으므로 다음 시구詩句에 정명금화리正明金火理란 금화金火가 나오게 되는가 한다. 이 평위산平胃散이나 양심탕養心湯이라고 하는 것처럼 고인古人들이 쓰인 것을 상고해 보면 홍만종洪萬鐘의 순오지旬五志에서,

保和湯 方은
思無邪 行好事 莫欺心 行方便 守本分 莫嫉妬 除狡詐 務誠實 順天道 知命限 清心 寡慾 忍耐 柔順 謙和 知足 廉謹 存仁 節儉 處中 知機 保愛 活退 守靜 陰隲 戒殺 戒暴 戒怒 戒貪 愼獨
右三十味 咬咀爲末 用心火一斤 腎水二碗 煎至五分 不拘時溫服
修身方은
孝順十分 好肚腸 一条 慈悲心一片 溫柔半兩 老實頭 一箇 道理三分 忠直一塊 陰德全用 方便不拘多少

右藥用寬大鍋 不可焦了火性取出爲末 用波羅蜜爲丸 如菩提子大 每日三思 用平
心湯送下 百病立 切忌利己損人言淸行濁暗中 用箭笑裏藏刀撥草尋蛇無風起浪
凡百惡味切須忌之

라고 한바와 같이 평심탕平心湯으로 먹는다는 등 말은 당시 흔히 쓰이던
말이다.

　　武功平胃散 文德養心湯(正17:11)

무궁⟨无窮⟩ : 끝없이 영원히 계속함. 한이 없음. →「天地无窮」「淵源无窮」

　　淵源天地无窮化无翁(大序)
　　淵源无窮來歷長遠兮(大序)
　　作憲垂法爲无窮之規(漢書)

무극⟨无極⟩ : 우주에 선행先行하여 존재存在한 시원原始의 근본根本을 이루
는 것. 정역正易에서는 무극无極은 십수十數를 말하는 것으로서 기십己十,
십건十乾 등과도 상통한다. 무无는 곧 십十을 의미意味한다면 극極은 곧 다
(盡진)함을 가르킨 것이라 하겠다. 그렇다면 극極은 무극无極 또는 태극太極
황극皇極 이 세가지니 태극太極의 극極은 한 덩어리 극極을 가르킨 것이며,
황극皇極의 극極은 대중大中을 가르킨 것으로 풀이 된다. 역易자가 일자삼
의一字三義로 변역變易의 의義와 교역交易의 의義와 이간易簡의 의義가 다르
듯이 극極자에 있어서도 무형无形의 극極, 태초太初의 극極, 황중皇中의 극
極이 있다 하겠다.

　　擧便无極十(正1:10)
　　后天无極(正2:5)
　　无極之无極 夫子之不言(正2:11)
　　无極體位度數(正11:2)
　　不言无極有意存(正17:16)
　　己位四金一水八木七火之中无極(正26:2)
　　无極而太極十一(正26:3)
　　皇極而无極五十(正26:8)
　　无極而太極(周濂溪)

무극유의존⟨无極有意存⟩ : →「不言无極有意存」

　　不言无極有意存(正17:16)

무극이태극〈无極而太極〉: 무극无極이로대 태극太極. 우주宇宙에 선행先行하여 존재存在한 원시原始의 근본根本을 이루는 무극无極에서 우주宇宙 만물萬物 구성構成의 근원根源이 되는 본체本體. 즉 태극太極을 수리數理로 말하면 십일十一이라 한다.

무극이태극无極而太極이란 말은 일찍이 송나라 주렴계周濂溪도 말한 바이지만 주렴계周濂溪가 말한 무극이태극无極而太極은 정역正易에서 말하는 무극이태극无極而太極과는 말은 같으나 개념槪念이 다르다. 주렴계周濂溪가 일컬은 무극이태극无極而太極은 태극太極 이전以前에 무극无極이 있었다는 순서順序를 말한 것이며, 정역正易에 무극이태극无極而太極은 십변시태극十便是太極 즉 무극无極이 바로 이 태극太極이라는 뜻이다. 무극无極은 무방无方이오 무체无體인데 비하여 태극太極은 유방有方이오 유체有體라고 할 수 있다면 그 무无와 유有, 무극이태극无極而太極은 즉 무이유无而有로 통통通通한다.

  无極而太極十一(正26:3)
  无極而太極(周濂溪)

무극지무극〈无極之无極〉: 무극无極의 무극无極이란 주렴계周易繫辭의 성성존존成性存存과 인이신지引而伸之 촉유이장지觸類而長之등과 상통相通한다. 즉 십十이 선천先天에 닫힌 자리 다음(二指)에서 일이삼사오육칠팔구一二三四五六七八九까지 가면 구九는 십十자리에 구九하고 날리게 되는 즉 십이익지十而翼之가 되며 십十하면서 하나자리에 꽂히니 즉 일이관지一而貫之가 된다. 이것이 십십일일十十一一하는 중中의 공空이 되고 성성존존成性存存이 되는 현상을 무극지무극无極之无極이라고 표현表現이 된 것이다.

  无極之无極 夫子之不言(正2:11)

무극체위〈无極體位〉: →「无極體位度數」
  无極體位度數(正11:2)

무극체위도수〈无極體位度數〉: 무극无極이 체위體位한 무극无極 도수度數를 말한다 이를 기사己巳 무진戊辰 기해己亥 무술戊戌이라고 하였다. 즉 기사궁己巳宮은 무극无極이 체위體位한 궁宮이라면 무술궁戊戌宮은 황극皇極이 체위體位한 궁宮이라 할 것이니 그러면 태극체위太極體位를 찾는다면 어데

일까? 그것은 바로 상원축회上元丑會인 기축己丑일 것이다. 그러므로 반고
화盤古化를 기축己丑에서 무술戊戌하니, 무술戊戌은 황극체위皇極體位로서
다시 무술戊戌로 기해己亥 경자庚子 신축辛丑 임인壬寅하게 되면 반고오화
盤古五化인 것이다. 화옹무위化翁无位 원천화原天火 생지십기토生地十己土라는
것은 기사궁己巳宮이 만들어 지는 순서順序를 분해하여 보인 것이다.

　　　无極體位度數(正11:2)

무량〈无量〉 : 헤아릴 수 없게 한限이 없음. 수數 단위單位의 가장 끝수를 무
량无量이라고 한다. 그리고 수數의 최소 단위單位는 공허空虛이다. 정역正易
에는 이 무량无量과 공空을 말하고 있다. 그러면 공空과 무량无量이 어떠한
수치의 거리인가 도표로 알아보자. 또 자연수로는 십十이 무량无量에 통
한다.

〈수단위〉

單 十 百 千 萬 億 兆 京 垓 秭 壤 溝 澗 正 載 極 恒 阿 那 不 无

河 曾 有 可 量

沙 底 他 思

議

分 釐 毛 絲 忽 微 纖 沙 塵 俟 渺 漠 模 逡 須 瞬 彈 刹 六 清 空

湖 巡 臾 息 指 那 德 淨 虛

단單에서 무량无量까지의 수는 0이 68이나 된다. 분分이하 공허空虛까지도
마찬가지이다. 정역正易에서는 이를 비약해서 분생공分生空 원천무량原天无
量 막막막무량莫莫莫无量 등으로 쓰이고 있다.

　　　十一歸體功德无量(正11:1)
　　　原天无量(正19:7)
　　　好好无量(正27:13)

무무위〈无无位〉 : 주역周易에 존존存存이 있듯이 정역正易에는 유유무무有
有无无 막막莫莫 초초初初 래래來來 호호好好 등이 있다. 무위无位란 공무위空
无位를 뜻한다면 무무위无无位는 영무위影无位를 말하는 것이 아닐까 한다.
그렇다면 무위无位와 무무위无无位의 관계關係는 좀 같으면서 다르다. 즉 공
空과 영影과의 관계가 다른 것을 살펴보면 다음 표와 같다.

空 ⟶	无位 ⟶	生地十己土九九中 ⓉⒸ(열자리)	(十退一進)
影 ⟶	无无位 ⟶	六十數 ⟶	一六宮 ⑤(다섯자리) (包五含六)

무위无位는 갑술甲戌이 공空맞는 황심皇心자리에 놓인다면 무무위无无位는 계묘癸卯 공空·〈영影〉맞는 천심天心자리에 해당한다고 볼 수 있다. 그러므로 무무위육십수无无位六十數는 일육궁一六宮에 나누어 베푼다고 한것이라 하겠다.

　　无无位六十數(正18:4)

무무위육십수〈无无位六十數〉: 영동천심월影動天心月이라 함을 보면 영影은 즉 무무위无无位는 천심월天心月에서 즉 육십수六十數에서 발동發動하는 것이므로 육십수六十數는 천도天度의 대단위大單位라 하겠다. 그러므로 육십 갑자六十甲子가 있고 육십六十일을 한 단원單元으로 하였으니 이십팔수운기도二十八宿運氣圖를 참조參照하면 짐작해 알 수 있다.

　　无无位六十數 一六宮分張(正18:4)

무문〈无門〉: 장자莊子도 대도는 무문(^{대 도 무 문}大道无門)이라 하였다. 정역正易에는 금화문金火門이 셋이 있는데 삼재문三才門 오원문五元門 십무문十无門이라 한다. 이 문門마다 일부一夫가 참여參與하였다. 이중에 무문无門은 십무문十无門으로서 무无는 십수十數요, 문門은 도문道門이다. →「十无門」

　　八風風 一夫風 十无門(正9:15)
　　大道无門(莊子)

무문〈武文〉: 대개 무문文武라고 하는데 무문武文라고 하는 문구는 일반적으로 쓰이지 아니한다. 여기서 무문武文이란 가악장어무문歌樂章於武文이니 즉 노래와 음악音樂은 무도武蹈 문도文蹈에서 한 장면을 이룬다는 뜻이다. 속뜻으로는 정역팔괘正易八卦의 진震이 무武가 되고 리離가 문文이 되는데 진震에서 육진뢰六震雷 칠지七地 팔간산八艮山 구이화九離火로 손에 꼽아 보면 무武인 진震과 문文인 리離가 한자리에 놓여 무문武文을 빛나게 한다. 이 이치理致를 주역周易 계사상繫辭上에서는 명학재음鳴鶴在陰(^{신 유}辛酉) 기자화지其子和之(^{갑 자}甲子)로 표현하고 있다. →「歌樂章於武文」

　　歌樂章於武文(正5:7)

무성무역〈无聖无易〉: 정역正易에 원강성인元降聖人 시지신물示之神物이나 주역周易에 천생신물성인즉지天生神物聖人則之가 같은 뜻이다. 그러므로 성인聖人이 없으면 역易도 없다. 역易은 아무나 저술하는 것이 아니라 오직 성인聖人만이 하나님의 시명時命을 받아 지은 것이 역易이다. 그러므로 역易은 글자 한자라도 혹 섯불리 고치거나 빼거나 더할 수가 없는 것이다. → 「无曆无聖 无聖无易」

> 无曆无聖 无聖无易(大序)
> 乾坤毀則无以見易 易不可見則乾坤或其乎息矣(周易繫上)

무언〈无言〉: 말이 없다는 것은 말을 아니한다는 것이다. 이에는 하늘과 땅이 말씀이 없으시면 하는 말이다.

> 天地无言 一夫何言(正9:10)

무역무성 무성무역〈无曆无聖无聖无易〉: 역易은 력曆이니 십역만력十易萬曆이다. 즉 십수역十數易은 만세萬世나 내려갈 력曆이다. 즉 무량력无量曆이다. 이러한 역易 만력萬曆이 없으면 성인聖人도 없다. 성인聖人이 없으니 역易이 있을 리가 없다. 역리易理의 차례에 의하여 열위성인列位聖人이 나셨으니 성인聖人이 없으면 역易이 있을 수 없다. 천생신물天生神物 성인즉지聖人則之란 역易이 있으니 성인聖人이 있다는 뜻이오. 원강성인元降聖人 시지신물示之神物이란 성인聖人이 있으니, 역易이 있다는 뜻이다. 즉 유역유성유성유역有易有聖有聖有易을 강조하는 말로서 무역무성무성무역无曆无聖无聖无易을 말하였다.

> 聖哉 易之爲易 易者曆也 无曆无聖 无聖无易 是故初初之易 來來之易 所以作也
> (大序)
> 乾坤毀則 无以見易 易不可見則 乾坤或其乎息矣(周易繫下)

무용〈无用〉: 무체无體와 무용无用이란 무극无極〈十〉은 태극太極〈一〉이 없으면 용用이 없는 허체虛體요, 태극太極〈一〉은 무극无極〈十〉이 없으면 체體가 없는 허용虛用이다. 이를 수리로서 십무일무용十无一无用이라고 하였다. →「十无一无用」

> 一无十无體 十无一无用(正1:12)

무위〈无位〉: 위位가 없으니 공空이다. 그러므로 공空은 무위无位라 하였다. 그리고 무위수无位數는 36수數이다. 1일 율려도수律呂度數는 36분分이고, 1세 정령政令 일수日數는 360일日이다. 360은 기朞로서 정령政令의 원수圓數라면 36은 율려律呂의 분공分空이다. 이와같이 무위无位가 있는가하면 사람이 없다는 무위시无位詩, 형상이 없이 계신다는 화옹무위化翁无位가 있다. 또 공무위空无位는 자연현상自然現象의 무위无位라면 화옹무위化翁无位는 조물주造物主의 무위无位, 무위시无位詩는 인간의 무위无位라 하겠다. 이 세가지 무위无位는 십퇴일진十退一進자리에서 체體했다면 무무위无无位는 포오함육包五含六 자리에서 용用을 하고 있는 것이다. 무위无位의 체體란 재材로서 자연自然과 상제上帝와 인간人間이며, 무무위无无位의 용用이란 효效로서 하도河圖와 낙서洛書가 나오는 육십수六十數이다. →「无无位」

　　朞生月 月生日 日生時 時生刻 刻生分 分生功 空无位(正6:14)

　　化翁无位 原天火 生地十己土(正12:5)

　　无无位六十數 一六宮分張(正18:4)

　　无位詩(正20:5)

무위〈无爲〉: 황제요순黃帝堯舜이 수의상이천하지치垂衣裳而天下治하였다는 일은 함이 없이 정치政治를 함이었다. 무위자연无爲自然으로 버려두는것. 같이 하였지만 하지 않음이 없는 것이었다. 천황天皇이 정사政事를 함에 함이 없이 한것이다. 이는 정靜한 중에 동動하는 것이다. 역易을 통通함에도 무사야无思也 무위야无爲也로 적연부동寂然不動한데서 감동感動되듯이 천황天皇의 정사政事도 무위无爲로 한다는 것이다. →「天皇无爲」

　　天皇无爲 地皇載德(正1:2)

　　易无思也 无爲也 寂然不動(周易繫上)

　　上必 无爲而用天下 下必有爲而爲天下用(莊子天道)

무위〈戊位〉: 정역正易에는 오행五行 운행運行의 주추主樞가 십十과 오五이며, 십十과 오五의 주동主動은 기위己位와 무위戊位이다. 그리하여 무위戊位가 황극皇極의 중추中樞라면 기위己位는 무극无極의 중추中樞라고 말할 수 있다. 그리고 기위己位는 후천后天이오 하늘인데 비해 무위戊位는 선천先天이오 땅이다. →「己位親政戊位尊空」

무기위도戊己位圖에서 비교하여 보자. 이 또한 십오위十五位가 된다.

〈戊己位圖〉(十五位)

无位	有位	往來位	體位	得失位	歸體位	道位	日月位	極位	體用位	用謝位	時位	理位	數位	進退位
雷原天火風	己位	泰來	己巳戊辰己亥戊戌	丑旺	政令己庚壬甲丙	火水未濟	太陽日	无極	无極而太極	卯宮用事	后天	龍圖	十	親政
	戊位	否往	戊戌己亥戊辰己巳	子退	呂律戊丁乙癸辛	水火旣濟	太陰月	皇極	皇極而无極	寅宮謝位	先天	龜書	五	尊空

戊位度順而道逆(正3:2)
戊位成度之月初一度(正3:7)
復於戊位成度之年(正3:10)
終于戊位成度之年(正4:3)
己位親政戊位尊空(正10:14)
戊位二火三木六水九金之中皇極(正26:7)

무위성도지년〈戊位成度之年〉: 무술戊戌을 성도지년成度之年이라 한다. 무기위戊己位의 성도成度하는 년월일시年月日時를 도표로 보면 다음과 같다. 이 년월일시年月日時는 현행現行 역법曆法과는 다르다. 아마도 이것은 현실역법이전現實曆法以前의 절대역법絶對曆法인상 싶다.

〈戊己位成圖〉

位	成度之年	成度之月	成度之日	成度之時
己位 戊位	己巳 戊戌	戊辰 己亥	己亥 戊辰	戊戌 己巳

復於戊位成度之年十一度(正3:10)
終于戊位成度之年十四度(正4:3)

무위성도지월〈戊位成度之月〉: →「戊位成度之年」

胞於戊位成度之月初一度(正3:7)

무위존공⟨戊位尊空⟩ : 후천后天에는 십무극十无極 기위己位가 친친親히 정사政事를 하고, 묘궁卯宮으로 용사用事하기 때문에 선천先天에 정사政事하던 무위戊位는 존공尊空으로 모셔두고, 인궁寅宮으로 쓰던 일도 물러간다. 존공尊空에는 네가지가 있는데 십오존공十五尊空은 항각이수존공亢角二宿尊空과 선천先天 십오十五일에서 맞추는 것으로 상응相應되는 것이라면 무위존공戊位尊空은 술오戌五 묘팔卯八의 무戊와 술戌로 상조相照되는 것이라고 말할 수 있다.

己位親政 戊位尊空(正10:14)

무이유⟨无而有⟩ : 없이도 있는 것은 태양太陽의 초초일도初初一度를 말하는 것인데 무극이태극无極而太極이란 말과 상통相通한다고 보아진다.

初初一度 无而有(正10:14)

무인즉수유인전⟨无人則守有人傳⟩ : 사람은 군자다운 사람이다. 군자다운 사람이 없으면 지키다가 군자다운 사람이 있으면 학문學問을 전전傳하리라는 말이다.

无人則守有人傳(正20:7)

무정을계신⟨戊丁乙癸辛⟩ : 여율呂律의 구성構成으로서 구칠오삼九七五三을 가르킨다. →「呂律戊丁乙癸辛」

呂律戊丁乙癸辛(正24:16)

무중벽⟨无中碧⟩ : 중中은 십십일일十十一一의 공空이라 하였다. 이것이 무중无中이라 한다면 벽碧은 벽공碧空이오 벽천碧天이라, 만유의 생명처요 만법의 귀일처歸一處이다. 또 무형외无形外가 우주의 밖이요 십십十十이라면 무중벽无中碧은 우주의 중심中心이오 일일一一이다. 이 두가지 형상은 금화정역도金火正易圖에서 잘 나타내고 있다.

〈金火正易圖에서 본 无形外와 无中碧〉

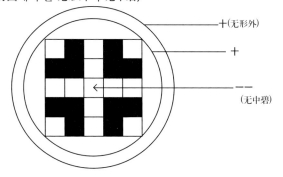

靜觀宇宙无中碧(正20:14)

무체〈无體〉: 일一의 체體는 십十이오, 십十의 용用은 일一이다. 여기서는 일一이 십十이 없으면 체體가 없다고 한 것이다. →「一无十无體」

一无十无體(正1:12)

무태〈无怠〉: 게으름이 없음. →「終始无怠」

終始无怠(正18:7)

무현금〈无絃琴〉: 거문고는 오현금五絃琴이 있던 것을 후에 문무현文武絃 둘을 더하여 칠현금七絃琴이 되었다고 한다. 그런데 무현금无絃琴은 줄 없는 거문고로서 도연명陶淵明이 즐겨하였다고 전傳한다. 이태백李太白 시詩에서도 이른 바

「큰 음악音樂은 스스로 곡조를 이루니 다만 无絃琴으로 伴奏한다」

하고 하였다. 정역正易에 말한 무현금无絃琴은 「음아어이우」 영가咏歌를 말하는 것이 아닌가 한다. →「暢和淵明无絃琴」

暢和淵明无絃琴(正5:11)

淵明不解音律而蓄无絃琴(簫絃陶靖節傳)

大音自成曲 但奏无絃琴(李太白詩)

무형외〈无形外〉: 무형无形한 밖이란 우주宇宙밖을 뜻한다. 무중벽无中碧이 우주내사宇宙內事라면 무형외无形外는 우주외사宇宙外事라고 보아진다. →「道通天地无形外」

道通天地无形外(大序)

무형지경〈无形之景〉: 경景은 상像으로도 통한다. 무형无形한 형상이란 무형无形한 밖의 형상이란 뜻이다. 형체없는 밖의 형상은 즉 무무위无无位로 통한다. 왜냐하면 형상이 없으니 무无요, 형상없는 밖의 형상이니 무위无位다. 그러므로 무무위无无位는 무형지경无形之景과 통通한다. 그렇다면 하도河圖의 중앙中央은 무중벽无中碧으로 통通하고 무무위육십수无无位六十數는 무형외无形外로 통한다. →「通觀天地无形之景」

　　通觀天地无形之景 一夫能之(大序)

무혹위정륜〈无或違正倫〉: 혹시 정당한 윤리倫理에 어김이 없게 함이라고도 하지만, 이에는 정역正易이 되는 윤서倫序(順序)를 어김이 없게 하라는 것이다. →「推衍无或違正倫」

　　推衍无或違正倫(正10:8)

문덕〈文德〉: →「文德養心湯」

　　文德養心湯(正17:11)

문덕양심탕〈文德養心湯〉: 한서漢書에 보면 문덕文德은 제왕帝王의 이기利器라 하였다. 주역周易에도 의문덕懿文德이라 하니 모두 심법心法을 기르는 덕德을 말한 것이다. 의서醫書에 양심탕養心湯은 우수번뇌憂愁煩惱에 상심傷心이 된데는 처방약處方藥이 양심탕養心湯이 제일이라 하였다. 주역周易에 건乾은 머리(首)가 되고 곤坤은 배(腹)가 된다고 하니, 우주宇宙를 근취저신近取諸身한 비유이다. 이 뜻을 비약해서 배속이 고장이 나서 소화기능이 약하면 평위산平胃散 약藥이 제일이듯이 세상이 어지러운데는 장군운주수토평將軍運籌水土平으로 무공武功은 평위산平胃散이다. 머리에 뇌신경腦神經 고장故障이 나서 정신기능精神機能이 없으면 양심탕약養心湯藥이 제일이듯이 세상에 도덕심道德心이 희미稀微한데는 성인수도금화명聖人垂道金火明으로 문덕文德은 양심탕養心湯이라야 한다. →「武功平胃散」

　　武功平胃散 文德養心湯(正17:11)
　　失其文德 治此四國(詩經大雅江漢)
　　文德帝王之利器(漢書)
　　懿文德(周易)

문왕〈文王〉: 주周나라 제第 1대代 왕王이시며 무왕武王, 주공周公의 부父요 팔괘八卦를 그린 성왕聖王으로서 낙천樂天하신 성인聖人이다. 공자孔子께서 천생덕어여天生德於予란 사상思想은 문왕文王이 이미 돌아가셨지만 문文은 이에 있지 아니한가(文王旣沒文不在玆乎)하신 신념信念으로 일관一貫하였기 때문이다. 문왕文王은 팔괘八卦를 그렸고 주역周易의 괘사卦辭를 지은 작역作易 성인聖人이다. 작역성인作易聖人이 다섯분이 있으니 팔괘八卦와 64괘卦를 그린 지천知天하신 복희伏羲씨, 문왕팔괘文王八卦와 주역周易 64괘卦의 괘사卦辭를 쓰시며 낙천樂天하신 문왕文王, 주역周易64괘卦 384효爻에 효사爻辭를 쓰신 주공周公, 주역周易64괘卦와 384효爻에 단상彖象 문언文言 등 십익十翼을 쓰신 친천親天하신 공자孔子, 정역괘도正易卦圖와 정역正易을 써서 후천대도后天大道를 밝히신 일부一夫이다. 이 다섯 분은 아마도 오행五行에 의한 것일까, 도표와 같이 알아본다 다음과 같은 것을 알 수 있다.

〈作易聖人圖〉

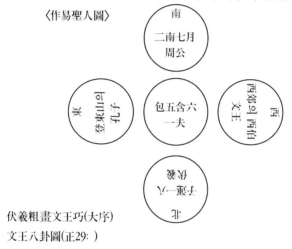

伏羲粗畫文王巧(大序)
文王八卦圖(正29:)

문왕교〈文王巧〉: 교巧는 정교精巧하다는 뜻이다. 복희팔괘伏羲八卦는 간략簡略하게 그렸지만 문왕文王은 정교精巧하게 하였다. 그러므로 역易이 중고中古에 복흥復興되었다하여 그 도道가 심대甚大하여 백물百物을 불폐不廢하였다는 일은 문왕교文王巧의 뜻을 전개展開한 것이다.

伏羲粗畫文王巧(大序)

문왕팔괘도〈文王八卦圖〉: 문왕文王이 그린 선천先天 팔괘도八卦圖이다. 은

殷나라 말왕末王 주紂의 학정虐政이 극도極度에 달하여 성군聖君인 문왕文王 마저 유리옥羑里獄에 가두었다. 이 때에 문왕文王이 팔괘八卦를 그리니 이는 낙서구궁洛書九宮을 바탕으로 한 괘상卦象이다. 즉 선천괘도先天卦圖이다.

文王八卦圖(正29:)

문장〈文章〉: 장식. 문채文彩. →「萬古文章日月明」

萬古文章日月明(正20:13)

煥乎其有文章(論語)

문학〈文學〉: 학문學問, 학예學藝, 사상思想, 감정感情을 언어言語나 문자文字에 의依하여 제작하는 예술藝術, 시詩, 소설小說, 희곡戲曲 등. 그러나 이에는 성인聖人의 학문學問을 말함. →「文學宗長」

文學宗長孔丘是也(大序)

문학종장〈文學宗長〉: 문학文學의 우두머리. 종장宗長은 종장宗匠으로도 쓰이니 경학經學에 밝고 글을 잘하는 사람이다. 공자孔子는 문학文學에 종장宗長이신 만고성인萬古聖人이라고 밝힌 일은 정역正易에서 처음 보인다.

文學宗長 孔丘是也(大序)

미월〈未月〉: 후천后天의 오월五月이오, 지금의 유월六月이다.

未月初三日⋯⋯⋯(正31:10)

미제〈未濟〉: 처리處理하는 일이 아직 끝나지 아니함도 미제未濟이며 주역周易의 맨 끝에 당하는 화수미제괘火水未濟卦를 말한다. 정역正易에서는 십 구 팔 칠 육 오 사 삼 이 일 十九八七六五四三二一하는 순수順數에서 칠七과 육六이 화수火水로 미제未濟, 이二와 일一이 또 화수火水로 미제未濟가 된다. →「旣濟未濟」「旣濟而未濟」

旣濟未濟(正2:3)

旣濟未濟兮 天地三元(正18:11)

龍圖未濟之象(正2:4)

旣濟而未濟(正3:15)

水火旣濟兮 火水未濟(正9:4 18:10)

未濟旣濟兮 地天五元(正18:12)

咸恒旣濟未濟(正27:1)

미제기제〈未濟旣濟〉: 기제미제旣濟未濟는 선천先天의 도道요, 미제기제未濟旣濟는 후천后天의 도道이다. 용도龍圖는 미제지상未濟之象이라 하고 귀서龜書는 기제지수旣濟之數라 하였으니 도서지리圖書之理와 비교해 보기 위해 도표로 대조하여 본다. 미제기제未濟旣濟란 기제旣濟를 체體한 미제未濟이다.

〈未濟旣濟體用圖〉

		用 體	用 體	
時間 空間		先天 后天 旣濟 未濟	先天而后天 旣濟而未濟 ＞	先天三元數
時間 空間		后天 先天 未濟 旣濟	后天而先天 未濟而旣濟 ＞	后天五元數

未濟旣濟兮 地天五元(正18:12)

미제이기제〈未濟而旣濟〉: 미제기제未濟旣濟는 기제旣濟를 체體로 한 미제未濟라면 미제이기제未濟而旣濟는 후천后天에 쓰일 미제未濟로대 기제旣濟에 체體하였다고 하여 미제未濟로대 기제旣濟라고 한다. 그러므로 이는 태양정사太陽政事의 체계體系를 세운 도道이다. →「旣濟而未濟」

后天而先天 未濟而旣濟(正3:15)

미제지상〈未濟之象〉: 정역正易에는 일一에서 구九까지 거슬러 올라가는 수數를 기제지수旣濟之數라 하고 십十에서 일一까지 거꾸로 내려오는 수數를 미제지상未濟之象이라 한다. 그 이유를 도표로 표시하여 보면 다음과 같다.

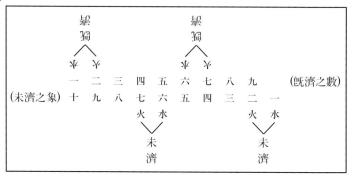

龍圖未濟之象 倒生逆成(正2:4)

반고〈盤古〉: 반고盤古는 상원上元의 원원元元인 기축己丑이오, 태극太極이오, 음양陰陽의 비롯이오, 천지만물天地萬物의 시조始祖요, 태고太古의 기반基盤이라면 화化는 원화元和의 중추中樞요, 기축己丑에서 무술戊戌이오, 무극이태극无極而太極이오, 십변시태극十便是太極이다. 정역正易에는 반고盤古 상제上帝 화옹化翁 세가지 존칭이 있는데 이는 하나님 한 분을 세가지로 부른 것이다. 즉 부모父母의 입장에서 보면 반고盤古요, 군주君主의 입장에서 보면 상제上帝요, 스승의 입장에서 보면 화옹化翁이시다. 화옹化翁은 무위无位시고 원천화元天火라 하니 이에 무극체위无極體位인 기사己巳 무진戊辰 기해己亥 무술戊戌이 되었고, 반고盤古가 화化하시니 이 기축己丑에서 무술戊戌로 황극체위皇極體位인 무술戊戌 기해己亥 무진戊辰 기사己巳가 되었으며, 상제上帝가 월기복상月起復上 월기황중月起皇中하는 일일정사日日政事를 행行하니 일극체위日極體位인 병오丙午 갑인甲寅 무오戊午 병인丙寅 임인壬寅 신해辛亥와 월극체위月極體位인 경자庚子 무신戊申 임자壬子 경신庚申 기사己巳가 나오게 되었다고 본다. 이를 도표로 알아 보기로 한다.

〈君師父一體親政圖〉

師傅格	化翁	无位	无極體位度數 己巳 戊辰 己亥 戊戌	監化之道로用한다
父母格	盤古	化生	皇極體位度數 戊戌 己亥 戊辰 己巳	化生之德으로 用한다
君主格	上帝	月起	月極體位度數 庚子 戊申 壬子 庚申 己巳 日極體位度數 丙午 甲寅 戊午 丙寅 壬寅 辛亥	日月之德으로 用한다

화옹化翁은 무위无位시니 하늘에서 감화監化의 도道로 용용用한다면 반고盤古는 화化하시니 땅에서 화생化生하는 덕德으로 용용用하며, 상제上帝는 복상復上 황중皇中에 월기月起하시니 일월정사日月政事로 용용用한다고 보아진다.

嗚呼 盤古化(正1:2)

盤古五化元年(正19:12)

盤古氏 夫婦陰陽之始也 天地萬物之祖也(述異紀)

반고오화원년임인〈盤古五化元年壬寅〉: 반고화盤古化는 기축己丑에서 무술戊戌까지의 십十을 형상한 것이라면 반고오화盤古五化는 기축己丑에서 무술戊戌까지의 십十과 무술戊戌에서 무술戊戌 기해己亥 경자庚子 신축辛丑 임인壬寅까지 오五이니 이 오五를 오화五化라 한다. 이 오화五化인 임인壬寅을 태초太初의 원년元年으로 삼은 것이다. 고래古來에 음양가陰陽家들이 말한 바 천개어자天開於子 지벽어축地闢於丑 인생어인人生於寅이란 말이 있듯이 그 뜻이 곁드려진 임인壬寅이 아닌가 한다. 그러나 다음 글에 나오는 년수年數 대청광서大淸光緖 십년十年 갑신년甲申年까지 118,643년이라 했는데 이 임인壬寅에서 갑신甲申까지 118,643수數에 21수數가 더 많다. 그러므로 실지는 임인壬寅이 아니라 임술壬戌에서부터 쳐야 수數가 맞는다. 이에는 깊은 딴뜻이 있다고 본다.

　　盤古五化元年壬寅(正19:12)

반고화〈盤古化〉: 화옹化翁이 하늘에 입장 또 스승에 입장에서 감화監化의 도道로 한다면 반고화盤古化는 땅의(地十) 입장에서 또 부모父母의 입장에서 만물萬物을 화생化生하는 덕德 즉 호생지덕好生之德으로 한다고 보는 것이다.

　　嗚呼 盤古化(正1:2)

반반〈斑斑〉: 반반斑斑이란 얼룩진 모양도 되지만 이에서는 점점点点과 같은 뜻이다. 이태백시李太白詩에 도등루반반挑燈淚斑斑이라는 점점点点의 뜻으로 풀이된다. →「四十五點斑斑」

　　四十五點斑斑(正18:5)

방달천지유형지리〈方達天地有形之理〉: 십十자리에서 거꾸로 이二·일一까지 통通한 경지를 통관通觀이라 하고 일一자리에서 거슬러 구九·십十까지 상달上達하는 수리를 방달方達이라 한다. 그리고 십十을 무형한 경지(无形之景)라 한다면 구九는 유형한 이치(有形之理)라고 할 수 있다. 천지天地의 유형有形한 이치理致를 막 도달함은 공부자孔夫子가 먼저 깨달았다.

　　方達天地有形之理 夫子先之(大序)

방랑음〈放浪吟〉: 일정한 음률音律이 정해져 있지 아니한 자연自然의 노래를 읊음. 이는 곧 「음아어이우」 영가咏歌를 읊음이다. →「聽我一曲放浪吟」

聽我一曲放浪吟(正17:14)

방방〈方方〉: 정正은 곧음(直)이오 방方은 의로움(義)이다. 바른데 더 바르고 의로운데 더 의로와짐을 정정방방正正方方이라 한다. →「正正方方」

正正方方(正27:12)
正正方方兮 好好无量(正27:13)

방정〈方正〉: 모지고 바름. →「地載天而方正體」

地載天而方正體(正1:14)

배열〈排列〉: 질서있게 늘어 놓음. →「九九中排列」

九九中排列(正18:4)

백로비〈白鷺飛〉: 해오라기가 날른다는 것은 백노白鷺의 백白은 서방색西方色이니 태방兌方을 상징한다. →「西塞山前白鷺飛」

西塞山前白鷺飛(正5:13)

백백〈白白〉: 백白은 서방색西方色이오 적赤은 남방색南方色이다. 수리數理로는 이칠二七이 적적赤赤이라면 사구四九가 백백白白이라 하겠다.

→「赤赤白白互互中」
赤赤白白互互中(正5:14)

백우선〈白羽扇〉: 손巽이 풍風이 되므로 백우선白羽扇은 손巽을 가르킨 것이다. 백우선白羽扇이란 고래古來로 일컬어 온 말이며 이에 대한 시도 많다. 그 중에 백거이白居易에 백우선시白羽扇詩가 걸작傑作이다.

素是自然色 圓因裁製功 颯如松起頰 飄似鶴翻空
盛夏不銷雪 終年無盡風 引秋生手裏 藏月入懷中
塵尾斑非正 蒲葵陋不同 何人稱相對 清瘦白髮翁

백우선白羽扇은 또 촉한蜀漢의 제갈량諸葛亮이 사마의司馬懿와 위빈渭濱에서 싸울 때 백우선白羽扇을 가지고 삼군三軍을 지휘指揮했다고 한다. 이와 같은 백우선白羽扇의 고사古事는 어쨌던 여기서는 손이巽을 가리키는 풍자諷刺에서 백우선白羽扇이라 했고 감坎을 가리키는 비유를 또한 적벽강赤壁江이라 하였다. →「懶搖白羽扇」

　懶搖白羽扇 俯瞰赤壁江(正5:14)
　諸葛武后以白羽扇 指揮三軍(語林)

범백도도유아사〈凡白滔滔儒雅士〉: 유아사儒雅士는 바르고 품위品位가 있는 선비를 말한다. 온갖으로 세속 유행에 흘러서 돌이킬 줄 모르는 선비들이란 뜻이다. 맹자孟子도 유이망반流而忘反을 도滔라 하였으니 이는 시경詩經에 문수도도汶水滔滔에서 유래된 말이다.

　凡白滔滔儒雅士 聽我一曲放浪吟(正17:14)
　汶水滔滔(詩經齊風)
　李斯出荀況 豈非儒雅士(牧隱詩)

벽축〈闢丑〉: 천개어자天開於子 지벽어축地闢於丑 인기어인人生於寅이란 천기대요天機大要에서도 보인다. 정역正易에는 천정天政은 개자開子 지정地政은 벽축闢丑이라 하니 이는 상원축회上元丑會와 상통한다. 그리하여 오운丑運은 오五·육六자리에서 포오함육包五含六하는 황중皇中을 시작始作하는 것이 벽축闢丑의 뜻이다. →「地政闢丑」

　地政闢丑(正22:4)
　自太極天開於子 至一萬八百年 始成寥廓之氣 地闢於丑 至一萬八百年 始成厚重
　之形 人生於寅 與天地爲一 三才之理 始焉而莫知其義 至四萬餘年 伏羲氏造書
　契而始畫八卦 黃帝氏受河圖而乃作甲子 虞舜之世 璇璣玉衡之妙 生焉 夏禹之
　時 洛書靈龜書出焉 周道興而易書成 吉凶悔吝之兆 死生消長之驗 唯君子得而
　知之…(天機大要)

변시〈便是〉: 다를 것 없이 바로 이것임. 문득 이것이. →「十便是太極一」

　十便是太極一(正1:11)

변역〈變易〉: 주역周易에는 세가지 뜻이 있으니 변역變易과 교역交易과 이간易簡이다. 선천先天의 역易을 교역지역交易之易이라 하고 후천后天의 역易을 변역지역變易之易이라 하고 이 선후천先后天 역易에서 도의道義의 문門을 얻을 수 있는 것은 이간易簡이라 한다. →「變易之易」

后天之易 變易之易(正22:13)

변역지역〈變易之易〉: 교역交易의 역易은 선천先天의 역易이오, 변역變易의 역易(變易之易)은 후천后天의 역易이다.

后天之易 變易之易(正22:13)

보화〈普化〉: 맹자孟子는 세상을 보천지하普天之下라 하였고 주역周易에서는 현룡재전見龍在田은 덕시보야德施普也라 한다. 이 뜻으로 미루어 보면 보화일천普化一天은 넓은 감화監化란 뜻이다. 그리고 후천后天 미월未月 십팔일十八日의 절후명이기도 하다. →「普化一天化翁心」

普化一天化翁心 丁寧分付皇中月(正10:5)
普化(正31:11)

보화일천화옹심〈普化一天化翁心〉: 넓은 감화監化로 한 하늘을 거느리시는 조화옹造化翁의 마음은 분명코 황중皇中에 숨은 달을 분부하시는 마음이라고 한다.

普化一天化翁心 丁寧分付皇中月(正10:5)

복록〈福祿〉: 복福은 상서祥瑞로운 운운運이라면 록祿은 댓가로 내리는 명命이다. 일부선생一夫先生은 삼천년三千年 동안 적덕積德한 집안에서 천지天地를 통通해 제일가는 복록福祿이라하는 것은 신神이 가르치신 바이라고 하였다.

通天地 第一福祿云者 神告也(大序)

복상〈復上〉: 복復은 거듭(重)된다는 뜻이다. 위로만 거듭하면 천심天心에만 당도한다고 하였다. (復上起月當天心) 그리고 일一에서 오五까지 생수生數와 갑甲에서 술戊까지 갑甲의 위치를 복상復上이라 한다. 육六에서 십十까지 성수成數와 기己에서 계癸까지의 기己의 위치는 황중皇中이라 한다.
→「復上起月當天心」「復上月」

誰識先天復上月 正明金火日生宮(正10:1)
復上起月當天心 皇中起月當皇心(正10:3)

幾度復上當天心(正10:4)

月起復上天心月 月起皇中皇心月(正10:5)

一八復上月影生數(正22:6)

복상기월당천심〈復上起月當天心〉 : 위로 복復하여 달을 일으키면 천심天心에 당도한다고 하니 천심天心이란 주역周易 복괘復卦에 복기견천지심復其見天地之心과 비슷한 말이지만 정역괘正易卦의 이천二天자리가 천심天心인 것이다. 따라서 손도수는 갑甲에서 무戊, 일一에서 오五까지를 말한다.

復上起月當天心 皇中起月當皇心(正10:3)

복상월〈復上月〉 : 선보름 달이다. 즉 30일에 월복月復했다가 초하루에 합삭合朔하고 초삼일初三日에 월혼月魂이 생생하는 달.

誰識先天復上月 正明金火日生宮(正10:1)

一八復上月影生數(正22:6)

복지지리〈復之之理〉 : 해나 달이 본 자리로 회복回復하는 원리原理. 그 원동력原動力이 미치는 수리數理이다. 즉 태양太陽은 일칠사一七四를 원수原數로 한 포오함육包五含六자리니 황중皇中자리를 천추天樞로 하여 황심월皇心月에 당도하게 하고, 태음太陰은 일팔칠一八七을 본수本數로 한 십퇴일진十退一進자리니 복상復上자리를 지축地軸으로 삼아 천심월天心月에 당도하게 한다. 이것이 일日과 월月을 복복復하게 하는 원리原理이다. 그러므로 일칠사一七四를 태양지정太陽之政이라 하고 일팔칠一八七을 태음지정太陰之政이라 한 것이다. 복복復은 곧 일월日月의 복(輹)이라면 일팔칠一八七과 일칠사一七四는 곧 일월日月의 복(輻)이 된다고 할 수 있다. 주례周禮에도 윤복(輪輹)을 삼십三十으로 한 것은 일월日月을 상정想定하였기 때문이라고 한다. 복지지리復之之理를 이와 같은 것으로 생각해 보면 일팔칠一八七과 일칠사一七四가 일월日月 운행運行에 어떠한 역할役割을 하는 것인가를 짐작할 수 있다.

復之之理一八七(正3:12)

復之之理一七四(正4:5)

輪軸三十以象日月(周禮)

복희〈伏羲〉 : 복희씨伏羲氏를 포희抱犧씨, 또는 복희씨虙犧氏라고도 하니 정

운正韻에는

「處犧氏能馴慮犧牲也」

라고 하였다. 복희씨伏義氏는 사신인두蛇身人首의 형상으로 나셨다고 하며 백십오년百十五年이나 왕좌王座에 있으면서 결승結繩으로 정치政治를 하였고 팔괘八卦를 그려서 왕천하王天下의 도道를 폈다 한다.

주역周易(繫辭下)에 이른 바,

「古者包義氏之王天下也 仰而觀於象天文 俯而察於地理 ····· 於是始作八卦 ·····
古者結繩而治 後世聖人 易之以書契 百官以治 萬民以察 蓋取諸夬」

라 하였다. →「伏義粗畫文王巧 天地傾危二千八百年」(大序)

伏義劃結(正1:3)
伏義八卦圖(正29:)

복희조획문왕교〈伏義粗劃文王巧〉: 복희씨伏義氏는 팔괘八卦를 간략하게 그린 것을 문왕文王은 정교精巧하게 그렸다는 것이다. 이러한 팔괘원리八卦原理에 의해서 이 천지天地가 이천팔백년二千八百年 동안 축軸이 기울어져 위태롭게 살아야 했다는 것이 「天地傾危 二千八百年」에서 밝혀진다. →「天地傾危二千八百年」

伏義粗畫文王巧 天地傾危二千八百年(大序)

복희팔괘도〈伏義八卦圖〉: 복희팔괘도伏義八卦圖는 천지태극天地太極의 형상이다. 그러므로 우리나라 국기인 태극기太極旗는 즉 복희팔괘도伏義八卦圖의 정위正位, 남북南北의 건곤괘乾坤卦와 동서東西의 리감괘離坎卦만을 나타내게 한 것이니, 즉 천지일월天地日月을 상징象徵한 것이다. 복희팔괘도伏義八卦圖는 하도河圖를 바탕으로 한 천지태초天地太初의 상상象을 보이는 괘卦이다. 이어서 문왕팔괘도文王八卦圖는 낙서구궁洛書九宮을 바탕으로 한 천지경위天地傾危와 음양상극陰陽相克의 상상象을 나타낸 괘卦이며 정역팔괘도正易八卦圖는 만물생성萬物生成의 원리原理와 음양오행陰陽五行의 상생조화相生調和를 나타낸 하도河圖를 완성完成하는 금화호역金火互易의 괘도卦圖이다. 그리고 보면 복희팔괘도伏義八卦圖는 선천先天의 선천괘(先天之先天卦)요 정역팔괘도正易八卦圖는 후천后天의 후천괘(后天之后天卦)인 동시同時에 후천后天의 선천괘先天卦가 되는 셈이다. 그러므로 공자孔子가 상율하습

上律下襲하는 까닭은 이 문왕팔괘도文王八卦圖의 입장立場에서 후천后天을 보았기 때문이요 대역서大易序에 복희역伏羲易을 초초지역初初之易이라 하고 일부역一夫易을 래래지역來來之易이라 한 것도 이 까닭이라 하겠다.

　　伏羲八卦圖(正29:)

복희획결〈伏羲劃結〉: 복희씨伏羲氏가 팔괘八卦를 그려서 왕천하王天下하는 원리原理를 밝혔고, 결승結繩을 하여 그물을 만들어 짐승과 고기를 잡게 하였을 뿐만 아니라 문자文字가 없었던 옛 정치처사政治處事를 결승結繩으로써 기사記事를 쓰게 하였다. 이러한 일들을 신비롭다고 하였다.

　　神哉 伏羲劃結(正1:3)

본원〈本原〉: 근본根本 원리原理. 근본根本과 근원根源. →「理會本原原是性」

　　理會本原原是性(正7:16)

봉서〈奉書〉: 천명天命을 받들어 쓰다. →「感泣奉書」「謹奉書」

　　感泣奉書(正10:11)

　　謹奉書(正27:15)

부감적병강〈俯瞰赤壁江〉: 구부려 적벽강赤壁江을 본다는 말로서 정역괘正易卦의 사감수四坎水를 적벽강赤壁江으로 비유하고 구부러져 봄을 부감俯瞰이라고 하여 구이화九離火를 표현하였다. 이 구절의 앞에 나요백우선懶搖白羽扇이라한 나요懶搖는 정역괘正易卦의 육진뢰六震雷요, 백우선白羽扇은 일손풍一巽風을 의미意味한다. 이렇게 보면 이 두 구절은 뇌풍雷風과 일월日月을 나타낸 것이라 해석解釋된다. 대체로 금화삼송金火三頌에 들어 있는 정역괘중正易卦中 건곤간태乾坤艮兌는 문덕양심文德養心을 의미意味하니 도연명陶淵明의 무현금无絃琴이라든지 공부자孔夫子의 소노의小魯意라든지 탈건脫巾하고 청송靑松을 바라보는 것이라든지 백노白鷺가 팔간산八艮山을 향하여 날아드는 것이라든지 모두가 문덕양심文德養心의 기상이 아닌 것이 없다. 다음 진손감리괘震巽坎離卦는 무공평위武功平胃를 의미意味하니 백우선白羽扇으로 촉한蜀漢의 제갈량諸葛亮이 삼군三軍을 지휘指揮한 사실事實이라든지 적벽강赤壁江에서 오吳나라 주유周瑜가 위魏나라 조조曹操를 대파大破한 적벽대전赤壁大戰의 사실이라든지 계명산 추야월에 옥통소를 불러대서 항우군졸項羽軍卒을 허치고 사면초가四面楚歌를 일으킨 장자방張子房의 취소농명월吹簫弄明月이라든지 등이 모두가 무공평위武功平胃 아닌 것이 없다. 그리하여 정명금화리正明金火理는 금화사송金火四頌에서 시금일是今日로 나타나고 율려조음양律呂調陰陽은 금화오송金火五頌에서 조화공용造化功用으로 입증立證되었다고 생각된다. 다음 실장삼십육室張三十六을 금화이송金火二頌에서 하물능청각何物能聽角을 금화일송金火一頌에서 의의擬議해 보면 대체의 구상을 짐작되리라 생각된다. →「懶搖白羽扇」

懶搖白羽扇 俯瞰赤壁江(正5:14)

부모〈父母〉: 여기서는 천지부모天地父母를 말한다. 천지부모를 잘 섬기는 일은 가까운 내 부모父母로부터 시작始作한다. 효孝는 백행지본百行之本이다. 서경書經에 본고방령本固邦寧이라고 하였다. 부모父母를 편하게 하느냐 위태롭게 하느냐 하는 문제는 효孝와 불효不孝의 마음뿐이다. 불효심不孝心을 감행하게 되면 내 부모父母에게 위태로운 욕이 미치게 되니 항차 천지부모리오. 천리天理를 도상倒喪하면 천지부모가 위태롭다고 하였다. 정역正易의 글자를 고치는 일 또한 천지부모를 위태롭게 하는 이른바 사문난적斯文亂賊의 죄인罪人이 되는 것이라 하였다. →「倒喪天理父母危」

倒喪天理父母危(正10:8)
只願安泰父母心(正10:9)

부자〈夫子〉: 여기서는 공부자孔夫子를 말함. →「夫子先之」「夫子之朞」「夫子之道」「夫子之不言」「夫子親筆」

夫子親筆吾己藏(大序)
方達天地有形之理 夫子先之(大序)
夫子之不言(正2:11)
夫子之道(正2:12)
洞得吾孔夫子小魯意(正5:12)
夫子之不言是今日(正6:4)
正吾夫子之朞(正7:2)
三絶韋編吾夫子(正17:16)

부자선지〈夫子先之〉: 공부자孔夫子가 먼저 하시다. 천지天地에 유형有形한 이치理致를 방달方達한 점은 공부자孔夫子가 먼저 하셨다.

達天地有形之理 夫子先之(大序)

부자지기〈夫子之朞〉: 360日은 공부자孔夫子의 기朞이다. →「一夫之朞」「帝舜之朞」「帝堯之朞」「正吾夫子之朞」

正吾夫子之朞(正7:2)

부자지도〈夫子之道〉: 공부자孔夫子의 도道는 말하지 아니하고서 신의信義를 지키는 것. 이것이 공자孔子가 논어論語에서도 말한 바 오욕무언吾欲無言이라는 구절에서 나타나 있다.

不言而信 夫子之道(正2:12)

부자지불언〈夫子之不言〉: 공부자孔夫子가 뜻만 두고 말씀을 아니한것이 다섯군데나 있는데 모두 십무극十无極자리를 뜻한 것이다. 즉 무극지무극부자지불언无極之无極夫子之不言도 십十자리를 말한 것이오, 불언이신부자지도不言而信夫子之道도 십十자리를 뜻한 것이오, 부자지불언시금일夫子之不言是今日도 십十수세계 도래到來의 날을 두고 한말이요, 성인소불언聖人所不言도 십十수 실현의 과정과 현상을 두고 한말이요, 불언무극유의존不言无極有意存도 십十무극 자리를 가리킨 소리이다.

无極之无極 夫子之不言(正2:11)
夫子之不言是今日(正6:4)

부자친필오기장〈夫子親筆吾己藏〉: 공부자孔夫子의 친필親筆을 내 몸에 지녔다는 것이니 이 말은 공부자孔夫子의 십익정신十翼精神을 내 몸에 지녔다는 뜻이다.

夫子親筆吾己藏 道通天地无形外(大序)

북동유의〈北東維位〉: 유維는 모퉁이의 뜻으로서 문왕팔괘文王八卦의 서북西北과 동북東北을 북北과 동東의 모퉁이에 있는 괘卦를 가리킨다.

卦之坎坤 數之六八 北東維位(正22:16)

북창청풍〈北窓淸風〉: 북창北窓의 맑은 바람. →「北窓淸風暢和淵明无絃琴」

北窓淸風(正5:11)

북창청풍창화연명무현금〈北窓淸風暢和淵明无絃琴〉: 북창北窓의 맑은 바람에 도연명陶淵明의 줄없는 거문고 소리에 창화暢和한다. 창暢은 거문고의 가락이다. 풍속통風俗通에서도 이른 바

「命其曲曰暢 暢者 道之美暢」

이라고 쓰여 있다. 여기서는 곧 영가咏歌인 「음아이어우」를 비유해 하는 뜻인가 한다. 그리고 북창청풍北窓淸風과 도연명陶淵明과의 관계를 읊은 시는 여기저기 많이 보인다. 즉 진서晉書의 도잠전陶潛傳에

「高臥北窓 自謂羲皇上人」

이라 하였고 또 소통簫統의 도정절전陶靖節傳에

「淵明不解音律而蓄無絃琴一張」

이라 했으며 이서구李書九의 글에도

「積雨初晴 臥念水榭風欞 披襟納凉之興 若非張志和西塞山前 政是陶淵明北窓
枕上 不覺神旺………」

이라고 하였다.

北窓淸風 暢和淵明无絃琴(正5:11)

분부〈分付〉: 아랫사람에게 명령命令하여 부탁하는 말. →「丁寧分付皇
中月」

丁寧分付皇中月(正10:6)

분장〈分張〉: 갈라서 떼어 놓음. →「一六宮分張」

无无位六十數 一六宮分張(正18:4)

분체도〈分體度〉: 모체母體에서 갈라져서 거의 같은 크기의 개체個體로 되는 도수度數니 이를 도표로 하면 다음과 같다.

61은 无極 (己位) 體位度

32는 皇極 (戊位) 體位度

四象分體度 159

30은 月極 (太陰) 體位度

36은 日極 (太陽) 體位度

→「四象分體度」

四象分體度一百五十九(正4:10)

불능명〈不能名〉: 무어라 이름할 수 없음. →「德符天皇不能名」

德符天皇不能名(正5:1)

불언〈不言〉: 말씀을 않는 것. 뜻만 두고 말씀을 하지 아니한 것. 정역正易에는 말씀이 없는 일이 열가지가 있는데 이는 또한 십무극十无極의 이치理致에 응應한 것이 아닌가 한다. 이중에는 공부자孔夫子의 말씀 아니한 말씀이 다섯군데요, 천지天地가 말씀 아니한 말씀이 세 곳이요, 일부선생一夫先生이 말씀 아니한 곳이 두군데이다. 그런데 공자孔子께서 말씀 아니한 말씀은 모두 십十무극 수에 유래한 것이며 천지天地와 일부선생一夫先生의 말씀 아니한 말씀은 오황극五皇極 수, 땅의 변화變化에 관하여 말씀 아니한 것이다. 십十무극 수를 대도종천大道從天의 말씀이라면 오황극五皇極 수는 대덕종지大德從地의 말씀이라고 풀이된다. 이를 도표로 간추려 십불언도十不言圖라 하였다.

〈十不言圖〉

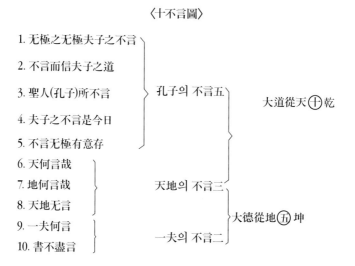

无極之无極夫子之不言(正2:11)

不言而信夫子之道(正2:12)

夫子之不言是今日(正6:4)

聖人所不言(正6:8)

大道從天兮天不言(正9:5)

不言无極有意存(正17:16)

吾欲無言 四時行焉 百物生焉 吾欲無言(論語)

天則不言而信 神則不怒而威(禮記樂記)

不言而信 存乎德行(周易繫辭)

불언무극유의존〈不言无極有意存〉: 십무극十无極은 뜻에만 지녀두고 말씀
은 아니하였다함은 아직 후천后天의 시명時命이 없기 때문이다. 이 뜻은
논어論語의,

「鳳鳥不至 河不出圖 吾已矣夫」

라고 한 말과도 상통하는 바 시명時命이 없음을 깊이 탄식한 나머지 십무
극十无極에 대하여는 일체 말씀을 않은 것이다. →「不言」

三絶韋編吾夫子 不言无極有意存(正17:16)

불언이신〈不言而信〉: 주역계사周易繫辭에도 말씀을 아니하고서 믿는 것은
덕행德行을 지녔음이니라고 하였다. 그러므로 덕행德行을 믿음의 표현이
오, 믿음은 덕행德行의 본체本體이다. 주역周易에 이신사호순履信思乎順이라
하니 순順이 곧 덕행德行이다. 순천자존順天者存하고 역천자망逆天者亡이라
하니 천리天理를 순順하면 그 마음을 다하게 되니 맹자孟子에 이른 바,

「盡其心者 知其性也 知其性則 知天矣」

라고 하니 이 모두가 불언이신不言而信하는 태도態度의 말씀인 것이다. 이
러한 태도態度를 곧 정역正易에서는 공부자孔夫子의 도道라고 한 것이다.

不言而信 夫子之道(正2:12)

天則不言而信 神則不怒而威(禮記樂記)

不言而信存乎德行(周易繫辭 下)

불역〈不易〉: 만세萬世까지도 바뀌지 않는 것으로 변變하는 역易을 변역變
易이라 한다면 단 한번도 바뀌어지지 않을 역易이 불역不易이다. 그러므로
정역正易을 변역지역變易之易 또는 불역지역不易之易이라 한 것이다. 정역正易
을 보는 입장立場에 따라 다를 뿐이다. 즉 고금천지古今天地에서 정역正易을
말할 때 변역지역變易之易이라 한다면 금고일월今古日月에서 정역正易을 말
할 때는 불역지역不易之易이라 할 수 있다. 다시 말하면 과거過去에서 보는
정역正易은 변역지역變易之易이오, 미래未來에서 보는 정역正易은 불역지역不
易之易이라고 할 수 있다.

金火互易 不易正易(正6:7)
十土六水 不易之地(正22:2)
一水五土 不易之天(正22:3)
上必无爲而用天下 下必有爲而天下用 此不易之道也(莊子天道)

불역정역〈不易正易〉 : 다시 바뀌지 않을 정역正易이다. 금화金火가 한곳에서 서로 호역互易하는 것이 불역정역不易正易인 것이다. 이는 구이착종九二錯綜을 말할 경우에 금화호역金火互易이오 불역정역不易正易이라고 한 것이다. →「不易」

金火互易 不易正易(正6:7)

불역지지〈不易之地〉 : 일월一月은 천지天地가 합덕合德한 상이오 천지天地는 수토水土가 성도成道한 것이니 그 수水와 토土의 성수成數로 이루어진 십토육수十土六水는 바뀌지 아니할 땅이란 것이다.

十土六水 不易之地(正22:2)

불역지천〈不易之天〉 : 하늘도 땅과 마찬가지로 수토水土가 성도成道한 것이 천지天地니 그 수水와 토土의 생수生數로 이루어진 일수一水 오토五土는 바뀌지 아니할 하늘인 것이다. 이를 도표로 보면 십무극十无極인 하도河圖 원리에서 나타나 보인다.

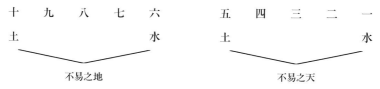

一水五土 不易之天(正22:3)

불초〈不肖〉 : 사람은 하늘의 뜻으로 생겼기 때문에 의당 하늘과 같이 온전하여야 하지만 그렇지 못하여 하늘을 닮지 못했다는 겸칭謙稱으로 불초不肖라고 한다. 그러므로 이 말은 부모父母나 스승이나 군주君主나 또는 상제上帝께 대하여만 쓰인다.

不肖敢焉推理數 只願安泰父母心(正10:9)
不肖子金恒 感泣奉書(正10:10)
不肖子金恒 謹奉書(正27:14)

비역〈匪易〉: 역易이 아니라 함은 윤역閏易이란 뜻이다. 사람도 온당한 사람이 아닐 때 비인匪人이라 하여 비匪자를 쓴다. 선천先天에는 360일日이 아닌 360도¼의 력력曆으로서 지구地球의 황경黃經이 23도 27분으로 기울어 돌기 때문에 비역匪易이라고 한 것이다. →「日月不正易匪易」

　　日月不正易匪易(正20:10)

비왕태래〈否往泰來〉: 주역周易에 천지비괘天地否卦는 대왕소래大往小來요, 지천태괘地天泰卦는 소왕대래小往大來라 하였으니 비왕태래否往泰來란 비운否運이 가고 태운泰運이 온다는 것인데 더 세밀히 살펴보면 비운否運에는 대왕大往하고 태운泰運에는 대래大來한다는 것이니 대大는 양陽을 말한다.

　　金火正易 否往泰來(正10:13)

비태손익함항기제미제〈否泰損益咸恒旣濟未濟〉: 주역周易 64괘卦중에 정역괘正易卦와 관련關聯이 있는 괘卦 여덟괘卦를 추려놓은 것이다. 이를 도표로 하여 보면 정역괘正易卦와 같다. 안쪽에서 보면 비괘否卦가 주장主張이 되고 바깥쪽에서 보면 태괘泰卦가 주장이 되어 정역괘正易卦를 재미있게 음미吟味할 수 있다. 그야말로 내외內外가 없다.

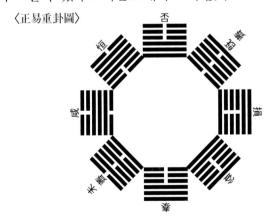

　　〈正易重卦圖〉

　　否泰損益咸恒旣濟未濟(正27:1)

사상분체도〈四象分體度〉: 사상四象은 천지天地와 일월日月이며 분체도分體度는 체위도수體位度數가 나누어진 것이니 이를 합하면 159(61+32+36+30)이다. 이를 도표하면 다음과 같다.

四象分體度 一百五十九(正4:10)

사시일절〈賜詩一絶〉: 시詩에는 고시古詩 율시律詩 절구시絶句詩가 있는데 고시古詩는 구수句數가 제한이 없지만 율시律詩와 절구시絶句詩는 구수句數가 제한되어 율시律詩는 팔구八句, 절구시絶句詩는 사구四句로 되어 있다.

일부선생一夫先生 36세시에 연담蓮潭 이선생李先生을 비로소 좇인 바 선생先生이 도호道號를 관벽觀碧이라고 지어 주시면서 그 관벽觀碧이란 뜻을 시詩 한절구로 나타내 지니게 해 주었다.

　「觀淡莫如水, 담박(淡泊)을 觀察함에는 물같음이 없듯이
　好德宜行仁, 德을 좋아 함에는 仁을 行함이 옳도다.
　影動天心月, 影이 天心月에서 動하니
　勸君尋此眞하소. 그대에게 觀하노니 이 眞理를 찾아 보소.」

관담막여수觀淡莫如水는 기갑야반생계해己甲夜半生癸亥의 계해수癸亥水를 뜻한 것이요, 호덕선행인好德宜行仁은 무극이태극无極而太極하는 십十(存德)에서 일一(行仁)로 용구用九하는 것을 말하며 영동천심월影動天心月은 황극이무극皇極而无極하는 오五에서 십十으로 변변變하는 황중월皇中月의 동태를 읊은 시詩라고 해석된다.

　賜號二字曰觀碧 賜詩一絶曰(正19:15)

사실〈事實〉: 실지로 있는 일. →「一夫事實」

　一夫事實(大序)

사십오점반반〈四十五点斑斑〉: 반반斑斑은 점점点点의 동의어同意語니 무무위无无位 60수에서 15수를 귀공歸空시키면 낙서수洛書數 45가 점점点点이 놓인다는 것.

　十五歸空 四十五點斑斑(正18:5)

사위〈謝位〉: 본본 위치位置에서 물러 남. 후천后天이 되어 묘궁卯宫이 용사

用事하여 묘월卯月로 세수歲首하니 인궁寅宮은 본 위치에서 물러 남.

　　寅宮謝位(正10:16)

사유사불우사선〈斯儒斯伏又斯仙〉: 이 유도儒道며 이 불도伏道며 또 이 선도仙道이다. 유불선儒伏仙의 세가지 도道는 원리는 하나인데 도道는 셋으로 나누어진 것은 자연스런 이치理致라는 것.

　　道乃分三理自然 斯儒斯伏又斯仙(正20:6)

사정칠수용중수〈四正七宿用中數〉: 이십팔수二十八宿가 동서남북東西南北 사방四方으로 도열된 것을 정력正曆과 윤력閏曆에 따라 이십팔수二十八宿도 중中을 맞추어 쓰는 것이니, 즉 춘하추동春夏秋冬의 사중월四仲月인 묘월卯月·오월午月·유월酉月·자월子月에는 이십팔수二十八宿의 사정중수四正中宿인 방허묘성房虛昴星을 맞추어 쓰는 수數를 말한다. 이십팔수二十八宿의 중성中星을 도표로 알아 본다.

四正七宿 및 中星			方位宿名	書經用中
軫翼張	星	柳鬼井	南方朱雀七宿	日中星鳥以殷仲春
參觜畢	昴	胃婁奎	西方白虎七宿	日短星昴以正仲冬
壁室危	虛	女牛斗	北方玄武七宿	霄中星虛以殷仲秋
箕尾心	房	氐亢角	東方蒼龍七宿	日永星火以正仲夏
	中星			

사정칠수四正七宿 용중用中에 대해서는 서경書經 요전堯典에 나타나 보인다.

　　四正七宿用中數(正26:12)

사호이자왈관벽〈賜號二字曰觀碧〉: 연담선생蓮潭先生이 도호道號 두자를 주었는데 이르기를 관벽觀碧이라고 한다. 벽觀碧이란 무중벽无中碧을 정관 靜觀하라는 뜻으로 해석된다.

　　賜號二字曰觀碧 賜詩一絶曰(正19:14)

산전〈山前〉: 산山 앞이란 팔간산八艮山 앞이란 뜻. 즉 서西쪽 새방塞方에서 팔간산八艮山 앞으로 해오라기가 나른다고 한 것이다. →「西塞山前白鷺飛」

西塞山前白鷺飛(正5:13)

삼백윤순이정〈三百六旬而正〉: 360일日로서 정역正易이 된 것.

后天體圓用方 三百六旬而正(正19:6)

삼백육십〈三百六十〉: 일년 삼백육십일三百六十日을 말함이니 이는 공부자
孔夫子의 기幕라고 한다. 일부지기一夫之幕는 375도인데 15를 존공尊空하면
공자지기孔子之幕 360일日에 합당合當한다고 한다.

正吾夫子之幕三百六十日(正7:2)

三百六十當幕日(正18:3)

삼벽〈三碧〉: 세가지 푸른 것. 즉 일손풍一巽風 이천二天 삼태택三兌澤을 뜻
함. →「化三碧而一觀」

化三碧而一觀(正5:8)

삼산〈三山〉: 세가지 산山. 즉 육진뢰六震雷·칠지七地·팔간산八艮山을 뜻함.
→「風三山而一鶴」

風三山而一鶴(正5:8)

삼십육〈三十六〉: 36수는 율려律呂의 분수分數요 360은 일년一年의 일수日數
이다. 일세一歲를 주천周天한 율려도수律呂度數는 12,960이라고 한 바 1일日
36분分을 360일日 주회周回하니 12,690인 것이다. 이래서 36이란 수는 360
의 속 도수인 율려도수律呂度數라고 생각된다. 이 36과 360이 다른점과 같
은점을 비교하기 위하여 도표로 알아보면 다음과 같다.

〈金火正易三十六圖〉

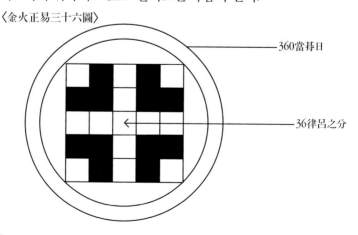

360當幕日

36律呂之分

三十六宮先天月(正4:8)

而數三十六(正12:4)

余年三十六 始從蓮潭李先生(正19:14)

삼십육궁선천월〈三十六宮先天月〉: 이 삼십육三十六수는 사상분체도四象分
體度중의 태양太陽수 36도수에 당하는 신해辛亥를 뜻한다. 즉 신해辛亥는
무진戊辰의 초하루에서 14일日째 닿는 선보름인 선천先天달이 후천后天에
계미癸未 초하루에서 치면 29일日 후보름인 후천后天 30일日을 밝힌다는
것이다.

三十六宮先天月 大明后天三十日(正4:8)

삼십일〈三十日〉: 30일日이 되는 날.

三十日一月(正3:13)

大明后天三十日(正4:9)

三十日晦(正7:6)

삼오착종삼원수〈三五錯綜三元數〉: 건곤교乾坤橋라고 하는 지변간지至變干
支가 있는데 변화變化의 지도리가 되는 것이다. 이것으로 쳐서 삼오착종
三五錯綜이란 갑진甲辰이 무진戊辰으로 변變하는 것. 즉 갑삼甲三이 무오戊五
수로 변變하는 것이니 이는 선천先天의 삼원三元이다. 이를 주역周易에서는
삼오이변參伍以變이라 말하고 있다. 이에서 삼오이변三五以變 또는 삼오착
종三五錯綜이 되어지는 건곤교乾坤橋를 지변간지도至變干支圖라고 하는 것
을 도표로 보자.

〈乾坤橋〉

손도수	9	10	1	2	3	4	5	6	7	8	9	10	
	酉	戌	亥		丑	寅	卯		巳		未	申	
	辛酉 1	壬戌 2	癸亥 3	甲子 4	乙丑 5	丙寅 6	丁卯 7						(30)
	丁酉 8	戊戌 9	己亥 10	庚子 11	辛丑 12	壬寅 13	癸卯 14	甲辰 15					
								戊辰 16	己巳 17	庚午 18	辛未 19	壬申 20	(24)
	癸酉 21	甲戌 22	乙亥 23	丙子 24	丁丑 25	戊寅 26	己卯 27	庚辰 28	辛巳 29	壬午 30	癸未 31	甲申 32 / 庚申 33	(36)
	辛酉 34	壬戌 35	癸亥 36	甲子 37	乙丑 38	丙寅 39	丁卯 40	戊辰 41 / 甲辰 42	乙巳 43	丙午 44	丁未 45	戊申 46	36
	己酉 47	庚戌 48	辛亥 49	壬子 50	癸丑 51	甲寅 52	乙卯 53					丙申 54	40
	丁酉 55	戊戌 56	己亥 57	庚子 58	辛丑 59	壬寅 60	癸卯 61	甲辰 62	乙巳 63	丙午 64	丁未 65	庚申 66	
	己酉 67	庚戌 68	辛亥 69	壬子 70	癸丑 71	甲寅 72	乙卯 73	丙辰 74	丁巳 75	戊午 76	己未 77	庚申 78	
	辛酉 79	壬戌 80	癸亥 81	甲子 82	乙丑 83	丙寅 84	丁卯 85	戊辰 86	己巳 87	庚午 88	辛未 89	壬申 90	20
								壬辰 91	癸巳 92	甲午 93	乙未 94	甲申	20
								丙辰 95	丁巳 96	戊午 97	己未 98	庚申	20
								庚辰 99	辛巳 100	壬午 101	癸未 102	丙申	
	乙酉 103	丙戌 104	丁亥 105	戊子 106	己丑 107	庚寅 108	辛卯 109	壬辰 110	癸巳 111	甲午 112	乙未 113	丙申 114	
								丙辰 115	丁巳 116	戊午 117	己未 118	庚申	
	辛酉 119	壬戌 120	癸亥 121	甲子 122	乙丑 123	丙寅 124	丁卯 125	戊辰 126	己巳 127	庚午 128	辛未 129	壬申 130	20
								壬辰 131	癸巳 132	甲午 133	乙未 134	甲申	20
								丙辰 135	丁巳 136	戊午 137	己未 138	庚申	20
								庚辰 139	辛巳 140	壬午 141	癸未 142	甲申	
	乙酉 143	丙戌 144											=216

三五錯綜三元數(正23:11)

參伍以變 錯綜其數(周易繫上)

삼원〈三元〉: 삼원三元의 설이 많지만 이에는 천지인天地人의 삼원三元과 재래在來 역법曆法의 상원上元·중원中元·하원下元의 삼원三元이 있는데 이에는 선천을 삼원三元 후천을 오원五元으로 될 때와 천지인天地人 삼원三元으로 될 때가 있다.

天地之理三元(正2:1)

旣濟未濟兮 天地三元(正18:11)

天地地天兮 三元五元(正18:13)

三元五元兮 上元元元(正18:14)

三五錯綜三元數(正23:11)

삼원오원〈三元五元〉: 선천先天의 삼원三元과 후천后天의 오원五元.

　　天地地天兮 三元五元(正18:13)

　　三元五元兮 上元元元(正18:14)

삼재문〈三才門〉: 천지인天地人을 삼재三才라 하니 재才란 대大 크다는 뜻이오, 문門이란 금화문金火門으로써 천지天地도 이 문에 출입出入하고 사람도 이 문門에 출입出入하여 천지인天地人 삼재문三才門이라고 한다.

　　天地出入 一夫出入 三才門(正9:13)

삼절위편오부자불언무극유의존〈三絶韋編吾夫子 不言无極有意存〉: 공부자孔夫子가 늦게서야 역易을 좋아하여 얼마나 많이 읽었든지 가죽끈으로 엮은 간책簡册이 세 번이나 끊어졌다고 사기史記에 보인다. 가죽끈으로 엮어진 역易을 세 번이나 닳아서 끊어트린 우리 공부자孔夫子는 무극无極을 뜻으로만 속에 지녀두시고 말씀을 아니하셨다고 한말이다.

　　三絶韋編吾夫子 不言无極有意存(正17:15)

　　孔子晩而喜易 韋編而三絶(史記)

삼지양천〈三地兩天〉: 이사육팔십二四六八十을 손으로 꼽아보면 육팔십六八十은 삼지三地가 되고 이사二四는 양천兩天이 된다. 이는 후천后天의 상상象이다. →「后天三地兩天」

　　后天三地兩天(正14:9)

삼천양지〈三天兩地〉: 일삼오칠구一三五七九를 손으로 쳐보면 일삼오一三五는 삼천三天이 되고 칠구七九는 양지兩地가 된다. 이는 선천先天의 상상象이다. →「先天三天兩地」

　　先天三天兩地(正14:8)

　　一三五次度天 第七九次數地 三天兩地(正22:10)

삼팔봉〈三八峯〉: 삼팔三八은 정역正易의 간태艮兌를 말한다. 삼팔봉三八峯은 간艮을 뜻한다. →「東山第一三八峰」

　　東山第一三八峰(正5:11)

상교〈上敎〉: 위(天)에서 가르치신 것. →「春秋事者 上敎也」

　　春秋事者 上敎也(大序)

상률하습습우금일〈上律下襲襲于今日〉: 위(天천)로는 천시天時인 율력律曆을 밝히시고 아래(地지)로 인습因襲하게 하니 오늘에 인습因襲이 되었다. 공자孔子가 율력律曆을 밝힌 일은 논어論語에서도 보인바,

「用夏之時………」

이 말을 인습因襲하여 오늘까지도 하력夏曆인 태음력太陰曆을 쓰고 있는 것이다. 그리하여 이 태음력太陰曆을 중국에서는 지금도 하력夏曆이라고 일컫은다. 오늘에 인습因襲된 하력夏曆, 즉 윤력閏曆이 일부(一乎一夫일호일부)에 의해 정역正易으로 됨은 공부자孔夫子가 건곤乾坤에 중립中立하여 상율하습上律下襲한 것이다.

上律下襲 襲于今日(正1:7)
上律天時 下襲水土(中庸)

상원〈上元〉: 상원上元이 원천原天의 기틀이라면 원천原天은 상원上元의 길(道도)이다. 그러므로 화금금화火金金火라든지 선천후천先天后天이라는 길(道도)은 원천原天의 길이며 삼원오원三元五元이라든지 기제미제旣濟未濟라는 기틀은 상원上元의 리理라고 해석된다. 상원上元은 또한 무위无位로서 기위己位와 무위戊位를 생생生生하는 것이며 따라서 육갑六甲이 나오는 곳이라 생각된다.

上元丑會干支圖(正14:12)
三元五元兮 上元元元(正18:14)
上元元元兮 十五一言(正18:15)

상원원원〈上元元元〉: 본원本原에도 또 원원原原이 있어서 원시성原是性이라 했는가 하면 무无에도 또한 무无가 있어서 무무无无라 했고 무형无形에도 또 무형无形이 있어서 무형외无形外라 하여 궁신지화窮神知化의 현묘리玄妙理를 유무有无한 중극中極에서 캐내고 있다. 상원원원上元元元 또한 마찬가지로 원元에 또 원원元元이 있다는 것이니, 이에서 반고盤古도 서려있고 성인聖人도 내리신다는 것이며 하도河圖와 낙서洛書도 보인다는 것이다.

三元五元兮 上元元元(正18:14)
上元元元兮 十五一言(正18:15)

상제〈上帝〉: 인류人類의 맨 첫 부모父母는 반고盤古로 나타나시고 인류人類

에 없이계신(无位) 스승은 화옹化翁으로 뵈이시매 일월日月과 천지天地의 용정用政은 상제上帝가 하시니 모두 한 분이시다. 이 천지天地에는 반고盤古가 인류人類의 씨를 퍼트린 이래 화옹化翁이 도통연원道統淵源을 주시어 인류人類를 가르쳐 왔으며 이 기반 위에서 이에 상제上帝가 내림來臨하시어 이 세상을 기리 비치신다는 일이 모두 이르기를 십오일언十五一言이라 하는 것이다. 그러므로 이 세상은 인류人類의 팽창, 자원의 고갈, 공해의 극심에서 인류人類가 전멸全滅될 것 같지만 그래도 기망기망其亡其亡 상태에서 상제上帝의 조림照臨으로 인하여 온 세계를 비추니 호호무량好好无量 좋고 또 좋은 일이 무량无量이라는 것을 정역正易에서는 분명히 밝히고 있다. 그러므로 주역周易에서는 이 세상을 마침내 구원할 길이 없다는 미제未濟로 종終을 하였지만 공자孔子가 말씀을 아니하신 것이지 뜻은 속에 지니어 두고 말씀을 「이 세상은 절망絶望으로 끝이 날 뿐인데, 신비롭다」는 것으로 속말을 그윽히 묻어 두고 말하기를,

　　「神也者 妙萬物而爲言………」

이라고 하였다. 이 말씀이 정역正易으로 이어져 이제 상제上帝가 이 세계世界에 조림照臨하니 절망絶望에서 희망希望으로, 사경死境에서 환생還生으로, 종말終末에서 시작始作으로 새하늘과 새땅이 열리며 새 일월日月이 비치고 새인류人類의 마음이 험악險惡에서 지선至善으로 이어진다는 것이니 좋은 일이 무량无量할 뿐이라 하겠다. →「化无上帝」

　　化无上帝言(正10:2)
　　化无上帝重言(正10:7)
　　世界世界兮 上帝照臨(正27:10)
　　上帝照臨兮 于于而而(正27:11)

상제언〈上帝言〉: 상제上帝 말씀. →「化无上帝言」

　　化无上帝言(正10:2)

상제조림〈上帝照臨〉: 상제上帝께서 이 세계世界로 비쳐 임하심. 즉 신神이 세상世上을 굽어 봄. →「上帝」

　　世界世界兮 上帝照臨(正27:10)
　　上帝照臨兮 于于而而(正27:11)

상제중언〈上帝重言〉: 상제上帝께서 거듭 말씀하심. →「化无上帝重言」

　　化无上帝重言(正10:7)

생성〈生成〉: 일이삼사오一二三四五수는 생수生數라 하고 육칠팔구십六七八九十수는 성수成數라 한다. 즉 사물事物이 그 상태를 변變하여 딴것이 되는 일도 생성生成이며, 선천先天에서는 모든 사물事物이 열리고 후천后天에 가서는 그것을 이루는 일도 생성生成이다. 모든 사물事物이 원인과 결과가 있듯이 모두 생성生成의 과정過程을 거친다. 생성과정生成過程을 거피는 동안에는 생장성生長成이라는 시간時間이 소요되며 그 뿐아니라 생생生에 앞서 포태양胞胎養이라는 세 과정過程과 함께 여섯 단위 즉 포태양胞胎養 생장성生長成이라는 육위이성장六位以成章이라는 천도天度의 법칙法則이 있어서 이것이 마치는 날. 종이복시終而復始하는 것은 자연自然의 이세理勢이다. 이 자연自然의 이세理勢를 밝힐 수 있는 법칙法則이 있으니 낙서구궁 생성수洛書九宮生成數와 하도팔괘생성수河圖八卦生成數가 그것이다.

　　洛書九宮生成數(正23:5)
　　河圖八卦生成數(正24:1)

생성수〈生成數〉: 생성生成을 하게 되는 자연수自然數. →「生成」

　　洛書九宮生成數(正23:5)
　　河圖八卦生成數(正24:1)

생수〈生數〉: 일이삼사오一二三四五는 생수生數이고 육칠팔구십六七八九十은 성수成數라 한다. 그런데 생수生數를 영생수影生數라 함은 손으로 꼽아진 일이삼사오一二三四五를 형상할 때 일컫는 말이오 성수成數를 체성수體成數라 함은 손으로 펴신 육칠팔구십六七八九十을 형상할 때 일컫는 말이다. 영影과 체體의 구분區分은 체영지도體影之道를 참조參照하기 바란다. →「影生數」

　　影生數(正22:6)

서기〈庶幾〉: 거의.

　　庶幾逃罪乎(大序)

서기도죄호〈庶幾逃罪乎〉: 거의 죄罪를 면하게 될 것인가라는 것은 일부一夫가 공경恭敬히 받아 쓴 내용內容에 대하여서다.

一夫敬書 庶幾逃罪乎(大序)

서남〈西南〉: 서西쪽과 남南쪽. 주역周易에서도 서남西南이란 말이 나온다. 낙
서洛書 선천先天이 하도河圖 후천后天으로 변變할 때 동북東北의 일육삼팔一六
三八은 변變함없고 서남西南의 사구이칠四九二七이 교통交通한다는 것이다.

　理西南而交通(正5:4)
　西南互位(正23:1)

서남호위〈西南互位〉: 이칠화二七火가 서西쪽에서, 사구금四九金이 남南쪽에
서 있던 낙서洛書가 하도河圖로 변變하는 데는 사구이칠四九二七이 호위互位
된다고 한다.

　卦之兌艮數之二七 西南互位(正23:1)

서봉〈瑞鳳〉: 상서로운 봉황새. 논어論語에,

　「鳳鳥不至 河不出圖 吾已矣夫」

라고 한 바 봉새도 이르지 아니하고 하수河水에서 도圖도 나오지 아니하
니 내 그만 두리로다라고 한탄恨歎한 것을 보면 서봉瑞鳳이 후천后天의 기
상을 말한 것으로 생각된다. →「瑞鳳鳴」

　喜好一曲瑞鳳鳴(正5:1)
　瑞鳳鳴兮 律呂聲(正5:1)

서봉명〈瑞鳳鳴〉: 「좋구나 한 곡曲의 노래에 서봉瑞鳳의 울음 운다. 서봉瑞
鳳의 울음이여 율려律呂의 소리로다.」라고 읊은 금화金火 송시頌詩의 한 구
절에 있는 말이다. 서경書經에 순舜임금의 음악音樂을 반주伴奏하니 봉황
이 와서 춤추었다는 고사故事. 즉

　「韶簫九成 鳳凰來儀」

란 말이 있듯이 좋아하는 한 곡조曲調의 노래에 서봉瑞鳳이 울음운다는
그 소리. 율려律呂의 소리라고 한다. →「喜好一曲瑞鳳鳴」

　喜好一曲瑞鳳鳴(正5:1)
　瑞鳳鳴兮 律呂聲(正5:1)
　韶簫九成 鳳凰來儀(書經)

서불진언〈書不盡言〉: 주역계사周易繫辭에,

「書不盡言 言不盡意 然則聖人之意 其不可見乎」

라하여 「글로서는 말을 다 표현할 수 없으며 말로서는 뜻을 다 표현할 수 없으니 성인聖人의 뜻을 볼 수 없단 말인가?」하듯이 정역正易에서는 일월日月의 정사政事가 지극히 신비스럽고 지극히 밝아서 글로서는 말 뜻을 다 표현할 수 없다고 한 것이다. →「至神至明 書不盡言」

至神至明 書不盡言(正8:16)

書不盡言 言不盡意(周易繫上)

서새산전백로비〈西塞山前白鷺飛〉: 정역괘正易卦의 서방西方 태괘兌卦를 그린 말인데 이르기를 「서西녘 갓의 산앞에는 백로가 날른다」는 장지화張志和의 어부가漁夫歌를 빌어다가 태괘兌卦의 기상을 그리는 시詩로 읊은 구절이다.

南望靑松架短壑 西塞山前白鷺飛(正5:13)

西塞山前白鷺飛 桃花流水 鱖魚飛(張志和漁夫歌)

서정〈書正〉: 글로 써서 바룬다,

日戊辰二十八書正(正20:8)

석벽〈石壁〉: 언덕의 바위가 내려 질려서 바람벽같이 된 곳인데 이는 정역괘正易卦의 십건十乾과 팔간산八艮山을 그린 시구에서 나온 말이다. →「脫巾掛石壁」

脫巾掛石壁 南望靑松架短壑(正5:13)

선생〈先生〉: 자기보다 도道를 먼저 깨친 사람. 스승.

始從蓮潭李先生 先生賜號二字曰觀碧(正19:14)

선천〈先天〉: 주역周易에서는 하늘보다 먼저라는 뜻으로 사람이 생기기 이전을 뜻한다. 정역正易에서는 선천先天이라는 말이 제일 많다. 무려 24곳이나 된다. 선후천先后天이란 사람 일생에 비하면 세상에 나오기 이전을 선천先天이오, 세상에 나온 후에는 후천后天이라는 경우가 있는가 하면 여자의 경우 한 남자를 만나서 결혼結婚이 성립成立되는 때가 후천后天이오, 그 이전이 선천先天이다. 하루로 비하면 밤은 선천先天이오 낮은 후천后天인가 하면 오전은 선천先天이오 오후는 후천后天이다. 이와 같이 모든 사물事物의 생장과정에 있어서도 선후천先后天이 없는 것이 없으니 항차 천지장구天地長久에 있어서랴, 선천先天은 또 제한된 것이라면 후천后天은 영원성이 있는 것이다. 상대相對가 있으면 절대絶對라는 법칙法則이 있는 것으로서 선후천先后天이라는 상대가 있는데 반하여 절대적인 원천原天이 있다.

圖書之理 后天先天(正2:3)

先天太極(正2:4)

先天火木太陽之父(正3:4)

先天而后天(正3:6)

后天而先天(正3:15)

三十六宮先天月 大明后天三十日(正4:9)

后天政於先天水火(正4:13)

先天政於后天火水(正4:14)

十五日望先天(正7:4)

盈虛氣也先天(正7:4)

先天之政進退(正8:5)

抑陰尊陽 先天心法之學(正8:10)

誰識先天復上月(正10:1)

己巳宮 先天而后天(正12:6)

丙甲庚三宮 先天之天地(正14:6)

先天三天兩地(正14:8)

子寅午申 先天之先后天(正14:10)

讀書學易 先天事(正17:15)

先天體方用圓(正19:5)

先天二百一十六萬里(正19:9)

天地地天 后天先天(正22:11)

先天之易 交易之易(正22:12)

先天五九 逆而用八(正26:13)

先天而天弗違(周易乾)

선천복상월〈先天復上月〉: 선천先天에서 위로만 복복復復하는 달. 손으로 형상하면 일이삼사오一二三四五(甲乙丙丁戊)까지 꼽은 상象이다.

誰識先天復上月(正10:1)

선천사〈先天事〉: 선천先天의 일이라는 것이니 이미 지나간 옛 일이라는 것이다. 즉 서경書經을 읽고 주역周易을 배우던 일은 이미 지나간 옛 일이다. →「讀書學易 先天事」

讀書學易 先天事(正17:15)

선천삼천양지〈先天三天兩地〉: 선천先天이란 수로 상징象徵하면 일삼오칠구一三五七九로서 일삼오一三五를 삼천三天·칠구七九를 양지兩地로 한다. 후천后天은 삼지양천三地兩天이다. 삼대이三對二의 비례比例는 다음 표와 같은 것이 있음을 미루어 알아둠이 좋겠다.

三天兩地 三地兩天	天六地四	用九用六	乾坤之策	當朞日	先后天周回度數	
三 二	六 四	九 六	216 144	360	324萬里 216萬里	540 萬 里

위 도표와 같이 삼대이三對二의 비례比例의 원리原理가 실제 천도에 미치는 일을 살펴보면 일년중一年中 하지夏至와 동지冬至에 주야晝夜의 차差, 즉 하지夏至때의 밤 길이가 가장 짧고 낮 길이가 가장 길지라도 결국 육대사六對四의 비율比率이다. 그러므로 천육지사天六地四 천사지육天四地六이라는 범주範疇 내內에서 운행한다. 동지冬至 때에도 마찬가지이다.

先天三天兩地(正14:8)

선천심법지학〈先天心法之學〉: 선천先天의 마음을 법法되게 하는 학문學問. 즉 음陰은 억제抑制하고 양陽은 존숭尊崇하는 것으로서 주역周易에 한사존성閑邪存誠·비례불리非禮弗履등이다.

抑陰尊陽 先天心法之學(正8:10)

선천오구역이용팔착윤중〈先天九五逆而用八錯閏中〉: 선천先天은 오五에서 구九까지 가는 오五를 육六자리에서 오육칠팔五六七八로 거슬러서(逆) 팔八을 쓰니 어거진 수이므로 윤閏으로 맞추어 쓴다. 이를 도표로 설명해 보자.

자리수	一	二	三	四	五	六	七	八	九	十	十
치는수		1	2	3	4	5	6	7	8	9	+1

逆以用八

閏
中

先天五九 逆而用八 錯閏中(正26:13)

선천월〈先天月〉 : 선천先天의 달. 이에서는 선보름 달이다. 즉 14일日달. 신해
辛亥를 뜻한 것임. →「三十六宮先天月」

三十六宮先天月(正4:9)

선천이후천〈先天而后天〉 : 선천先天이로되 후천后天이란 말이 두곳이 있는
데 기사궁己巳宮에 선천이후천先天而后天은 용사用事의 입장立場에서 말하는
것이라면 태음太陰의 선천이후천先天而后天은 본체本體의 입장立場에서 말하
는 것이라고 풀이 된다. 즉 태음太陰에 선천이후천先天而后天은 「태음太陰은
역생도성逆生倒成하는 것이니」 선천先天이로되 체體는 후천后天이라는 말이
오, 기사궁己巳宮에 선천이후천先天而后天은 선천先天이로되 용用은 후천后天
이라고 뜻하는 것이다. 이를 도표로 표시하여 보면 다음과 같다.

〈先天而后天體用圖〉

位	用	體	用	體	用	體
己位 戊位 太陰 太陽 龍圖 龜書	己巳宮 戊戌宮 逆生 倒生 倒生 逆生	先天 后天 倒成 逆成 逆成 倒成 先天 后天	而后天 而先天 先天 后天 政於后天 政於先天	而后天 而先天 先天太極 后天无極	地十己土生---天五戊土 天五戊土生---地十己土 既濟 未濟 未濟之象 既濟之數 火水 水火	天五戊土 地十己土 而未濟 而既濟

太陰逆生倒成 先天而后天(正3:15)
己巳宮 先天而后天(正12:6)

선천정어후천화수〈先天政於后天火水〉 : 정역正易에는 후천后天을 선천先天
이하고 한 것은 후천后天에 용정用政하는 것이니 수화미제火水未濟라고 한
것이다. 이에 후천后天을 선천先天이라고 또 선천先天을 후천后天이라고 한
것이 몇곳인가 살펴보면 다음 표와 같으나 이는 체용體用에 따라 아와 같
이 말한 것이다.

后天을 先天이라 한 것	先天을 后天이라 한 것
先天太極 先天火木太陽之父 先天而后天 三十六宮先天月 先天政於后天	后天无極 后天水金太陰之母 后天而先天 大明后天三十日 后天政於先天

先天政於后天火水(正4:13)

선천지선후천〈先天之先后天〉 : 선천先天의 선천先天과 후천后天이란 선천先天을 선후천先后天으로 나눈 것이다. 즉 자인오신子寅午申에서 자인子寅은 선천先天의 선천先天이오 오신午申은 선천先天의 후천后天이다. 후천后天의 선후천先后天도 이와 같은 논법論法으로 풀이 한다. 이를 도표로 알아보면 수지手指를 꼽은 쪽을 선천先天이라 하고 수지手指를 편면을 후천后天이라 한다.

〈子寅午申과 丑卯未酉先后天圖〉												
		先天之先天					先天之后天					
先天(子寅午申)		子	丑	寅	卯	辰	巳	午	未	申	酉	戌	亥
手指象	9	10	1	2	3	4	5	6	7	8	9	10	1	2
后天(丑卯未酉)	亥	子	丑	寅	卯	辰	巳	午	未	申	酉	戌	
		后天之先天					后天之后天					

子寅午申 先天之先后天(正14:13)

선천지역교역지역〈先天之易交易之易〉 : 선천先天의 역易은 교역交易한 역易이라하니, 교역交易을 주역周易에서는 교역이퇴交易而退라 하여 물물物物교역을 말하지만 정역正易의 교역交易은 선천先天에 있어서 전례前禮를 인인해서 이른 바

「殷因於夏禮 周因於殷禮………」

라 함은 역서曆書의 세수歲首를 바꾸는 일이니 즉 하夏나라는 인월세수寅月歲首, 은殷나라는 축월세수丑月歲首, 주周나라는 자월세수子月歲首, 진秦나라는 해월세수亥月歲首하다가 한漢나라 무제武帝때에 와서 도로 인월세수寅月歲首하였으며 우리나라 또한 동사강목東史綱目에 보면,

「(武后天冊萬世元年)(新羅孝昭王 4年)乙未四年 以建子月爲正………」
「(武后久視元年)(新羅孝昭王 9年)庚子九年春正月復以寅月爲正……」〈東史綱目

이라 하여 오늘에 이른 것이나 천도天度는 365도¼의 범주範疇에서 역曆만 바뀌고 있으니 이것이 교역지역交易之易이다.

> 先天之易 交易之易(正22:12)
>
> 交易而退 各得其所(周易繫下)

선천지정진퇴〈先天之政進退〉: 선천先天의 천도天道 정사政事는 진퇴進退라 하니 진퇴進退는 지구地球 공전公轉운동이 남진南進 북퇴北退한다는 뜻이다. 지구地球에서 발생發生하는 춘하추동春夏秋冬은 지구地球의 남북진퇴南北進退로 인하여 발생하는 연고緣故이다. 후천后天이 되면 사시장춘四時長春이 되는 것이므로 진퇴進退가 아니라 굴신屈伸이라고 하였다.

> 先天之政進退 后天之道屈伸(正8:7)

선천지천지〈先天之天地〉: 선천先天의 천지天地라 하니 선천先天을 천지天地라 하고 후천后天을 지천地天이라 함은 천지비괘天地否卦와 지천태괘地天泰卦에서 연유된 말이라 풀이 된다.

> 丙甲庚三宮 先天之天地(正14:6)

선천체방용원〈先天體方用圓〉: 선천先天은 방方을 체體로 하여 원圓을 용用한다 하니 즉 선천先天에서는 방方인 이사육팔구二四六八十을 체體로 하고 원圓인 일삼오칠구一三五七九를 용用한다는 것이다. 이와 대조적인 후천后天은 체원용방體圓用方이라고 하였다. 맹자孟子도 말하기를,

> 「規矩 方圓之至也 聖人 人倫之至也」

라고 하였으니 이사육팔구二四六八十은 방方이라 하고 일삼오칠구一三五七九는 원圓이라고 규정規程되었다는 것은 뇌풍정위용정수雷風正位用政數에서도 밝혀져 있으니 즉 천도원경임갑병天道圓庚壬甲丙 지덕방이사육팔地德方二四六八 지수방정을계해地數方丁乙癸辛 천도원구칠오삼天度圓九七五三이라고 하였다. 이를 도표로 하면 다음과 같다.

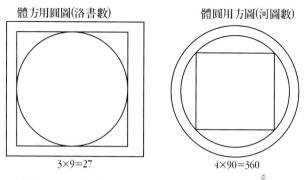

體方用圓圖(洛書數)　　　　體圓用方圖(河圖數)

3×9=27　　　　　　　　4×90=360

이와 같은 상수象數로 살려보면 부피는 체體가 되고 속(中)은 용用이 된다
고 하여 용중用中이라고 하는 것이다. 그러므로 모든 사물事物의 이치理致
는 중中을 쓰는 것이다. 군자君子는 중용中庸을 쓰고, 천도天道는 용중用中
을 하는 것이니 선천先天에는 윤중閏中, 후천后天에는 정중正中, 일월日月에
는 월합중궁지중位月合中宮之中位로 중中을 삼았으니 이러한 법칙法則은 모
두 천수오天數五인 일삼오칠구一三五七九와 지수오地數五인 이사육팔십二四
六八十이라는 것이다. 이로서 변화變化를 이루는 것이며 귀신鬼神이 행공行
功하는 것이라고 하였다. 신神은 무위无位시니 하도河圖 55수와 낙서洛書 45
수로서 행공行功하는 것이라면 변화變化는 불측不測인데 방수方數인 이사
육팔십二四六八十과 원수圓數인 일삼오칠구一三五七九의 천지수天地數로서 나
타난다고 하겠다. 이것이 체방용원體方用圓 또는 체원용방體圓用方의 효용
效用이다.

先天體方用圓 二十七朔而閏(正19:5)

선천태극〈先天太極〉: 후천后天의 극極은 무형无形의 극極이오 선천先天의
극極은 태초太初의 극極이다. 그러므로 태극太極은 곧 무극无極에서 수없이
꺾이어 이루어진 만절필동萬折必東의 인仁이며 화수미제火水未濟의 상象이
라면 황극皇極은 곧 무극无極으로 수없이 구비쳐 만절우귀萬折于歸의 예지
叡智이며 수화기제水火旣濟의 수數가 있는 것이다. 그러므로 인간人間은 태
극太極을 써서 인仁으로 행동行動해야 옳고 황극皇極을 써서 슬기(智)로 깨
달아야 옳다고 하겠다. 공자孔子는 지자智者는 요수樂水하고, 인자仁者은 요
산樂山이라 하였다. 천지天地도 또한 그러하므로 조석지리潮汐之理가 변동

불거變動不居하는 것은 천지天地의 지智요 일월지도日月之道가 화육만물化育萬物하는 것은 천지天地의 인仁이다. 대학大學에 이른 바,

> 「古之欲明明德於天下者 先治其國 欲治其國者 先齊其家 欲齊其家者 先修其身
> 欲修其身者 先正其心」

이라 한 것은 용도龍圖의 도생역성倒生逆成 선천태극先天太極의 원리를 본받아 쓴 것이라면 이어서 또 이른 바,

> 「心正以後 身修 身修以後 家齊 家齊以後 國治 國治以後 天下平」

이라 한 것은 귀서龜書의 역생도성逆生倒成 후천무극後天无極을 본받아서 쓴 것이라고 풀이 된다.

　　倒生逆成 先天太極(正2:4)

선천화목태양지부〈先天火木太陽之父〉 : 기위己位는 선천先天의 화목기체火木氣體로서 태양太陽의 부父가 된다하니 태양太陽의 기질氣質과 체질體質이 생生기는 것은 기위己位의 부계父系로서 된다는 것이다. 정령政令중에 선천先天의 화목火木 즉 병칠화丙七火의 기질氣質과 갑팔목甲八木의 체질體質로 태어나게 하는 태양太陽의 부계父系라고 하는 것이다.

　　先天火木太陽之父(正3:4)

선후천〈先后天〉 : 선천先天과 후천后天의 약칭略稱. 선후천先后天에 대해서는 이정호 저著「정역연구正易研究」선후천先后天을 참조參照하여 주기 바란다. 또 선후천先后天은 복희선천伏羲先天 문왕후천文王后天이라는 것이 있는가 하면 복희문왕역伏羲文王易을 선천先天, 정역正易을 후천后天. 즉 360도¼력曆이 쓰일 때에는 선천先天이라 하고 360도 력曆을 쓸 때는 후천后天이라고 한다.

　　月日同度先后天(正4:8)
　　子寅午申先天之先后天(正14:10)
　　丑卯未酉后天之先后天(正14:11)
　　先后天正閏度數(正19:4)
　　先后天周回度數(正19:8)
　　先后天合計數(正19:11)

선후천정윤도수〈先后天正閏度數〉 : 선천先天은 윤도수閏度數 27 삭朔만에

윤閏이 드는 도수요, 후천后天은 정도수正度數 삼백육순三百六旬(360)에서 정正하는 도수度數이다.

先后天正閏度數(正19:4)

선후천주회도수⟨先后天周回度數⟩ : 주회周回라 함은 지구地球가 태양太陽의 주위를 공전公轉하는 것을 말한다. 지구地球가 일일一日 공전公轉하는 이정里程은 약約 육백만리六百萬里나 된다. 이에서 십분十分의 일一을 귀공歸空하면 오백사십만리五百四十萬里 선후천先后天 주회도수周回度數의 합계수合計數에 당當하니 이 오백사십만리五百四十萬里를 육대사六對四로 나누면 324만리萬里 대對 216만리萬里에 당한다. 이러한 추리推理 근거根據는 어데서 시작始作되었는가 하면 역시 3대對 2라는 수數에서 나왔다고 생각된다. 이를 도표로 알아 보자.

⟨先后天周回圖⟩

先天	后天	先后天合計
360,000	360,000	2,160,000
× 6	× 9	+ 3,240,000
2,160,000	3,240,000	5,400,000
2,160,000里	+ 3,240,000里	= 5,400,000里

先后天周回度數(正19:8)

선후천합계수⟨先后天合計數⟩ : 선천주회先天周回 216만리萬里와 후천주회后天周回 324만리萬里를 합合한 540만리萬里의 수數이다.

先后天合計數(正19:11)

성덕⟨聖德⟩ : 성聖스러운 공덕功德. →「景纂周公聖德」

景纂周公聖德(正6:4)

성도⟨成道⟩ : 성도成度는 거리를 측정測定한 도度라면 성도成道는 목적지에 간 수치數値를 말한다. 그리고 성도成道는 성덕成德과 아울러 지知와 행行의 합일合一한 극치極致이다. 도道를 완전完全히 깨달음이 성도成道요 덕德을 훌륭히 쌓는 것이 성덕成德이다. 천지天地도 적연亦然하여 천지天地에 수토水土가 이루어짐이 성도成道이다. 그리하여 기위己位는 육십일도六十一度에 가서야 성도成道되고, 무위戊位는 삼십이도三十二道에 가서야 성도成道되

고 태양太陽은 삼십육도三十六度에 가서야 성도成道되고 태음太陰은 삼십도
三十度에 가서야 성도成道되는 것이다.

度成道於三十二度(正3:2)
度成道於六十一度(正3:4)
度成道於三十(正3:9)
度成道於三十六(正4:2)

성도〈成度〉 : 도度는 장척丈尺을 재는 도度라 하니 목적지에 가는 도수度數
를 말한다. 그러므로 성도成度는 하나의 과정過程이다.

戊位成度之月(正3:7)
終于己位成度之年(正3:10)
復於己位成度之年(正4:3)
復於戊位成度之年(正3:10)
終于戊位成度之年(正4:3)
胞於己位成度之日(正3:16)

성도지년〈成度之年〉 : 일월日月의 종終과 복復은 무위戊位나 기위己位의 성
도成度한 년年을 말하는 것이니 이 성도成度의 년월일시年月日時를 도표로
알아보자.

己位:	己巳	戊辰	己亥	戊戌	无極體位度數
戊位:	戊戌	己亥	戊辰	己巳	皇極體位度數
	∨	∨	∨	∨	
	成	成	成	成	
	度	度	度	度	
	之	之	之	之	
	年	月	日	時	

終于己位成度之年初一度(正3:10)
復於戊位成度之年十一度(正3:10)
終于戊位成度之年十四度(正4:3)
復於己位成度之年初一度(正4:3)

성도지월〈成度之月〉 : 태음太陰과 태양太陽의 포胞는 태음太陰에 있어서는
무위戊位의 성도成度한 달. 기해己亥에서 한다는 것이다. 태양太陽은 기위己
位의 성도成度한 날(日)에서 한다고 하였다.

胞於戊位成度之月(正3:7)

성도지일〈成度之日〉: 태양太陽의 포胞는 기위己位의 성도成度한 날(日). 기해己亥에서 한다는 것이다. →「成度之年」

> 胞於己位成度之日(正3:16)

성두〈星斗〉: 별에 두斗는 북두北斗를 뜻한다. →「黃帝甲子星斗」

> 黃帝甲子星斗(正1:4)

성리지도〈性理之道〉: 송유宋儒들이 말하는 성명이기性命理氣를 성리性理라 하여 성리학性理學이라는 말이 나오게 되있으니 이를 또 이학理學·도학道學 이라고도 하였다. 이러한 학문學問은 송宋나라의 주렴계周濂溪·장횡거張橫渠·정명도程明道·정이천程伊川·주회암朱晦菴 등이 제창提唱한 학설學說이다. 정역正易에 와서는 송학宋學에서 말하는 성리학性理學과는 개념觀念이 좀 다르다. 즉 양陽을 고르게 하고 음陰을 율조律調케하는 일은 후천后天에서의 성리性理를 하는 길이다라고 하였다. →「后天性理之道」

> 調陽律陰 后天性理之道(正8:11)

성수〈成數〉: 일이삼사오一二三四五를 생수生數라 하고 육칠팔구십六七八九十을 성수成數라고 하며 손을 곱은(屈) 수數를 영影이라 하고 손을 편(伸) 數를 체體라고도 한다. 이것이 체영지도體影之道의 표상表象이다.

> 五六皇中月體成數(正22:6)

성신〈星辰〉: 별. 신辰은 북진北辰을 뜻하기도 한다. →「日月星辰」

> 日月星辰氣影 一夫氣影 五元門(正9:14)
> 曆象日月星辰(書經)

성의정심종시무태〈誠意正心終始无怠〉: 뜻을 성실誠實히 하고 마음을 바르게 갖어서 종시終始로 게으름이 없게 한다면 반드시 우리 화화옹化化翁님이 친히 가르쳐 주실 것이라는 말이다. 대학大學에도 이른 바,

> 「欲正其心者 先誠其意」

라고 하였다. 성의정심誠意正心이란 이에서 나온 말이다.

> 誠意正心終始无怠丁寧我化化翁必親施敎(正18:6)

성인〈聖人〉: 맹자孟子는 성인聖人에 대하여 이르기를,

「規矩 方圓之至也 聖人 人倫之至者也」

라 하여 「규구規矩는 방원方圓의 지극至極한 법이요 성인聖人은 인륜人倫에 지극至極한 분이다」라고 하였다. 정역正易에서는 성인聖人과 역易과의 관계를 말하여 력曆이 없으면 성인聖人도 있을 수 없고 성인聖人이 없으면 역易도 없다고 하였다. 주역周易에서는 역易과 건곤乾坤을 준準하여 비겨 말했지만 정역正易에 와서는 역易과 인간人間과의 관계關係로 견주어 말하고 있다. 전자前者를 선천先天의 입장立場이라면 후자後者는 후천后天의 입장立場에서였기 때문이리라. 그리고 정역正易에서 말하는 성인聖人은 공자孔子를 의미意味한다.

> 萬古聖人也(大序)
> 元降聖人 示之神物 乃圖乃書(正2:2)
> 聖人垂道金火明 將軍運籌水土平(正4:15)
> 聖人所不言 豈一夫敢言 時命(正6:8)

성인소불언〈聖人所不言〉: 이에 성인聖人은 공자孔子를 가르킨 말이다. 불역정역不易正易은 성인聖人이 말씀 아니하신 바인데 어찌 일부一夫가 감히 말하리오만 지금 말하게 됨은 천시天時요 천명天命인 까닭이라고 한것이다.

> 聖人所不言 豈一夫敢言 時命(正6:8)

성인수도금화명〈聖人垂道金火明〉: 수훈垂訓은 심법心法·윤리倫理·계명戒命 등을 내려서 가르친 것이어서 선천적先天的인데 반하여 수도垂道는 성리율력性理律曆 음률音律 등을 내려서 인도하는 것이어서 후천적后天的이라고 해석된다. 또 수도垂道는 十九八七六五四三二一로 내리는 도道이므로 구금九金 이화二火로 되어 금화金火가 밝혀졌다는 것이다. 이를 도표로 알아 보자.

〈金火明圖〉

손도수	1	2	3	4	5	6	7	8	9	10
	十	九	八	七	六	五	四	三	二	一
		金							火	

金火明

聖人垂道金火明 將軍運籌水土平(正4:15)

성재〈聖哉〉: 맹자孟子는 성聖에 대하여 대이화지지위성大而化之之謂聖이라고 하였고 서경홍범書經洪範에는 예작성叡作聖이라고 하였다. 정역正易에 성재역지위역聖哉易之爲易의 성재聖哉는 대이화지지위성大而化之之謂聖. 즉 크고 또 변화變化하게 하는 것을 이름이오, 성재신농경시聖哉神農耕市의 성재聖哉는 예작성叡作聖. 즉 슬기로서 성聖을 하였다는 뜻이 들어 있다.

　　聖哉易之爲易(大序)
　　聖哉神農耕市(正1:3)

성전이직〈性全理直〉: 정역正易에서는 성리性理는 태양太陽에서 말했고 영허소장盈虛消長은 태음太陰에서 말하고 있다. 주역周易에서는 성性을 성지자成之者라고 하니 성전性全을 주역周易에서 말하는 성성존존成性存存이라한다면 이직理直은 성선性善이 정직正直한 도의道義라고 해석된다. 인간人間에 성성존존成性存存한 도의道義는 항상恒常 떳떳한 것이며 태양太陽의 성전이직性全理直은 또한 항상恒常 존존存存한 것이다. 우리 인간人間도 항상恒常 태양太陽과 같이 성품性品이 온전하고 도리道理가 곧고 바르게 하는 것이 후천后天사람의 일인가 한다.

　　太陽恒常 性全理直(正8:3)

성화〈成和〉: 후천后天 이십사절후二十四節侯의 하나. 즉 유월酉月 초삼일初三日의 절후節侯

　　酉月初三日乙酉酉正一刻十一分成和(正31:14)

성화〈性化〉: 후천后天 이십사절후二十四節侯의 하나. 즉 인월寅月 십팔일十八日의 절후節侯

　　十八日庚午午正一刻十一分性化(正32:9)

세계〈世界〉: 천체天體 그 밖의 만물萬物을 포함包含하는 전全 공간空間을 우주宇宙라고 하며 그 공간空間이 열린 위 아래 세상을 천지天地라 하고 지상地上에서 건설建設한 인류사회人類社會를 세계世界라 한다. 불경佛經에는 세계世界를 과거過去 현재現在 미래未來를 세世라고 하고 동서남북상하東西南北

上下를 계계라 하였다. →「琉璃世界」

琉璃世界(正27:9)

世界世界兮 上帝照臨(正27:10)

세공성〈歲功成〉: 한해의 농사農事 일을 마치고 수확收穫을 이룬 것. 즉 농부農夫가 호미를 씻으니 한해 농사農事 일이 이룬다는 말이지만 이에는 력曆을 이룬 말이다.

農夫洗鋤歲功成(正4:15)

立 閏定時 以成歲功(漢書)

세서〈洗鋤〉: 옛날에 세서연洗鋤宴이라 하여「호미 씻이」풍속風俗이 있었는데 대개 음력陰曆 칠월七月 중순中旬이 되면 김매기가 거의 끝나서 이러한 농촌農村 잔치 풍경風景을 이룬다. →「農夫洗鋤歲功成」

農夫洗鋤歲功成(正4:15)

세월〈歲月〉: 흘러가는 시간時間. 도연명陶淵明은 세월부대인歲月不待人이라 하여「세월歲月은 사람을 기다려 주지 않는다」고 했지만 천공天工은 사람을 기다려서 이룬다고 하였으니 또 누가 용화세월龍華歲月을 이제에 보냈는가?라고 한것이다.

誰遣龍華歲月今(正24:15)

歲月不待人(陶淵明)

소노의〈小魯意〉: 노魯나라를 작게 여긴 뜻이란 말은 맹자孟子에서 비로소 보인다.

「孔子登東山而小魯 登泰山而小天下」(孟子)

즉 공자孔子가 동산東山에 올라서야 노魯나라를 작게 여기었고 태산泰山에 올라서는 천하天下를 작게 여기었다고 한다. 이 글을 인용引用한 정역正易 금화삼송金火三頌에서,

「東山第一三八峯 次第登臨 洞得吾孔夫子小魯意」

라 하니 즉「동산東山에서 제일第一가는 삼팔봉三八峯에 차제次第로 올라서 내려다 보니, 우리 공부자孔夫子가 노魯나라 작게 여긴 뜻을 환히 알겠더라」고 하였다.

洞得吾孔夫子小魯意(正5:12)

孔子登東山而小魯 登泰山而小天下(孟子盡心上)

소소〈昭昭〉: 작고 밝은 모양을 소소昭昭라 한다. 무무위无无位 육십수六十
數에서 단單 오五를 귀공歸空시키면 오십오점五十五点의 하도수河圖數가 소
소昭昭히 밝혀졌다고한 구절이다.

　　單五歸空 五十五點昭昭(正18:5)
　　天斯昭昭之多也(中庸)

소위〈所謂〉: 이른 바. 일부一夫가 말하는 바. →「一夫所謂」

　　一夫所謂(正25:15)

소이작야〈所以作也〉: 역易을 지은 까닭이라는 데서 한말이다.

　　初初之易 來來之易 所以作也(大序)

소이가〈笑而歌〉: 웃으면서 노래함을 소가笑歌라고한 시詩가 전전한다. 이
에는 능能히 그 웃을만한 일을 웃으면서 웃고 노래한다고 하였다.

　　能笑其笑 笑而歌(正18:2)
　　陌上驅馳人 笑歌自侈靡(何遜)

소자명청오일언소자〈小子明聽吾一言小子〉: 소자小子는 스승이 제자를 부
르는 말. 공자孔子도 그 제자를 일컬어 오당지소자吾黨之小子 즉「우리 마을
의 소자小子들」이라고 하였다. 이에서는「제자들아 나의 한마디 말하는
것을 밝게 들어 보라 소자小子들아」라고한 말이다.

　　小子明聽吾一言小子(正25:16)

소장〈消長〉: 쇠쇠衰하는 것과 성성盛하는 것인데 이에는 사라졌다가 자라는
것이다. 즉 달의 소장消長으로 훗보름 십육일十六日에서부터 달이 사라지다
가 다음달 초삼일初三日부터 보름까지 자라가는 달의 소장消長을 말한다.

　　太陰消長 數盈氣虛(正8:4)
　　消長理也 后天(正8:6)

소중유소소하소〈笑中有笑笑何笑〉: 웃는 중에는 또 웃음이 있으니 그 무
슨 웃음을 웃는 것일까?

　　笑中有笑笑何笑(正18:1)

손익〈損益〉: 역易의 손괘損卦와 익괘益卦를 말하는 것이지만 일반적一般的으로 결손되는 일과 이익利益되는 일을 손익損益이라고도 흔히 쓰인다. →「否泰損益咸恒旣濟未濟」

否泰損益(正27:1)

솔성지공〈率性之工〉: 공자孔子의 손孫 자사子思는 중용中庸에서,

「天命之謂性 率性之謂道 修道之謂敎」

라 하여 「명수命數대로 타고난 천명天品을 성性이라 하고 그 성性대로 잘 따르는 일을 도道라 하고, 그 도道를 수양修養하는 것을 교敎라고 한다」고 하였다. 이에 솔성지공率性之工이란 곧 그 성性대로 따르는 공부를 말한다. 역易에는 이르기를,

「一陰一陽之謂道 繼之者善也 成之者性也」

라고 하였다. 맹자孟子가 말하는 성선설性善說은 이에서 근거根拠를 둔다. 역도易道는 일음일양지위一陰一陽之謂라지만 인간人間의 도道는 솔성지위率性之謂라 한다. 일부一夫가 육십년六十年동안 천성天性대로 따르는 공부를 하고 의리義理를 크게 잡아서 춘추대의春秋大義로 일한 것은 위에서 가르치신 바라고 하였다.

六十年率性之工 秉義理大著春秋事者上敎也(大序)

수도〈垂道〉: 도道를 내려 줌. 도수로 하면 十九八七六五四三二一로 내림
이다. 그렇게 보면 구이九二가 한자리로 둘째 손가락인 식지食指에 닿는다. 구금九金 이화二火의 금화金火가 밝혀진다는 것이다. →「聖人垂道金火明」

聖人垂道金火明(正4:15)

수령기허〈數盈氣虛〉: 태음太陰이 소장消長함은 수數는 영만盈滿해 가는데 달의 기운은 비어(虛)간다는 것이다. 그리하여 수령기허數盈氣虛라는 영허盈虛는 기氣니 선천先天의 상象이라는 것이며 달이 소消했다가 장長하는 것은 리理니 후천后天의 상象이라는 것이다. 이에서 이 수령기허數盈氣虛에 대해서는 알아보았지만 또 정역正易에는 기령수허氣盈數虛라는 말이 있는 데 이는 즉 경사庚四가 구九로서 되는 이치理致는 기운이 찼다하여 기령氣盈이라고 했는가 하면 정丁은 칠七인데 이二로서 수數가 빈(虛)다하여 수

正易句解 115

허수虛數라 하고 그 구금九金과 이화二火가 한 위치에서 구이착종九二錯綜으로 조리調理되어져서 천지天地의 권능權能을 변화變化시킨다는 것이다. 이 기령수허氣盈數虛란 문구는 선천先天의 윤도수閏度數를 말하는 기삼백수朞三百數를 설명說明하는데서 한말이니 이른 바,

「多五日少五日氣盈朔(數)虛而閏生焉」

이라고 한 말을 빌어서 쓴 말인가 한다.

　太陰消長 數盈氣虛(正8:4)

　庚金九而氣盈 丁火七而數虛(正5:5)

　多五日少五日 氣盈朔(數)虛而閏生焉(書經注)

수상〈數象〉: 수數는 기제지수既濟之數의 구수九數에서라면 상象은 미제지상未濟之象에서 십수十數의 상象이라 하겠다. 그러므로 수상數象에서 동동動하는 것은 풍운風雲의 조화造化라 하겠다. →「風雲動於數象」

　風雲動於數象(正5:7)

수석북지〈水汐北地〉: 조수에 썰물을 석汐이라하고 밀물을 조潮라 한다. 그런데 수석水汐이란 즉 썰물은 북지北地에서 임계수壬癸水인 일육수一六水의 운동運動이며 수조水潮란 즉 밀물은 남천南天에서 병정화丙丁火인 이칠화二七火의 운동이라고 한다. 후천后天이 될 고동은 천일임수天一壬水의 변동變動이 북지北地에서 일대一大 썰물이 격동激動함으로써 지구地球의 축축軸이 변變하여 지구공전地球公轉의 궤도軌道가 360도로서 정역正易이 된다는 것으로 생각된다.

　水潮南天 水汐北地(正9:2)

　水汐北地兮 早暮難辨(正9:3)

수성취하〈水性就下〉: 물의 성질은 아래로 내려가는 것이라 하고 불의 기운은 불꽃이 위로 올라가는 것이라 하니, 조석潮汐의 간만干滿은 이 취하就下 염상炎上하는 일육一六과 이칠二七이 남북南北에서 위치하여 임계壬癸는 북北에서 남南으로 병정丙丁은 남南에서 북北으로 호상충격互相衝激하고 호상진퇴互相進退함에 따라 시후기절時候氣節이 생긴다는 것이다. 조석潮汐에 수성취하水性就下하는 묘리妙理를 알면 수석북지水汐北地의 판별判別을 짐작하리라 한다.

火氣炎上 水性就下(正8:4)

수식〈誰識〉: 「뉘 알리오」라고한 말이 세곳이 있는데 첫째는 「선천先天의 복상월復上月이던 것이 금화일金火日로 바르게 밝혀지는 일이 생生하는 궁宮을 뉘 알리오 함이오, 둘째는 금화정역도金火正易圖를 보인 천공天工이 사람이 이루는 것을 기다려 이루는 줄을 뉘 알리오 하며, 셋째는 일부一夫가 유불선儒佛仙의 진리眞理를 밟아 온 것을 뉘 알리오 함이다. 이 세가지는 천고千古에 아무도 모르던 일이다.

> 誰識先天復上月 正明金火日生宮(正9:16)
> 誰識一夫眞踏此 无人則守有人傳(正20:6)
> 誰識天工待人成(正20:14)
> 天工人其代之 待其人而後行(中庸)

수신〈修身〉: 몸을 수양修養하는 일이다. 대학大學에,

> 「欲修其身者 先正其心 欲正其心者 先誠其意 誠其意者 先致其知 致知在格物」

이라고 하였다. 궁리窮理는 격물치지格物致知의 일이요 수신修身은 성의정심誠意正心의 일이라 하겠다. 그러므로 궁리수신窮理修身은 성의정심誠意正心과 격물치지格物致知로서 이룩되는 것이라 하겠다.

> 讀書學易先天事 窮理修身后人誰(正17:15)

수인내수〈燧人乃燧〉: 수인씨燧人氏는 태고시대太古時代의 화식火食을 발명했다는 성인聖人이라고 전전傳한다. 원람原覽에는

> 「古世食木實飮血茹毛 燧人氏 鑽木取火敎烹炊」

라 하였고 서간徐幹의 중론中論에도 이른 바

> 「太昊 觀天地而劃卦 燧人 察時令而觀火 帝軒 聞鳳鳴而調律 倉頡 觀鳥跡而作書 斯大聖之學乎」

라고 하였다.

> 燧人乃燧(正1:3)

수조남천수석북지〈水潮南天水汐北地〉: 조석潮汐이 되는 이치理致는 조수潮水는 남南쪽 이칠병정화二七丙丁火에서 석수汐水는 북北쪽 일육임계수一六壬癸水에서 밀고(潮) 썰고(汐)하는 것이다. 그리고 또 아침 조수를 조潮라

하고 저녁 조수를 석汐이라고도 하였다. 황극경세서皇極經世書에는

「海潮者 地之喘息也 頤月消長 早則潮 晚則汐」

이라하여 아침 일찍오는 조수를 조潮라하고 저녁 늦게오는 조수를 석汐이라한 것을 보아도 알 수 있는 것이다. →「潮汐之理」

　　水潮南天 水汐北地(正9:2)

수지〈數地〉: 손을 꼽는 쪽을 복상復上 또는 도천度天이라고 하였으며 손을 펴진쪽을 황중皇中 또는 수지數地라 하였다. 그러므로 일삼오一三五로 된것은 도度요 천天이며 칠구七九로 된 곳을 수數요 지地라한 것이다. 이에서 손으로 치는 형상에 따라 다른 명칭名稱을 들어서 도표로 표시하여 본다.

指屈象					指伸形				
陽	而	陰			陰	而	陽		
三	天				兩	地			
兩	天				三	地			
先	天				后	天			
復	上				皇	中			
天	心				皇	心			
屈					伸				
進					退				
夜					晝				
一	三	五	度	天	七	九	數	地	
影					體				
氣					理				
一	二	三	四	五	六	七	八	九	十
十	九	八	七	六	五	四	三	二	一
甲	乙	丙	丁	戊	己	庚	辛	壬	癸
己	庚	辛	壬	癸	甲	乙	丙	丁	戊
己	庚	壬			甲	丙			
癸	辛				戊	丁	乙		
天					地				

　　第七九次數地(正22:10)

수지호십〈數止乎十〉: 천지天地의 수수는 수일월數日月이라한 것은 일월日月이 365도¼로서 부정不正한 역수易數냐 360도로서 바른 역수易數냐를 론론論하였고 천지天地의 도度는 수數가 십十에서 그친다고 하였으니 도度와 수

數를 이에서 알 수 있다. 즉 도度는 무한无限한 것이라면 수數는 지호십止乎十이라 하였으므로 유한有限하다고 해석된다.

天地之度數止乎十(正2:16)

수토지성도천지〈水土之成道天地〉: 수토水土는 천지天地를 성도成道시킨다면 금화金火는 일월日月을 성도成道시킨다고 생각된다. 그러므로 이금화지호위理金火之互位하야 경천지지화추經天地之化椎이라고한 것이다. 수토水土가 천지天地를 성도成道시키므로 이는 곧 일태극一太極 십무극十无極 오황극五皇極 수數인 일수一水 십토十土 오토五土인 수토水土라고도 해석된다.

水土之成道天地 天地之合德日月(正8:2)

수토평〈水土平〉: 성인聖人이 도道를 네려 전전傳하여 문덕文德으로 금화金火가 밝아졌다는 것은 도道의 일로서 수리數理로 치면 십十에서 순수順數로 十九(金)八七六五四三二(火)一하는 가운데 금화金火를 밝히는 것이요 수토평水土平은 장군將軍이 국가國家를 지키어 무공武功으로 수토水土를 평정平定하는 일이니 그 한 예례로서 우禹임금이수토평水土平한 일이다. 우리나라에 미수허목眉叟許穆은 대한평수토찬비大韓平水土贊碑를 우禹임금 친필親筆로 쓴 형산비衡山碑에서 칠십칠七十七자를 집자集字하여 강원도 삼척三陟에 세워 오늘에 전전傳하니 이 또한 수토평水土平의 좋은 일례一例라 하겠다. 우禹임금이 세운 형산비衡山碑는 명明나라 가정嘉禎때 매몰된지 사천년四千年만에 출토出土되었다하여 신기하게 여긴다고 허미수기언許眉叟記言에 기록記錄되어 있다. 우리나라 평수토찬비문平水土贊碑文을 보면,

大韓平水土贊碑(大禹手篆七十七字中文正公許穆所撰四十六字)
(奉勅爰爲大韓平水土贊碑刻竪于陟州竹串島)

義旅忘家　翼報承帝　勞心營知　袞事興制

泰華之宗　池瀆其平　處水犇鹿　魚獸發形

而罔弗亨　伸盉疏塞　明門與庭　永食萬國

(許眉叟先生集字乎衡山碑大禹手篆而爲大韓平水土碑)

이와 같이 수토평水土平의 좋은 예례로 우리나라에 이 찬비贊碑가 있는 것은 그 의미意味 자못 심장深長한 바 있다 하겠다. 정역正易에 수토평水土平은 도수로 치면 一(水)二三四五(土)六(水)七八九十(土)에서 나온다. →「將軍運籌水土平」

將軍運籌水土平(正4:15)

수허〈數虛〉: 수數가 허虛하다는 것은 정화칠丁火七이 정화이丁火二로 변變하여 칠화七火가 이화二火로 되니 수數가 허虛한 것이다.

庚金九而氣盈 丁火七而數虛(正5:5)

수화기제혜화수미제〈水火旣濟兮火水未濟〉: 기제旣濟와 미제未濟는 육십사괘六十四卦의 마지막 괘卦인 것이다. 이를 상象으로 보여서 말할 경우에 수화기제水火旣濟 또는 화수미제火水未濟라고 말한다. 그런데 정역正易에서는 수화水火 또는 화수火水를 괘상卦象을 내세우는 말이 아니라 수數로 상징한다. 이를 도표로 표시하면 다음과 같다.

〈水火旣濟火水未濟圖〉 (正易의 旣濟未濟와 / 周易의 旣濟未濟)

수화기제水火旣濟는 선천先天이오 화수미제火水未濟는 후천后天이다.

水火旣濟兮 火水未濟(正9:4)
水火旣濟兮 火水未濟(正18:10)

술월〈戌月〉: 후천后天의 팔월八月이다.

戌月(正31:16)

술의신〈戌依申〉: 지구地球가 공전公轉함에 묘술卯戌은 황도黃道 적도赤道가 합合하는 자리이다. 그뿐아니라 묘술卯戌은 술오戌五 묘팔卯八인 오팔존공五八尊空의 공空이 되는 지지수地支數중에 묘卯는 공空이 되니 축丑에 돌아가고 술戌 또한 공空이 되어 신申에 의지한다고한 것이다. 그러면 묘술卯戌과 황도黃道 적도赤道와의 어떠한 관계關係가 있는가 도표로 표시表示하면 다음과 같다.

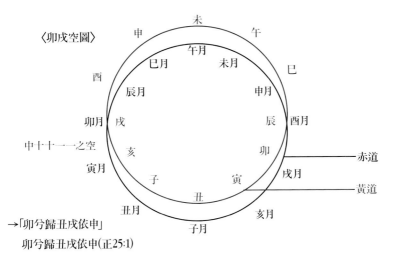

〈卯戌空圖〉

中十十一一之空

→「卯兮歸丑戌依申」
卯兮歸丑戌依申(正25:1)

습우금일〈襲于今日〉: 습襲은 인습因襲이다. 금일今日에 인습因襲되었다 함은 논어論語에 이른 바

「殷因於夏禮 周因於殷禮………」

라 한 즉 은殷나라는 하夏나라의 예禮를 인습因襲하였고, 주周나라는 은殷나라의 예禮를 인습因襲하였다한 공자孔子는 주공周公의 학문사상學問思想을 인습因襲하였고 일부一夫는 공자孔子의 력수曆數를 인습因襲하였으니 이것이 오늘날에 인습因襲하였다는 것이다. 즉 위로는 천시天時를 율律하고 아래로 수토水土를 인습因襲하였으니 이것이 오늘에 인습因襲한 것이라고 하였다. →「上律下襲 襲于今日」

上律下襲 襲于今日(正1:7)
上律天時 下襲水土(中庸)

시교〈施敎〉: 가르침을 베풀어 줌. 성의정심誠意正心하여 종시終始로 게으르지 아니하고 노력努力하면 우리 화화옹化化翁이 반드시 친히 가르쳐 주실 것이다라고 하는 말이다. 주역周易에서는 이러한 뜻을 말한 바

「无有師保 始臨父母」

라고 하였다.

我化化翁 必親施敎(正18:7)

시금일〈是今日〉: 이것이 바로 후천后天이 되는 오늘(今日)의 일이다. 일부一夫가 시경詩經의 빈풍칠월장豳風七月章 한편을 송頌할 때에 주공周公의

성덕聖德을 경모景慕하는데 공부자孔夫子가 말씀아니하신 것이 「이러한 금일今日이였구나」하는 데서 한 말이다.

    於好夫子之不言 是今日(正6:5)

시명〈時命〉: 천시天時와 천명天命. 어찌 일부一夫가 감히 회삭현망晦朔弦望과 진퇴굴신進退屈伸과 율려도수律呂度數와 조화공용造化功用이 새롭게 정립定立되어 불역정역不易正易이 성립成立하는 일을 말하리오만 이는 천시天時요 천명天命이 이르러서 말한다는 것이다. 불경佛經에서도 무상无上한 묘법妙法은 백천만겁百千萬劫에서도 때를 만나기가 어렵다 하였다. 그러므로 일부一夫를 배우는 자者(一夫之徒)들은 이 시명時命에 유의하여 새시대의 사명使命을 깨달아 오늘날의 당무지사當務之事에 헌신獻身하여야 할 것은 물론勿論이다.

    豈一夫敢言 時命(正6:9)

시종연담이선생〈始從蓮潭李先生〉: 일부선생一夫先生이 비로소 연담이선생蓮潭李先生을 쫓았다. 연담선생蓮潭先生은 전주이씨全州李氏 담양군潭陽君의 후예後裔로서 일찍이 후천대도后天大道의 영동천심월影動天心月을 깨달아 지금의 논산군양촌면모촌리論山郡陽村面茅村里 띠울에서 지냈다 한다. 선생先生의 휘諱는 운규雲圭라고 전傳하며 그 후예後裔들은 한미寒微하게 흩어져 산다. 필자筆者가 지난 병진년丙辰年에 연담선생蓮潭先生집 족보族譜로 고증考證한 바에 의依하면 선생先生의 휘諱는 수회守會이며 문참판文參判으로 승지承旨벼슬을 한 것으로 나타났지만 한편에서 구전口傳하는 바로는 족보族譜가 틀린다하니 이 문제問題는 후일에 올바른 고증考證이 있기를 기다린다. 일부선생一夫先生의 나이 삼십육세三十六歲(辛酉年)에 비로소 연담蓮潭 이선생李先生을 쫓았다는 것은 정역正易에만 있을 뿐이다.

    余年三十六 始從蓮潭李先生(正19:14)

시중지중〈時中之中〉: 중中은 십십일일十十一一의 공空이다. 요순堯舜은 궐중지중厥中之中이라하고 공자孔子는 시중지중時中之中이라하니 궐중厥中은 서경書經의 윤집궐중允執厥中이란 말이며 시중時中은 주역간괘周易艮卦에서 이른 바,

「時止則止 時行則行 動靜不失其時」

라 한 데서와 또 맹자孟子에

「可以仕則仕 可以止則止………聖之時者也」

라 한 데서 온 것이다. 정역正易에서 보면 궐중지중厥中之中은 무극이태극无
極而太極 십十에서 일一을 말하는 것이요, 시중지중時中之中은 황극이무극皇
極而无極 오五에서 십十을 뜻한 것이라고 생각된다.

堯舜之厥中之中 孔子之時中之中(正25:14·15)

시지신물〈示之神物〉: 신물神物을 보임. →「神物」

示之神物 乃圖乃書(正2:2)

시후기절〈時候氣節〉: 시時는 팔각八刻이 일시一時도 되지만 춘하추동春夏
秋冬 사시四時도 되며, 후候는 오일五日 일후一候요 기氣는 십일十日 일기一氣
요 절節은 십오일十五日 일절一節이 된다. 이러한 시후기절時候氣節은 일월日
月의 정사(日月之政)로 나타난 것이다.

隋時候氣節 日月之政(正8:15)

신고〈神告〉: 고告는 가르친다는 (敎) 뜻이다. 신神이 가르쳐 주신 것이라
고 하니 즉 천지天地를 통通하여 보더라도 제일가는 복록福祿을 누린다는
것이 신神이 가르쳐 주신 것이라고 한다.

通天地第一福祿云者 神告也(大序)

신농경시〈神農耕市〉: 신농씨神農氏는 인신우수대미人身牛首大眉라 하며 재
위在位 140년年을 지냈으며 농사農事짓는 방법方法을 가르쳤다는 일로서 주
역周易에 이르기를,

「斲木爲耜 揉木爲耒 耒耨之利 以敎天下(繫辭下)」

라 하고 이밖에 의학醫學의 시조始祖가 되기도 하다. 신농본초경神農本草經
은 후세後世의 위작僞作이라 하나 어쨌든 그의 뜻을 이어 의학醫學을 가르
친 것만은 사실事實이다. 그리고 주역周易에 또 이르기를,

「日中爲市 聚天下之貨 交易而退 各得其所 蓋取諸噬嗑(繫辭下)」

이라고 하며 백성들에게 시장경영市場經營에 물물교환物物交換하는 일을
하게 하였다하니 신농경시神農耕市는 이러한 성업聖業을 말한 것이다.

聖哉神農耕市(正1:4)

신라삼십칠왕손〈新羅三十七王孫〉 : 일부선생一夫先生의 그 무궁无窮한 도학
道學의 연원淵源과 그 장원長遠한 조상祖上의 내력來歷을 밝히는데서 내력
來歷은 저 신라新羅의 종성宗姓인 김씨金氏 삼십칠왕三十七王의 후손後孫이라
고 한것이다.

淵源天地无窮化无翁 來歷新羅三十七王孫(大序)

신명〈神明〉 : 천지天地의 신령神靈을 신명神明이라 하는데 정역正易의 이기理
氣와 대비對比하여 본다.

리理는 밝(明)은 것이오 기氣는 신비(神)한 것이라고 생각된다. 그러므로
신명저불항神明氐不亢이라고한 것을 보면 어느 물건이 능能히 각角으로 들
을 수 있는가? 신명神明은 낮(氐)은데서 하고 높(亢)은데서는 아니한다고
하니 이는 이십팔수二十八宿의 각角을 뜻하는 말이다. 창룡칠수蒼龍七宿중
에 각角은 용뿔(龍角)이 되고 용龍은 소리를 뿔로 듣는다하니 신비神秘롭
고 청명聰明한 것이다.

理氣囿焉 神明萃焉(正1:16)
何物能聽角 神明氐不亢(正17:9)

신물〈神物〉 : 신물神物은 시초蓍草 신귀神龜 용마龍馬 등에서 나타나는 하
도河圖와 낙서洛書를 말한다. 주역周易에서는 하늘이 신물神物을 냈는데 성
인聖人이 법法받았다 하였고 정역正易에서는 이와 반대로 원元에서 성인聖
人을 강생降生하사 신물神物을 보이셨다고 하였다. 이는 곧 무성无聖이면 무
역无易이오, 무역无易이면 무성无聖이라는 것과 같은 뜻이다. 즉 성인聖人을
내리시지 않았으면 신물神物을 보이지도 않았을 것이며 신물神物을 내지
않았으면 성인聖人도 법받지 못했을 것이니 신물神物의 중요성重要性을 이
에서 볼 수 있다. 원람原覽에 보면

「堯時 有草生庭 十五日以前 日生一葉以後 日落一葉 月小盡則 一葉厭而不落 觀
知旬朔置閏月」

이라 하였다. 이러한 풀이 있었다면 그것 또한 신물神物이다.

元降聖人 示之神物 乃圖乃書(正2:2)

天生神物 聖人則之(周易繫下)

신요일월갑진〈神堯日月甲辰〉: 력력曆을 쓰이기 시작始作은 요요堯임금으로부터 였다고 한다. 그러므로 서경書經에

「帝堯之朞 三百有六旬有六日」

이라고 하여 요요堯임금의 기朞 366일日이라는 것이 있고 그것을 신요일월神堯日月이라고 하였다. 갑진甲辰은 요요堯임금의 재위원년在位元年이다.

神堯日月甲辰(正1:4)

신월〈申月〉: 후천后天의 유월六月.

申月初三日………(正31:12)

신재〈神哉〉: 신비神秘스럽도다하는 감탄사感歎詞.

神哉伏羲劃結(正1:3)

심법지학〈心法之學〉: 마음을 수련修練하는 법을 배우는 것. 중용장구서中庸章句序에

「孔門傳授心法」

이라고 하였으며 백거이白居易는

「自我學心法 萬機成一空」

이라고 하였다. 정역正易에는 음음陰을 억제抑制하고 양양陽을 높이는 것을 심법지학心法之學이라고 하니 주역周易에서 말하는 바 한사존성閑邪存誠과 알악양선遏惡揚善이 이러한 심법心法이다.

抑陰尊陽先天心法之學(正8:10)

십간원수도〈十干原度數〉: 십간十干을 십간十幹으로도 쓰이는데 천간天干이라고도 한다. 십간十干은 즉

「甲乙丙丁戊己庚辛壬癸」

이니 이는 지지地支와 차례로 맞추어 세시歲時와 인사人事의 변화變化 운용運用에 쓰인다. 원도수原度數를 다음 도표와 같이 열거해 보자.

〈十干原度數平圖〉

十干	己	庚	辛	壬	癸	甲	乙	丙	丁	戊
次序度	1	2	3	4	5	6	7	8	9	10
原數	十	四	九	一	六	八	三	七	二	五

十干原度數(正30:)

십무문〈十无門〉: 십무극十无極의 문門. 장자莊子는 대도무문大道无門이라고 하였다. 정역正易에서는 십수대도十數大道의 무문无門이라고 하여도 뜻이 통通하리라고 생각된다. 즉 팔풍八風에 일풍一風하면 구풍九風이오, 구풍九風에 일부풍一夫風하면 십풍十風인데 십풍十風이라 아니하고 십무문十无門으로 통通하는 것은 십무문十无門은 곧 금화문金火門이 되기 때문이다.

八風風一夫風十无門(正9:15)

십역만력〈十易萬曆〉: 십역十易은 십무극역十无極易. 즉 십수역十數易이며 만력萬曆은 만세萬世나 내려가면서 쓰일 력曆. 이에서 역易은 력曆이라고 한 것을 알 수 있다. 능종능시能終能始하였으니 십역十易이오, 만력萬曆이라고 한 것이다. 이것이 주역周易에 이른 바 천하天下의 능사能事가 필필한 것이라고 할것이다.

克終克始 十易萬曆(正27:2)

십오〈十五〉: 십오十五는 십十과 오五라는 뜻도 있으니 십十과 오五를 열거 하여 보자.

乾十　　　　坤五
己十　　　　戊五
震十　　　　巽五
无極十　　　皇極五

라한 것이며 또 십오十五수로 나타낸 것에는

十五一言
十五日一節
十五分一刻
分積十五刻

十五尊空

十五日望

十五歸空

十五歌

后天十五順而用六

十五太陽之政

이라고한 것 등이다. 또 십오十五는 시간時間의 기준基準이며 성장成長의 시작始作이다. 그러므로 논어論語에서도 공자孔子가 이른 바를 역易의 육효六爻와 견줘서 알아보자.

〈人間完成과 易의 長成〉

七十二從心所欲不踰矩	上爻亢龍
六十而耳順	五爻飛龍
五十而知天命	四爻躍龍
四十而不惑	三爻君子
三十而立	二爻見龍
五十有五而志于學	初爻潛龍

이라고한 바 인간人間의 교육教育의 뜻을 지향함에는 십오세十五歲에서 시작始作된다는 것이며 천지天地의 분分도 십오十五에서 시작始作된다고 말하셨다.

十五一言(正1:1)

十五日一節(正3:13)

胎於十五度(正4:1)

十五分一刻(正4:6)

分積十五刻(正6:10)

十五尊空(正7:1)

十五日望(正7:4)

十五歸空(正18:5)

十五歌(正18:9)

上元元元兮 十五一言(正18:15)

十五一言兮 金火而易(正18:16)

后天十五順而用六(正26:14)

十五太陽之政(正26:16)

십오가〈十五歌〉: 십오일언十五一言을 노래한 것. 십오十五는 십일十一에 대하여 체體가 되고, 십일十一은 십오十五에 대하여 용用이 된다.

十五歌(正18:9)

십오귀공〈十五歸空〉: 십오十五는 건곤乾坤수요, 뇌풍雷風의 용정수用政數로서 무무위无无位수인 육십六十에서 이 십오十五수를 공제한다는 말이니 이렇게 하면 낙서洛書수가 나오는 까닭을 밝힌 것이다.

十五歸空 四十五點斑斑(正18:5)

십오일망〈十五日望〉: 십오일十五日이 보름이 되니 이를 선천先天이라고 하니 한 달에도 선천先天 후천后天으로 나누어 선보름은 선천先天, 후보름은 후천后天으로 되어 있다.

十五日望先天(正7:4)

십오일언〈十五一言〉: 정역正易에서는 십오일언十五一言이 상편上篇, 십일일언十一一言이 하편下篇이 되어 상편上篇인 십오일언十五一言은 기축己丑에서 무술戊戌까지의 십十과 무술戊戌에서 임인壬寅까지의 오五를 합습하여 십오十五를 한 말씀으로 말한 것이다. 정역正易에는 십오일언十五一言을 비롯하여 언言을 말한 것이 다음 도표와 같이 십오十五내지 십일十一곳이니 이 또한 십오일언十五一言이 곧 십일일언十一一言의 바탕이라는 뜻도 있는 것이 아닌가 생각된다.

〈十五一言 十一一言圖〉

1	十五一言	……………	1
2	豈一夫敢言時命	……………	2
3	一夫能言	……………	3
4	天不言	……………	4
5	地從言	……………	5
6	天地有言	⎫	
7	一夫敢言	⎬	6
8	天地言	⎫	
9	一夫言	⎪	
10	一夫言	⎬	7
11	天地言	⎭	
12	上帝言	……………	8
13	上帝重言	……………	9
14	十一一言	……………	10
15	吾一言	……………	11

十五一言(正1:1)

上元元元兮 十五一言(正18:15)

十五一言兮 于于而而(正18:16)

십오일일절〈十五日一節〉: 십이월十二月 이십사절기二十四節氣는 십오일十五日이 한 절기節氣가 닿는다. 이것은 십오十五가 한 단위수인 까닭이라고 해석된다.

十五日一節 三十日一月(正3:13)

십오존공〈十五尊空〉: 정역正易에는 십오귀공十五歸空과 십오존공十五尊空이 있는데 귀공歸空은 빈 공(○)자리로 돌아가게 하는 것이오 존공尊空은 공(○)자리에 높여 모셔 두는 것이다. 십오十五는 무기戊己 건곤乾坤 뇌풍용정

水雷風用政數 등을 뜻한다.

　　十五尊空 正吾夫子之朞(正7:1)

십오태양지정일칠사〈十五太陽之政一七四〉 : 태음太陰의 정사는 오구五九. 즉 오五에서 구九로 거슬리는 수니 일팔칠一八七이라 하였고, 태양太陽은 십오十五 즉 십十에서 오五로 순順하게 내려오는 수니 일칠사一七四가 된다고 하였다. 일팔칠一八七과 일칠사一七四가 정역正易의 간태艮兌자리에서 일월日月의 추기樞機가 되는 것이다.

　　十五太陽之政一七四(正26:16)

십이익지 일이관지〈十而翼之 一而貫之〉 : 공자孔子가 주역周易을 술한 십역十翼은 종래에 선유先儒들이 주역周易에서

1. 繫辭傳上	6. 象傳下
2. 繫辭傳下	7. 文言傳 乾坤
3. 彖傳上	8. 說卦傳
4. 彖傳下	9. 序卦傳
5. 象傳上	10. 雜卦傳

이라고 한데서 말한 것이며, 일이관지一而貫之는 논어論語에서,

　　「孔子曰 參乎 吾道 一以貫之 曾子曰 唯………」

라고 한데서 온 말이다. 이 말을 정역正易에서는 십이익지十而翼之는 열(十)로서 날개하고 일이관지一而貫之는 하나(一)로서 꿰뚫었다고한 것이다. 다시 말하면 십수十數가 선천先天에 닫쳤던 것을 열(十)로서 날리고 하나로 꿴다는 것이니 도표하면 다음과 같다.

度數	1	2	3	4	5	6	7	8	9	10	1	成性存存
十而翼之 一而貫之	10	1	2	3	4	5	6	7	8	9 十而翼之	10 一而貫之	

　　晚而喜之 十而翼之 一而貫之 儘我萬世師(正2:13)

십일〈十一〉 : 십오十五가 건곤乾坤의 분수分數라면 십일十一은 삼팔三八의 합수合數로서 간태艮兌에 해당한다. 이 십오十五와 삼팔三八은 손으로 보아

서 삼팔三八자리에 십오건곤十五乾坤이 있게 되니 삼팔간태三八艮兌는 십오十五자리로 가서 십오건곤十五乾坤을 대행代行하게 된다. 이것이 후천后天의 상象이다. 이리하여 십일十一은 곧 삼팔간태三八艮兌 자리에 놓이게 되는 것이다. 무극이태극无極而太極을 십일十一이라고 할 경우에는 간태艮兌를 가르킨 말이다.

十一歸體 功德无量(正11:1)
十一一言(正22:1)
十一歸體詩(正24:13)
无極而太極十一(正26:3)
十一地德而天道(正26:4)
十一吟(正27:3)
十一歸體兮 五八尊空(正27:4)
一刻十一分(正31:2~16·32:1~9)

십일귀체〈十一歸體〉: 십일十一은 즉 삼팔三八이오 삼팔三八은 즉 십오十五의 중中이다. 오운五運이 운運하고 육기六氣가 기氣하야 십일十一이 귀체歸體된다 하고 포오함육包五含六도 십일十一의 뜻이 있는가 하면 십퇴일진十退一進도 십일十一이다. 수數로 보는 십일十一을 도표로 알아보자.

손도수	1	2	3	4	5	6	7	8	9	10	
順 數	十	九	八	七	六	五	四	三	二	一	
逆 數	一	二	三	四	五	六	七	八	九	十	
上下合數	11	11	11	11	11	11	11	11	11	11	(十一歸體)

十一歸體 功德无量(正11:1)
十一歸體詩(正24:13)
十一歸體兮 五八尊空(正27:4)

십일귀체시〈十一歸體詩〉: 십일귀체十一歸體는 그 공덕功德이 무량无量하다하므로 그 그지없는 공덕功德을 들어 말할 수는 없지만 이제 대강 열거해 보면,

1. 三八同宮의 十一
2. 五運과 六氣의 運氣로서의 十一
3. 包五舍六의 十一

4. 十退一進의 十一

5. 九二錯綜의 十一

6. 一无十无體 十无一无用으로서의 體用으로서의 十一

7. 中은 十十一一의 空으로서의 十一

8. 无極而太極의 十一

9. 十一은 地德而天道로서의 十一

10. 十一吟의 十一

11. 十一一言의 十一

등이다. 이 밖에도 數數를 손에 치는 십일귀체十一歸體로서

10	9	8	7	6	5	4	3	2	1	(순수)
+	+	+	+	+	+	+	+	+	+	
1	2	3	4	5	6	7	8	9	10	(역수)
11	11	11	11	11	11	11	11	11	11	

모두 순역順逆수를 각기 합습하면 11이 되는 십일귀체十一歸體 등이 있다. 십일귀체시十一歸體詩는 십일十一의 원리로 되는 원천原天의 도道. 궐중厥中과 시중時中의 도道를 읊은 시이다.

十一歸體詩(正24:13)

십일음〈十一吟〉 : 십일일언十一一言을 읊은 것. 열한가지 공덕功德이 들어있다. 그 내용內容을 들어 보면,

1. 十一歸體
2. 五八尊空
3. 九二錯綜
4. 火明金淸
5. 天地淸明
6. 日月光華
7. 琉璃世界
8. 上帝照臨
9. 于于而而
10. 正正方方
11. 好好无量

十一吟(正27:3)

십일일언〈十一一言〉 : 십오일언十五一言이 상편上篇이라면 십일일언十一一言은 하편下篇이 된다. 십오일언十五一言은 생생生生하는 원리原理를 말하는 것이므로 반고화생盤古化生에서 시작始作하여 태음太陰 태양太陽의 포태양생胞胎養生, 금화金火가 밝아서 나오는 송頌이며, 일월日月의 덕(日月之德)으로

생생하는 기월일시각분朞月日時刻分이며, 조석潮汐이 생기는 일월지정日月之政이며, 원천화原天火가 생생하는 기사궁己巳宮과 무술궁戊戌宮의 생성도수生成度數가 들어 있고, 십일일언十一言은 성성成成하는 원리原理를 말하는 것이므로 십토육수十土六水를 비롯하여 하도河圖·낙서洛書의 생성生成, 십일귀체十一歸體의 생성生成 뇌풍용정雷風用政의 생성生成등이 있다.

  十一言(正22:1)

십퇴일진지위〈十退一進之位〉: 포오함육包五含六은 오육五六자리에서 십퇴일진十退一進은 십일十一자리에서 즉 간태艮兌에 위치한다는 것이다. 이는 중中과 공空을 뜻한 것이다.

  包五含六十退一進之位(正25:15)

아마도〈我摩道〉: 확실確實히 단정斷定할 수는 없으나 어느 정도의 개연성蓋然性이 있는 말의 앞에 「아마」를 더 강조强調하여 아마도我摩道 또는 아마두我馬頭라고 이두문자吏讀文字와 같이 쓴다.

  我摩道正理玄玄眞經 只在此宮中(正18:6)

아마두〈我馬頭〉: 아마도我摩道와 같은 말이다. →「我摩道」

  我馬頭 通天地第一元 金一夫(大序)

아사〈雅士〉: 풍아風雅한 선비 또는 바르고 품위品位가 있는 사람. →「儒雅士」

  凡百滔滔儒雅士(正17:4)

아성〈我聖〉: 우리 성인聖人. 공부자孔夫子를 가리킴.

  麟兮我聖 乾坤中立(正1:7)

아위주인차제개〈我爲主人次第開〉: 내가 주인主人이 되어 차례로 전개展開하였다는 것으로 만고萬古에 없던 새 광경光景이 전개展開되다는 뜻이다.

  我爲主人次第開 一六三八左右分列(正6:1)

아화화옹필친시교〈我化化翁必親施敎〉: 우리 화화옹化化翁이 반드시 친히 가르침을 베풀어 주실 것이다. 화화옹化化翁은 화무옹化无翁 화옹化翁 화무상제化无上帝와 같은 말인데 조화造化를 갖이신 화옹化翁 또는 보화일천

普化一天하는 화옹化翁이란 뜻이다.

　　我化化翁 必親施教(正18:7)

안태〈安泰〉: 평안하고 태평함. 다만 부모父母의 마음을 「편안히 하고 태평하게」하기만 원할 뿐이라는 데서 하는 말.

　　只願安泰父母心(正10:9)

야반〈夜半〉: 한 밤중. 갑甲과 기己의 해 또는 날의 극점極點 또는 한 밤중에 갑자월甲子月 또는 갑자시甲子時가 생긴다는 말.

　　甲己夜半生甲子(正23:12)
　　乙庚夜半生丙子(正23:13)
　　丙辛夜半生戊子(正23:14)
　　丁壬夜半生庚子(正23:15)
　　戊癸夜半生壬子(正23:16)
　　己甲夜半生癸亥(正24:8)
　　庚乙夜半生乙亥(正24:9)
　　辛丙夜半生丁亥(正24:10)
　　壬丁夜半生己亥(正24:11)
　　癸戊夜半生辛亥(正24:12)

양심탕〈養心湯〉: 한약방문漢藥方文의 이름이니 심허心虛한데 쓰인다. 정역正易에서는 이십팔수二十八宿중 심수心宿에 해당하는 곳을 지칭指稱한 말이다. →「文德養心湯」

　　武功平胃散 文德養心湯(正17:11)

양지〈兩地〉: 삼천양지三天兩地에서 온 말. 일삼오칠구一三五七九에서 칠구七九는 양지兩地요 일삼오一三五는 삼천三天이 된다. 양지兩地를 수지數地로도 쓰인다.

　　三天兩地(正14:8)
　　第七九次數地 三天兩地(正22:10)

양천〈兩天〉: 후천后天의 삼지양천三地兩天에서 온 말. 손으로 형상하였을 때, 이사육팔십二四六八十의 이사二四는 양천兩天이요, 육팔십六八十은 삼지三地이다.

　　后天三地兩天(正14:9)

억음존양선천심법지학〈抑陰尊陽先天心法之學〉: 음陰을 눌으고 양陽을 높이는 것은 선천先天에서 마음을 닦는 법을 배우는 것이다. 주역周易에서는 이를 한사존성閑邪尊誠이라고 하여 간사한 일은 억눌러 막고 정성스러운 마음을 지니는 것이라고 하였다.

抑陰尊陽 先天心法之學(正8:10)

여년삼십육시종연담이선생〈余年三十六始從蓮潭李先生〉: 내 나이 36세歲 (1861년年) 신유년辛酉年에 비로소 연담이선생蓮潭李先生을 좇았다고 한 말이다. 선생先生은 이 때 관벽觀碧이란 아호를 얻었다.

余年三十六始從蓮潭李先生(正19:14)

여율무정을계신〈呂律戊丁乙癸辛〉: 여율呂律은 무정을계신戊丁乙癸辛이라하니 정이丁二와 을삼乙三은 여呂가 되고, 계육癸六과 신구辛九는 율律이 된다. 정령政令과 여율呂律에 대하여 도표하면,

〈政令圖〉					〈呂律圖〉				
政		令			呂		律		
己 庚 壬 甲 丙				(天道圓)	戊 丁 乙 癸 辛				(地數方)
四 一 八 七					二 三 六 九				
金 水 木 火					火 木 水 金				
손도수 二 四 六 八				(地德方)	손도수 九 七 五 三				(天度圓)

政令己庚壬甲丙 呂律戊丁乙癸辛(正24:16)

역비역〈易匪易〉: 역易이란 곧 정역正易을 말하는 것이니 일월日月이 바르지 아니한 역易은 정역正易이 아니라는 것이며, 윤역閏曆으로만 항상恒常 쓰이지 아니할 것이라고 하였다.

日月不正易匪易 易爲正易易爲易(正20:11)

역생도성〈逆生倒成〉: 일一을 태극太極이라 하고 십十을 무극无極이라 하는 것은 체體의 자리에서 하는 말이요, 이 운용運用하는 자리에서 보면 일一로부터 행행行하는 것을 역逆이라 하고, 십十에 달한 수를 도倒라 한다. 그러므로 역생逆生이란 일一에서 시작始作한다는 뜻이오, 도성倒成이란 십十에서 완성完成한다는 것이다. 즉 역생이도성逆生而倒成이다. 그러므로 선천이

후천先天而后天이 되는 것이다.

　　龜書 旣濟之數而逆生倒成(正2:5)

　　太陰 逆生倒成 先天而后天(正3:6)

역역구궁〈易易九宮〉: 복희팔괘역伏羲八卦易이 문왕구궁역文王九宮易으로 교역交易된다는 것. 이것은 복희선천伏羲先天에서 문왕후천文王后天으로 되는 것이다.

　　易易九宮 易易八卦(正22:14)

역역야극즉반〈易易也極則反〉: 주역周易에서는,

　　「易窮則變 變則通 通則久」(周易繫下)

라 하고 또

　　「是故易逆數也」(周易說下)

라고 하여 이 두가지 뜻을 합솝하여 이른 말이다. 역易은 역생逆生인 일一에서부터 수數가 극極에 즉 십十에 이르면 다시 일一로 돌아오는 것이라 한다.

　　易逆也 極則反(正2:7)

　　易窮則變 變則通 通則久 (周易繫下)

　　是故易逆數也 (周易說下)

역역팔괘〈易易八卦〉: 복희팔괘역伏羲八卦易이 정역팔괘역正易八卦易으로 변역變易한다는 것이다.

　　易易九宮 易易八卦(正22:14)

역위정역역위역〈易爲正易易爲易〉: 역易은 바로 력曆을 뜻하니 력曆은 360일日 정역正易이 되어야 력曆이 력曆이라고 할 수 있는 것이라고 한다. 원천역原天易에서 볼 때 윤역閏易은 항상恒常 장구하게 쓰일 수가 없다고 한다.

　　易爲正易易爲易 原易 何常用閏易(正20:11)

역자역야〈易者曆也〉: 역易이란 력曆을 말하는 것이라고 한다. 그리고 역易은 성인聖人의 차원次元에서 하여야 한다는 것으로서

　　「无曆无聖 无聖无易」

이라 하여 력曆이 없다면 성인聖人도 없고 성인聖人이 없으면 역易도 있을

수가 없다고 하였다. 정자程子는 그 역전서易傳序에서

　「易變易也 隨時而變易 以從道也」

라고 하였으며 주역周易에서는

　「易者 象也」

라고 하였고 서경書經에서는 역易을 력曆으로 뜻하는 말로서

　「天之曆數在爾躬 允執厥中⋯⋯⋯」

이라고 하였다.

　易者曆也 无曆无聖 无聖无易 是故初 初之易 來來之易 所以作也(大序)

역지위역〈易之爲易〉 : 역易이라고 할 수 있는 역易 됨이여 라고 함. 주역周易에서는 역지위서易之爲書라 하여 역易의 문장文章됨을 말하였고 주역周易은 공자孔子가 십이익지十而翼之하고 일이관지一而貫之한 것이므로 공자孔子를 문학종장文學宗長 만고문장萬古文章이라 하였지만 정역正易에는 역지위서易之爲書가 문제가 아니라 역지위역易之爲易이 문제여서 역易의 역易됨이여! 「역易이란 것은 력曆이다」라고 설파說破한 것이며 또 역易은 정역正易이 되어야 역易을 역易이라 할 수 있다고 하였다. 역위역易爲易은 역易을 역易이라 하는 것이라면 역지위역易之爲易은 역易이라 하는 역易이 됨은 이라고 해석된다.

　聖哉 易之爲易 易者曆也(大序)

연담이선생〈蓮潭李先生〉 : 김황현金黃鉉이 쓴 일부선생행장一夫先生行狀에 보면 연담선생蓮潭先生의 이름은 운규雲圭로 쓰여 있고 족보族譜에는 전주이씨全州李氏의 담양군파潭陽君派에 수증守曾으로 되어 있다. 연담蓮潭이란 담양군潭陽君의 담潭자를 취하여 연담蓮潭이라 한지도 모를 일이다. 족보族譜에 의依한다면 선생先生은 문참판文參判으로서 승지承旨의 벼슬을 하였다. 당시當時 어지러운 세상을 등지고 논산 양촌陽村 모촌리茅村里 띠울에서 잠시 우거寓居하는 동안에 일부一夫 36세歲때 비로소 사제지의師弟之義를 맺는 것으로 생각하나 일설에 족보族譜가 잘못되었다고도 하니 확실確實한 사실事實은 뒤로 미룬다.

　余年三十六 始從蓮潭李先生(正19:14)

연명〈淵明〉: 연명淵明은 진晉나라 도잠陶潛의 자字이다. 혹은 원량元亮이라고도 하며 혹은 원량元亮은 이름이라고도 한다. 송宋나라 원가초元嘉初에 졸卒하니 나이 육십삼六十三이었다. 세상에서 정절선생靖節先生이라고 하였다. 연명淵明이 본시 줄이 갖추어지지 아니한 거문고로서 매양 술친구와 만날 때마다 거문고를 어루만지고 융화하였다 하며 스스로 이르기를 희황상인羲皇上人이라고 하였다 한다.

    暢和淵明无絃琴(正5:11)

연원〈淵源〉: 사물事物의 근원根源을 연원淵源이라고 하나 이에는 도학道學의 본원本源을 말함이다. 연원淵源은 천지天地의 무궁한 화무옹化无翁이라고 한데서 나온 말이다.

    淵源天地无窮化无翁(大序)

연원무궁내력장원〈淵源无窮來歷長遠〉: 도학道學의 연원淵源은 무궁无窮하고 조상祖上의 내력來歷은 장원長遠하다는 말이다.

    淵源无窮 來歷長遠兮(大序)

염상〈炎上〉: 불기운(火氣)이 위로 솟는 것. 여기서는 바다의 조석潮汐 간만干滿이 되는 이치理致를 설명說明하는데서 이칠병정화二七丙丁火의 화기火氣는 위로 올라간다고 하여 난류煖流는 남南쪽에서 북北으로 올라 온다는 뜻이다.

    火氣炎上 水性就下(正8:14)
    水曰潤下 火曰炎上(書經洪範)

영동천심월〈影動天心月〉: 천심天心달의 그림자가 움직임. 후천后天의 기미가 움직이는 순간. 소강절邵康節은 이러한 순간을,

    「月到天心處 風來水面時」

라고 하였으니 이는 복희괘伏羲卦의 진손震巽자리를 가리키는 말이며 지뢰복괘地雷復卦의 처지處地를 말한 것이다. 정역正易에서는 천심天心은 이천二天자리이니 이에서 삼태三兌로 넘어가는 순간을 영동影動이라고 한다. 손을 꼽은 쪽은 영생影生이라 하고 손을 펴진 쪽을 체성體成이라고 하였다.

    影動天心月 勸君尋此眞(正19:16)

영생수〈影生數〉: 일이삼사오수一二三四五數를 생수生數라 하고 육칠팔구십수六七八九十數를 성수成數라 한다. 손을 꼽는 쪽은 영影이 되고 손을 편 쪽은 체體가 되니 영생수影生數는 손을 꼽은 쪽 일이삼사오一二三四五의 나는 수(生數) 즉 일一자리를 일컬어 영생수影生數라고 하였다.

一八 復上月影生數 五六 皇中月體成數(正22:6)

영허기야〈盈虛氣也〉: 먼저는 찼다(盈)가 뒤에 허虛한 것은 기운때문이니 이는 선천先天이라는 것이다. 천지天地의 영허盈虛도 여시소식與時消息이란 영허盈虛는 성쇠지리盛衰之理를 말하는 것이오, 정역正易의 영허소장盈虛消長은 생성지의生成之義를 뜻한 것이다.

盈虛 氣也 先天(正8:5)

天地盈虛 與時消息(周易豊)

예삼천이의일〈禮三千而義一〉: 예禮는 삼천三千가지나 되지만 의리義理는 단 하나라는 것이다. 예삼천禮三千이란 위의삼천威儀三千이라고 한데서 취한 말이다.

觀於此而大壯 禮三千而義一(正5:9)

오공부자〈吾孔夫子〉: 내 공부자孔夫子 아성我聖은 우리 성인聖人 공부자孔夫子라는 것이니 오吾자를 쓴 것은 더 친밀히 일컫은 말이다.

洞得吾孔夫子小魯意(正5:12)

오구태음지정일팔칠〈五九太陰之政一八七〉: 오五에서 구九까지 가는 것은 태음太陰의 정사이니 일팔칠一八七이라는 것이다.   →「十五太陽之政一七四」

五九太陰之政一八七(正26:15)

오기장〈吾己藏〉: 내몸에 감췄음. 공부자孔夫子의 역易을 (十翼) 내 몸에 지닌 것을, 부자친필夫子親筆을 내몸에 간직한 것이라고 한것이다. 즉 공자孔子의 십익十翼을 내몸에 지녔다는 뜻이다.

夫子親筆吾己藏 道通天地无形外(大序)

오부자〈吾夫子〉: 내 공부자孔夫子와 같음. →「吾孔夫子」

正吾夫子之朞(正7:1)

三絶韋編吾夫子(正17:16)

오십오점소소〈五十五点昭昭〉: 정역正易에는 원역原易과 윤역閏易과 정역正易이 있는데 이것은 또한 원천原天과 선천先天과 후천后天이 있는 것과 일반이라 하겠다. 그런가하면 수數에 있어서도 하도수河圖數 오십오五十五와 낙서수洛書數 사십오四十五가 방원方圓의 상대를 이루는 바 이 근원根源은 무무위수无无位數 육십六十에서 십오十五를 귀공歸空시켜 사십오점四十五点이 반반斑斑하고, 단 오五를 귀공歸空시켜 오오십오점五十五点이 소소昭昭한 이치에 있다고 하겠다. 이 이치理致를 도표로 보면 일관一貫된 하나라고 하는 것을 알 수 있다.

原天	先天	
	后天	
原易	閏易	
	正易	
无无位	洛書	60 − 15 = 45
	河圖	− 5 = 55

單五歸空 五十五點昭昭(正18:4)

오운운육기기〈五運運六氣氣〉: 오운·육기五運六氣에 대해서는 그 종래 학설學說이 분분紛紛하나 대체로는 운運은 천운天運이니 오운五運은 금목수화金木水火土의 오행五行을 기본基本하여 천간天干이 그 오행五行에 운용運用이 되며 기氣는 지기地氣니 육기六氣는 풍한서습조화風寒暑濕燥火의 육기六氣를 기본基本하여 지지地支가 그 육기六氣에 쓰인다고 한다. 그리하여 오운五運의 기본基本은 천간天干이 되고 육기六氣의 기본基本은 지지地支가 되어 오행五行의 묘용妙用을 하고 있다는 것이다. 또 사물기원통력事物紀原通曆에는 오운五運을 말하여

「太昊木德王 始有甲曆五運」

이라 하였고, 좌전소공원년左傳昭公元年에는 육기六氣를 말하여

「天有六氣曰 陰陽風雨晦明也 分爲四時序爲五節」

이라고 하였다. 정역正易에서 말하는 오운육기五運六氣는 무오戊五와 계육癸六을 말하여 5자리에 있던 무오戊五가 10자리로 운운運運하여 내려 가고 10자리에 있던 계육癸六이 5자리로 기기氣氣하여 올라와서 십일귀체十一歸體가 된다. 이 변화變化로 인하여 계해(癸亥…干支가 모두 六)로 용구用九하고 무진(戊辰…干支가 모두 五)으로 용육用六하게 되니 그 공덕功德이 무량无量하다는 것이다. 이를 도표하면 다음과 같다.

손도수	1	2	3	4	5	6	7	8	9	10
先天 后天	甲 己	乙 庚	丙 辛	丁 壬	戊 癸	己 甲	庚 乙	辛 丙	壬 丁	癸 戊
					氣(用九)					運(用六)

五運運 六氣氣 十一歸體 功德无量(正11:11)

오원〈五元〉: 삼원三元은 선천先天이며, 오원五元은 후천后天이다. 삼오착종三五錯綜은 삼원수三元數 구이착종九二錯綜은 오원수五元數라 함을 다음 도표와 같이 구분區分해 본다.

三元	甲己夜半生甲子		丙寅頭(甲子 乙丑 丙寅)	三元頭
	先天	天地	旣濟未濟	三五錯綜 三元數
五元	己甲夜半生癸亥		丁卯頭(癸亥 甲子 乙丑 丙寅 丁卯)	五元頭
	后天	地天	未濟旣濟	九二錯綜 五元數

이상의 도표에서 삼원三元과 오원五元의 구별을 알 수 있으나 삼원三元 오원五元은 어데서 왔는가 하면 그것은 십오가十五歌에서 온 것이니 이 관계關係를 도표로 밝혀보면 아래와 같다.

十五一言 → 上元元元 〈 天地三元 → 水火旣濟
            地天五元 → 火水未濟 → 金火而易 → 萬曆而圖

未濟旣濟兮 地天五元(正18:12)
天地地天兮 三元五元(正18:13)

三元五元兮 上元元元(正18:14)

九二錯綜五元數(正24:7)

오월〈午月〉: 후천后天의 사월四月을 말함.

午月初三日………(正31:8)

오일언〈吾一言〉: 내 한마디 말씀. 이것을 밝게 들으라는 것이니 정역正易에서 일언一言이 세가지가 있으니,

1. 十五一言 （天）
2. 十一一言 （地）
3. 吾一言 （人）

이다. 십오일언十五一言은 하늘의 말씀이니 천지창조天地創造의 시종始終과 종시始終를 말하였고, 십일일언十一一言은 땅의 말씀이니 천지天地의 운행도수運行度數와 력曆을 말하였고, 오일언吾一言은 인간人間을 대표하는 말씀이니 중中을 말하는 궐중지중厥中之中과 시중지중時中之中을 밝히고, 다시포오함육包五含六 십퇴일진十退一進과 십일귀체十一歸體의 중도中道를 밝힌 것이다.

小子明聽吾一言小子(正25:16)

오일일후〈五日一候〉: 일년一年을 칠십이후七十二候로 나눈 절후節氣를 말한다. 이는 위서율력지魏書律歷志에 있는 말을 취한 것이다.

五日一候 十日一氣(正3:13)

五日一候(魏書律歷志)

오팔존공〈五八尊空〉: 오팔五八은 술오戌五 묘팔卯八을 뜻하는 말이다. 즉 묘팔卯八은 손도수로 정역괘正易卦 이천二天에서 천심天心으로 존공尊空하고, 술오戌五는 칠지七地에서 황심皇心으로 존공尊空한 것이라고 생각된다.

十一歸體兮 五八尊空(正27:4)

五八尊空兮 九二錯綜(正27:5)

오행〈五行〉: 우주간宇宙間에 운행運行하는 금목수화토金木水火土의 다섯가지 원기元氣로서 오행상생五行相生과 오행상극五行相剋의 이치理致로 전全 우주만물宇宙萬物을 지배支配한다고 함. 오행상생五行相生과 상극相剋을 도표

하면 다음과 같다.

相生	土生金	相剋	土克水
	金生水		水克火
	水生木		火克金
	木生火		金克木
	火生土		木克土

라 하며, 역학계몽易學啓蒙에 보면

「五行生成曰 天一生水 地六成之
　　　　　　地二生火 天七成之
　　　　　　天三生木 地八成之
　　　　　　地四生金 天九成之
　　　　　　天五生土 地十成之」

라 하며, 또 상생상극相生相剋에서

「又相生序曰 木生火 火生土 土生金 金生水 水生木 相克序曰 木剋土 土剋水 水
剋火 火剋金 金剋木」

이라고 하였다. 그리고 오행五行의 방위方位를 도표하면 다음과 같다.

```
                    飛類
                    火
                    南
                    下
                    七
走類 木 東 左 八 ⑤ 九 右 西 金 甲類
                    六
                    上
                    北
                    水
                    魚類
```

五行之宗 六宗之長 中位正易(正23:2)

오행지종〈五行之宗〉: 뇌풍雷風은 십오十五인 중앙토中央土로서 이 토土는 오
행五行에 종宗이 된다는 것이다.

卦之震巽 數之十五 五行之宗 六宗之長 中位正易(正23:2)

오호〈嗚呼〉: 감탄사感歎詞이다. 정역正易에는 오호嗚呼가 14곳이오 오호於

好가 하나로 모두 15곳이나 있으니 이 또한 십오일언十五一言의 뜻이 곁드려진 것이 아닌가 싶다.

　　嗚呼 盤古化(正1:2)

　　嗚呼 今日今日(正1:8)

　　嗚呼 至矣哉(正2:11)

　　嗚呼 金火互易(正6:7)

　　嗚呼 日月之德(正6:10)

　　嗚呼 日月之政(正8:16)

　　嗚呼 天何言哉(正9:1)

　　嗚呼 天地无言(正9:10)

　　嗚呼 金火正易(正10:13)

　　嗚呼 己位親政(正10:14)

　　嗚呼 丑宮得旺(正10:15)

　　嗚呼 卯宮用事(正10:16)

　　嗚呼 五運運(正11:1)

　　嗚呼 旣順旣逆(正27:2)

　　於好 夫子之不言(正6:4)

오호〈於好〉: 오호於好는 쓰기만 다를 뿐이지 뜻은 오호嗚呼와 흡사恰似하다.

　　於好 夫子之不言 是今日(正6:4)

오화〈五化〉: 반고화盤古化는 기축己丑에서 무술戊戌까지 십十자리를 형상한 것이라면 반고오화盤古五化는 무술戊戌에서 임인壬寅까지 오五자리를 가서 화化하게 된다는 것이다. 이를 도표로 보면 다음과 같다.

　　盤古化

1	2	3	4	5	6	7	8	9	10
己丑	庚寅	辛卯	壬辰	癸巳	甲午	乙未	丙申	丁酉	戊戌

　　盤古五化

11	12	13	14	15
戊戌	己亥	庚子	辛丑	壬寅
1	2	3	4	⑤五化元年

　　盤古五化元年壬寅(正19:12)

오황대도당천심〈吾皇大道當天心〉: 내 황심대도皇心大道가 천심天心에 당도 當到하였다는 것이니 황심대도皇心大道란 기위己位를 뜻하며 당심천천天心 은 지십地十인 기己가 천天이 된다는 것이다. 십일귀체시十一歸體詩에

　　「地十爲天 天五地」

라 하여 땅 쪽에 있는 기십己十이 하늘 쪽으로 되어지고 하늘 쪽에 무오 戊五는 땅쪽으로 된다는 것이니 이것이 오황대도당천심吾皇大道當天心이다. 이 시구詩句는 본시 송宋나라 주렴계周濂溪의 검문각시劍門閣詩중에

　　「劍立溪峰信險深 吾皇大道當天心‥‥‥‥」

이라고 한데서 취한 것이니 이 시구詩句만 따서 위와 같은 뜻을 붙인 것 이다. 정역正易에는 이러한 곳이 허다하다.

　　吾皇大道當天心(正5:4)
　　劍立溪峰信險深 吾皇大道當天心(周濂溪劍門閣詩)

옥형〈玉衡〉: 옥玉으로 꾸민 천문관측기天文觀測器이니 서경書經에

　　「在璇璣玉衡 以齊七政‥‥‥‥」

이라고 한 말에서 취한 것이니 순舜임금이 칠정七政과 옥형玉衡으로 정치 政治의 성업聖業을 이뤘다는 것이다.

　　帝舜七政玉衡(正1:5)

요순〈堯舜〉: 요堯임금과 순舜임금. 요堯는 도당씨陶唐氏의 제호帝號요, 순舜 은 유우씨有虞氏의 제호帝號이다. 요堯임금은 118세歲의 수壽를 누리고 재 위在位 98년年을 지냈으며, 순舜임금은 109세歲의 향수享壽에 제위帝位는 61 년年을 지낸 성제聖帝이다. 요堯임금이 일언一言으로 도통심법道統心法을 내 린 것은 윤집궐중允執厥中이라고 하여 순舜임금 역시 이 말을 우禹임금에 게 내려 주었다고 한다.

　　堯舜之厥中之中(正25:13)

용도〈龍圖〉: 용마龍馬의 그림이다. 용마龍馬가 등에 지고 황하黃河에서 나 온 그림이니 즉 하도河圖라고 한다. 죽서기년竹書紀年에는

　　「龍圖出河 龜書出洛 赤文篆字 以授軒轅‥‥‥‥」

이라고 하여 용도龍圖라는 말이 보인다.

　　龍圖 未濟之象而倒生逆成 先天太極(正2:4)

용육〈用六〉: 용육用六이란 말은 주역周易 곤괘坤卦에 나온다. 여기서는 그 것과는 전연 다르다. 사정칠수용중수四正七宿用中數에서 역이용팔逆而用八과 순이용육順而用六을 말하였으니 그 뜻을 도표로 하면 다음과 같다.

〈用八과 用六圖〉

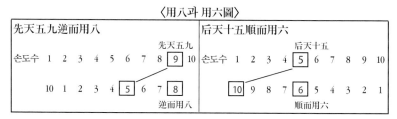

后天十五. 順而用六 合正中(正26:14)

용사〈用事〉: 주역周易에는 용사用事를

　　「民咸用之 謂之事業」

이라 하였다. 정역正易의 용사用事 또한 같은 말이다. 묘궁용사卯宮用事란 묘 궁卯宮으로 세수歲首하여 백성들이 다 쓰는 일을 용사用事라 한 것이다.

　　卯宮用事 子宮退位(正9:16)

용윤역〈用閏易〉: 어찌 항상恒常 윤역閏易만 쓸 것인가? 머지않아 정역正易 을 쓰게 됨을 더 강조하는 말이다.

　　何常用 閏易(正20:11)

용정〈用政〉: 백성들에게까지 다 쓰이는 것을 용사用事라 한다면 군왕君王 에게 쓰이는 것을 용정用政이라고 할 수 있다. 천지天地의 군왕君王은 뇌풍 雷風이 되어 뇌풍군왕雷風君王이 용정用政하는 것이라고 생각된다. 그러므 로 주역周易에서도 제출호진帝出乎震이라 하였고, 진괘震卦에

　　「出可以守宗廟社稷 以爲祭主」

라 하였다.

　　雷風正位用政數(正26:1)

용중〈用中〉: 천지天地의 용사用事는 묘궁卯宮으로 하고 뇌풍제雷風帝의 용 정用政은 기위己位와 무위戊位로 하고 일월日月의 용중用中은 십역만력十易萬 曆으로 한다는 것이다. 그러므로 용중用中은 이십팔수二十八宿를 동서남북 東西南北 사방四方으로 바루고 그 칠수七宿마다의 중中을 쓰는 것이니 즉 선

천先天에서는 일팔칠一八七로서 윤중閏中. 후천后天에서는 일칠사一七四로서 정중正中하는 것이다. 용사用事와 용정用政과 용중用中의 주체主體를 도표로 보자.

乾坤 → 用事
雷風 → 用政
日月 → 用中
山澤 → 十一歸體 功德无量
　　　　　　　(至德) (易簡之善)

四正七宿用中數(正26:12)

용팔⟨用八⟩ : 선천先天에 윤도수閏度數를 맞춰 쓰는 법. →「用六」

先天五九 逆而用八錯閏中(正26:13)

용화세월⟨龍華歲月⟩ : 용화龍華란 불가佛家에서 미륵세계彌勒世界를 말하는 것인데 정역正易에서는 뇌풍雷風으로서 진震은 용龍이 되고 손巽은 화華가 되는 뜻을 말한 것이다. 뇌풍雷風이 정위正位하여 정사政事를 하는 것이 상제上帝가 친정親政하여 유리세계琉璃世界에 조림照臨하는 것이라 생각되며 이 시절을 용화세월龍華歲月이라한 것이다.

誰遺龍華歲月今(正24:15)

우귀⟨于歸⟩ : 여자가 시집가는 일을 시경詩經에서는 지자우귀之子于歸라고 하였다. 여기서는 지일자수地一子水가 천일임수天一壬水를 따라 만萬번이나 꺾이어 그 와중渦中으로 돌아가는 것을 우귀于歸라 하니 즉 음수(陰水·地一子水)가 양수(陽水·天一壬水)에 돌아가는 것을 말한다.

地一子水兮 萬折于歸(正9:8)

우사선⟨又斯仙⟩ : →「斯儒斯侅又斯仙」

斯儒斯侅又斯仙(正20:7)

우우이이⟨于于而而⟩ : 장자莊子에

「其覺也 于于……」

라 하였으니 우우于于는 만족滿足스러운 모양이다. 이이而而는 기쁜 모양이다.

上帝照臨兮 于于而而(正27:11)

于于而而兮 正正方方(正27:12)

우주무중벽〈宇宙无中碧〉 : 우주宇宙는 한 창공蒼空을 이름하는 것이니 육구연陸九淵은 우주宇宙를 일컬어

「上下四方曰宇 古往今來曰宙」

라 하여 우宇는 공간적空間的인 상하사방上下四方을 말했고 주宙는 시간적時間的인 고왕금래古往今來를 말하였다. 회남자淮南子도 제속훈齊俗訓에서,

「往古來今謂之宙 四方上下謂之宇」

라고 하였다. 태현경太玄經에는

「闔天謂之宇 闢宇謂之宙」

라고 하여 하늘이 닫친 것을 우宇라 하는데 그 우宇가 열리는 것을 주宙라고 하였고, 송宋나라 장재(張載 橫渠)는 왕연수王延秀의 헌광전부주憲光殿賦注에서

「天所覆爲宇 中所由爲宙」

라고 하여 「하늘로 덮인 바가 우宇가 되고 중간에서 말미암은 바가 주宙가 된다」고 하였다. 정역正易에서는 이를 우주무중벽宇宙无中碧이라 하여 우주의 현현玄玄한 무중벽无中碧을 금화정역도金火正易圖로 표현하고 있다.

靜觀宇宙无中碧 誰識天工待人成(正20:14)

운기〈運氣〉 : 인간人間의 힘을 초월한 천운天運과 기수氣數를 운수運數라 하고 자연自然의 현상으로 일어나는 오운육기五運六氣를 운기運氣라 한다. 여기에 운기運氣는 이십팔수二十八宿의 운행運行하는 기운氣運을 말한다.

二十八宿運氣圖(正15:9)

운주〈運籌〉 : 이리 저리 꾀를 내는 일에 수까치로 운롱運弄함. 사기史記에는

「漢高祖謂 運籌帷幄決勝千里 不如子房 鎭國家 撫百姓 不如蕭何 戰必勝 攻必取 不如韓信 皆人傑」

이라고 한데서 취한 문구文句이나 정역正易에서는 일수오토一水五土의 수토水土를 평平하는 것이라고 해석된다.

將軍運籌水土平(正4:15)

원강성인〈元降聖人〉 : 서경書經에

「天降聖人 作之君作之師」

라하여 「하늘에서 성인聖人을 내리어 임금노릇을 하게 하고 스승노릇을 하게 하였다.」고 하였다. 정역正易에서 원元이란 상원원원上元元元의 원元이니 이에서 성인聖人을 내리시고 신물神物을 보이시니 이것이 용도龍圖와 귀서龜書라는 것이다. 그러므로 여기서 말하는 원元은 주역周易에서 말하는 원형이정元亨利貞의 원元이 아니라 대재건원大哉乾元의 원元이며 내통천乃統天의 원元이다.

元降聖人 示之神物(正2:2)
天降聖人 作之君作之師(書經)

원년〈元年〉: 임금이 즉위即位한 첫해를 말한 것이다. 춘추공양전春秋公羊傳에

「元年者何 君之始年也」

라고 하였으니 이에서 원년元年이란 말이 비롯된 것이다.

盤古五化元年壬寅(正19:12)

원도수〈原度數〉: 도수度數의 본원수本原數이다. 원역原易의 도수.

十干原度數(正30:)

원역〈原易〉: 원역原易은 원천역原天易이니 윤역閏易과 정역正易을 포괄包括한 역易. 원역原易에서 윤역閏易이 나오고 윤역閏易이 변變하여 정역正易으로 이루는 과정을 포괄包括한 것이 원역原易이다.

原易何常用閏易(正20:11)

원원〈元元〉: 원元은 기운氣運의 시작始作을 말한다. 주역周易 건괘乾卦에

「大哉 乾元 萬物資始 乃統天」

이라고 하여 일기장존一氣長存을 뜻한다. 국책國策에 원원元元이라 함은 이와는 뜻이 다르다. 그리고 정역正易에 원元과 원原은 같으면서 다르다. 원元은 자시資始의 뜻이요, 원原은 본원本原의 뜻이다. 원原을 성性이라한 바(原是性) 원元은 원原을 잇는 선善(繼之者善)이라 생각된다. 그러므로 원원元元은 본선本善이요, 원原은 본성本性이다. 도수로 말하면 원原은 십무극十无極의 공(空无位)자리요, 원元은 일태극一太極의 중(中位)자리이다. 중中은

십십일일十十一一의 공空이라하니 원原은 십십十十의 공空이요, 원元은 일일一一의 중中이다. 공양전公羊傳에서도

「變一爲元 元者一」

이라고 하였다. 훈민정음訓民正音식으로 보면 원原은 ○이요, 원元은 ㆁ이다. 이러므로 주역周易에 원元은 선지장善之長이라 한 것이며, 원시반종原始反終이라 한 것일까 한다. 불경佛經에

「空卽是色 色卽是空」

이라 하니 공空은 십十과 흡사하고 색色은 일一과 흡사하다. 그러므로 십편시태극十便是太極이나 공즉시색空卽是色이나 같은 차원의 말이다.

　　三元五元兮 上元元元(正18:14)
　　上元元元兮 十五一言(正18:15)

원천〈原天〉 : 선천先天과 후천后天을 말하는 원래原來의 하늘. 선후천先后天의 근본根本이다.

　　化翁无位 原天火 生地十己土(正12:5)
　　原天无量(正19:7)
　　火金金火原天道(正24:15)

원천도〈原天道〉 : 원천原天의 도道는 선천先天에서 후천后天으로 화금火金에서 금화金火로, 기제旣濟에서 미제未濟로, 개물開物에서 성무成務로, 천지비天地否에서 지천태地天泰로 가는 길은 하나이니 이는 원천原天의 대도大道이다.

　　火金金火原天道 誰遣龍華歲月今(正24:15)

원천무량〈原天无量〉 : 선천先天은 유한有限하고, 후천后天은 무한无限한 것이므로 원천原天은 무량无量한 것이다.

　　原天无量(正19:7)

원천화〈原天火〉 : 화옹化翁은 무위无位시고 원천原天은 무량无量이라 하였는데 무량无量이란 무궁无窮 무극无極한 것이다. 그러므로 무극체위无極體位는 기사궁己巳宮으로서 사화己火가 있는 기십己十의 원천화原天火이다.

　　化翁无位 原天火 生地十己土(正12:5)

원화〈元和〉: 후천后天 이십사절후二十四節候의 묘월卯月 초삼일初三日의 닿는 절후節候이다.

元和(正31:2)

원환〈圓環〉: 원형圓形으로 된 환상環狀. 하늘은 땅을 포용包容하여 「원형圓形으로 된 환상環狀이니 그림자라」고 한데서 온 말이다.

天包地而圓環影(正1:15)

월굴우진〈月窟于辰〉: 후천력后天曆으로 계미癸未 계축癸丑이 초하루가 되니 계축癸丑에서 경진庚辰까지 세어 28일日이 경진庚辰이다. 28일日 달은 이 경진庚辰에서 굴窟한다는 것이다. 소강절邵康節이 대역음大易吟에서

「耳目聰明男子身 洪鈞賦予不爲貧 須探月窟方知物 未攝天根豈識人 乾遇巽時觀月窟 地逢雷處見天根 天根月窟閒來往 三十六宮都是春」

이라고 하였으니 이 시는 복희팔괘伏羲八卦의 태극상太極象을 읊은 것이라고 하지만 천근월굴한래왕天根月窟閒來往하니 삼십육궁도시춘三十六宮都是春이라 함은 정역후천正易后天에서야 이루어지는 일이니 소요부邵堯夫가 정녕 후천后天을 내다본 것이 분명하다. 아무튼 월굴月窟이란 이 시구詩句에서 유래한 말이다.

月窟于辰二十八日(正7:5)

월극체위도수〈月極體位度數〉: 월극체위도수月極體位度數는

庚子	戊申	壬子	庚申	己巳
1度	9度	13度	21度	30度

라 하였고, 그 도수度數의 간격 차이差異는 주역의 구덕괘九德卦와 같으니 태음太陰·태양太陽의 도수度數와 구덕괘九德卦를 비교하기 위하여 다음과 같이 도표하여 보자. 구덕괘九德卦란 즉 계사繫辭 제칠장第七章에서,

「易之興也 其於中古乎 作易者 其有憂患乎 是故 履 德之基也 謙 德之柄也 復 德之本也 恒 德之固也 損 德之修也 益 德之裕也 困 德之辨也 井 觀之地也 巽 德之制也……」

라 함을 말한다.

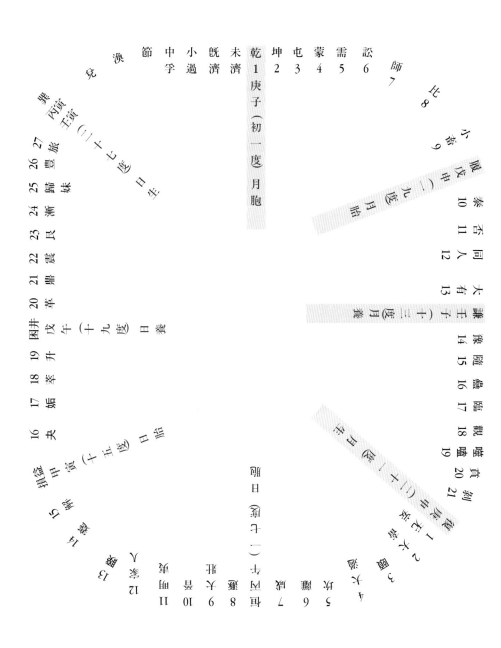

정역正易에는 무극无極 외에 9가지 극極이 있는데 열거하여 보면

1. 无極	6. 土極生水
2. 太極	7. 水極生火
3. 皇極	8. 火極生金
4. 月極	9. 金極生木
5. 日極	10. 木極生土

月極體位度數(正11:10)

월기복상천심월〈月起復上天心月〉 : 달이 복상復上을 기점起點으로 할때면 천심월天心月이 된다 함은 손을 다 꼽은 형상으로 될 때의 말이다. 이와 반대로

「月起皇中 皇心月」

이라 함은 달이 황중皇中을 기점起點으로 할 때면 황심월皇心月이 된다고 할 때는 손을 다 펴진 형상이다. 이에서 월기月起와 기월起月이 다른 점點을 분석하면 월기月起는 달이 일어나는 상태니 달이 주체요, 기월起月은 달을 일으키는 상태니 달이 객체客體이다. 이것은 대학大學에 수신修身과 신수身修를 말한 것과 같은 경우라 하겠다.

月起復上 天心月(正10:5)

월기황중 황심월〈月起皇中 皇心月〉 : 달이 황중皇中을 기점起點으로 할 때 면 황심월皇心月이 된다 함은 손을 다 펴 있는 상태를 말한다. 이에서 정역 正易이 말하는 바

「月起復上天心月 月起皇中皇心月」

이란 것을 도표로 구분하여 손도수와의 관계를 알아보자.

月起(달을 甲으로 시작하여) 復上(一자리에서 하면) 天心(戊가 五자리에 온) 月 ― 달이다
月起(달을 己으로 시작하여) 皇中(六자리에서 하면) 皇心(戊가 十자리에 온) 月 ― 달이다

月起皇中皇心月(正10:5)

월령이월허⟨月盈而月虛⟩ : 달이 차오르는 데서 시작하여 달이 비어가는데 까지를 말하는데 이는 진퇴進退하는 선천先天의 달의 운행을 말하는 것이다.

進退之政月盈而月虛(正8:8)

월백성오⟨月魄成午⟩ : 달의 형체形體, 즉 체백體魄이 무진戊辰 선천先天 초하루에서 세이며 임오壬午가 십오일十五日에 당하므로 달의 형체形體가 오午에서 성형成形하여 십오일十五日이 보름달이 된다는 것이다. 이를 도표로 살펴보면

1	2	3	4	5	6	7	8	9	10	11	12	13	14	15
戊	己	庚	辛	壬	癸	甲	乙	丙	丁	戊	己	庚	辛	壬
辰	巳	午	未	申	酉	戌	亥	子	丑	寅	卯	辰	巳	午

月魄成午
十五日望先天

月魄成午十五日望先天(正7:4)

월복우자⟨月復于子⟩ : 달이 자子에서 복復한다는 것으로서 복復이란

「復之之理」

라고 하는 복復과 비슷한 상태이다. 달이란 본시 자체自體에서 광光을 발휘하는 것이 아니라 태양太陽의 빛을 받아 영허소장盈虛消長의 형태形態를 이루는 것이므로 달의 자체自體는 어두운 것이다. 달의 혼魂이 초삼일初三日에 생긴 후 초팔일初八日에 상현上弦, 십오일에 망望 이십삼일二十三日에는 하현下弦 이십팔일二十八日에 가서야 월굴月窟하여 삼십일三十日에 달의 본체本體로 복復하는 것을

「月復于子」

라고 한 것이다. 그리고 자子에서 복復한다는 것은 후천后天 달력으로 계미癸未 계축癸丑에서 초初하루가 되어 삼십일三十日에 가면 임오壬午 임자壬子가 되는 임자壬子에 복復한다는 것이다. 이를 자세히 알기 위하여 도표로 하여 본다.

月分于戌（后天十六日）　月弦下巳（二十三日）　月窟于辰（后天二十八日）　月復于子（三十晦）

日	1	2	3	4	5	6	7	8	9	10	11	12	13	14	15	16	17	18	19	20	21	22	23	24	25	26	27	28	29	30
	癸未	甲申	乙酉	丙戌	丁亥	戊子	己丑	庚寅	辛卯	壬辰	癸巳	甲午	乙未	丙申	丁酉	戊戌	己亥	庚子	辛丑	壬寅	癸卯	甲辰	乙巳	丙午	丁未	戊申	己酉	庚戌	辛亥	壬子
	軫	翼	張	星	柳	鬼	井	參	觜	畢	昴	胃	婁	奎	壁	室	危	虛	女	牛	斗	箕	尾	心	房	氐			亢	角
	癸丑	甲寅	乙卯	丙辰	丁巳	戊午	己未	庚申	辛酉	壬戌	癸亥	甲子	乙丑	丙寅	丁卯	戊辰	己巳	庚午	辛未	壬申	癸酉	甲戌	乙亥	丙子	丁丑	戊寅	己卯	庚辰	辛巳	壬午
																一日	二	三	四	五	六	七	八	九	十	十一	十二	十三	十四	十五

月分于戌（先天朔日）　月弦上亥（先天初八日）　月魄成午（先天十五日）

이십팔수운기도二十八宿運氣圖는 선후천先后天이 되는 운기運氣를 말하는 것이지만 이 도표는 달의 현망굴복弦望窟復을 알아보는데 가장 쉬운 방법이기도 하다.

　　月復于子三十日 晦后天(正7:6)

월분우술〈月分于戌〉: 달이 십오일十五日에 가서 망望이 되었다 함은 일월日月이 서로 맞바라보는 상태에서 둥글게 보인다는 뜻이다. 후천后天에는 계미癸未 초初하루에서부터 십육일十六日이 무술戊戌이므로 술戌에서 나뉘었다는 것이다. →「月復于子」

　　月分于戌 十六日(正7:5)

월소이월장〈月消而月長〉: 후천后天달의 굴신屈伸하는 도道로서 선천先天을 표준標準하여 보면 십육일十六日에 계미癸未 계축癸丑이 당하므로 후천后天 달은 사라져가는 쪽에서부터 달이 자라가는 형태形態로 간다는 것이다. 이는 후천后天의 굴신屈伸하는 달의 운행運行하는 형태形態를 나타낸 말이다.

　　屈伸之道 月消而月長(正8:9)

월일동도선후천〈月日同度先后天〉: 태음太陰은 삼십도三十度에 성도成道하고 태양太陽은 삼십육도三十六度에 성도成道하며 태양太陽이 태음太陰보다 육도六度의 차이가 나지만 태양太陽은 칠도七度에서부터 시작始作되므로 월일月日이 성도成道하는 도수度數는 같지만 선후천先后天이 다르다는 것이다.

　　日月同宮有无地 月日同度先后天(正4:8)

월합중궁지중위일일삭〈月合中宮之中位一日朔〉: 선천先天이든 후천后天이든 초初하루가 되는 원리, 즉 그 까닭을 밝힌 바 달이 중궁中宮의 중위中位에서 합合하는 때가 초初하루가 된다는 것인데 이는 이십팔수운기도 二十八宿運氣圖의 운기運氣가 바로 그것이다. 즉 선천先天의 초하루는 계미癸未 계축癸丑 으로부터 삼십일三十日 임오壬午 임자壬子까지의 중궁中宮의 중위中位는 무진戊辰 무술戊戌이 초初하루가 되고, 후천后天의 초初하루 또한 무진戊辰 무술戊戌에서 삼십일三十日인 정묘丁卯 정유丁酉까지의 중궁中宮의 중위中位는 계미癸未 계축癸丑이 된 위치가 후천后天 초하루가 되는 때이다. 중궁中宮의 중위中位를 도표하면 다음과 같다.

〈中宮之中位平圖〉

```
癸 甲 乙 丙 丁 戊 己 庚 辛 壬 癸 甲 乙 丙 丁 ┌戊┐ 己 庚 辛 壬 癸 甲 乙 丙 丁 戊 己 庚 辛 壬
未 申 酉 戌 亥 子 丑 寅 卯 辰 巳 午 未 申 酉 │戌│ 亥 子 丑 寅 卯 辰 巳 午 未 申 酉 戌 亥 子

癸 甲 乙 丙 丁 戊 己 庚 辛 壬 癸 甲 乙 丙 丁 │戊│ 己 庚 辛 壬 癸 甲 乙 丙 丁 戊 己 庚 辛 壬
丑 寅 卯 辰 巳 午 未 申 酉 戌 亥 子 丑 寅 卯 └辰┘ 巳 午 未 申 酉 戌 亥 子 丑 寅 卯 辰 巳 午
```

↓

中宮之中位一日朔

```
戊 己 庚 辛 壬 癸 甲 乙 丙 丁 戊 己 庚 辛 壬 ┌癸┐ 甲 乙 丙 丁 戊 己 庚 辛 壬 癸 甲 乙 丙 丁
辰 巳 午 未 申 酉 戌 亥 子 丑 寅 卯 辰 巳 午 │未│ 申 酉 戌 亥 子 丑 寅 卯 辰 巳 午 未 申 酉

戊 己 庚 辛 壬 癸 甲 乙 丙 丁 戊 己 庚 辛 壬 │癸│ 甲 乙 丙 丁 戊 己 庚 辛 壬 癸 甲 乙 丙 丁
戌 亥 子 丑 寅 卯 辰 巳 午 未 申 酉 戌 亥 子 └丑┘ 寅 卯 辰 巳 午 未 申 酉 戌 亥 子 丑 寅 卯
```

↓

中宮之中位一日朔

中宮之中位圓圖

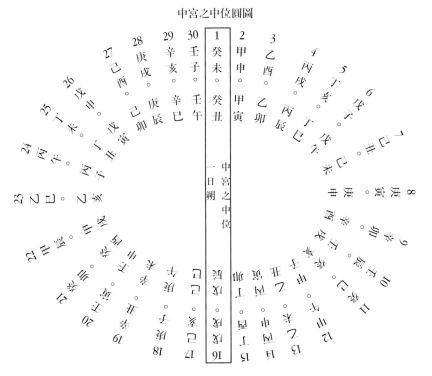

月合中宮之中位 一日朔(正7:8)

월현상해〈月弦上亥〉: 달이 반달이 된것을 현월弦月이라고 한다. 그리고 초

팔일初八日을 상현上弦 이십삼일二十三日을 하현下弦이라고 하는데 여기서 말한바

　　「月弦上亥 初八日」

이란 달이 을해일乙亥日에 상현上弦이 되니 초팔일初八日이 되는 날이라 하니 여기 을해乙亥란 선천先天의 무진戊辰 초하루에서 제第 팔일八日째 되는 날을 말한다.

　　月弦上亥 初八日(正7:3)

월현하사⟨月弦下巳⟩ : 달이 을사일乙巳日인 이십삼일二十三日에 가서 하현下弦이 된다는 것이니 을사乙巳란 후천后天의 계미癸未 계축癸丑 초初하루에서 이십삼일二十三日에 당하는 날이다.

　　月弦下巳 二十三日(正7:5)

월혼생신⟨月魂生申⟩ : 이십팔일二十八日 무진庚辰에 달이 굴窟하니 이에서 오도五度를 가면,

1	2	3	4	5
辰	巳	午	未	申

하고 신申에 당하니 이날이 곧 초삼일初三日이다. 이것을 월혼月魂이 신申에서 생긴다고 한 것이다.

　　五度而月魂生申 初三日(正7:3)

위편⟨韋編⟩ : 책을 엮어 맨 가죽끈을 말하는 것으로서 정역正易에

　　「三絶韋編吾夫子」

라 하여 가죽끈으로 엮은 두루마리가 세 번이나 끊어지도록 주역周易을 다독했다는 사기史記에 있는 말을 빌어서 쓴 말이다.

　　三絶韋編吾夫子(正17:15)

유리세계⟨琉璃世界⟩ : 본래 불교佛敎에서 말하는 약사유리광여래藥師琉璃光如來가 지배하는 밝고 깨끗한 평화平和의 세계世界를 일컫던 것인데 여기서는 고도高度로 발달發達된 천하대동天下大同의 문화적文化的 복지사회福祉社會를 지칭指稱한 말이다.

　　天地淸明兮 琉璃世界(正27:9)

유무중〈有无中〉 : 유有는 유형지리有形之理요, 무无는 무형지경无形之景이라 하겠다. 유무중有无中이란 유有와 무无의 중中이란 말인데 이것이 곧 유형有形의 리理와 무형无形의 경景을 공관共觀·통관通觀하는 것이니 곧 중中인 동시에 공空인 것이다. 곧 황극皇極자리라고 할 수도 있다.

无无有有无中(正20:4)

유무지〈有无地〉 : 일월日月이 같은 경자庚子로 포궁胞宮을 하였지만 유지有地와 무지无地가 있다는 것이다. 즉 태음太陰은 경자庚子에서 포포胞하여 초일도初一度로 하니 이는 유지有地라 한다면 태양太陽은 병오丙午에서 포포胞하여 일칠도一七度로 시작始作하니 칠도七度이전은 무지无地라고 할 수 있는 것이다. 또는 없는 땅이 있다는 뜻도 된다.

日月同宮有无地 月日同度先后天(正4:8)

유소기소〈有巢旣巢〉 : 유소시有巢氏가 이미 소거巢居하는 것을 가르쳤다고 한다. 사기史記의 삼황기三皇紀에는

「人皇以後 有有巢氏」

라고 하여 인황人皇 이후에 유소시有巢氏가 있었다고 하였으며, 노사路史의 유소씨기有巢氏紀에는

「昔在上世人 固多難 有聖人者 敎之巢居 冬則營窟 夏則居層巢 以避難而人 說之 號曰 有巢氏」

라고 하였고, 주역周易에는

「上古 穴居而野處 後世聖人 易之以宮室 上棟下宇 以待風雨 蓋取諸大壯」

이라고 하여 혈거穴居에서 소거巢居로 바꾸는 일을 유소시有巢氏가 하였다고 한다.

有巢旣巢 燧人乃燧(正1:3)

유아사〈儒雅士〉 : 유학儒學을 하는 우아優雅한 선비, 품위品位가 있고 언행言行이 바른 선비, 위지魏志에는

「言少理多 眞雅士」

라고 하였는데 여기서 유아사儒雅士는 온갖 나름대로 도도滔滔히 유랑流浪하는 세속의 유아사儒雅士라는 자者들을 가리키는 말인가 한다.

凡百滔滔儒雅士 聽我一曲放浪吟(正17:14)

유언〈囿焉〉: 주역계사周易繫辭에

「方以類聚 物以群分 吉凶生矣」

라고 하였듯이 정역正易에서 말하는 바

「理氣囿焉 神明萃焉」

이라 함은 체영體影의 도리道理를 말하는 것인데 여기서 온 말이다. 주역
계사周易繫辭에서 말하는 유취類聚가 췌언萃焉과 같은 것이라면 군분群分
은 유언囿焉과 같은 뜻이라 하겠다. 그러므로 유언囿焉은 손도수로 보아
손을 다 펴진 상태요, 췌언萃焉은 손을 다 꼽은 상태로 보는 것이다. 설문
說文에도

「無墻曰 囿」

라 하였으니 이로 보아도 손을 펴있는 상태로 형용함이 마땅하다 하겠
다. 이경理景을 손으로 형상形狀하는 것이 너무 허황虛荒한듯 하다고 할지
모르나 일직이 음부경陰符經에도 밝혔듯이

「宇宙 在乎手 萬化 在乎身」

이라고 하여 우주宇宙의 근본根本 원리原理는 손에 있다는 것을 깊이 인식
認識하여야 정역正易의 진경眞經 원리原理를 이간易簡하게 이해理解할 수 있
으리라고 생각하는 것이다. 천지간天地間에 인간人間의 몸은 천지의 이기
理氣를 구비俱備하여 있고, 인간人間의 손은 인간人間의 행로行路를 가리키
는 나침반羅針盤이 되는 것이니 그러므로 손에는 오행五行의 형상形狀이
만들어졌고, 수리數理를 담는 하도河圖·낙서洛書의 이기理氣를 형상할 수
있게 생긴 것이다.

理氣囿焉 神明萃焉(正1:16)

유위〈維位〉: 모퉁이의 위치位置, 복희괘도伏羲卦圖의 감곤坎坤은 수數로는
육팔六八이니 이 육팔六八이 문왕괘도文王卦圖로 교역交易이 되니 북동北
東의 모퉁이에 위치位置하게 된다는 말이다.

卦之坎坤 數之六八 北東維位(正22:16)

유유〈有有〉: 정역正易에는 무무위无无位가 있는 바 유유위有有位는 말한 데
가 없지만 무무위无无位가 육십수六十數라 하였으니 유유위有有位는 삼백
수三百數(大一元三百數)라 하여도 일리一理는 있는 것이다. 그렇게 본다면

유무중有无中은 바로 360수數가 된다고 하겠다. 그러나 이것은 어디까지나 하나의 해석解釋에 불과함을 덧붙여 둔다.

妙妙玄玄玄妙理 无无有有有无中(正20:4)

유월〈酉月〉: 후천后天의 칠월七月을 말함.

酉月初三日乙酉酉正一刻十一分成和(正31:14)

유의존〈有意存〉: 공자孔子께서 무극无極은 말하지 아니하셨지만 뜻은 지녀있다는 말. →「不言无極有意存」

三絶韋編吾夫子 不言无極有意存(正17:16)

유이무〈有而无〉: 황극이무극皇極而无極이라고 하였듯이 여기서 유이무有而无라고 함은 있다 하여도 없는 것으로 간주한다는 것이다.

初初一度 有而无(正11:12)

유인전〈有人傳〉: 인人이란 지인至人을 가리킨 것이라고 볼 수 있다. 천공天工도 사람을 기다려서 이룬다는 정역후천正易后天의 도道를 전傳할만한 사람이 있으면 전해주고 전할만한 사람이 없으면 고수固守하여야 한다는 계명이기도 하다.

无人則守 有人傳(正20:7)

유형지리〈有形之理〉: 유형有形한 속에 들어있는 이치理致, 즉 바야흐로 이 천지天地에 통달通達할 유형有形한 속의 이치理致는 우리 공부자孔夫子가 선각先覺하셨고 천지天地의 무형无形한 경지景地를 통관通觀함은 일부一夫가 능통能通하였다하니 유형有形에서 무형无形한 리理를 통달함과 무형无形에서 유형有形한 경景을 능통能通함은 역시 유이무有而无 무위유无而有의 이치理致라 하겠다.

方達天地有形之理 夫子先之(大序)

유화유월〈流火六月〉: 서기 1884년年 갑신甲申 유월六月 칠일七日 기묘일己卯日이다. 유화流火란 이십팔수二十八宿중에 심수心宿를 대화심성大火心星이라 하여 여느 때는 음력陰曆 칠월七月이 되면 초初저녁에 남중南中에 위치位置하여 서녘으로 흘러가는 장관壯觀을 칠월유화七月流火라 하여 시경詩經의

빈풍칠월장豳風七月章에,

　「七月流火 九月授衣………」

라고 하였다. 그런데 유화칠월流火七月을 왜 유화유월流火六月이라고 하였
는가하면 이 해 음력陰曆 오월五月에 윤달이 들었으므로 천도天道의 유행
流行은 유월六月이 칠월七月마침으로서 이 때 대화심수大火心宿가 남중南中
하였기 때문이다.

　流火六月七日 大聖七元君書(正9:9)

육구지년시견공〈六九之年 始見工〉 : 육구六九란 6×9=54를 뜻한다. 일부선

생一夫先生 오십사五十四세 때(1879年 己卯^{년 기 묘})에 비로소 천공天工을 보았다는
것이다. 그 밖에 기묘己卯에는 또 다른 깊은 뜻도 있는 것 같다.

　六九之年 始見工(正20:3)

육기기〈六氣氣〉 : 육기설六氣說에는 여러 가지 논론論論이 있다. 춘추좌전春秋左

傳 소공昭公 원년元年에,

　「天有六氣曰 陰陽風雨晦明也 分爲四時序爲五節」

이라고 하였지만 정역正易에 오운육기五運六氣는 간지干支의 무오戊五와 계
육癸六의 자리가 옮겨짐을 말하는 것이니 변變하는 상수象數를 도표로 그
려보면,

<五運運六氣氣圖>

손도수	1	2	3	4	5	6	7	8	9	10	
先天	甲	乙	丙	丁	戊	己	庚	辛	壬	癸	六
后天	己	庚	辛	壬	癸	甲	乙	丙	丁	戊	五

　五運運六氣氣 十一歸體 功德无量(正11:1)

육수구금회이윤이율〈六水九金 會而潤而律〉 : 정역正易의 십일귀체시十一歸

體詩에

　「政令 己庚壬甲丙
　　呂律 戊丁乙癸辛」

이라고 하였다. 여율呂律에서 율律에 속한 계(癸六)^{계 육}와 신(辛九)^{신 구}을 육수六水
구금九金이라하여 손으로 꼽은 쪽을 회會라 하고, 펴인 쪽을 분分이라 하

였다. 이윤而閏은 수금水金의 작용作用으로 일어나는 현상을 말하며, 화목火木은 영影이라 하였다. 이 관계를 도표하면 아래와 같다.

손도수	1	2	3	4	5	6	7	8	9	10
呂律			辛		癸		乙		丁	戊
				會				分		

이와 같이 보는 근거根拠는 뇌풍정위용정수雷風正位用政數에

「地數方 丁乙癸辛

天度圓 九七五三」

이라고한 데 있다. 실지로 쳐보면 알 수 있으리라 믿는다.

六水九金 會而潤而律 二火三木 分而影而呂(正7:9)

육십삼 칠십이 팔십일 일호일부〈六十三 七十二 八十一 一乎一夫〉: 이는 주역계사周易繫辭에서 말한 바,

「乾之策 二百一十有六 坤之策 百四十有四」

라고한 것을 그 건지책乾之策에서 분석한 수리數理인 바

「(7×9)+(8×9)+(9×9)=216」

을 뜻하는 것이다. 이것이 일원추연수一元推衍數이며 정역正易 360일日을 이루는 중요한 부분이다. 그리하여 이것이 일호일부一乎一夫, 즉 일부一夫에 귀일歸一되는 것이라고한 것이다.

嗚呼 今日今日 六十三 七十二 八十一 一乎一夫(正1:8)

육십수〈六十數〉: 육십수六十數는 무무위无无位수이다. 이에서 하도河圖와 낙서洛書가 나오는 것이니 이를 도표하여 보면 다음과 같다.

$$60 \begin{cases} -5 = 55 \quad (河圖) \\ -15 = 45 \quad (洛書) \end{cases}$$

이십팔수운기도二十八宿運氣圖에서 보면 육십일六十日이 한 단위가 되어 있다. 십이월이십사절기후도수十二月二十四節氣候度數에도 절후를 표준標準하면 육십일六十日이라야 된다.(初三日에서 다음달 初三日까지) 이 모두가 육십수六十數와의 관계에서 성립成立된다 하겠다.

无无位六十數 一六宮分張(正18:4)

육십평생광일부〈六十平生狂一夫〉 : 일부一夫선생이 정역正易을 육십六十세 되던 해 을유년乙酉年에 끝마치었다. 그러므로 육십六十평생이란 말을 썼으며 광일부狂一夫란 선생이 도道에 심취心醉하여 영가무도咏歌舞蹈로 자신도 모르게 수무족도手舞足蹈하므로 당시 사람들이 미쳤다고 하였다 한다 이래서 자신도 광일부狂一夫라고한 것이다.

六十平生狂一夫 自笑人笑恒多笑(正17:16)

육종지장〈六宗之長〉 : 육종六宗이란 종래 여러 가지 설이 있지만 여기서는 건곤육자乾坤六子를 말한다. 즉 진(震 長男)·손(巽 長女)·감(坎 中男)·리(離 中女)·간(艮 少男)·태(兌 少女)이니 이 육종六宗의 장長은 진손震巽이다. 정역正易에서 말한

「卦之震巽 數之十五 五行之宗 六宗之長 中位正易」

이라고 하여 진손震巽과 십오十五를 한데 묶어 말하였으니 십오十五는 오행五行에 토土이므로 오행五行의 종宗이라 하였고, 진손震巽은 육자六子(震巽坎離艮兌)의 장長이므로 육종지장六宗之長이라한 것이다.

卦之震巽 數之十五 五行之宗 六宗之長 中位正易(正23:2)

윤역〈閏易〉 : 윤달(閏月)을 쓰는 력曆이니 선천先天의 책력이다. 지구地球의 주추主樞가 23도 27부의 차가 생기므로 지구地球의 일년一年 일기一朞는 365도¼이 되어 360도의 표준標準으로 보면 윤閏이 생기어 삼년三年에 일윤一閏이 되고 오五세에 재윤再閏이 되고, 십구十九세에 칠윤七閏이 되는 것을 일장一章이라 한다. 윤閏은 이에서 끝이나지 아니하고 사장四章이 일부一蔀가 되고, 이십二十부가 일수一遂가 되며, 삼三수가 일수一首가 되고, 칠七수가 일극一極이 되어 다시 시작始作한다고 한다. 이것을 자세히 도표하여 보면 다음과 같다.

				1章	19歲
			1蔀	4章	76歲
		1遂	20蔀	80章	1,520歲
	1首	3遂	60蔀	240章	4,560歲
1極	7首	21遂	420蔀	1,680章	31,920歲

주비산경周髀算經에서 말하는 위 도표의 산법算法을 조주趙注에서는 다

음과 같이 해석하고 있으니

> 「章條也 言閏餘盡爲法 籥之言齊 同日月之分 遂者竟也 言五行之德一終竟極日
> 月辰終也 首始也 言日月五星終而復始也 極終也 言日月星辰弦望晦朔寒暑推移
> 萬物生育 皆復始 故謂之極」

이라고 하였다. 이와 같이 윤역閏易은 말이 많다. 그야말로 정역正易에서
말한 바

> 「⋯⋯⋯多辭古人月」

이라고 할만하다. 이러한 윤역閏易이니 어찌 항상 윤역閏易만 쓰겠는가? 그
래서 정역시正易詩에

> 「原易 何常用閏易」

이라한 것이다.

原易 何常用閏易(正20:11)

윤중〈閏中〉 : 윤閏으로 맞추어 쓴다는 말인데 이는 선천先天에 도수는 일
一에서 구九까지 가도 실지로는 팔八이라고 하여 팔八을 쓰이게 되니 하
나가 모자라는 수를 윤閏으로 맞추어 쓰게 한다는 것이다. →「閏易」
「用八」

先天五九 逆而用八 錯閏中(正26:13)

율려〈律呂〉 : 율려律呂는 양율陽律 음려陰呂로 되어 있다. 일년一年 십이十二
개월을 一三五七九十一월月은 율월律月이라 하고, 二四六八十十二월月은
여월呂月이라 하여 각 달마다 율려律呂의 이름이 있으며, 음악의 조리調理
에도 고저高低와 청탁淸濁에 따라 곡조曲調가 있는 것을 역시 율려律呂라고
하며, 천지운행天地運行의 자연운동自然運動 등에 이르기까지 율려律呂 아
닌 것이 없다. 정역正易의 이론전개理論展開에 있어서도 이 율려律呂가 중추
中樞가 되니

> 「政令 己庚壬甲丙 呂律 戊丁乙癸辛」

이라 하였고, 또 이르기를

> 「六水九金 會而潤而律 二火三木 分而影而呂」

라 하였으며, 이 밖에 일세一歲를 주천周天하는 율려도수律呂度數라든지 서
봉瑞鳳이 우는 율려律呂의 노래소리라든지, 율려律呂아님이 없다고 하겠

다. 이러한 율려律呂가 누구에 의해 시작始作되었을까? 한서율력지漢書律曆志에 이르기를

　「律有十二 陽六爲律 陰六爲呂 黃帝之所作也」

라고 한 것으로 보아 황제헌원씨黃帝軒轅氏에서 시작始作되었다고 하겠지만 확실한 것은 알 수가 없다. 양율陽律 음여陰呂 십이율十二律에 대하여 1년 십이월十二月에 당하는 것을 도표로 나타내면 다음과 같다.

〈十二律呂〉

六律	黃鐘	十一月	六呂	大呂	十二月
	太簇	一月		夾鐘	二月
	姑洗	三月		仲呂	四月
	蕤賓	五月		林鐘	六月
	夷則	七月		南呂	八月
	無射	九月		應鐘	十月

　瑞鳳鳴兮 律呂聲(正5:1)

　律呂度數造化功用立(正6:8)

　一歲周天律呂度數(正7:11)

　律呂調陰陽(正17:11)

　律有十二 陽六爲律 陰六爲呂 黃帝之所作也(漢書律曆志)

율려도수〈律呂度數〉: 율려율려律呂의 도수度數는 하루에 36분인데 일년一年이 쌓이면 12,960분이 된다. 그리고 또 율律은 육수구금六水九金이 회윤會潤한 것이고, 여呂는 이화삼목二火三木이 분영分影한 것이라고 한다. 또 여율呂律은 무정을계신戊丁乙癸辛으로서 이를 뇌풍정위용정수雷風正位用政數에서

　「地數方 丁乙癸辛

　　天道圓 九七五三」

이라고 하였다. 이 모든 것이 율려도수律呂度數라고 하는데 율려律呂에 대해서 필자는 또 아래 도표와 같이 구분하고자 한다.

律呂體位度數

六水九金	癸辛	五三	(律)
二火三木	丁乙	九七	(呂)
	地數方	天度圓	

律呂運用度數

分은 12,960   刻은 864   時는 108   日은 9

1日 36分 × 360日 = 12,960分 (1歲)

이렇게 볼 때 율려체위도수律呂體位度數에서 육수구금六水九金인 계신(癸
六辛九)^계은 태양太陽의 칠화七火의 기(七火之氣)와 팔목의 체(八木之體) 속
이라면 이화삼목二火三木인 정을丁乙은 태음太陰의 일수의 혼(一水之魂)과
사금의 백(四金之魄) 속이 되는 율려律呂의 체위도수體位度數가 되는 셈이
다. 율려운용도수律呂運用度數에서 1일日 36분分이 1년年 360일日이 쌓이면
12,960분分이 되니 이를 각刻으로 치면 864각刻, 시간時間으로 치면 108시
간時間 날자로 치면 9일日이다. 그러면 1일日의 36분分과 1년年의 9일日은 지
구운행地球運行에 어떠한 영향을 미치는가? 관견管見에 의하면 1일日 36분
分은 1일日 조수潮水가 36분分씩 시차時差로 늦어간다는 것이오 또 1년年 9
일日은 주야晝夜의 장단長短이 9일日마다 1각刻(15分)씩 길어지거나 짧아지
거나 한다는 것이다. 이와 같이 볼 때 1각刻은 15분分으로서 15수數는 건
곤수乾坤數요, 15존공수尊空數니 기본수이다. 이것이 율려도수律呂度數의
율려체위도수律呂體位度數와 율려운용도수律呂運用度數가 나타내는 하나의
현상이라고 여겨진다.

律呂度數造化功用立(正6:8)
一歲周天律呂度數(正7:11)

율려성〈律呂聲〉: 풍류風流를 율려律呂라 하고 또 성율聲律·음율音律이라 한
다. 그리고 육율六律과 육려六呂가 있어, 십이율려十二律呂의 율조명律調名도
전한다. 이를 열거하면

「六律 : 黃鐘 太簇 姑洗 蕤賓 夷則 無射
　六呂 : 大呂 夾鍾 仲呂 林鍾 南呂 應鍾」

이라 하였다. 정역正易에서 말하는 율려성律呂聲은 영가咏歌라 하겠으니 즉

「음·아·어·이·우(暗呀唹咿吁) 」

라고 하는 것이다. 이것을 아악雅樂과 비교比較하고 사람의 몸에서 나오는 관계성을 도표로 표시하면

咏歌	음(暗)	아(呀)	어(唹)	이(咿)	우(吁)
五音	宮	商	角	徵	羽
五行	土	金	木	火	水
五臟	脾	肺	肝	心	腎

瑞鳳鳴兮 律呂聲(正5:1)

율음〈律陰〉 : →「調陽律陰」

調陽律陰 后天性理之道(正8:11)

은묘가이관덕〈殷廟可以觀德〉 : 서경書經에 이른 바

「七世之廟 可以觀德 萬夫之長 可以觀政」

이라고 한데서 취한 문구인듯하다. 즉 은殷나라 종묘宗廟에서 성덕聖德을 볼 수 있다는 것이니 이는 탕湯임금의 성덕聖德을 추모追慕한 서경書經의 구절句節을 취하여 탕湯임금의 업적業績을 기린 것이다.

殷廟 可以觀德(正1:5)

을묘두〈乙卯頭〉 : 신병辛丙의 해에는 을묘월乙卯月로 세수歲首를 한다는 말.

辛丙夜半生辛亥乙卯頭(正24:12)

음양〈陰陽〉 : 음陰과 양陽, 역학易學에는 만물萬物을 만들어 내는 상반相反된 두 개의 성질性質의 기氣가 있어서 서로 작용作用하는 것이다. 이는 주역周易에서 비롯된 말로서 건괘乾卦의 상전象傳에

「潛龍勿用 陽在下也」

라 하고 곤괘坤卦의 상전象傳에

「履霜堅氷 陰始凝也」

라 하였으며 태泰·비괘否卦에

「內陽而外陰 (泰) · 內陰而外陽(否)」

이라 하였고, 계사전繫辭傳에는

「陰陽之義 配日月」

이라고 하였다. 그러므로 석명釋名에 이르기를

「陰蔭也 氣在內 奧蔭也 陽揚也 氣在外 發揚也」

라고 하여 음陰이란 기氣가 안에 있어서 움추린 것이며, 양陽이란 기氣가

밖에 있어서 피어나는 것이라고 한다. 이러한 음양陰陽은 복희씨伏羲氏가 비로소 정한 것이라고 하여 춘추내사春秋內事에도

> 「伏羲氏 定天地 分陰陽………」

이라고 하였다. 정역正易에서는 주역계사周易繫辭에서 말한 바

> 「陰陽之義 配日月」

이라고 하는 뜻을 이어 태음太陰 태양太陽을 시작始作으로 율려律呂에 이르기까지 모두 음양지의陰陽之義로 일관一貫되었다. 그야말로 천지天地의 도道는 음양陰陽이 있을 뿐이다. 그러므로 주역계사周易繫辭에서

> 「一陰一陽之謂道 繼之者 善也 成之者 性也」

라고 하였다. 맹자孟子가 주창主唱하는 성선설性善說도 이에서 유래由來한 것이 아닌가 한다. 훈민정음제자해訓民正音制字解에서도 음양陰陽에 대하여 논론論論하기를

> 「天地之道 一陰陽五行而已 坤復之間 爲太極而動靜之後 爲陰陽凡有生類在天
> 地之間者 捨陰陽而何之 故人之聲音皆有陰陽之理 顧人不察耳 ………」

라고 하여 천지天地의 도도道는 음양陰陽과 오행五行뿐인데 음양陰陽을 버리고 어데에 가리오 하면서 사람의 음성音聲도 음양陰陽의 이치理致가 있는 법法인데 사람들이 살피지 아니할 뿐이라고 하였다. 이에 대한 결시訣詩에서

> 「天地之化本一氣
> 陰陽五行相始終
> 物於兩間有形聲
> 元本無二理數通……」

이라고 하였다. 또 그 정인지鄭麟趾의 서문序文에

> 「有天地自然之聲 則必有天地自然之文 所以古人因聲制字 以通萬物之情 以載三
> 才之道而後世不能易也 …… 夫東方有國 不爲不久而開物成務之大智 蓋有待於今
> 日也歟」

라고 하였다. 즉 정음正音은 음양오행陰陽五行의 자연自然한 이치理致로 만들어졌기 때문에 자연自然의 글이라면서 동방東方에 나라가 있은지 오래되었으나 개물성도開物成務하는 큰 슬기는 오늘을 기다린 것이라고 하였다. 음양陰陽은 이와 같이 광대실비廣大悉備하여 이 원리原理를 역易으로 밝혔다. 다시 말하면 태음太陰과 태양太陽의 운행運行을 조화調和시키는 것은 율려律呂라는 것이다. 즉 일년一年이 360도度로 조화調和를 이루는 까닭은

속에서 율려律呂가 1일日 36분分으로 1세歲를 주천周天하면 12,960분分인데 이를 일日로 풀이하면 9일日이 걸리는 운동運動으로 일어난다는 것이다. 음양陰陽의 이치理致는 대개 이러한 것이다.

　　律呂調陰陽(正17:12)

의리대저〈義理大著〉: 주역설괘전周易說卦傳에 인간은 도道를 정립定立하는 것은 인仁과 의義라고 하며 도덕에 화순和順하고 의義에 합리合理하게 한다고 하였다. 성리性理는 이론理論을 말하는 것이요, 의리義理는 행위行爲를 말하는 것이라 하겠다. 즉 사람으로서 지켜야할 옳은 도리道理를 말하는 것이다. 의리대저義理大著란 서경經書의 훈고訓詁에 구애拘碍되지 않고 오로지 성인聖人의 도리道理를 연구研究하여 저술著述한 춘추사春秋事라는 것이다.

　　秉義理大著春秋事者 上敎也(大序)

의사부도처〈意思不到處〉: 미처 생각이 미치지 못한 곳. 즉 사구이칠四九二七 금화문金火門에 대해서 옛 사람들은 아예 생각이 미치지 못한 곳이라는데서 나온 말이니 이는 금화사송金火四頌에 나오는 말이지만 필자筆者는 이에 금화송金火頌 전체全體를 한마디로 노래하여 보고자 한다.

　　〈金火의 노래〉
　　金火가 밝아 瑞鳳이 울어 律呂聲으로 한 곡조를 내니
　　黃河一淸 좋을시고, 金火互位 化權일세.
　　三八峯에 부른 노래 夫子 큰뜻 깨달으니
　　옛사람도 생각못한 金火門을 열어 놓고,
　　성인님네 않한 말씀 時命에 따라 하였노라.
　　四九二七金火門 古人意思不到處(正6:1)

의일〈義一〉: 의일義一은 맹자孟子도 이르기를
　　「唐虞禪 夏后殷周繼 其義一也」
라 하였고 또
　　「貴貴尊賢 其義一也」
라고 하였지만 정역正易에 의일義一은 주역周易에 일치이백려一致而百慮라고 한 것과 비슷한 말이다. 즉 예禮는 삼천三千가지나 되지만 그 의義는 하나라는 뜻이다.

禮三千而義一(正5:9)

이기유언〈理氣囿焉〉: 송宋대 유학자儒學者들의 학설學說로서 리理는 우주
宇宙의 본체本體요, 기氣는 그 현상形象을 말하고, 이기합일설理氣合一說에서
리理는 기氣의 조리條理이고 기氣는 리理의 운용運用이어서 그 보는 점에
따라 오직 이름은 다르나 근원根源에 있어서는 하나라는 설說이다. 감여
가堪輿家들이 말하는 이기理氣는 성상星象과 방위方位로써 길흉吉凶을 정定
하는 것이 이기理氣라고 한다. 정역正易에서는 수상數象과 도수度數, 정령政
令과 율려律呂 등 이기理氣아님이 없다고한 것이다. 이에 손도수로 표현하
면 다음과 같다.

氣:	屈 •	影生數	先天	氣東北	固數	闔
理:	伸 •	體成數	后天	理西南	交通	闢

이 모든 것이 체영體影의 도道에서 나온 것이니 이기理氣가 들어 있고 신
명神明이 모였다고한 것이다.

大哉 體影之道 理氣囿焉 神明萃焉(正1:16)

이남칠월〈二南七月〉: 시경詩經에 주남周南과 소남召南을 이남二南이라하고
칠월七月은 빈풍豳風의 칠월장七月章을 말한다. 그러나 정역正易의 이남二南
은 문왕文王의 덕화德化를 뜻하고, 칠월七月은 주공周公의 성덕聖德을 말한
것이다.

周德在玆 二南七月(正1:6)

이사육팔십우〈二四六八十偶〉: 기수奇數는 일삼오칠구一三五七九요, 우수偶
數는 이사육팔십二四六八十이다. 그리고 기수奇數를 원圓이라하고 우수偶數
를 방方이라 한다. 이것을 도표하면 아래와 같다.

一三五七九 二四六八十	奇 偶	圓 方	天道 地德	天數 25 地數 30	55 所以成變化 以行鬼神也

一三五七九奇 二四六八十偶(正22:8)

이서남이교통〈理西南而交通〉: 리理는 서남방西南方에서 교통交通한다는

것은 금화金火가 교통한다는 것이다. 낙서洛書의 사구이칠四九二七이 서남西南에서 교통交通하여 하도河圖로 복귀復歸하는 변화變化를 말한다.

氣東北而固守 理西南而交通(正5:4)

이수〈而數〉: 그 수數는. 얼마.

而數六十一(正11:5)
而數三十二(正11:9)
而數三十(正11:14)
而數三十六(正12:4)

이수〈理數〉: 도수度數가 당연히 가는 수리數理라면 수리數理는 당연當然히 가야하는 도수度數의 이치理致이다.

不肖敢焉推理數 只願安泰父母心(正10:9)

이십사절〈二十四節〉: 혹은 이십사기二十四氣라고도 하니 이는 1년年을 24절節로 나누어 절기節氣 명칭名稱을 붙인 것이다. 24절기의 명칭名稱을 처음 기재記載한 것은 전한서前漢書 율력지律曆志이다. 여기서는 이십사절二十四節 중에 우수雨水와 경칩驚蟄이 바뀌었고 청명淸明과 곡우穀雨가 바뀌었지만 이것을 후한後漢때에 반고班固가 기재한 한지漢志에서 경칩驚蟄에 주석註釋하기를

「今日 雨水」

라고 하였으며 또 우수雨水에 주석註釋하기를

「今日 驚蟄」

이라고 하였고, 청명淸明에도

「今日 穀雨」

라 하고, 곡우穀雨에는

「今日 淸明」

이라고 하여 이것이 오늘에 이른다. 이러한 24기氣는 후천后天에도 마찬가지로되 기후氣候의 조화調和로 인하여 그 명칭名稱이 달라진다. 이에 참고參考삼아 신유년辛酉年(1981년) 현행現行 선천先天 기후氣候 도수度數와 정역正易 후천后天 기후氣候 도수度數를 도표하면 다음과 같다.

〈先天二十四節氣候度數〉

庚寅	正月小	甲寅 甲子 甲戌 癸未	十五日	戊辰	丑正二刻六分	辛酉年曆 (1981년) 雨水
辛卯	二月大	癸巳 癸卯 癸丑	初一日 十六日	癸未 戊戌	子正三刻一分 丑初二刻十一分	驚蟄 春分
壬辰	三月小	癸亥 癸酉 壬午	初一日 十六日	癸丑 戊辰	卯初二刻十一分 午正三刻八分	清明 穀雨
癸巳	四月小	壬辰 壬寅 辛亥	初二日 十八日	癸未 己亥	子初初刻十分 午正初刻十三分	立夏 小滿
甲午	五月大	辛酉 辛未 辛巳	初五日 二十日	乙卯 庚午	寅初一刻十四分 戌正一刻三分	芒種 夏至
乙未	六月小	辛卯 辛丑 庚戌	初六日 二十二日	丙戌 壬寅	未初三刻六分 辰初一刻零分	小暑 大暑
丙申	七月小	庚申 庚午 己卯	初八日 二十四日	丁巳 癸酉	子初二刻九分 未正一刻二分	立秋 處暑
丁酉	八月大	己丑 己亥 己酉	十一日 二十六日	己丑 甲辰	丑正二刻零分 午初三刻四分	白露 秋分
戊戌	九月大	己未 己巳 己卯	十一日 二十六日	己未 甲戌	酉正初刻零分 亥初初刻零分	寒露 霜降
己亥	十月小	己丑 己亥 戊申	十一日 二十六日	己丑 甲辰	亥初初刻一分 酉正一刻九分	立冬 小雪
庚子	十一月大	戊午 戊辰 戊寅	十二日 二十七日	己未 甲戌	未初二刻十三分 辰初二刻十分	大雪 冬至
辛丑	十二月大	戊子 戊戌	十二日 二十六日	己丑 癸卯	子正三刻七分 酉初初刻十四分	小寒 大寒

〈后天二十四節氣候度數〉

| 卯月 | 初三日 | 乙酉酉正一刻十一分 | 元和 |
| | 十八日 | 庚子子正一刻十一分 | 中化 |

| 辰月 | 初三日 | 乙卯卯正一刻十一分 | 大和 |
| | 十八日 | 庚午午正一刻十一分 | 布化 |

| 巳月 | 初三日 | 乙酉酉正一刻十一分 | 雷和 |
| | 十八日 | 庚子子正一刻十一分 | 風化 |

| 午月 | 初三日 | 乙卯卯正一刻十一分 | 立和 |
| | 十八日 | 庚午午正一刻十一分 | 行化 |

| 未月 | 初三日 | 乙酉酉正一刻十一分 | 建和 |
| | 十八日 | 庚子子正一刻十一分 | 普化 |

| 申月 | 初三日 | 乙卯卯正一刻十一分 | 清和 |
| | 十八日 | 庚午午正一刻十一分 | 平化 |

| 酉月 | 初三日 | 乙酉酉正一刻十一分 | 成和 |
| | 十八日 | 庚子子正一刻十一分 | 入化 |

| 戌月 | 初三日 | 乙卯卯正一刻十一分 | 咸和 |
| | 十八日 | 庚午午正一刻十一分 | 亨化 |

| 亥月 | 初三日 | 乙酉酉正一刻十一分 | 正和 |
| | 十八日 | 庚子子正一刻十一分 | 明化 |

| 子月 | 初三日 | 乙卯卯正一刻十一分 | 至和 |
| | 十八日 | 庚午午正一刻十一分 | 貞化 |

| 丑月 | 初三日 | 乙酉酉正一刻十一分 | 太和 |
| | 十八日 | 庚子子正一刻十一分 | 體化 |

| 寅月 | 初三日 | 乙卯卯正一刻十一分 | 仁和 |
| | 十八日 | 庚午午正一刻十一分 | 性化 |

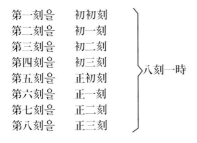

第一刻을	初初刻
第二刻을	初一刻
第三刻을	初二刻
第四刻을	初三刻
第五刻을	正初刻
第六刻을	正一刻
第七刻을	正二刻
第八刻을	正三刻

八刻一時

선후천先后天 이십사절기二十四節氣에서 팔각八刻이 1시時니 8각刻의 내용을 분석해 보면

이십사절기二十四節氣는 하늘을 360도度로 나누고 춘분春分을 ○도度로 정定하고 춘분春分으로부터 따져 하지夏至를 90도度 춘분春分을 180도度 동지冬至를 270도度 다시 춘분春分에 돌아와 360도度라 하고 또 그것을 각각 6등분하여 이십사절기二十四節氣라 칭한다. 이상의 말은 선천先天에서 쓰이는 책력册曆이지만 후천后天에서는 인화仁和를 ○도度로 정하고 인화仁和로부터 따져 뇌화雷和를 90도度 청화淸和를 180도度 정화正和를 270도度 다시 인화仁和로 돌아와 360도라 하고 또 그것을 6등분하여 이십사절기二十四節氣가 된다. 이를 도표로 살펴보자.

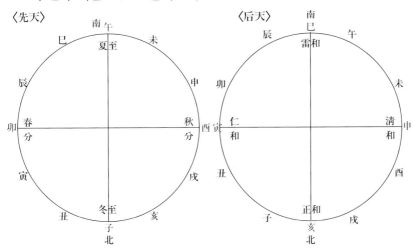

〈先天〉

〈后天〉

선천先天의 이십사절기二十四節氣 명칭名稱은 어떠한 의미意味를 가지는 것인가? 춘분春分 추분秋分을 이분二分이라 하고 하지夏至 동지冬至를 이지二至

라 하며 입춘立春 입하立夏 입추立秋 입동立冬을 사립四立이라 한다. 이러한 사립四立 이지二至 이분二分의 팔절八節 및 상강霜降 등은 글자 그대로의 의미意味를 가지고 있지만 기타 십오절기十五節氣에 대해서는 예기월령禮記月令에 있는 공영달소孔穎達疏를 보면

> 「謂之雨水者 言雪散爲雨水也 謂之驚蟄者 驚蟄驚而走出
>
> 謂之穀雨者 言雨以生百穀 謂之淸明者 謂物生淸淨明潔
>
> 謂之小滿者 言物長於此小得盈滿
>
> 謂之芒種者 言有芒之穀 可稼種
>
> 謂之小暑大暑者 就極熱之中 分爲小大 月初爲小 月半爲大
>
> 謂之處暑者 謂暑旣將退伏而潛處
>
> 謂之白露者 陰氣漸重 露濃色白
>
> 謂之寒露者 言露氣寒將欲凝結
>
> 謂之小雪大雪者 以霜雨凝結而雪 十月猶小 十一月轉大
>
> 謂之小寒大寒者 十二月極寒之時 相對爲大小 月初寒爲小 月半寒爲大」

라고 하였다. 후천后天 절후節侯 명칭名稱은 또 어떠한 의미意味를 지녔을까? 이는 화和와 화化로 일관一貫되어 여율呂律의 뜻이 들어 있으니 양월陽月 즉 一三五七九十一月月은 여월呂月로 되어 있고 음월陰月 즉 二四六八十二月月은 율월律月로 되어 있다. 화和는 택산함괘澤山咸卦의

> 「聖人感人心而天下和平」

이라한 화和에서 취한 것이고, 화化는 뇌풍항괘雷風恒卦의

> 「聖人久於其道而天下化成」

이라고한 화化에서 취한 것으로 생각된다. 왜냐하면 십오가十五歌에

> 「萬曆而圖兮 咸兮恒兮」

라고 하였기 때문이다. 그리고 원元·중中·대大·포布………등 화和·화化의 윗 자는 다음의 도표와 같이 배치配置하여 보면 어느 정도 짐작이 갈 수 있으리라 생각된다.

이와 같이 보면 선천先天은 춘하추동春夏秋冬 사시四時 중심中心의 기후표현氣候表現이 된 것이요, 후천后天은 원형이정元亨利貞 조화調和 중심中心의 절기표현節氣表現이 된 것이라고 생각된다.

丑月	太和 體化			未月	建和 普化		
寅月	仁和 性化	元	萬物始生 善之長	申月	清和 平化	利	萬物成遂 義之和
卯月	元和 中化			酉月	成和 入化		
辰月	大和 布化			戌月	咸和 亨化		
巳月	雷和 風化	亨	萬物咸長 嘉之會	亥月	正和 明化	貞	萬物含藏 事之幹
午月	立和 行化			子月	至和 貞化		

十二月二十四節氣候度數(正31:1)

이십칠삭이윤〈二十七朔而閏〉: 3년年에 1윤閏인 바 실지의 윤일閏日은 32일日
이며 5년年에 재윤再閏인 바 실지의 윤일閏日은 54일日이다. 이 54일日을 두 달
로 나누면 한달에 27일日이 되어 27일日을 한 삭朔으로 하여 이에 윤閏을 한
다고 한다. 부모父母가 죽으면 삼년상三年喪을 입는데 실지實地는 27삭朔만에
길제吉祭를 지내고 상복喪服을 면하는 것은 이러한 윤중閏中의 예절禮節을
지킨 것이다.

先天體方用圓 二十七朔而閏(正19:5)

이십팔수운기도〈二十八宿運氣圖〉: 하늘을 본시 체위體位가 없고 방위方位
도 없다. 그런데 북진北辰 또는 천황대제天皇大帝를 중심中心으로 북두칠성
北斗七星이 천추天樞가 되어 모든 천체天體를 운전運轉하는 듯 천지장관天地
壯觀을 이룬다. 초저녁에 맑은 하늘을 바라볼 때 북두칠성北斗七星의 자루
가 동東쪽을 가리키면 봄이요, 남南쪽을 가리키면 여름이요, 서西쪽을 가
리키면 가을이요, 북北쪽에 돌아가면 겨울이다. 이와 같이 1년年 사시四時
(春夏秋冬)를 가리키는 것은 곧 하늘의 말씀이다. 그런데 이 북극성北極星
을 중심한 북두칠성北斗七星 범위 안을 둘러 싸고 있는 별자리들을 자미
원紫微垣이라고 한다. 마치 한 나라에 비하면 수도권首都圈과 같다. 그리고
이 자미원紫微垣을 둘러싼 육대성좌六大星座가 있어 자미원紫微垣을 보호

하는듯 장관을 이루고 있으니 즉 북두칠성北斗七星의 자루인 요광搖光쪽에서부터 태미원太微垣·천시원天市垣·천진天津·각도閣道·오거五車·헌원軒轅이라는 여섯 성좌星座가 나열하여 있고, 이 육대성좌六大星座들을 싸고 있는 별들이 이십팔수二十八宿이다. 마치 인간人間이 나라를 세워 정치政治를 함에 수도권首都圈을 중심으로 각 주州를 정정한듯이 우주宇宙도 이와같이 일대장관一大壯觀을 이루고 있는 것이다. 그러므로 공자孔子가 논어論語에

「爲政以德 譬如北辰 居其所 而衆星共之」

라고한 것이 아니겠는가 왜냐하면 하늘은 체體나 위位가 없으나 북극성北極星을 천황대제天皇大帝로 하여 하늘의 정사로 간주하니 이것을 인간人間이 본받는 것은 성인聖人의 일(事業)인 것이다. 그리하여 체방體方은 이십팔수二十八宿로 하여 해와 달과 여러 혹성惑星의 위치를 밝히기 위해 황도黃道와 적도赤道에 따라서 천추天樞를 이십팔二十八로 구분하니 이십팔수二十八宿의 명칭名稱을 다음의 도표와 같이 사정四正으로 칠수七宿씩 나눈 것이다.

東方蒼龍七宿 角亢氐房心尾箕
北方玄武七宿 斗牛女虛危室璧
西方白虎七宿 奎婁胃昴畢觜參
南方朱雀七宿 井鬼柳星張翼軫

명사지明史志에 있는 이십팔수二十八宿의 위치와 서양西洋에서 말한 성좌星座와 비교比較하여 밝혀 보면

二十八宿位置圖 (明史志第一崇禎元年(1628)徐光啓新法觀測)

宿名	星數	赤道經度	位次	赤道緯度	西洋星座名
角	2	196°41	辰	南 9°19	a Virginis (角→室144° 當 坤之策數)
亢	4	208°28	辰	南 8°51	k Virginis
氐	4	217°60	卯	南 14°45	a Librde
房	4	234°11	卯	南 25°24	Scorpii
心	3	239°07	卯	南 24°63	o Scorpii
尾	9	245°69	寅	南 36°37.34	Scorpii
箕	4	265°49	寅	南 30°35	r Sagittarii
斗	6	275°60	丑	南 27°30	∫ Sagittarii
牛	6	300°02	丑	南 16°15−89	B Capricorni
女	4	307°306−88	子	南 10°79	Aquarii
虛	2	318°317:98	子	南 7°16	B Aquarii
危	3	326°66	子	南 2°10	d Aquarii
室	2	341°57	亥	北 13°23	a Pegasi
壁	2	358°54	亥	北 12°13	Pegasi(壁→軫216° 當 乾之策)
奎	16	9°37	戌	北 25°21°39	Anaromedae
婁	3	23°55	戌	北 18°96	Arietis
胃	3	35°45	酉	北 26°09	Arietis
昴	7	51°37	酉	北 23°22°91	Tauri
畢	8	61°73	酉	北 18°19	Tauri
觜	3	78°67	申	北 9°62	Orionis
參	7	78°26	申	南初°63	Orionis
井	8	90°10	未	北 22°63	Geminorum
鬼	4	122°57	未	北 19°30	Cancri
柳	8	124°49	午	北 7°6°94	Hydrae
星	7	137°32	午	南 7°08	a Hydrae
張	6	147°41	午	南 12°13:14	Hydrae
翼	22	160°43	巳	南 16°35	a Crateris
軫	4	181°179:20	巳	南 15°43	r Corri

이와같은 이십팔수二十八宿가 선후천先后天의 운기運氣를 정定하는 바 선천先天에는 무진戊辰·무술戊戌의 중궁지중위中宮之中位로 하여 초하루로 정하고 후천后天에는 계미癸未·계축癸丑을 중궁지중위中宮之中位로 위치하여 초하루로 정定하게 하는 것이다. 그리하여 선천先天에는 각角·항亢으로 시작始作하던 것을 후천后天에는 항亢·각角으로 마치게 되니 이것이 이십팔수二十八宿의 운기運氣이다. 그리고 이십팔수二十八宿의 도수를 헤아려보면 각수角宿에서 실수室宿까지는 144도度 주역周易의 곤지책坤之策에 당하고 벽수壁宿에서 진수軫宿까지는 216도度니 주역周易의 건지책乾之策에 당한다.

　　二十八宿運氣圖(正15:9)

이자연〈理自然〉 : 이치理致란 본시 자연自然한 것이지 꾸미거나 가식이 없는 법法이다. 인간人間의 학문學問하는 길 또한 예외例外일 수는 없다. 인간人間의 학문學問하는 도道가 셋으로 갈라져 내려옴에도 자연한 이치理致가 있으니 그 내용內容인즉 유도儒道며 불도佛道며 선도仙道인 것이다. 이것이 셋으로 갈라진 때가 있었으나 언젠가는 다시 합할 때도 있을 것이다. 변증법辨證法에 정正·반反·합合이라는 법칙法則이 있는 이상 자연自然한 이치理致를 운용運用하는 도道가 셋으로 갈라짐이 자연自然한 이치理致라면 셋이 하나로 합合하는 일도 또한 이치理致의 자연한 것이라 하겠다. 정역正易에

　　「道乃分三理自然 斯儒斯佛又斯仙 誰識一夫眞踏此 无人則守有人傳」
이라한 것은 이 유儒·불佛·선仙 삼도三道의 자연한 이치理致를 내가 한 몸에 밟고 있으니 사람이 없으면 지키고 있다가 사람이 있으면 전傳해 주리라는 것이다. 그것이 또한 자연自然한 일이라 하겠다.

　　道乃分三理自然 斯儒斯佛又斯仙(正20:6)

이직〈理直〉 : 주역周易에 직直은 그 정正함을 뜻한다고 하였다. 여기서도 전全과 직直을 구분할 때 전全은 원圓을 의미하고 직直은 정正을 뜻한다고 풀이된다. 이것이 항구恒久요 상도常道이다. 태양太陽이 항상 불변不變함은 그 성性이 원만圓滿하고 리理가 정직正直한데서 말한 것이라 하겠다.

　　太陽恒常 性全理直(正8:3)

이회본원원시성〈理會本原原是性〉: 사리事理를 깨달아 아는 것을 이회理會라 하고 알 수 있는 까닭의 그 본원本原을 이루는 것을 성性이라 한다. 그러므로 주역周易에서는 이를

「成性」 또는 「成之者性也」

라고한 것이며 불가佛家에서는 철저히 깨달아 도를 통通해 아는 것을 자기의 불성佛性을 본것이라 하여 견성見性이라고 하며 도가道家에서도 도道가 완전完全히 단련하여 이룬 것을 연성鍊性이라고 하였는데, 이 모든 것이 이회理會하는 일이며 이회理會하는 그 본원本原, 그것이 성性이라고 하니 뒤집어 말하면 성性을 이회理會하는 것은 자연自然현상으로는 뇌풍雷風이 중中에 있어서 오운육기五運六氣를 운행運行하게 되는 것이오, 인간人間에 있어서는 성性이 중심中心에 있어서 희노애락喜怒哀樂을 중화中和시키는 것이다. 이러한 이치理致를 중용中庸에서는

「誠者 天之道也 誠之者 人之道也」

라고 하였다. 이것이 이회理會하는 일이오 사리事理를 깨달아 알게 되는 일이니 그 원原이 바로 성性이라고 한 것이다.

理會本原原是性 乾坤天地雷風中(正7:16)

인궁사위〈寅宮謝位〉: 후천后天에 묘궁卯宮으로 천리天理와 인사人事를 처리하게 되어 세수歲首를 묘월卯月로 하는 까닭에 인간人間의 모든 일을 이로써 시작始作할 것이지만 선천先天은 이를 인궁寅宮으로 하였다. 그런데 후천后天이 되어 묘궁卯宮으로 용사用事하게 되면 인궁寅宮은 자연 그 위位에서 물러나게 된다는 것이다.

卯宮用事 寅宮謝位(正10:16)

인월〈寅月〉: 후천后天의 십이월十二月을 말한다.

寅月初三日乙卯卯正一刻十一分 仁和(正32:8)

인혜아성〈麟兮我聖〉: 우리 성인(我聖^{아 성})이란 공자孔子를 가리킨 말이다. 공자孔子를 인성麟聖이라 함은 춘추春秋에

「哀公十四年 西狩獲麟 孔子絶筆………」

이라한 데서 유래한다. 노魯나라 애공哀公이 서녘에서 사냥을 하다가 이

상한 짐승을 잡았다. 이 짐승이 무슨 짐승인지를 몰라 공자孔子에게 물었을 때 공자孔子가 보시고 놀래며 이르기를 「이는 바로 기린麒麟이다」라 하시고 마침내 쓰고 있던 춘추春秋를 중지 하였다 한다. 잡힌 기린麒麟은 이미 다리가 부러져 있었다. 공자孔子는 「인자한 기린麒麟이 저렇게 되었다니」하고 탄식歎息하였을 것이다. 어쨌든 이로부터 공자孔子를 인성麟聖이라고 일컬어 왔다.

> 麟兮我聖 乾坤中立 上律下襲 襲于今日(正1:6)

인화〈仁和〉: 후천后天 책력冊曆의 십이월十二月 초삼일初三日 절후節候이다. 후천后天 24절후節候를 원중(元和中化)에서 인성(仁和性化)으로 끝나는 것은 종시여일終始如一의 진리眞理인가 한다.

> 寅月初三日乙卯卯正一刻十一分仁和(正32:8)

인황작〈人皇作〉: 인황씨人皇氏는

> 「人面龍身 身有九章(原覽)」

이라고 전傳한다. 옛날 삼황三皇중에 하나이다. 삼황三皇은 천황씨天皇氏 지황씨地皇氏 인황씨人皇氏인데 인류人類의 조상祖上은 이 인황씨人皇氏에서 비롯된 것으로 해석解析된다. 작작作作은 곧 시작始作 또는 작위作爲의 뜻이다.

> 天皇无爲 地皇載德 人皇作(正1:2)

일곡〈一曲〉: 음악音樂의 한 곡조曲調. 여기서는 영가咏歌 일곡一曲을 말한다.

> 喜好一曲瑞鳳鳴(正5:1)
> 聽我一曲放浪吟(正17:14)

일관〈一觀〉: 관觀은 풍지관괘風地觀卦이다. 관괘觀卦에 이른 바

> 「觀天之神道而四時不忒 聖人以神道設教而天下服矣」

라고 한 뜻을 취한 것이다. 즉 삼벽三碧을 교화教化해서 하나의 관觀이 되었다 함은 정역괘正易卦의 일손풍一巽風에서 삼태택三兌澤으로 화化하는 것을 의미意味한다.

> 化三碧而一觀(正5:8)

일극체위도수〈日極體位度數〉: 일극체위日極體位는

> 「丙午 甲寅 戊午 丙寅 壬寅 辛亥」

라고한 바 그 수數는 36이다.   →「月極體位度數」

日極體位度數(正11:15)

일기〈一氣〉: 천지天地의 기운이 열흘이면 한 기운이 차는 것을 일기一氣라 하고, 십오일十五日이면 한 절기(一節)가 된다 하여 십오일十五日 일절一節이라 하였다.

十日一氣 十五日一節(正3:13)

일기〈一朞〉: 한 돐. 지구地球가 태양太陽을 한바퀴 돌았다는 것. 달이 지구地球를 열두바퀴 도는 사이에 지구地球는 태양太陽을 한바퀴 논다 하여 한 돐이라 함.

十二月一朞(正3:14)

일대장관〈一大壯觀〉: 하나의 큰 장관壯觀. 고금천지古今天地에서 제일가는 큰 장관壯觀이라는 말. 여기서는 뇌천장관雷天大壯과 풍지관風地觀을 합습하여 일컬은 것이니 그 속 뜻은 뇌풍雷風이 주동主動이 되어 금화문金火門이 열리는 장관壯觀과 기관奇觀을 말한 것이다. 그러면 뇌풍雷風은 누구일까? 이는 독자讀者에게 맡긴다.

古今天地一大壯觀 今古日月第一奇觀(正6:3)

일륙궁분장〈一六宮分張〉: 일육궁一六宮은 육六자리로써 도생倒生하면 오五자리니 즉 포오함육包五含六자리이다. 이곳에 나누어 벌린다는 것은 360수를 삼백三百과 육십六十으로 분해하여 볼 때 삼백三百은 구구중九九中에, 육십六十은 일육궁一六宮에 배열排列 또는 분장分張한다는 것이다. 그러므로 이 일육궁一六宮에서 하도河圖와 낙서洛書가 생긴다는 것이다. 여기서 말하는 일육궁一六宮은 북위北位를 뜻하는 일육수一六水자리도 되지만 포오함육包五含六하는 무무위无无位자리를 의미意味하고 있는 것이다.

无无位六十數 一六宮分張(正18:4)

일부〈一夫〉: 일부一夫는 김항선생金恒先生의 도호道號로서 신사년辛巳年(1881年)에 쓴 대역서大易序에 처음 보인다. 일부선생一夫先生의 초명初名은 재일在一이요, 관명冠名은 재락在樂이요, 자字는 도심道心이다. 선생先生 36세

歲때(서기 1861) 연담선생淵潭先生에게 관벽觀碧이란 아호雅號를 얻었다가 56
세歲때 신사년辛巳年에 일부一夫라고 대역서大易序에 기록記錄한 것을 보면
일부一夫란 그 이전 선생 54세歲때 1879년年부터가 아닌가 생각된다. 일부一
夫란 주역周易에 말한 바

　　「天下之動 貞夫一者也」
라고한 뜻과 상통점相通点이 있다고 생각된다. 왜냐하면 정역正易에서 말
하는 일부一夫는 대역서大易序에서 6곳 정역正易에서 15곳이나 있는 바 그
중에서도

　　「一乎一夫」「一夫之壯觀」「天地言一夫言」「一夫言天地言」
　　「天地出入」「一夫出入三才門」「一夫氣影」「八風風一夫風」
이라함은 모두 천하지동天下之動이 저 일一에 정貞을 하는 사실事實이기 때
문이다. 주역周易에서는 부일夫一이 정역正易에서는 일부一夫로 되는 것이
다. 이것이 하늘의 뜻이라고 생각된다. 그러므로 일부一夫는 상제上帝께서
당신의 이름이신 하나(一) 님(夫)이란 호를 뇌풍항雷風恒인 장자長子에게
내려 주신 것이 분명하다. 그러고보면 하나님(一夫)은 당신 이름 일부一
夫를 주신 바 정역正易에

　　「天地言一夫言 一夫言天地言」
이라 하니 즉 천지天地의 말을 일부一夫(하나님)라고 말하니 일부一夫라는
말은 천지天地(하나님)의 말이다라고 해석하면 어떨지? 생각한다. 이에 덧
붙쳐 당시當時 제자인 김황현金黃鉉이 쓴 일부선생一夫先生 행장行狀을 소개
하여 당시 연담선생淵潭先生이 찬한 말을 참고參考로 알아 보고자 한다.

　　「金一夫先生行狀
　　先生姓金 貫光州 諱恒 號一夫(初諱在一 字 道心) 光州之金
　　系出新羅三十七王之苗裔 逮高麗 連八世 爲平章事 入我朝 有諱國光
　　官左議政光山府院君 寔先生之先祖也
　　純祖丙戌年己亥月丙子日(十月二十六日) 戊戌時 生於黃城鄉茅谷里
　　光武二年戊戌甲子月甲戌日(十一月二十五日) 戊辰時 沒于黃城鄉茶峴里
　　壽七十三 有一子 名斗鉉 己卯生 號一蓮 居喪盡禮 踰月而葬于淡谷里
　　先塋局內亥坐之原 先生 天性仁厚 狀貌奇偉 德器道骨 鶴姿鳳聲
　　自少好學 不事文藝 沈潛性理
　　年三十六 始從蓮潭李先生 諱雲圭 李公 初見奇愛而賜書

書曰 道山之下仁溪之北 人有一士斯之儒 觀碧爲人 朴實 雖遠於俗 不遠乎隱微

樂亦在其中也 李先生之龜鑑 蓋如其超世絶倫氣像而寓深意於文辭之間也

於是 先生以斯文爲己任 尤精於易學 達天人之理 圖八卦 正三易 創樂歌

諧神人 造万曆 明天時

合爲一經 曰 正易 分作上下篇義曰 十五一言 十一一言 斯經也

得易道之正 爲往聖 繼絶學 將使天下 成大務 開泰平

嗚呼 夫子之功德 實億萬世無量之淵源之歟

太淸太和五化元年始戊己日月開闢二十三年庚戌月戊寅日戊戌

門人 金黃鉉 謹書」

라고 하였다.

洞觀天地无形之景 一夫能之(大序)

一夫事實(大序)

通天地第一元 金一夫(大序)

一夫事蹟(大序)

一夫敬書(大序)

辛巳六月二十二日 一夫(大序)

六十三 七十二 八十一 一乎一夫(正1:9)

好一夫之壯觀(正5:7)

豈一夫敢言 時命(正6:9)

一夫之朞 三百七十五度(正7:1)

天何言哉 地何言哉 一夫能言(正9:1)

一夫能言兮 水潮南天 水汐北地(正9:2)

天地无言 一夫何言 天地有言 一夫敢言(正9:10)

天地言一夫言 一夫言天地言(正9:12)

天地出入 一夫出入 三才門(正9:13)

日月星辰 氣影 一夫氣影 五元門(正9:14)

八風風 一夫風 十无門(正9:15)

六十平生狂一夫 自笑人笑恒多笑(正17:16)

誰識一夫眞踏此 无人守有人傳(正20:7)

一夫 所謂 包五含六十退一進之位(正25:15)

일부감언〈一夫敢言〉: 후천后天으로 변變하는 원리原理는 공자孔子도 뜻만 두시고 말하지 아니한 바이며 고인古人들은 생각도 못한 것인데 일부一夫가 감히 말한 것은 천지天時가 되었고 천명天命이 있었기 때문이라는 것이다.

聖人所不言 豈一夫敢言 時命(正6·9)

일부경서〈一夫敬書〉: 일부선생一夫先生이 대역서大易序를 쓴 끝에 신사유월이십이일辛巳六月二十二日(1881) 일부一夫는 경건敬虔히 쓰노니 거의 천리天理를 거슬리는 죄罪를 면할 수 있을까? 라고한 데서 온 말이다.

一夫敬書 庶幾逃罪乎(大序)

일부기영〈一夫氣影〉: 영影이란 열자列子에서 말한 바

「形動不生形而生影」

이라하여 형체는 움직이는데 형상은 아직 생기지 아니한 상태를 영影이라고 하였다. 영생수影生數 또한 영影으로 생하는 수라한 것이며 여기서 기영氣影이란 기운氣運이 영생影生한다는 것이니 일월성신日月星辰의 기운이 움직여 영影이 생기고 일부一夫가 또한 기영氣影하니 후천后天이 될 오원문五元門이 이루어진다는 말이다. 영동影動이나 영생影生이나 기영氣影이 변화變化의 시초로 움직이는 순간을 형용한 것이다. 수리數理로는 일이삼사오一二三四五를 영생수影生數라 하니 이는 복상기월復上起月의 경우요, 간지干支로는 무술戊戌에서 임인壬寅하고 변變하는 형상을 영동影動이라 하니 이는 천심天心의 경우에서 한 말이다.

日月星辰氣影 一夫氣影(正9·14)

일부능언〈一夫能言〉: 후천后天이 되는 때에 지구地球의 변화變化가 인간人間에 미치는 영향影響은 무엇보다 중요한 것은 조류潮流의 형상이다. 조수潮水의 변화變化는 태양太陽 태음太陰의 인력引力 변화變化 또는 그 인력引力으로 말미암아 일어나는 변동變動이지만 이것이 변화變化될 가능성可能性을 능能히 말한다는 것이다. 이것은 하늘도 땅도 말하지 않는 것인데 오직 일부一夫만이 능能히 말한다고한 것이다.

天何言哉 地何言哉 一夫能言(正9·1)
一夫能言兮 水潮南天 水汐北地(正9·2)

일부능지〈一夫能之〉: 천지天地의 유형有形한 이치를 방달方達하는 일은 공자가 먼저 하셨고, 천지天地의 무형无形한 경지景地를 통관通觀하는 일은 일부一夫가 능能히 하였다는 말이다.

方達天地有形之理 夫子先之 洞觀天地无形之景 一夫能之(大序)

일부사실〈一夫事實〉: 일부一夫의 학통學統 연원淵源과 혈통血統 내역來歷의 사실事實을 말한 것이다.

一夫事實(大序)

일부사적〈一夫事蹟〉: 삼천년三千年이나 적덕積德한 가정에 태어나 천하天下에서 제일가는 복록福祿을 누릴만한 일을 하였고, 육십년六十年동안 솔성한 공(率性之工)으로 의리義理를 잡아 크게 춘추春秋에 나타낼 일을 한 공적功蹟을 말하는 데서 일부사적一夫事蹟이라한 것이다. 일부사실一夫事實이 주로 주어진 처지를 말한 것이라면 일부사적一夫事蹟은 주로 당신이 평생에 하신 업적業績을 말한 것이라고 하겠다.

一夫事蹟(大序)

일부소위〈一夫所謂〉: 일부一夫가 이른 바
「包五含六 十退一進之位」
라고한 것은 일부一夫가 말하는 바로서 소자小子들이 밝혀 들어 두어야 할 것이라는 말씀이다.

一夫所謂 包五含六 十退一進之位(正25:15)

일부언〈一夫言〉: 일부一夫의 말씀. 일부一夫 개인의 사언私言이 아니라 일부언一夫言이 천지언天地言이므로 천지天地의 공언公言이라는 것이다. 그것은 지극至極한 공언公言이기에 천지天地의 말씀인 것이다. 왜냐하면 천지天地는 말이 없기 때문에 천지天地의 말을 일부一夫가 대언代言하는 것이다. (天地言一夫言) 정역正易에는
「一夫言」「一夫能言」「一夫敢言」
이 있는데 못할 말을 하는 것을 감언敢言이라 하고, 응당應當 해야할 말을 하는 것을 능언能言이라 하며, 천지간의 공언公言을 하는 것을 일부언一夫言이라고 한 것 같다. 그러므로 천지天地를 대변代辨하는 말은 일부언一夫言이라 하고, 성인聖人을 대변代辨하는 말을 일부감언一夫敢言이라 하였으며, 일부一夫 자신의 말로 말은 일부능언一夫能言이라한 것이 아닌가 싶다.

天地言一夫言 一夫言天地言(正9:12)

일부지기〈一夫之朞〉: 일부一夫의 기朞는 삼백칠십오도三百七十五度인데 십오건곤수十五乾坤數 또는 무기戊己 십오수十五數를 존공尊空하면 공부자孔夫子의 기朞인 삼백육십일三百六十日이라고 한다. 375도度라는 수는

216(一元推衍數) + 61(无極數) + 32(皇極數) + 36(日極數) + 30(月極數) = 375度

라는 데서 나온 수數이다.

一夫之朞 三百七十五度 十五尊空 正吾夫子之朞 當朞三百六十日(正7:1)

일부지장관〈一夫之壯觀〉: 고금천지古今天地에서 전무·후무前無後無한 일은 일부一夫의 장관(一夫之壯觀)이라 한다. 그것은 바로 금화문金火門인 것이다. 금화문金火門 안에는 뇌풍궁雷風宮이 있다는 것이니 그것이 바로 천지장관天地壯觀이란 것이며, 일부一夫의 장관壯觀이라고도 한다. 또 장관壯觀에는 뇌천대장雷天大壯과 풍지관風地觀에서 취한 뜻도 있다. 정역正易에 이른 바

「喜黃河之一淸 好一夫之壯觀」

이라함은 황하黃河가 한 번 맑음은 성인聖人이 나오실 징조徵兆라하므로 황하黃河가 한 번 맑음이여 일부一夫가 나신 장관壯觀이로다라는 뜻이다.

喜黃河之一淸 好一夫之壯觀(正5:7)

일부풍〈一夫風〉: 풍風은 풍동風動한다는 뜻이며 기氣라는 뜻도 있다. 회남자淮南子 범론훈氾論訓에

「德有盛衰 風先萌焉 (注)風氣也」

이라고 하였다. 정역正易에서

「風三山而一鶴 化三碧而一觀」「風雲動於數象 歌樂章於武文」

이라고 하는 풍風과 같이 일부一夫가 풍風한다는 풍風은 백호통白虎通의 팔풍八風 설명說明에서 말한바

「風之爲言 萌也 養物成功」

이라는 뜻과 같은 것으로 해석할 수 있다. 팔풍八風이 풍風하여 구궁풍九宮風이 되었고, 그 구궁풍九宮風에 또 일부一夫가 풍風하니 십무문十无門이 되었다는 데서 한말이다.

八風風 一夫風 十无門(正9:15)

일부하언〈一夫何言〉: 천지天地가 말씀이 없었으면 일부一夫가 무엇을 말

하리오만 천지天地가 말씀이 있으니 일부一夫가 감히 말하노라라는 데서 일부一夫가 무슨 말을 하겠느냐하는 뜻이다.

　　天地无言 一夫何言 天地有言 一夫敢言(正9:10)

일세주천율려도수〈一歲周天律呂度數〉: 1일日의 율려도수律呂度數는 36분이다. 이 36분을 36×360＝12,960분이 되니 이것이 1세歲의 하늘을 주회周回하는 율려도수律呂度數가 되는 것이다. 이 12,960분을 각刻으로 또 시時로 일日로 환산하여 표시하고 있다. 이것을 도표하여 보면

〈律呂一年周回度數〉

分	12,960분	(36分 × 360日 ＝ 12,960分)
刻	864각	(12,960分 ÷ 15分 ＝ 864刻)
時	108시	(864刻 ÷ 8刻 ＝ 108時)
日	9일	(108時÷12時＝9日)

그러면 일세주천율려도수一歲周天律呂度數는 12,960분分이지만 이 수를 일日로 환산換算하면 9일日이 되니 이 일日일은 일월운행日月運行에 어떠한 영향影響이 있으며 36분分은 또 어떠한 현상으로 나타나는가? 이 36분分은 조수간만시潮水干滿時와 관계가 있는 것 같다. 조수潮水의 진퇴시간進退時間은 하루에 36-40분分씩 늦어 가서 15일日이 되면 아침 조수潮水가 저녁 조수潮水로 저녁 조수가 아침 조수로 바뀐다. 이것이 율려도수律呂度數의 영향影響인것 같다. 그리고 9일日(12,960분分)은 태양太陽의 일조日照 장단長短이 9일日이 되면 1각刻(15분分)씩 변變하니 이러한 현상으로 운행되는 일월日月 및 조수潮水의 변화變化를 나타내는 원동력도수인 것 같다.

　　一歲周天律呂度數(正7:11)

일수오토불역지천〈一水五土不易之天〉: 임일수壬一水와 무오토戊五土는 변역될 수 없는 하늘 수이다. 십토육수十土六水는 불역지지不易之地의 대對이다.

　　一水五土 不易之天 十土六水 不易之地(正22:3)

일수지혼사금지백〈一水之魂四金之魄〉: 정령政令은

　「己庚壬甲丙」

이라고 한다. 이 중에서 일수一水란 임일수壬一水를 말하고 사금四金은 경사금庚四金을 말한다. 이것이 태음太陰의 겉에 나타난 혼백魂魄이다. 그러

므로 달은 수금水金(一水四金)기운으로 나타난다고 하는 것이다.

　一水之魂 四金之魄(正3:7)

일언〈一言〉: 한 말씀. 한마디로 한 말씀. 시경詩經을 한마디로 하여

　「一言以蔽之曰 思無邪」

라 했고 예경禮經을 한마디로 하여

　「一言以蔽之曰 無不敬」

이라 했듯이 정역正易을 한마디로 해서

　「十五一言」「十一一言」

이라고 해도 잘못은 아닐 것이다. 그 밖에 나의 한마디 말을 잘 들어라 하는 데도 일언一言이라 하였다.

　十五一言(正1:1)
　上元元元兮 十五一言(正18:15)
　十五一言兮 金火而易(正18:16)
　十一一言(正22:1)
　小子 明聽吾一言 小子(正25:16)

일원〈一元〉: 춘추번로春秋繁露에서는

　「謂一元者 大始也」

라 하였고, 한서漢書에서는

　「春秋謂一元之意 一者 萬物之所終始也 元者 辭之所謂大也 謂一爲元者 始大始而欲正本也」

라고 하였다. 또 성리대전性理大典 황극경세서皇極經世書 경세일원소장지수도經世一元消長之數圖에서는 일원一元에 대하여

　「邵伯溫曰 一元 統十二會 三百六十運 四千三百二十世 一世三十年則 一十二萬九千六百年」

이라 하였고, 서산채씨西山蔡氏도 또한 일원一元을 말한 바

　「一元 有十二萬九千六百歲 一會 有十二萬九千六百月 一運 有十二萬九千六百日 一世 有十二萬九千六百辰 皆自然之數 非有所牽合也」

라고 하였다. 이에 129,600이란 수는 정역正易에서 일세주천율려도수一歲周天律呂度數의 10배수이니 어느 의미에서는 상통점相通点이 있으리라고 본다. 일원一元은 천지天地의 단위수單位數이다. 정역正易에서 말한 일원一元도 마찬가지이다.

216수로 추연推衍하는 단위單位의 일원一元이 있는 경우가 있고 삼백三百수를 대단위大單位로 하는 대일원大一元이 있는데 모두 구九수를 기준基準하였기 때문에 구九가 한 머리(一元)로 되는 것이다. 일원一元이 구九수가 된다는 것을 도표로 살펴 보면

一元推衍數二百一十六 　　(9×9)+(9×8)+(9×7)=216

大一元三百數 　　(90+80+70+60)=300

一元推衍數二百一十六(正4:11)

大一元三百數 九九中排列(正18:3)

일월〈日月〉: 해와 달을 말할 때도 일월日月이오, 흐르는 세월歲月을 말할 때도 일월日月이다. 신요일월神堯日月이나 고금일월今古日月은 해와 달이라는 것보다는 세월歲月이란 뜻에 더 가깝다고 본다. 정역正易에는 일월日月이 14곳에 16번 쓰이고 있다.

神堯日月甲辰(正1:4)

日月同宮有无地(正4:7)

今古日月第一奇觀(正6:3)

嗚呼 日月之德 天地之分(正6:10)

天地之合德 日月(正8:2)

天地匪日月 空殼 日月匪至人 虛影(正8:12)

隨時候氣節 日月之政(正8:15)

嗚呼 日月之政 至神至明 書不盡言(正8:16)

日月星辰 氣影 一夫氣影 五元門(正9:14)

日月大明乾坤宅 天地壯觀雷風宮(正9:16)

天地之數 數日月 日月不正易匪易(正20:10)

萬古文章日月明 一張圖畵雷風生(正20:13)

天地淸明兮 日月光華(正27:8)

日月光華兮 琉璃世界(正28:9)

일월갑진〈日月甲辰〉: 요堯임금의 즉위卽位 원년元年이니 서기전 2356년年(지금부터 4367년전) 그해가 갑진년甲辰年이다. 그리고 요堯임금은 신神과 같이 밝다하여 요지일월堯之日月이라 해왔고, 순舜임금은 덕德이 천지天地에 합합한다하여 순지건곤舜之乾坤이라고 해왔다. 그러므로 이에 일월갑진日月甲辰이란 요지일월堯之日月이라 한데서 취한 뜻도 된다.

神堯日月甲辰(正1:4)

일월광화〈日月光華일월광화〉: 일월日月의 아름다운 광채光彩를 형용하여 노래하니 이는 상서대전尚書大全 우하전虞夏傳에서 순순舜임금을 노래하는 글에

「於時俊乂 百工相和而歌卿雲 帝乃倡之曰 卿雲爛兮 糺縵縵兮
　日月光華 旦復旦兮」

라고한 데서 일월광화日月光華의 문구文句를 취한듯 하다. 그러나 정역正易에 일월광화日月光華는 후천일월后天日月의 아름다움을 유리세계琉璃世界로 형상하였다.

天地淸明兮 日月光華(正27:8)
日月光華兮 琉璃世界(正27:9)
日月光華 旦復旦兮(尙書大全)

일월대명건곤택〈日月大明乾坤宅〉: 일월日月은 건곤乾坤집을 크게 밝힌다 하니 이는 후천后天 정역팔괘正易八卦를 보면서 읊은 노래의 한 구절이다. 정역팔괘正易八卦를 손도수로 볼 때 건곤乾坤이 중지中指에 놓이고 감리일월坎離日月이 사구이칠四九二七자리에서 건곤乾坤을 싸고 있으니 이것이 일월대명건곤택日月大明乾坤宅이라는 형상이 된다.

日月大明乾坤宅 天地壯觀雷風宮(正9:16)

일월동궁유무지〈日月同宮有无地〉: 태음太陰과 태양太陽이 생기는 궁실이 같은데 포태포태胞胎하는 길만이 다르다. 태음太陰은 경자庚子에서 초1도度로 포포胞하지만 태양太陽은 병오丙午에서 일칠도一七度로 포포胞한다. 그러니 초초일도初一度는 태음太陰 태양太陽 모두가 기해己亥에서 동궁同宮을 하나 유지有地·무지无地가 다르다는 것이다. 태양太陽과 태음太陰이 어데서 근거根据를 하여 나오는가 하면 태양太陽은 기위성도지일己位成度之日에서, 태음太陰은 무위성도지월戊位成度之月에서 각각 생겨 나지만 모두 기해궁己亥宮이니 이것이 일월동궁日月同宮이라는 것이다. 이를 도표로 표시하면 다음과 같다.

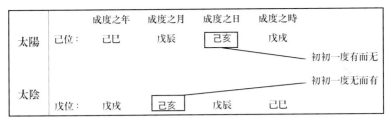

		成度之年	成度之月	成度之日	成度之時
太陽	己位:	己巳	戊辰	己亥	戊戌
					初初一度有而无
					初初一度无而有
太陰	戊位:	戊戌	己亥	戊辰	己巳

日月同宮有无地 月日同度先后天(正4:7)

일월명〈日月明〉: 만고萬古에 더 없이 일월日月같이 밝은 문장文章이라는 말을 노래한 시구이다. 즉 만고萬古에 희귀稀貴한 문장文章으론 후천일월后天日月이 밝아졌고 한번 베푼 그림으론 뇌풍雷風이 생겨 장관壯觀이라는 시 중에 있는 말이다.

萬古文章日月明 一張圖畵雷風生(正20:13)

일월부정역비역〈日月不正易匪易〉: 현재現在 쓰이고 있는 윤역閏易은 일월日月의 착행錯行이 23도度 27부가 기울어져 행行하기 때문에 360일日이 되지 못하고 365도度¼의 주위로 운행하여 일월日月이 부정不正하다고 하니 우환憂患의 역易이요, 정역正易은 아닌 것이라는 말이다.

天地之數 數日月 日月不正 易匪易 易爲正易 易爲易(正20:10)

일월비지인허영〈日月匪至人虛影〉: 이 천지天地에 일월日月이 없었다면 빈 꺼풀이었을 것이다. 일월日月도 지인至人이 없으면 헛된 그림자일 것이다. 이에서 지인至人이란 후천后天 작역성인作易聖人인가 한다.

天地匪日月 空殼 日月匪至人 虛影(正8:12)

일월성신기영〈日月星辰氣影〉: 일월성신日月星辰이란 말은 서경書經에서

「曆象日月星辰………」

이라 하였고, 그 주소注疏에는

「四方中星 總稱二十八宿也………每月之朔 月行及日而與之會 其必在宿 分
二十八宿 是日月所會之處 辰 時也 集會有時故 謂之辰日月所會 與四方中星 俱
是二十八宿 擧其人目所見 以星言之 論其日月所會 以辰言之 其實一物故 星辰
共文」

이라고 하였다. 왜 성신星辰인가?하면 매월 초初하루마다 달이 운행運行하다가 태양太陽에 미치게 되면 태양太陽과 더불어 회합會合하게 되니 이 때

를 반드시 성수星宿에 있다고하여 이십팔수二十八宿로 나누니 이래서 이십팔수二十八宿는 일월日月이 회합하는 곳이라 하였다. 신辰이란 때란 말이다. 집회集會하는 것은 때가 있으므로 신辰이라고 말한 것이라 한다. 그리하여 사람의 눈으로 보이는 것은 성星이라하고, 일월日月이 회합하는 곳, 별자리를 논論할 때를 신辰이라 하니 그 실지에 있어서는 하나의 물체物體이므로 성신星辰은 함께 쓰이는 것이라고 하였다. 이러한 일월성신日月星辰이 기영氣影한다 함은 금화호역金火互易에 따라 일월성신日月星辰도 새기운이 영동影動한다는 뜻이다.

> 日月星辰 氣影 一夫氣影 五元門(正9:14)

일월지덕〈日月之德〉: 천지天地가 합덕合德한 것이 일월日月이라고 하면 일월日月의 덕德은 곧 천지天地가 나뉘운 바 생생生生하는 현상이다. 주역周易에 덕德을 말하여 생생지위덕生生之謂德이라고 하였다. 그러므로 일월日月의 덕德을 말하는데

> 「朞生月 月生日 日生時 時生刻 刻生分 分生空 空无位」

라고 하여 생생生生하는 일월日月의 덕德을 말하고 있다.

> 嗚呼 日月之德 天地之分(正6:10)

일월지정〈日月之政〉: 기생월朞生月·월생일月生日·일생시日生時 등 생생生生하는 것을 일월지덕日月之德이라 하고, 조석潮汐의 간만干滿과 일조日照의 장단長短에 따라 생기는 시후기절時候氣節을 일월지정日月之政이라고 하였다.

> 隋時候氣節 日月之政(正8:15)
> 嗚呼 日月之政 至神至明 書不盡言(正8:16)

일이관지〈一而貫之〉: 논어論語에서 공자孔子는 증자曾子에게 이르기를

> 「參乎 吾道 一而貫之 曾子曰 唯………」

라하여 일이관지一而貫之라는 말이 비로소 보인다. 증자曾子는 이를 충서忠恕라고 해석하였지만, 자공子貢이 안자顔子의 재주를 인정認定하는 말에서

> 「回也 聞一以知十………」

이라고 하니, 이에서 일이관지一而貫之의 사상이 보인다. 그러므로 공자孔子 제자중에 유독唯獨 안자顔子만이 십이익지十而翼之 일이관지一而貫之의 도道를 아는 까닭에 주역周易 계사繫辭에서

「顏氏之子 其殆庶幾乎」

라고 도道에 깨달은 경지를 말하고 있다. 정역正易에서는 공자孔子가 만년晩年에 오십五十의 학역學易을 즐겼다하여

「十而翼之 一而貫之 儘我萬世師」

라하니 즉 열로써 날개하고 하나로써 꿰었다는 것이다. 이것은 십퇴일진十退一進과도 비슷한 뜻이다. 노자老子는 일에 대하여

「道生一」(道德經42)

이라하고 화남자淮南子는 전언훈詮言訓에서

「一也者 萬物之本也 無敵之道也」

라고 하였다. 그러므로 일一은 인仁과 같고 십十은 지智와 같다. 인仁은 지智가 없으면 체인體仁할 수가 없으니 이는 정역正易에서

「一无十无體」

라는 말과 같고, 지智는 인仁이 없으면 아무 쓸모가 없으니 이는 정역正易에서

「十无一无用」

이라고 한 말에 비긴다. 그러므로 십이익지十而翼之는 지지사야智之事也라면 일이관지一而貫之는 인지사야仁之事也라고 생각되는 것이다. 주역周易에서는 이것을 말하기를

「引而伸之 觸類而長之 天下之能事 畢矣」

라고 하였다.

十而翼之 一而貫之 儘我萬世師(正2:13)

일일일지중〈一一一之中〉 : 일一은 일一과 일一과의 중中이다. 중中이란 또 십십十十과 일일一一의 공空이라하니 공空은 중中이 없으면 용用이 없고 중中은 공空이 없으면 체體가 없다. 세종대왕世宗大王은 훈민정음訓民正音을 이러한 원리原理에 의하여 창제創製한 것 같다. 즉 중中은 하나의 점(·)이요, 공空은 하나의 권(圈,〇)이다. 점(·)과 권(〇)은 다같이 무한无限하며 둥근 상상象이지만, 중中은 쓰임이요, 공空은 쓰일 수 있게 하는 체體이다. 그러므로 권(圈,〇) 즉 공空은 목구멍을 상징象徵한다. 소리가 나올 수 있는 근본根本을 형상形狀하여 그곳에서 비로소 소리가 형성形成되니 이것이 점(·)이다. 그리하여 〇은 소리가 없고 이에서 ㆁ에 이르매 비로소 이응 소리

가 나온다. 이것이 공空과 중中의 체용體用관계이다. 역易의 원리原理는 이와 같이 그 공덕功德이 무량(功德无量)한 것이라 하겠다. 이것이 바로 일이관지─而貫之의 원리이다. 정역正易에

「──一之中 中十十──之空」

이라 하였으니 이 원리原理를 체득體得한다면 천하天下에 무슨 일이나 막힐 것이 없다고 하겠다. 공空은 전체全體요 중中은 그 핵심核心이기 때문이다.

　　──一之中(正25:11)

일장도화뇌풍생〈一張圖畵雷風生〉 : 한폭 그림을 펼치니 뇌풍雷風이 생겼다는 말로서 금화일송金火─頌에서

「畵工却筆雷風生」

이라고한 말과 같은 뜻이다.

　　萬古文章日月明 一張圖畵雷風生(正20:13)

일창공〈一蒼空〉 : 한 푸른 하늘. 하나의 창공蒼空. 벽공碧空이 깊은 속하늘 이라면 창공蒼空은 먼 위 하늘이라 하겠다.

　　靜觀萬變一蒼空 六九之年始見工(正20:3)

일천화옹심〈一天化翁心〉 : 한 하늘인 화옹化翁의 마음. 보화일천普化一天이란 일천一天은 일부─夫의 전모全貌요 일부─夫는 일천一天의 분신分身이라 할 수 있다. 또 하늘을 하나로 화化하신 (普化一天) 화옹化翁의 마음이라고 하여도 뜻은 통한다.

　　普化一天化翁心(正10:6)

일청〈一淸〉 : 한 번 맑음. 황하黃河는 오백년五百年만에 한번 맑으면 성인聖人이 나올 길조吉兆라 한다. 정역正易에서

「喜黃河之一淸 好一夫之壯觀」

이라 함은 황하黃河가 한 번 맑은 기쁜 징조徵兆여! 일부─夫 성인聖人이 나타날 장관壯觀이 좋다는 말이다.

　　喜黃河之一淸 好一夫之壯觀(正5:7)

일칠사〈一七四〉 : 태양太陽의 복지지리復之之理는 일칠사─七四라 하며 십오十五는 태양지정太陽之政이니 또한 일칠사─七四라고 하였다. 손도수 형상은

일이삼사一二三四는 꼽고 오五는 육六으로 펴 놓은 형상을 일칠사一七四의 상상象이라 한다. 이는 바로 건乾, 원元·형亨·이利·정貞하는 상상象이기도 하다. 일칠사一七四는 또 십일十一(7+4=11)이기도 하다. 십十에서 구팔칠육오九八七六五까지 가면 바로 일칠사一七四의 형상을 이루니 이는 태양太陽의 정정政이라 하였다. 그리고 일칠사一七四의 상은 그대로 정역괘正易卦의 삼태택三兌澤의 상이다. 이런 여러 가지 뜻을 일칠사一七四의 상상象에서 일시一時에 복합적으로 읽을 수 있다. →「一八七」

　　復之之理 一七四(正4:5)

　　十五 太陽之政 一七四(正26:16)

일팔〈一八〉 : 정역팔괘正易八卦를 손으로 형상할 때 팔간산八艮山이 일一의 자리에 오고, 또 이 일一자리에 팔八이라는 수가 선천先天 간지干支 갑자甲子의 자子로 시작始作되는 곳에 회합會合되어 자운子運은 일팔一八이라 하였다. 그러므로 이는 복상월復上月로 되어 영생수影生數라고 하기도 한다. 그리고 이것은 일팔칠一八七의 상상象이기도 하다.

　　子運 一八(正22:5)

　　一八 復上月影生數(正22:6)

일팔칠〈一八七〉 : 태음太陰이 복復하는 이치理致가 일팔칠一八七이며 오구五九는 태음지정太陰之政이니 일팔칠一八七이라고 하였다. 손도수의 형상은 일一의 자리로서 이는 곤坤·원元·형亨·리利 빈마지정牝馬之貞의 상이다. 일팔칠一八七은 또 십오十五(8+7=15)이기도 하다. 일칠사一七四는 손도수의 도생倒生으로 쳐 내려오는 도중 칠七과 사四가 합하는 같은 자리요, 일팔칠一八七은 괘수卦數로 쳐서 손도수의 칠지七地와 팔간八艮이 합합치는 자리이다. 이 모든 것이 복합적으로 일시一時에 나타나는 것이 일팔칠一八七의 효용效用이다. →「一七四」

　　復之之理 一八七(正3:12)

　　五九 太陰之政 一八七(正26:15)

일호일부〈一乎一夫〉 : 맹자孟子가 량양왕梁襄王과의 문답에서

　　「天下 定于一」

이라고 하였다. 즉 천하天下는 하나로 안정될 것이라고한 것이다. 이러한

문제는 그후 오늘까지 실현되지 못하였고 이념理念에만 그칠 뿐이었다. 후천后天에서는 특히 맹자孟子의 정치이념政治理念이 실행實行될 것이기 때문에 정치종장治政宗長이라 하고 만고성인萬古聖人이라한 것이라 하겠다. 이 때야 말로 천하天下는 정우일定于─이라는 것. 즉 세계일가世界─家로 될 것이 확실確實하다 하겠다. 정역正易에서는 이러한 의미意味를

　　「一乎一夫」

라고한 것이다. 일부─夫에로 하나가 되니 모든 종교宗敎가 일호일부─乎─夫로 될 것은 물론 사해일가四海─家가 되는 일이 후천后天의 평화平和를 성립成立하는 길이다. 모든 일과 사상이 갈라질대로 갈라진 것이 선천수先天數였다면 합할대로 합하지 아니한 것이 없는 것이 후천상后天象이다. 갈라질대로 갈라진 것은 자연自然의 도道요, 일호일부─乎─夫로 합하는 것은 자연自然의 덕德이다. 주역周易에서도

　　「恒以一德」

이라 하였다. 항구성恒久性을 지닌 뇌풍항雷風恒은 일─로써 덕德을 삼는다 하였다.

　　六十三 七十二 八十一 一乎一夫(正1:9)

입도시〈立道詩〉: 도道를 성립成立한 시詩. 1879년年 기묘己卯, 선생先生의 나이 54세歲되던 해, 어느날 도道를 통관通觀하시니 후천后天 정역팔괘도正易八卦圖가 안전眼前에 나타나 보였다고 구전口傳한다. 이 사실은 아마도 이 해부터인가 한다. 입도立道란 성덕盛德이후에 입도立道가 되는 것이매 주역周易 건초구乾初九에

　　「君子盛德爲行」

이라하니 이는 입도지초立道之初요,

　　「聖人作而萬物睹」

라하니 이는 성도지시成道之時라 또 운행우시雲行雨施라든지 이상견빙지리霜堅氷至는 역도易道의 점진漸進을 뜻하는 것인즉 입도立道의 완사玩辭를 음미하기 바란다.

　　立道詩(正20:2)

입화〈立和〉: 후천后天 이십사절기二十四節氣의 하나. 오월午月　초삼일初三日

의 절기節氣.

午月初三日乙卯卯正一刻十一分立和(正31:8)

입화〈入化〉 : 후천后天 이십사절기二十四節氣의 하나. 유월酉月 십팔일十八日
의 절기節氣.

酉月十八日庚子子正一刻十一分入化(正31:15)

자궁퇴위〈子宮退位〉 : 후천后天에는 정월正月을 묘월卯月에서부터 시작始作
하여 이를 묘궁용사卯宮用事라 한다. 이 묘궁용사卯宮用事를 하게 되는 체제
體制는 축궁丑宮이 왕운旺運을 얻어야 되는 것이다. 이렇게 되면 선천先天에
인궁용사寅宮用事하던 자궁子宮의 체體가 그 위치에서 물러간다고 하였다.

丑宮得旺 子宮退位(正10:15)

자소인소항다소〈自笑人笑恒多笑〉 : 자기 스스로는 기쁜 일이 있어서 웃는
데 사람들은 나의 웃는 것을 보고 미쳐서 웃는다하니 웃으니 이래 저래
항상 웃음이 많다고한 것이다.

六十平生狂一夫 自笑人笑恒多笑(正18:1)

자연〈自然〉 : 노자老子는 도道는 자연自然에서 생긴다고 하였고, 유가儒家에
서는 솔성率性하는 것이 도道라고 하였으며 불가佛家에서는 법성法性이 도
道라고 하였다. 도道는 본시 하나인데 이와 같이 크게 나누면 셋으로 분
리해 왔으니 이것은 그렇게 될 자연自然의 이치理致가 있어서라고 설파說破
한 것이다. 자연自然이란 본시 꾸밈없는 인위적人爲的인 것이 아닌 것을 가
리켜 도가道家에서 흔히 쓰는 말이다. 불가佛家에서는 본연本然이란 말을
흔히 쓰고, 또 유가儒家에서는 천연天然이란 말을 흔히 쓴다.

道乃分三理自然 斯儒斯佛又斯仙(正20:6)

자운일팔〈子運一八〉 : 선천先天과 후천后天이 되는 운운運이 있는데 운運이란
천지天地의 정사政事이다. 그리하여 천정天政은 개자開子하고 지정地政은 벽
축闢丑이라 하여 선천先天은 자운子運이 되고 후천后天은 축운丑運이 된다
하였다. 그런데 이 자운子運의 수가 일팔一八이라 함은 일一자리를 가리키
니 이 자리에 팔간산八艮山이 닿는 것을 뜻한다. 이것이 선천先天의 운運,

즉 자운子運이니 천정天政이 자子로부터 열리는 것이다.

丑運五六 子運一八(正22:5)

자월〈子月〉: 후천后天의 시월十月 별칭別稱이다.

子月初三日乙卯卯正一刻十一分至和(正32:4)

자정일각십일분〈子正一刻十一分〉: 정일각正一刻이란 제 6각刻째를 말한 것 이니 각刻의 셈을 살펴보면

「第 1刻 初初刻 (現在 15分)
　第 2刻 初一刻 (30分)
　第 3刻 初二刻 (45分)
　第 4刻 初三刻 (1時)
　第 5刻 正初刻 (1時 15分)
　第 6刻 正一刻 (1時 30分)
　第 7刻 正二刻 (1時 45分)
　第 8刻 正三刻 (2時) 八刻一時

위의 도표로 보면 후천后天은 영시零時가 해시亥時부터이므로 자정일각십 일분子正一刻十一分은 지금 시각으로 (1日 24時) 1각刻 11분分이라 하여

1각 (15분) + 11분 = 26분

26분으로 그릇 해석하기 쉬운 것이므로 각刻의 명칭名稱을 잘 익혀서 해 석하기 바란다. 그러면 자정일각십일분子正一刻十一分은 즉(亥時를 ○時로 하여)

子正一刻 (2시30분) + 11분 = 2시 41분

오전 2시 41분이 되는 셈이다.

子正一刻十一分(正31:3, 7, 11, 15 · 32:3, 7)

장관〈壯觀〉: 웅장雄壯한 경치景致를 장관壯觀이라고 일컫는다. 천하天下에 장관壯觀이 될만한 것을 옛날 사마상여司馬相如가

「皇皇哉斯事 天下之壯觀」

이라고 하였듯이 정역正易에서도 장관壯觀은 천지天地에 준準할 수 있을만 치 웅장雄壯한 때에만 쓰였다. 즉

「古今天地一大壯觀」「天地壯觀」「一夫之壯觀」

이라 하는 등이다. 그것은 뇌풍雷風이 들어있기 때문이니 장壯은 뇌천대

장뢰天大壯에서, 관觀은 풍지관風地觀에서 취한 것이다.

　　喜黃河之一淸 好一夫之壯觀(正5:8)

　　古今天地一大壯觀(正6:3)

　　天地壯觀雷風宮(正9:16)

장군운주수토평〈將軍運籌水土平〉: 전국시戰國時에 장군將軍의 전략戰略으로 평정平定한 약지略地를 이와 같이 말하여 왔다. 한漢나라 고조高祖가 이른 바

　　「運籌帷幄 決勝千里 不如子房‥‥‥‥」

이라 하였고, 한서漢書에서도

　　「運籌帷幄之中‥‥‥‥」

이라고 하여 운주運籌라는 말이 이에서 나왔다. 정역正易에서는 금화명金火明을 상대로 하여 문文과 무武를 대비시켜 수토평水土平을 말하고 있다. 이것은 수리로 보아 순역順逆의 관계를 나타내고 있다 하겠다. 도표로 하면

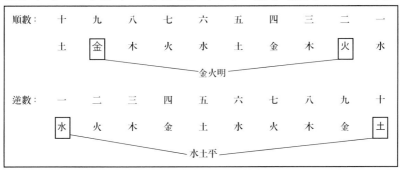

이와 같이 정역正易에서 말하는 장군은 한고조漢高祖가 말한 것과 같은 장군이 아니라 즉 오행장군五行將軍으로 보는 것이 마땅하다. 그리하여 오행장군五行將軍이 운주運籌를 하되 무오토운戊五土運을 운운하고 계육수기癸六水氣를 기기氣하야 십일귀체十一歸體로 평정平定하는 것이 마치 장군운주수토평將軍運籌水土平한듯한 것과 같다. →「水土平」

　　聖人垂道金火明 將軍運籌水土平(正4:15)

장원〈長遠〉: 조상祖上의 내력來歷이 길고 멀다는 것이다. 도학道學의 연원淵源은 무궁无窮하고, 조상의 내력來歷은 장원長遠하다는 말이다.

　　淵源无窮 來歷長遠兮(大序)

재덕〈載德〉: 덕德은 서경書經에서 호생지덕好生之德이요, 주역周易의 곤괘坤卦에서

「厚德載物」「坤厚載物 德合无疆」

이라는 말과 같다. 지황地皇이 후후한 덕德으로 만물萬物을 실었다는 것은 호생지덕好生之德을 실었다는 말이다.

天皇无爲 地皇載德 人皇作(正1:2)

재자〈在茲〉: 주덕周德이 이에 있다는 말이니 공자孔子가 논어論語에서

「文王旣沒 文不在茲乎」

라고한 문文이란 즉 이남칠월二南七月이다. 재자在茲는 기성箕聖을 가리킴은 물론勿論이다.

箕聖乃聖 周德在茲(正1:6)

재천이방정〈載天而方正〉: 땅의 덕德은 하늘을 실코서 방정方正한 것이라 하며, 실체實體라는 것이다.

地載天而方正 體(正1:14)

적덕지가〈積德之家〉: 주역周易 곤괘坤卦 문언文言에서

「積德之家 必有餘慶 積不善之家 必有餘殃 ………」

이라 하니 삼천년三千年 적덕지가積德之家에 필유여경必有餘慶으로 통천지通天地에 복록福祿이 제일가는 자라고 찬찬贊贊하였다.

三千年 積德之家 通天地 第一福祿云者 神告也(大序)

적벽강〈赤壁江〉: 적벽강赤壁江은 중국의 호북성湖北省 가어현嘉魚縣 동북東北 양자강楊子江의 남안南岸에 있는 강江이다. 삼국지三國志에 오吳나라 주유周瑜가 대안對岸의 조림鳥林에서 조조曹操의 군사를 격파한 곳으로 유명하다. 정역正易에서는 적벽강赤壁江을 정역팔괘正易八卦의 사감수四坎水에 비하여 꾸부려 사감수四坎水를 본다는 데서 한 말이다.

俯瞰赤壁江(正5:14)

적적백백호호중〈赤赤白白互互中〉: 이는 금화삼송金火三頌의 손도수로 삼팔三八 중지中指자리를 중심으로 하여 사구이칠四九二七 금화문金火門을 다음의 도표와 같이 쳐보면 그 관계를 용이히 짐작할 수 있다.

食指	中指	藥指	
九二 白赤	三八 中	四七 —————— 白赤	二七四九 赤赤白白
五五　中			

赤赤白白五五中 中有學仙侶(正5:14)

정관〈靜觀〉: 고요히 사물事物을 관찰觀察하는 것을 말함. 송宋나라 정명도程明道는 그 시에서

「萬物靜觀皆自得 四時佳興與人同………」

이라고 하여 만물萬物을 관찰觀察하는 것을 정관靜觀이라 하였지만 정역正易에서는 우주宇宙의 무중벽无中碧과 만변萬變하는 한 창공蒼空을 관찰觀察하는데 쓰여지고 있다.

靜觀萬變一蒼空(正20:3)
靜觀宇宙无中碧(正20:13)

정관만변일창공〈靜觀萬變─蒼空〉: 수없이 변화變化하는 한 창공蒼空을 우러러 고요히 관찰觀察한 것은 내 나이 54세歲 때이니 이 때에 비로소 천공天工의 조화섭리造化攝理를 알아 보았다는 것이다. →「萬變」

靜觀萬變一蒼空 六九之年始見工(正20:3)

정관우주무중벽〈靜觀宇宙无中碧〉: 육상산陸象山이 우주宇宙를 정관靜觀하는 말에서

「宇宙內事 己分內事」

라고 하였다. 정역正易에 우주의 무중벽无中碧을 고요히 관찰觀察하였다함은 역시 우주내사宇宙內事이지만 그 정관靜觀의 핵심 역시 천공天工을 보고 지인至人을 기다리는 기분내사己分內事이었다.

靜觀宇宙无中碧 誰識天工待人成(正20:13)

정녕〈丁寧〉: 정녕코, 반드시

丁寧分付皇中月(正10:6)
丁寧我化化翁 必親施教(正18:7)
丁寧再三 留神於此(後漢書)

정녕분부황중월〈丁寧分付皇中月〉: 한서원보漢書原涉에

　「具記衣被 棺木下至 飯含之物 分付諸客 諸客奔走市買………」

라고한 것으로 보면 분부分付는 사람들에게 물건을 나누어 주는 것을 말하기도 하였지만, 정역正易에서는 분부分付를 명령命令을 내리는 말로 쓰였다. 보화일천화옹普化一天化翁님의 마음은 정녕코 황중월皇中月을 분부分付하심이로소이다라고 하는 말이다. 이에 황중월皇中月이란 후천后天 초初생달을 말하는 것으로서 선천先天 초初생달을 복상월復上月이라한데 대하여 후천后天 초初생달을 황중월皇中月이라 하고, 선천先天 보름달을 천심월天心月이라한데 대하여 후천后天 보름달을 황심월皇心月이라고 한다. 황중皇中은 오五자리요, 황심皇心은 십十자리를 가리킨다.

　丁寧分付皇中月(正10:6)

정녕아화화옹 필친시교〈丁寧我化化翁必親施教〉: 뜻을 정성껏 하고, 마음을 바루어서 종시終始 게으름이 없이 한다면 정녕丁寧코 우리 화화옹化化翁이 반드시 친히 가르쳐 주실 것이라는 말이니, 정녕丁寧코에 또 반드시라고 확실確實한 것을 다짐하여 하는 말이다.

　丁寧我化化翁 必親施教(正18:7)

정령 기경임갑병〈政令己庚壬甲丙〉: 정령政令이란 주례周禮에서

　「以治王宮之政令」

이라는 데서 비롯된 말이다. 정역正易에서 정령政令은 태음太陰과 태양太陽의 혼백魂魄과 기체氣體가 된 경임갑병庚壬甲丙을 말한다. 이를 도표하면 아래와 같다.

〈政令圖〉

日月	太陰		太陽
干支	己	庚壬	甲丙
象		四一 金水 之之 魄魂	八七 木火 之之 體氣
손도수	一	二四	六八
政令		政	令

政令己庚壬甲丙 呂律戊丁乙癸辛(正24:16)

정륜〈正倫〉: 서경홍범書經洪範에 이르기를

「禹嗣興 天乃錫洪範九疇 彝倫攸敍」

라 하여 윤륜이 어떠한 것인가를 알 수 있게 하였다. 정윤正倫이란 바로 이 윤유서彝倫攸敍의 바른 윤상倫常이다. 천리天理를 추연推衍하는데 있어서 이러한 정윤正倫을 어기어 천리天理를 거슬리지 말게 하라는 것이다.

推衍 无或違正倫 倒喪天理父母危(正10:8)

정윤도수〈正閏度數〉: 정역도수正易度數와 윤역도수閏易度數를 말한다. 정역도수正易度數란 낙서洛書를 체體로 하고, 하도河圖를 용用으로 하여 360일日로 바루는 것이오, 윤역도수閏易度數란 하도河圖를 체體로 하고 낙서洛書를 용用으로 하여 27삭朔으로 윤閏을 쓰게 되는 것이다.

先后天正閏度數(正19:4)

정리현현진경〈正理玄玄眞經〉: 정역正易을 오묘奧妙한 이치理致가 있는 진경眞經이라고 형용하여 하는 말이다. 정리正理는 정명금화리正明金火理의 뜻이요, 현현玄玄은 현지우현玄之又玄이란 노자老子의 말에서 빌어다 쓴 것으로 생각된다.

正理玄玄眞經 只在此宮中(正18:6)

정명금화〈正明金火〉: 금화金火의 이치理致를 정대正大하게 밝힘. 정역正易에는 대명大明과 정명正明이 있는데 일월日月이 후천后天에 크게 밝은 것은 대명大明이라 하고, 금화金火가 정대正大하게 밝은 것을 정명正明이라고 한다. 주역周易에 뇌천대장雷天大壯에서

「大壯 大者 正也 正大而天地之情 可見矣」

라고한 대정大正과 정대正大의 뜻을 보고 정역正易의 대명大明과 정명正明을 살펴보면 알 수 있다.

誰識先天復上月 正明金火日生宮(正10:1)
正明金火理 律呂調陰陽(正17:11)

정명금화리〈正明金火理〉: 금화金火가 서로 바뀌는 이치理致를 정대正大하게 밝히니 율려律呂가 음양陰陽을 조리調理한다는 말이다.

正明金火理 律呂調陰陽(正17:11)

정명금화일생궁〈正明金火日生宮〉: 선천先天의 복상월復上月이 후천后天이 되어 금화金火가 날로 생기는 궁宮을 바로 밝힐 줄을 알겠는가 하는 말.

誰識先天復上月 正明金火日生宮(正10:11)

정심〈正心〉: 마음을 바룸. →「誠意正心」

誠意正心 終始无怠(正18:7)

정역〈正易〉: 정역正易을 세가지로 부르는 것이 있는데 이른 바,

　1. 不易正易
　2. 金火正易
　3. 中位正易

이라고 한다. 중위정역中位正易이란 뇌풍雷風의 변화變化요, 금화정역金火正易이란 비태否泰의 변화變化요, 불역정역不易正易이란 하낙河洛의 변화變化라고 할 수 있으나 그 이치는 하나이다. 그리고 정역正易은 모두 32장張이며 360절節로 편제되었으니 이 또한 깊은 뜻이 들어 있는 것이다.

　金火互易 不易正易(正6:7)
　金火正易 否往泰來(正10:13)
　正易詩(正20:9)
　易爲正易 易爲易(正20:11)
　金火正易圖(正21:)

정역팔괘도〈正易八卦圖〉: 정역팔괘도正易八卦圖는 주역周易 설괘전說卦傳에서

　「天地定位 山澤通氣 雷風相薄 水火不相射 八卦相錯」

이라 하였고, 또

　「神也者 妙萬物而爲言者也 ‥‥ 水火相逮 雷風不相悖 山澤通氣然後 能變化 旣成萬物也」

라고한 것은 정역팔괘正易八卦가 나올 괘상卦象과 위서位序를 말한 것이라 한다. 정역팔괘正易八卦는 간동艮東·태서兌西·건북乾北·곤남坤南·감동북坎東北·리서남離西南·진서북震西北·손동남巽東南으로 되었고 이천二天은 건乾속에 칠지七地는 곤坤속에 있다.

　正易八卦圖(正30:)

정오부자지기〈正吾夫子之朞〉: 바로 우리 공부자孔夫子의 기朞 360일日을 말한다. 공자孔子의 기朞는 후천后天에야 알게 되니 진실로 자공子貢이 말한 바

「夫子 天縱之將聖」

이라고한 데서 알 수 있다 하겠다.

正吾夫子之朞 當朞三百六十日(正7:1)

정위〈正位〉: 주역周易에 천지정위天地定位라 하고, 맹자孟子 등 문공文公에 입천하지정위立天下之正位라 하여 정위定位나 정위正位는 같은 뜻이면서 특히 바른 위치를 말한 때에 정위正位라고 하였다. 또 주역周易에

正位居體(坤五)

女正位乎內 男正位乎外(家人彖)

正位凝命(鼎象)

王居无咎以正位也(渙五)

라는 등도 바른 위치를 뜻한 것이다. →「中位」

卦之離乾 數之三一 東北正位(正22:15)

雷風正位用政數(正26:1)

정정방방〈正正方方〉: 조리條理가 발라서 조금도 어지럽지 않은 것.

于于而而兮 正正方方(正27:12)

正正方方兮 好好无量(正27:13)

정중〈正中〉: 똑바로 맞춤. 후천后天은 십十에서 오五로 하니 순수順數로 쳐서 육六을 쓰니 오五와 육六이 한 자리에 꼭들어 맞아 합숙한다는 것이다. 주역周易에서 정중正中은 위치를 말하고 있다.

后天十五 順而用六 合 正中(正26:14)

정화〈正和〉: 후천后天 이십사절기二十四節氣의 하나. 즉 해월亥月 초삼일初三日의 절후節侯.

亥月初三日乙酉酉正一刻十一分正和(正32:3)

정화〈貞化〉: 후천后天 이십사절기二十四節氣의 하나. 즉 자월子月 십팔일十八日의 절후節侯.

子月十八日庚午午正一刻十一分貞化(正32:5)

제순〈帝舜〉: 우순虞舜이라고도 한다. 성은 요씨姚氏니 재위 48년年이었다. 남쪽 창오蒼梧에 순수巡狩하다가 붕崩하니 보산寶筭이 110세歲였다. 서경書經에

「在璇璣玉衡 以齊七政」

이라한 것을 정역正易에서는 이를 취하여

「帝舜七政玉衡」

이라고 한 것이다.

> 帝舜七政玉衡(正1:5)
> 帝舜之朞 三百六十五度四分度之一(正6:15)

제순지기〈帝舜之朞〉: 제순帝舜의 기朞는 365도度¼이니 현재까지 쓰이고 있는 책력冊曆이다.

> 帝舜之朞 三百六十五度四分度之一(正6:15)

제순칠정옥형〈帝舜七政玉衡〉: 우순虞舜이 일월日月과 오성五星이 각기 다른 운행 법칙法則을 살피고 정치政治를 하였다는 것으로서 서경書經에

「正月上日 受終于文祖 在璿璣玉衡 以齊七政 肆類于上帝」

라한데서 취한 말이다. 칠정七政은 일월日月과 오성五星(金木水火土星)의 정사요, 옥형玉衡은 옥玉으로 꾸민 천문관측기天文觀測器이다.

> 帝舜七政玉衡 大禹九疇玄龜(正1:5)

제요지기〈帝堯之朞〉: 요堯임금의 기朞는 366일日이라 하니, 이는 서경書經에서

「帝曰 咨 汝羲曁和 朞三百有六旬有六日 以閏月定四時成歲 允釐百工 庶績咸熙」

라고 한 것을 취한 말이다.

> 帝堯之朞 三百有六旬有六日(正6:15)

제일〈第一〉: 가장 훌륭한 것. 또는 가장 좋은 것. 첫째가는 것 등이다.

> 通天地第一元 金一夫(大序)
> 通天地 第一福祿云者(大序)
> 東山第一三八峰(正5:11)
> 今古日月第一奇觀(正6:3)

제일기관〈第一奇觀〉: 고금천지古今天地에 제일第一 큰 장관壯觀을 이룬 것이요, 금고일월今古日月에 제일第一 기이奇異하고 볼만한 것이다. 이는 사구이칠四九二七 금화문金火門을 중심으로 한 정역팔괘도正易八卦圖의 성립成立을 가리켜 말한 것이다.

古今天地一大壯觀 今古日月第一奇觀(正6:3)

제일복록운자〈第一福祿云者〉: 삼천년三千年 동안 적덕積德한 집에서 제일가는 복록福祿을 누리는 것은 신神이 가르쳐 주신 바라고한 데서 온 말이니 이는 일부성인一夫聖人이 무량복록无量福祿을 누릴 것을 천지신명天地神明을 통하여 예고한 것이다.

通天地 第一福祿云者 神告也(大序)

제일삼팔봉〈第一三八峰〉: 동산東山 중에 제일第一가는 삼팔봉三八峰은 팔간산八艮山을 가리키는 말이다. 공자孔子가 동산東山에 올라 노魯나라를 작게 여겼다는 말은 맹자孟子에

「孔子 登東山而小魯 登太山而小天下 故觀於海者 難爲水 遊於聖 人之門者 難爲言……」

라고 한데서 비롯한 것이다.

東山第一三八峰 次第登臨(正5:11)

제일원〈第一元〉: 첫째가는 으뜸(元). 학문연원學問淵源이 무궁无窮함과 조상내력祖上來歷이 장원長遠함이 이 천지天地를 통通해봐도 제일第一 으뜸이라는 뜻.

通天地第一元 金一夫(大序)

조림〈照臨〉: 광림光臨과 같은 말이니 좌전左傳에 보면

「君不忘先君之好 照臨魯國」

이라고 하였다. 정역正易에 상제上帝께서 이 세상에 오시는 것을 상제조림上帝照臨이라고 한 것이다.

世界世界兮 上帝照臨(正27:10)
上帝照臨兮 于于而而(正27:11)

조모난판〈早暮難辨〉: 이를는지 늦을는지 판단하기가 어렵다는 것. 수석

북지水汐北地의 변화變化를 말하는 것이다. 또 아침 때에 할지는 저녁 때에 할지는 판단하기 어렵다는 것이다.

水汐北地兮 早暮難辨(正9:3)

조석지리〈潮汐之理〉: 해조론海潮論에 조석潮汐을 설명說明하여

「地浮與大海 隨氣出入上下 地下則 滄海之水 入江謂之潮 地上則 江湖之水 歸之滄海謂之汐」

이라고 하여 조수물이 들어오는 것을 조潮라 하고 바다로 빠지는 것을 석汐이라 하였다. 밀물(潮)이란 간조干潮에서 만조滿潮에 걸쳐 해면이 상승하고 육지陸地로 향하여 조수가 밀려오는 것을 말하고, 썰물(汐)이란 조수潮水가 밀려 나가서 해면海面이 낮아지는 현상을 말하니 달의 인력引力으로 인한 바닷물의 주기적인 현상이다. 이를 날물이라고도 한다. 정역正易에서는 이와 같이 일어나는 조석潮汐의 간만干滿하는 이치理致를

「一六壬癸水 位北 二七丙丁火 宮南 火氣炎上 水性就下 互相衝激 互相進退而 隨時候氣節 日月之政」

이라고 하였다. 이것을 도표로 표시하면 아래와 같다.

	指屈(東北方)					指伸(西南方)				
손도수	1	2	3	4	5	6	7	8	9	10
	己	庚	辛	壬	癸	甲	乙	丙	丁	戊
			一	六			七	二		
			水(位北)				火(宮南)			

潮汐之理 一六壬癸水 位北 二七丙丁火 宮南 火氣炎上 水性就下(正8:13)

조양율음〈調陽律陰〉: 정역正易에 율려律呂가 조음양調陰陽이라 하니 이것이 바로 조양율음調陽律陰인 것이다. 양陽을 조리調理하고 음陰을 율화律和하는 것은 후천后天의 성리性理의 길이라는 데서 나온 말이다.

調陽律陰 后天性理之道(正8:11)

조음양〈調陰陽〉: 율려律呂로 음양陰陽을 조리調理한다 하니 이는 금화金火를 다스리고 바로 밝히는 바 후천后天의 조양율음調陽律陰을 말하는 것이다.

正明金火理 律呂調陰陽(正17:12)

조화공용〈造化功用〉: 조화란 온 세상世上 만물萬物을 낳고 죽이고 하는 자연自然의 힘과 재주. 열자列子에

「老聃曰 造化之所始」

라고 하였다. 그 후 조물주造物主에 대하여는 조화옹造化翁으로도 쓰여왔다. 조화공용造化功用은 자연自然의 힘과 재주를 인공人功으로 하여 쓰는 것을 말한다.

律呂度數 造化功用立(正6:8)

조획〈粗劃〉: 복희씨伏羲氏가 팔괘八卦를 간략簡略히 그린 것.

伏羲粗畫文王巧 天地傾危二千八百年(大序)

존공〈尊空〉: 공空은 무위无位라 하니 공空자리를 존귀尊貴하게 모심. →「歸空」

十五尊空 正吾夫子之朞 當朞三百六十日(正7:1)

己位親政 戊位尊空(正10:14)

亢角二宿尊空詩(正17:8)

十一歸體兮 五八尊空(正27:4)

五八尊空兮 九二錯綜(正27:5)

존양〈尊陽〉: 음陰은 눌으고 양陽은 높힌다는 선천先天의 학문學問하는 심법心法 즉 주역周易에서 말하는

「閑邪存其誠」「遏惡揚善」「非禮弗履」

등이 이러한 것들이다. 후천后天에 있어서는 그 심법心法을 체體로하여 공용功用에는 조양율음調陽律陰을 하여야 한다는 것이다.

抑陰尊陽 先天心法之學(正8:10)

종시무태〈終始无怠〉: 종시終始란 말은 주역건괘周易乾卦에

「大明終始 六位時成」

이라고 한데 비로소 보인다. 종시終始는 시종始終과는 개념槪念이 다르다. 시종始終은 처음부터 끝까지라는 말이지만 종시終始도 순자荀子의 말에 의하면

「愼終如始 終始如一」

이라하여 역시 처음부터 끝까지라는 말이며, 정역正易의 종시무태終始无怠 또한 그러한 뜻으로 보이지만 본래 종시終始란 오늘이 끝나고 내일이 시작되는 기갑야반생계해己甲夜半生癸亥하는 뜻이니, 즉 선천先天이 끝나고 후천后天이 시작始作되는 뜻으로 쓰인다. 이런 의미에서 종시무태終始无怠 란 종시終始토록 게으르지 아니하고 부지런히 노력하면 결국 우리 화화 옹化化翁이 친히 가르쳐 주실 것이라는 말이다.

誠意正心 終始无怠 丁寧我化化翁 必親施教(正18:7)

종언⟨從言⟩ : 말씀을 좇음. 대덕大德은 지도地道를 좇는 법法이며, 지地는 말씀을 좇는다고한 말이다.

大德從地兮 地從言(正9:6)

종지⟨從地⟩ : 지도地道를 좇음. 대덕大德은 지도地道를 좇아서 행하는 것이라고 하는 말인데 정역正易에 대덕大德이란 주역周易에서 말하는

「天地之大德曰 生 聖人之大寶曰 位」

이라한 대덕大德이다. 즉 천지조화의 일은 땅의 도道를 따른다는 뜻이다.

大德從地兮 地從言(正9:6)

종천⟨從天⟩ : 주역周易에 이르기를

「立天之道曰 陰與陽」

이라 하였고, 또 계사繫辭에

「一陰一陽之謂 道」

라고 하였다. 이러한 대도大道는 일음일양一陰 一陽하는 것이오, 이 음양陰陽은 천도天道이므로 대도大道는 하늘을 따른다고 한 것이다.

大道從天兮 天不言(正9:5)

좌우분열⟨左右分列⟩ : 좌우左右로 나누어 벌려 놓음. 즉 일육수一六水와 삼팔목三八木을 좌우로 나누어 벌려 놓았다는 말.

我爲主人次第開 一六三八左右分列(正6:2)

주덕재자⟨周德在玆⟩ : 주周나라의 성덕聖德이 여기에 있다는 것은 기자箕子의 홍범洪範으로 주나라의 성치聖治를 하게 되었다하여 한 말이다.

周德在玆 二南七月(正1:6)

주인〈主人〉: 주역명이초周易明夷初에

　　「有攸往 主人有言」

이라는 말이 있다. 주인이란 집안의 어른이란 말이다. 내가 주인이 되어
일육삼팔一六三八을 차례로 열어 놓는다는, 주인은 후천后天의 금화문金火
門을 여는 주인을 말한 것이다.

　　我爲主人次第開 一六三八左右分列(正6:2)

주천〈周天〉: 해·달·별 등이 일정한 궤도軌道를 일주一周하는 일인데 예기禮
記에

　　「月行一周天」

이라고 하여 달의 주천周天을 말하고 있다. 정역正易에는

　　「一歲周天律呂度數」

라 하여 율려律呂의 도수度數, 1일日 36분分이 1세歲를 주천周天하면 12,960
분分이 된다는 것을 밝히고 있다.

　　一歲周天律呂度數(正7:11)

주회도수〈周回度數〉: 천체天體가 어느 궤도軌道를 도는데 시간時間이 걸리
는 것은 주천周天이라 하고 거리가 먹히는 것은 주회周回라 하니 즉 둘레
의 리정里程에 도수度數를 말한다. 정역正易에

　　「先天二百一十六萬里

　　后天三百二十四萬里

　　先后天合計數 五百四十萬里」

라고한 것은 지구의 하루 공전公轉하는 이수里數인 바 그 육백만리六百萬里
에서 그 1/10을 빼면 540만리萬里가 된다. 이것이 주회도수周回度數이다. 여
기서 선후천先后天이란 1 주야晝夜를 말한다.

　　先后天周回度數(正19:8)

중궁지중위〈中宮之中位〉: 중궁中宮은 사방 둘레의 중앙中央이요, 중위中位
는 그 중앙中央에서의 가운데 위치를 말한다. →「月合中宮之中位一日朔」

　　月合中宮之中位一日朔(正7:8)

중립〈中立〉: 문왕괘文王卦는 천지天地가 기울어져서 이른 바

　　「天地傾危二千八百年」

이라고 하였는데 정역正易에서는 건곤乾坤이 중앙에서 건북乾北 남북坤南
으로 정립定立하였음을 중립中立이라고 한다. 그러나 여기에 말하는 건곤
중립乾坤中立은 선천先天과 후천后天의 중간中間에 서있는 뜻이다.

　　乾坤中立 上律下襲 襲于今日(正1:7)

중언〈重言〉: 거듭하시는 말씀. 화무상제化无上帝께서 말씀으로 후천황중
월后天皇中月을 분부分付하시고, 또 거듭 말씀하시는 것이다.

　　化无上帝重言(正10:7)

중위〈中位〉: 중中에 위치한 것. 정역正易에는 정위正位와 중위中位가 있는데,
정위正位는 바르게 위치한 것이며 중위中位는 중앙에 위치한 것이다. 정역
正易은 중中을 체體로하고 정正을 쓰는 것이다. 그러므로 선후천先后天을 밝
히는 원천原天을 말하고, 천지天地 지천地天을 밝히는 상원원원上元元元을
말하고 있다. 이 정위正位는 상대적이對的지만 중위中位는 절대적絕對的이
라 할 수 있다.

　　五居中位 皇極(正2:6)
　　月合中宮之中位 一日朔(正7:8)
　　五行之宗 六宗之長 中位正易(正23:3)

중위정역〈中位正易〉: 십오十五는 오행五行의 종宗이오, 진손震巽은 육종六宗
의 장長이므로 십오十五는 중앙中央의 위치요, 뇌풍雷風은 정역正易을 내는
바이니 중위정역中位正易이라 하는 것이다. →「中位」

　　五行之宗 六宗之長 中位正易(正23:3)

중유학선여 취소농명월〈中有學仙侶 吹簫弄明月〉: 이 시는 구단丘丹의 시에

　　「中有學仙人 吹簫弄明月」

이라고한데서 취한 말이지만 그 글뜻과는 전연 다른 것으로서 가운데에
는 유儒·선仙·불佛인 학선여學仙侶가 있어서 통소를 불고 명월明月을 노래한
다고 하였다. 이에서 정역正易에

　　「中有學仙侶」

란 일부一夫선생 자신을 가리킨 것으로 생각된다. 그것은 무위시无位時에

　　「道乃分三理自然 斯儒斯佚又斯仙 誰識一夫眞踏此 无人則守有人傳」

이라고하는 바 이것은 일부선생一夫先生이 유儒·불佛·선仙 삼도三道를 다 밟아 온 것을 의미하므로 여기 유불선儒佛仙이 곧 중유학선여中有學仙侶라는 말과 상통하기 때문이다.

中有學仙侶 吹簫弄明月(正5:15)
中有學仙人 吹簫弄明月(丘丹詩)

중화〈中化〉: 후천后天 이십사절기二十四節氣의 하나. 묘월卯月 십팔일十八日의 절후節侯.

卯月十八日庚子子正一刻十一分中化(正31:3)

지덕〈地德〉: 덕德은 주역周易에

「天地之大德曰 生」

이라한 데서 비롯되니 지덕地德은 즉 천도天道에 응하는 생육生育의 덕德이다. 정역正易에서 말하는 지덕地德은 아래와 같다.

地德 天道	方 圓	二四六八 庚壬甲丙	后五地德 先五天道	(二四六八十) (一三五七九) 〉	十一地德而天道

先五天道 后五地德(正22:9)
十一 地德而天道(正26:4)
地德方 二四六八(正26:6)

지수〈地數〉: 도度를 덕德에 비한다면 수數는도道에 비할 수 있다. 이는 태음太陰 태양太陽의 포태도수胞胎度數를 밝히는 데서

「度順而道逆」「度逆而道順」「度成道於三十」「度成道於三十六」

이라고한 것을 봐도 알만하다. 즉 도度는 거리를 말하는 것이오, 수數는 그 가치를 말하는 것이다. 그러므로 지수地數는 땅에 속하는 가치를 나타내는 수數이다. 천도天度와 지수地數를 도표하면 아래와 같다.

天度　圓 地數　方	九七五三 丁乙癸辛	度天 數地	一三五次 第七九次 〉	五十天度而地數

五十 天度而地數(正26:9)
地數方 丁乙癸辛(正26:10)

지신지명〈至神至明〉: 지극히 신비롭고 지극히 명확明確한 것. 일월日月의

정사政事는 지극히 신비神秘하고 또 지극히 밝은 것이어서 그 얼마나 신비神秘하며 얼마나 밝은가에 대해서 글로서는 이루 다 형용해 말할 수 없다는 말이다. 이 지신지명至神至明에 대하여 주역周易에서는

「神而明之 存乎其人」

이라고 하였다. 신이명지神而明之가 정역正易에서 지신지명至神至明으로 존호기인存乎其人이 정역正易에서 지인至人으로 나타나 있다.

嗚呼 日月之政 至神至明 書不盡言(正8:16)

지십위천천오지〈地十爲天天五地〉 : 이는 선천先天에서 후천后天으로 변變하는 도道의 추기樞機라고 할만하다. 후천后天이 되는 요건要件은 십수十數가 올라오는 현상이니 십十이란 천지天地의 기기紀가 되기 때문이다. 이를 손도수로 알아보기 위해 도표로 그려보자.

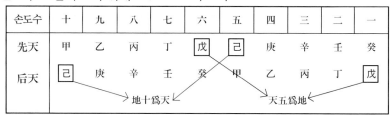

손도수	十	九	八	七	六	五	四	三	二	一
先天	甲	乙	丙	丁	戊	己	庚	辛	壬	癸
后天	己	庚	辛	壬	癸	甲	乙	丙	丁	戊

地十爲天   天五爲地

육六자리에서 지십地十하던 기기가 일一자리로 천天이되어 올라오니 천天이요, 오五자리에서 무戊한 오五가 땅의 십十자리로 내려간 것이다. 다시 말하면 甲乙丙丁戊己庚辛壬癸가 己庚辛壬癸甲乙丙丁戊로 뒤바뀐 것이다. 이것이 후천后天되는 까닭이다.

地十爲天天五地 卯兮歸丑戌依申(正25:1)

지인〈至人〉 : 도덕道德이 지극히 높은 사람을 존칭하는 말이다. 장자소요유莊子逍遙遊에서

「至人無己 神人無功 聖人無名」

이라고 하여 지인至人이라는 말이 있지만, 정역正易에서 말하는 지인至人은 지신지명至神至明한 지인至人이며 주역周易에서 말하는

「神而明之 存乎其人」

이라한 기인其人이 바로 정역正易의 지인至人이라고 생각된다.

天地匪日月空殼 日月匪至人虛影(正8:12)

지의재〈至矣哉〉: 지극至極히 찬미讚美하는 뜻이다. 즉 무극지무극无極之无極에 대해 주역周易에서는

「成性存存」「引而伸之 觸類而長之」

이라고 하였지만 공부자孔夫子도 뜻만 지녀두시고 말씀을 아니한 바를 말하려는데 지극至極히 감탄感嘆하면서 말하는 것이다.

鳴呼至矣哉 无極之无極 夫子之不言(正2:11)

지재차궁중〈只在此宮中〉: 역도易道는 다른데 있는 것이 아니라 다만 이 중궁宮中에 있다는 말이다. 즉 역수易數는 하도河圖·낙서洛書가 나오는 무무위无无位 육십수六十數를 분장分張한 일육궁一六宮과 대일원삼백수大一元三百數를 배열한 구구중九九中이라 하는 이 궁중宮中에 있다는 것이다.

正理玄玄眞經 只在此宮中(正18:6)

지정벽축〈地政闢丑〉: 소강절邵康節의 황극경세서皇極經世書에

「天開於子 地闢於丑 人生於寅 卯生萬物」

이라한데서 취한 바 지정地政은 축丑에서 열리었다고 한다. 이것이 이른 바

「丑宮得旺 子宮退位」

라는 것이다. 축丑이란 바로 상원上元 축회丑會인 기축己丑인 것이다. 그러므로 반고화盤古化도 기축己丑에서 비롯되어 십오일언十五一言은 임인壬寅에 성립成立하니 이것이 반고오화盤古五化요, 인생어인人生於寅이다. 그러므로 반고오화원년盤古五化元年은 임인壬寅이 되는 것이다. 이러한 천지창조天地創造는 기축己丑에서 시작이 되었다가 다시 후천后天에 와서 원시반종原始反終으로 지정地政은 벽축闢丑하는 것이다.

地政闢丑(正22:4)

지종언〈地從言〉: 주역周易에 천지天地의 대덕大德은 생생이라하니 그 생생生生하는 대덕大德은 지정地政을 따라나고 지정地政은 또 말씀대로 따른다는 것이니 이에 말씀이란 대도大道의 말씀인 것이다. 다시 말하면 정역正易에 이른 바

「大道從天 天不言」가

하는 말씀인 것이다. 이는 바로

「一夫言 天地言」

이라함과 상통相通하니 이를 도표해 보면 아래와 같다.

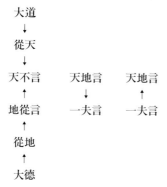

大德從地兮 地從言(正9:6)

지천〈地天〉 : 천지天地란 선천先天의 형形이오, 지천地天이란 후천后天의 상象이다. 천지天地와 지천地天이란 주역周易의 태泰 비괘否卦에서

라한데서 비롯된다.

　地天合道六十一(正4:7)
　丁乙辛三宮 后天之地天(正14:7)
　未濟旣濟兮 地天五元(正18:12)
　天地地天兮 三元五元(正18:13)

지천지성〈知天之聖〉 : 이는 복희씨伏羲氏를 가리킨 말이다. 대역서大易序에 이른 바 지천지성知天之聖은 복희씨伏羲氏를, 낙천지성樂天之聖은 문왕文王을, 친천지성親天之聖은 공자孔子를 가리킨 말이다.

　知天之聖 聖也 樂天之聖 聖也 親天之聖 其惟夫子之聖乎(大序)

지하언재〈地何言哉〉 : 하늘이 무엇을 말하며, 땅이 무엇을 말하리오마는 일부一夫가 능能히 말하노라고 하였다. 이것은 하늘도 땅도 말씀하지 않는 바를 일부一夫가 홀로 능能히 말한다는 뜻을 강조한 것이다.

天何言哉 地何言哉 一夫能言(正9:1)

지호십〈止乎十〉: 천지天地의 수는 십十에 그친다는 것이다. 주역周易에는

「極數知來之謂 占」

이라고한 극수極數는 지호십止乎十을 말한다.

天地之度 數止乎十(正2:16)

지화〈至和〉: 후천后天 이십사절기二十四節氣의 하나. 즉 자월子月 초삼일初三日의 절후節候.

子月初三日乙卯卯正一刻十一分至和(正32:4)

지황재덕〈地皇載德〉: 지황씨地皇氏는 용상마제龍顙馬蹄의 형상으로 생겼다고 한다. 지황地皇이 재덕載德이라하여 덕德을 실었다는 것은 곤괘坤卦에

「坤厚載物 德合无疆」

이라고 한데서 온 것이다.

天皇无爲 地皇載德 人皇作(正1:2)

진경〈眞經〉: 참된 경서經書. 진경眞經이란 도가道家와 불가佛家에서 많이 쓰이지만 정역正易에서 말하는 진경眞經은 유불선儒佛仙 삼도三道가 합한 정역正易을 가리킨 말이다.

正理玄玄眞經 只在此宮中(正18:6)

진언〈盡言〉: 말을 다하는 것. 정역正易에

「至神至明 書不盡言」

이라고 하여 일월日月의 정사政事는 지극至極히 신비神秘롭고 지극至極히 밝아서 글로서는 말을 다할 수 없다 하였고, 주역周易에서는

「書不盡言 言不盡意 然則 聖人之意 豈不可見乎」

라고 하였다.

嗚呼 日月之政 至神至明 書不盡言(正8:16)

진월〈辰月〉: 후천后天의 이월二月의 별칭別稱이다.

辰月初三日乙卯卯正一刻十一分大和(正31:4)

진퇴〈進退〉: 사람이 흔히 벼슬길에 나가고 벼슬길에서 물러감을 진퇴進

退라고 한다. 정역正易에서 말하는 진퇴進退는 지구地球의 운동으로 남북南北 회귀선回歸線을 따라 왕래往來하는 것을 말한다. 즉 지구地球가 공전함에 따라 일어나는 남북진퇴南北進退의 현상을 말한다. 이에 따르는 조석潮汐의 간만干滿도 또한 진퇴進退이다.

> 進退屈伸 律呂度數(正6:7)
> 先天之政 進退(正8:7)
> 進退之政 月盈而月虛(正8:8)
> 互相進退而隨時候氣節(正8:15)

진퇴굴신〈進退屈伸〉: 진퇴進退와 굴신屈伸, 진퇴進退는 지구地球가 공전함에 따라 남북南北으로 회귀선回歸線을 왕래往來하는 현상을 말하고, 굴신屈伸은 지구地球의 자전自轉에 따라 동서東西로 회전回傳하는 것을 말한다. 진퇴進退하므로 생기는 지구地球의 현상은 춘하추동春夏秋冬 사시四時의 계절季節이 있게 되고 굴신屈伸하므로 일어나는 지구地球의 현상은 주야晝夜의 명암明暗이 생기게 된다. 진퇴進退는 선천先天의 일이니 태음정사太陰政事이다. →「進退」

> 進退屈伸 律呂度數 造化功用立(正6:7)

진퇴지정〈進退之政〉: 진퇴進退하는 정사政事는 달이 차는데서 달이 비어가는데까지를 말하여 태음지정太陰之政이라하고 이와 반대로 달이 사라져 가는데서 달이 자라가는데까지 (16日→다음달 15日까지)를 굴신지도屈伸之道라하여 태양지정太陽之政이라 한다.

> 進退之政 月盈而月虛(正8:8)

차궁중〈此宮中〉: 이 궁중宮中 인간人間에는 왕비王妃가 있는 곳을 궁중宮中이라 하지만 이에서는 일육궁一六宮과 구구궁九九中을 합한 궁중宮中이다. →「只在此宮中」

> 正理玄玄眞經 只在此宮中(正18:6)

차제〈次第〉: 차례 차례로.

> 東山第一三八峰 次第登臨(正5:12)
> 我爲主人次第開(正6:2)

차제개〈次第開〉: 차례 차례로 열어 놓음. 내가 주인이 되어 차례 차례로 열어 놓는다는 것.

我爲主人次第開(正6:2)

차제등림〈次第登臨〉: 동산에서도 제일가는 삼팔봉三八峰에 차례 차례로 올라간다는 말. 이는 팔간산八艮山을 뜻함.

東山第一三八峰 次第登臨 洞得吾孔夫子小魯意(正5:12)

착종〈錯綜〉: 얽히고 설킴. 주역周易에서는

「參伍以變 錯綜其數」

라 하였으니 이것은 삼오착종三五錯綜이 후천后天에는 구이착종九二錯綜으로 변變할 것이지만 그 수數를 묻어두기 위하여 그대로 기수其數라고만 하였다. 그러므로 착종기수錯綜其數란 구이착종九二錯綜을 말하는 것이다. 그러나 정역正易에서는 이것을 들어내어

「三五錯綜三元數」(洛書先天)

「九二錯綜五元數」(河圖后天)

라고 하였다.

三五錯綜三元數(正23:11)

九二錯綜五元數(正24:7)

五八尊空兮 九二錯綜(正27:5)

九二錯綜兮 火明金淸(正27:6)

參伍以變 錯綜其數(周易繫辭)

창공〈蒼空〉: 푸른 공중. 푸른 하늘. 창천蒼天이라 하지 않고 창공蒼空이라고 한 것은 협운叶韻때문이라 생각된다.

靜觀萬變一蒼空 六九之年始見工(正20:3)

창화연명무현금〈暢和淵明无絃琴〉: 창화暢和란 거문고 가락이 화합한다는 뜻이다. 북창北窓의 맑은 바람에 도연명陶淵明(潛)의 줄 없는 거문고 가락과 창화暢和한다는 것이다. 이것은 영가咏歌를 무현금无絃琴의 가락에 맞추어 부르는 것을 말한다. 이태백시李太白詩에

「大音自我曲 但奏无絃琴」

라하니 즉 「대자연大自然의 큰 음률音律은 저절로 나오는 나의 노래니, 다

만 줄없는 거문고로 반주하노라」라고 한것도 이 뜻과 서로 통하는 바가 있다. 주역周易에서는 안연顔淵을 내세워

　「顔氏之子 其殆庶幾乎」

라 하여 복괘초구復卦初九에 내세운 것이 특징特徵이라면 정역正易에서는 도연명陶淵明을 내세워

　「暢和淵明无絃琴」

이라 하여 금화삼송金火三頌에서 말한 것이 또한 특징特徵이라 하겠다.

　　北窓淸風 暢和淵明无絃琴(正5:11)

천공〈天工〉: 서경書經에

　「天工 人其待之」

라고 하였으니 천공天工이란 이에서 비록한 말로서 하늘의 조화작용을 의미한다. 일부선생一夫先生이 54세歲때에 시견공始見工하였다는 것도 이 천공天工을 말하는 것이라 하겠다. 중용中庸에도

　「待其人而後行」

이라 하니 이 또한 천공天工을 두고 뜻한 말이다.

　　誰識天工待人成(正20:14)
　　天工 人其待之(書經)

천도〈天度〉: 하늘의 운행한 수를 천도天度라 한다면 하늘이 운행하여 가는 법도法度를 천도天度라고 할 수 있다. 이것은 정역正易에서만 볼 수 있는 특이한 견해이다. 도역이도순도逆而道順조를 참조參照하기 바란다.

　　五十 天度而地數(正26:9)
　　天度圓 九七五三(正26:11)

천도〈天道〉: 도도度와 도도道를 시계時計로 비유하면, 도도度는 시침時針과 같고 도도道는 글자 판과 같다. 그러므로 천도天道는 하나의 이정표里程標이다. 인간人間의 상도常道도 마찬가지다. 인간이 걸어 가는데 하나의 표준標準이 되는 것이다.

　　先五天道 后五地德(正22:9)
　　十一 地德而天道(正26:4)
　　天道圓 庚壬甲丙(正26:5)

천도원〈天度圓〉: 천도天道 즉 하늘이 가는 도度는 무한하므로 원圓하니 도수로는 구칠오삼九七五三의 형상을 한다. 이는 바로 정을계신丁乙癸辛이 닿는 손도수를 가리킨다. →「地數方」

　　天度圓 九七五三(正26:11)

천도원〈天道圓〉: 천도원天道圓이란 말은 여람呂覽〈呂氏春秋〉에서도 이르기를

　　「天道圓 地道方 聖人法之 所以立上下 精氣一上一下 圜周複雜 無所稽留故曰 天
　　道圓 萬物殊類殊形 皆有分職 不能相爲故曰 地道方」

이라고 하였다. 정역正易에서 천도天道는 일삼오칠구一三五七九를 말하는가 하면 천간天干으로는 경임갑병庚壬甲丙으로 말하고 있다. →「地德方」

　　天道圓 庚壬甲丙(正26:5)

천리〈天理〉: 천지天地 자연自然의 도리道理를 말하는 바 예기禮記에

　　「滅天理而窮人欲」

이라 하였고, 또 한서漢書에서도

　　「逆天理 亂人倫」

이라 한 것으로 보아 천리天理는 자연自然의 도리道理와 인간人間의 윤리倫理의 회통처會通處로서 하늘이 그 행하는 궤도軌道를 잃으면 건곤乾坤이 쉬게 되고, 인간人間이 행行하는 도리道理를 잃게 되면 천리天理를 거꾸로 손상損傷하여 천지부모가 위태롭게 된다는 것이다.

　　倒喪天理 父母危(正10:8)

천불언〈天不言〉: 하늘이 말씀을 아니하신다는 말이 아니라 대도大道가 하늘로 조차 나왔으니 하늘이 말씀이 없으랴 하는 말이다. 정역正易에

　　「天何言哉 地何言哉」

라고한 말을 뒤집어 반어사로 썼으니 문장기법으로 보아 흥미興味있는 표현이다.

　　大道從天兮 天不言(正9:5)

천사지륙〈天四地六〉: 천지天地의 도度는 수數가 십十에서 그치니 태양太陽이 하지夏至에 가서 일조日照가 가장 길다하여도 천육지사天六地四의 비율

比率이 될 뿐이오, 동지冬至에 가서 일조日照가 가장 짧다하여도 천사지육天四地六의 비율比率이 될 뿐이다. 춘분春分과 추분秋分에 태양太陽의 일조日照 시간時間이 주야晝夜가 같다고 하여도 천오지오天五地五의 비율比率에 지나지 않은 것이다.

天四地六 天五地五 天六地四(正2:15)

천심〈天心〉: 주역周易에는 지뢰복괘地雷復卦에

「復其見天地之心乎」

라 하고 그밖에도 동지冬至 때를 천지심天地心으로 읊은 시구가 많다. 맹자孟子는 민심民心을 천심天心이라고 하여 민심民心의 소재所在는 곧 천심처天心處라고 하였다. 정역正易에서는 도수度數로 천심天心의 소재所在를 가리키니 괘卦로 쳐서 이천二天이 닿는 오五자리가 곧 천심天心자리요, 칠지七地가 닿는 십十자리가 곧 황심皇心이라고 한다. 심心은 중中이라는 말이니 정역正易에 이른 바

「居中 五」「五居中位」

라고한 오五는 하도河圖의 궁중宮中 中┼╍╍이나 낙서洛書의 중궁中宮이 모두 오五니 이것이 천하天下의 중中이오 천심天心이다. 손도수로 형용해 말하면 선천先天에는 갑甲에서부터 시작始作하여 (甲乙丙丁戊) 무오戊午에 이르면 이천二天자리에 당하니 이래서 천심天心이라 하고, 후천后天에는 기己에서부터 시작始作하여 (己庚辛壬癸甲乙丙丁戊) 무오戊午에 이르면 칠지七地자리에 당하니 이래서 황심皇心이라고한 것이다. 이는 바로 무중无中의 벽碧이요, 중궁中宮의 공空이다. 이를 도표로 하면

손도수	1	2	3	4	5	6	7	8	9	10
正易卦	八	九	十	一	二	三	四	五	六	七
	艮	離	乾	巽	天	兌	坎	坤	震	地
先天六甲	甲	乙	丙	丁	戊	己	庚	辛	壬	癸
后天六甲	己	庚	辛	壬	癸	甲	乙	丙	丁	戊
					天心					皇心

吾皇大道當天心(正5:4)

復上起月當天心(正10:3)

幾度復上當天心(正10:5)

克享天心·受天明命(書經)

月倒天心處 風來水面時(邵雍)

천심월〈天心月〉 : 천심天心달은 선천先天의 달을 말한다. 정역正易에서는 선천先天의 천심월天心月과 후천后天의 황심월皇心月이 있는데, 천심월天心月은 무진戊辰달이 이천二天자리에 와서 만월滿月이 되는 달이요, 황심월皇心月은 무진戊辰달이 변變한 계미癸未달이 칠지七地자리에 와서 만월滿月이 되는 달이다. →「天心」

月起復上 天心月(正10:5)

影動天心月(正19:16)

천정개자〈天政開子〉 : 하늘은 정사政事를 자子에서부터 열었다. 그러므로 소강절邵康節이 황극경세서皇極經世書에서

「天開於子 地闢於丑 人起於寅 卯生萬物」

이라한 것을 정역正易에서 취하였지만 강절康節이 말하는 천개어자天開於子 지벽어축地闢於丑과는 개념槪念이 약간 다르다. 강절康節은 천운天運을 자회운子會運 10,800년 축회운丑會運 또한 10,800년, 이렇게 인 묘 진 사 오 미 신 유 술 해 寅卯辰巳午未申酉戌亥까지 모두 12회會를 1원元으로 하여 129,600년이 되는 기계적인 산법算法을 썼지만, 정역正易에서는 천개어자天開於子 를 선천先天을 운행하는 자운子運이라 하고, 후천后天을 운행하는 것은 축운丑運이라 하여 그 수는 무량无量이라 하였다.

天政開子·地政闢丑(正22:4)

천지〈天地〉 : 정역正易에서 천지天地란 보편적으로 하늘과 땅이라는 건곤乾坤의 형체形體를 말하는 것으로서 어디까지나 공간적空間的인 형태形態일 경우가 많다. 그러나 이 테두리를 벗어나 시간적時間的인 운행運行과정을 말할 때도 있으니 즉

「先天之天地」「天地合德」「天地三元」「天地地天分」「天地地天」「后天先天」

등은 천지天地 형태形態를 말하는 것이 아니라 운행면運行面 즉 시간적時間的 선후천先后天에서 본 천지天地라는 것을 알 수 있다.

天地傾危二千八百年(大序)

天地无窮化无翁(大序)

天地之理三元(正2:1)

天地之道 旣濟未濟(正2:3)

天地之度 數止乎十(正2:16)

天地合德三十二 地天合道六十一(正4:7)

經天地之化權(正5:6)

古今天地一大壯觀(正6:2)

日月之德 天地之分(正6:10)

乾坤天地 雷風中(正7:16)

水土之成道天地 天地之合德日月(正8:2)

天地匪日月 空殼(正8:12)

天地无言 一夫何言 天地有言 一夫敢言(正9:10)

天地言 一夫言 一夫言 天地言(正9:12)

天地出入 一夫出入 三才門(正9:13)

天地壯觀雷風宮(正9:16)

先天之天地(正14:6)

天地三元(正18:11)

天地地天兮 三元五元(正18:13)

天地之數 數日月(正20:10)

天地地天 后天先天(正22:11)

天地淸明(正27:7)

天地淸明兮 日月光華(正27:8)

천지경위이천팔백년〈天地傾危二千八百年〉: 복희씨伏羲氏가 괘卦를 대략 긋고, 문왕文王이 정교精巧하게 그린 뒤로 천지天地가 기울어져 위태롭게 됨이 이천팔백년二千八百年이 됐다는 것이다. 이는 노자老子의

「大道廢而由仁義………」

라고한 것이나, 맹자孟子의

「幽厲興則 民好暴」「春秋作而亂臣賊子懼」

라고한 것으로 바아 인류역사人類歷史는 공자孔子가 춘추春秋를 지은 노은공魯隱公 때부터 세상이 어지러워진 것이 사실事實이다. 맹자孟子가 왕도王道를 주창主唱하는 동시에 윤리사상倫理思想의 중추中樞가 될 수 있는 인륜人倫을 말하여

「人之有道也 飽食煖衣 逸居而無敎則 近於禽獸 聖人有憂之 使契爲使徒 敎以人
倫 父子有親 君臣有義 夫婦有別 長幼有序 朋友有信」

이라고 한 이후 현일달사賢人達士들이 이말을 표범標範하여 오륜五倫 또는
오상五常의 도道로 대칭對稱하여 교화에 힘써 왔음에도 불구하고 사회社會
는 점점 어지러워 맹자孟子의 말대로 인장상식人將相食의 패역상悖逆相을
면치 못하였다. 이것이 하나의 천지경위天地傾危의 현상이다.

伏羲粗畫文王巧 天地傾危二千八百年(大序)

천지무궁〈天地无窮〉: 천지天地의 생존生存은 무궁无窮함. 일부선생一夫先生
의 학문 연원은 천지무궁天地无窮한 화무옹化无翁에서 유래한 것이라 하
였다.

淵源天地无窮化无翁(大序)

천지무언〈天地无言〉: 천지天地는 본시 말이 없이 행한다. 그러나 여기서는
천지天地가 말씀이 없으면 일부一夫가 어찌 말하겠는가라 하였다.

天地无言 一夫何言(正9:10)

천지삼원〈天地三元〉: 선천先天의 삼오착종三五錯綜 삼원수三元數를 천지삼
원天地三元이라고 하니 여기서 천지天地는 지천地天과 상대되는 선천先天의
천지天地를 말한다. 천지지리삼원天地之理三元과는 다르다.

旣濟未濟兮 天地三元(正18:11)

천지언〈天地言〉: 천지天地의 말씀. 천지유언天地有言은 천지天地가 말씀이
있으시니 하는 말이지만 여기 천지언天地言은 천지天地의 말씀이 곧 일부
一夫말씀이라는 말이다. 그러고 보면 일부一夫라는 말은 곧 천지天地라는
말이다.

天地言 一夫言 一夫言 天地言(正9:12)

천지언 일부언 일부언 천지언〈天地言 一夫言 一夫言 天地言〉: 기독교基督
敎 성경聖經에 보면 하나님 속에 내가 있고, 내속에는 하나님이 항상 계신
다고 예수님이 말씀하셨다. 이에 있다는 말은 곧 말씀인 것이다. 또 말씀
은 곧 진리眞理요, 생명生命이오, 길이라는 것이다. 맹자孟子도 말씀에 대
하여

「我知言」

이라고 하였다. 공자孔子가 논어論語에서

「不知言 不知人也」

라고 하였으니 이 말을 배우기 위해 학이시습學而時習으로 논어論語는 시작始作하여 지언知言으로 끝난다. 이 사상思想을 이어서 맹자孟子는 아지언我知言이라고 말한 것일까? 주역周易 계사繫辭는 기사其辭로 끝을 내려했지만(十而翼之) 정역正易에서는 일언(十五一言·十一一言·吾一言)으로 일관(一而貫之)된다. 그리하여

「天地无言 一夫何言」

이라는 말씀이며

「大道從天 天不言」

이라는 등 말씀이 천지天地 말씀으로서 이에 일호일부一乎一夫로 집약된다. 그러므로 천지天地의 말을 일부一夫라고 말하니, 일부一夫라고 한 말은 천지天地라는 말이다.

天地言 一夫言 一夫言 天地言(正9:12)

천지유언〈天地有言〉: 천지天地가 말씀하신 바 있어 일부一夫가 감히 말한다는 말이다.

天地有言 一夫敢言(正9:10)

천지장관뇌풍궁〈天地壯觀雷風宮〉: 천지天地에 웅장雄壯한 것은 뇌풍雷風의 집이라는 것으로서 천지天地가 바로 뇌풍궁雷風宮이 되니 그 형상이 웅장雄壯하여 보기에 장관壯觀이라는 뜻이다. 장관壯觀은 뇌천대장雷天大壯·풍지관風地觀을 말한다. 천지장관天地壯觀에 뇌풍雷風이 정위正位하니 이것이 곧 뇌풍궁雷風宮이다.

日月大明乾坤宅 天地壯觀雷風宮(正9:16)

천지지도〈天地之道〉: 천지天地의 도道는 기제미제旣濟未濟라 하였으니 괘상卦象을 말하는 것 같지만 이는 어디까지나 수리數理가 도역倒逆하는 사이에 수화水火와 화수火水의 상象을 형상한다는 것이다. 이를 도표로 보면 이것이 천지지도天地之道의 상象이다.

倒→										逆→									
十	九	八	七	六	五	四	三	二	一	一	二	三	四	五	六	七	八	九	十
				火 水			火 水			水 火				水 火					
				∨			∨			∨				∨					
				未濟			未濟			旣濟				旣濟					

天地之道 旣濟未濟(正2:3)

천지지도〈天地之度〉: 천지天地의 가는 도度는 그 수數가 무한한 것이 아니라 무한성无限性을 띤 십十에서 그친다고 한다.

　天地之度 數止乎十(正2:16)

천지지리삼원〈天地之理 三元〉: 천지天地의 이치理致는 복잡다단複雜多端하지만 결국은 삼원三元이니 삼원三元이란 천天·지地·인人 삼재三才의 뜻도 있지만 여기서는 하도河圖와 낙서洛書와 성인聖人, 이 세 가지를 가리킨다고 볼 수 있다.

　天地之理 三元(正2:1)

천지지분〈天地之分〉: 일월日月의 생생生生하는 덕德은 천지天地의 나뉘움에서 이룬다는 것이다. 다시 말하면 천지天地에서 나뉘어진 것이 일월日月의 덕德이라는 것이다. 그러므로 분分을 십오十五 건곤수乾坤數를 한 단위로 하여 쌓은 것이 십오분十五分 일각一刻이 되는 것이다.

　嗚呼 日月之德 天地之分(正6:10)

천지지수〈天地之數〉: 천지天地의 수數라 함은 즉 일월日月을 수數로 친다는 것이니, 즉 360도 수와 365도¼수 따위는 바로 천지天地의 수가 된다고 하겠다.

　天地之數 數日月(正20:10)

천지지천〈天地地天〉: 선천先天을 천지天地 후천后天을 지천地天이라 한다. 왜냐하면 일삼오칠구一三五七九는 선천先天의 삼천양지三天兩地로서 삼천三天이란 천天과 양지兩地라는 지地와 결합하여 천지天地라 하였고, 이사육팔십二四六八十은 후천后天의 삼지양천三地兩天으로서 삼지三地란 지地와 양천兩天이란 천天과 결합하여 지천地天이라 하였기 때문이다. 이를 도표로 보자.

三 天 兩 地 ● ● 天　　地	三 地 兩 天 ● ● 地　　天

　　天地地天兮 三元五元(正18:13)
　　天地地天 后天先天(正22:11)

천지지 합덕일월〈天地之合德日月〉: 천지天地의 나뉨(分)은 일월日月의 덕德이라 하였고, 천지天地의 합덕合德은 일월日月이라고 하였으니, 천지지분天地之分이든, 천지지합天地之合이든 모두 일월日月로 인한 것이기 때문에 천지天地가 일월日月이 없으면 빈 껍질이라고한 것이다. 정역正易에 이른 바

　　「天地合德」과 「天地之合德」은

같은 말이 아니라 천지합덕天地合德은 지천합도地天合道와 상대되는 선후천先后天의 뜻이 있지만 천지지합덕天地之合德은 하늘과 땅이 합덕合德한다는 현상저명現象著明을 말한 것이다.

　　水土之成道天地 天地之合德日月(正8:2)

천지청명〈天地淸明〉: 청명淸明은 화명금청火明金淸의 뜻이니 또한 금화金火의 속성屬性을 나타낸다. 청명淸明은 또 일월日月로 연결되어 광화光華라 하였다.

　　火明金淸兮 天地淸明(正27:8)
　　天地淸明兮 日月光華(正27:9)

천지출입〈天地出入〉: 금화문金火門이 얼마나 큰지를 여기서 알 수 있다. 천지天地도 출입出入하고 일부一夫도 출입出入하니 삼재문三才門이 된다는 것이다. 주역周易에 역易을 찬讚하여 여천지준與天地準이라 하였다. 정역正易의 금화문金火門은 여천지준與天地準이 아니라 천지天地가 그 문門으로 출입出入한다 하니 얼마나 큰가를 가히 짐작할 수 있다. 이것이 이른 바

　　「天地无形之景」

이라고 하는 것일까. 그러므로 정역팔괘도正易八卦圖외에 금화정역도金火正易圖가 있어서 천리天理가 금화문金火門으로 출입하는 모습을 보여주는 것이라고 생각된다.

大哉 金火門 天地出入 一夫出入(正9:13)

천지합덕삼십이〈天地合德三十二〉: 선천先天의 천지합덕天地合德을 황극체위수皇極位數 즉 무술戊戌에서 기사己巳까지의 32수에 합덕合德한다는 것이다. 이것으로 미루어 지천합도地天合道도 알 수 있다. →「天地之合德日月」

天地合德三十二 地天合道六十一(正4:7)

천하언재〈天何言哉〉: 논어미자論語微子에 자공子貢이 공자孔子에 대해

「子如不言則 小子何述焉」고

이라고 하였다. 이에 대하여 공자孔子는

「天何言哉 四時行焉 百物生焉 天何言哉」리오

라고 하였다. 정역正易에서는

「天何言哉 地何言哉 一夫能言」

이라고 하였다. 일부一夫의 능언처能言處는 수남수북水南水北의 조석변화潮汐變化에 있다.

天何言哉 地何言哉 一夫能言(正9:1)

天何言哉 四時行焉 百物生焉 天何言哉(論語微子)

천황〈天皇〉: 삼황三皇중의 하나. 형제 십이十二인이 각 일一만팔八천세를 누리었다고 한다.

天皇无爲 地皇載德 人皇作(正1:2)

천황무위〈天皇无爲〉: 무위无爲란 노자老子·도덕경道德經에

「爲无爲則 無不治」

라하였고, 논어論語에 순舜임금의 정치政治를 말하여

「無爲而治者 其舜也歟」인저

라고 하였으며, 소동파蘇東坡는 무위無爲에 대하여

「古之帝王 皆聖人也 其道以無爲爲宗」

이라고 하니 무위无爲가 어떠한 것인가를 알만하다. 무위无爲는 또 건곤乾坤의 도道이다. 그러므로 황제黃帝와 요堯·순舜이 정치政治를 무위无爲로 하였다는 일을 주역周易에서 밝힌 바

「黃帝堯舜 垂衣裳而天下治 蓋取諸乾坤」

이라고 하였다. 정역正易의 도정道政은 천황무위天皇无爲에서 시작始作하여

상제조림上帝照臨하여 호호무량好好无量으로 끝을 맺으니 소동파蘇東坡가 말한 바와 같이 그 도道는 무위无爲로 종宗을 삼은 것이니 성인聖人의 대도 大道이다. 노자老子가

「大道廢而由仁義」

라고 한 것은 무위정치无爲政治가 폐지廢止되었음을 한탄한 말을 심하게한 것뿐이다. →「天皇」

　　天皇无爲 地皇載德 人皇作(正1:2)

청명〈淸明〉: 맑고 밝은 것. 또는 천하天下가 평화롭게 다스려지는 것을 뜻하니 시경詩經에 회조청명會朝淸明이란 뜻이 바로 이것을 가리킨 말이다. 정역正易에서 말한 청명淸明은 금청金淸 화명火明으로서 즉 금화金火의 맑고 밝음으로써 천하天下가 평화롭게 다스려지는 것을 말한 것이다.

　　火明金淸兮 天地淸明(正27:7)

　　天地淸明兮 日月光華(正27:8)

청송〈靑松〉: 푸른 소나무. 정역팔괘正易八卦의 곤괘상坤卦象을 형용하는데 청송靑松이 단학短壑에 걸린 듯 하다고 한 것이다.

　　南望靑松架短壑(正5:13)

청아일곡방랑음〈聽我一曲放浪吟〉: 나의 한 곡조曲調 방랑放浪하게 읊은 노래를 들어보라는 것이니 이는 구구음九九吟을 가리킨 말이다.

　　聽我一曲放浪吟(正17:14)

청풍〈淸風〉: 맑은 바람. 북창北窓에서 불어오는 맑은 바람이란 말이니, 강산薑山 이서구李書九의

「陶淵明 北窓枕上 不覺神旺」

이라한 북창침상北窓枕上에도 이런 맑은 바람에 도연명陶淵明의 무현금无絃 琴을 창화暢和한다는 의사가 들어있다.

　　北窓淸風 暢和淵明无絃琴(正5:11)

청화〈淸和〉: 후천后天 이십사절기二十四節氣의 하나. 후천后天 유월六月 초삼일初三日의 절후節侯.

　　申月初三日乙卯卯正一刻十一分淸和(正31:12)

체영지도〈體影之道〉: 천지天地는 체體와 영影이다. 그러므로 십오일언十五一言에 천지天地의 그 형체形體를 말하는 곳에서

「地載天而方正 體

　天包地而圓環 影」

이라고 하였고, 십일일언十一一言에 천지天地의 그 성정性情 즉 정사政事를 말하는 곳에서

「一八 復上月 影生數 （子運·天政）

　五六 皇中月 體成數」（丑運·地政）

라고 하니, 체영지도體影之道는 천정天政과 지정地政을 나타내는 말이다. 이 체영지도體影之道의 상象을 도표로 표시하면 다음과 같다.

손도수		屈					伸				
	倒	十	九	八	七	六	五	四	三	二	一
	逆	一	二	三	四	五	六	七	八	九	十
體와 影		天復 包上 地月 而影○ 圓生 環數 ○影					地皇 載中 天月 而體○ 方成 正數 ○體				

大哉 體影之道 理氣囿焉 神明萃焉(正1:16)

체방용원〈體方用圓〉: 이사육팔십二四六八十을 방방이라 하고, 일삼오칠구一三五七九를 원圓이라 한다. 그리하여 방방은 하도河圖요, 원圓은 낙서洛書이다. 체방용원體方用圓은 선천先天의 상象으로서 이사육팔십二四六八十을 체體로 하고, 일삼오칠구一三五七九를 쓰는 것이다. →「體圓用方」

先天 體方用圓 二十七朔而閏(正19:5)

체성수〈體成數〉: 일이삼사오一二三四五를 생수生數라 하고, 육칠팔구십六七八九十을 성수成數라 하니 체성수體成數는 육칠팔구십六七八九十인 성수成數를 이루는 수數 즉 6자리를 말한다. 이 상象은 재천이방정載天而方正한 체형體形, 즉 지地를 형성한다. 이것이 축운丑運이며 오육五六(包五舍六) 황중월皇中月의 체성수體成數라는 것이다.

五六 皇中月體成數(正22:6)

체원용방〈體圓用方〉: 일삼오칠구一三五七九를 낙서洛書의 수수數이오, 또 원圓
이며 이사육팔십二四六八十은 하도河圖의 상상象이오, 또 방方이다. 일삼오칠
구一三五七九를 체體로 하고, 이사육팔십二四六八十을 쓰는 것은 후천后天의
상상象이다. 다시 말하여 낙서洛書를 배경하여 하도河圖를 쓰인다는 것이니
이것이 360일日로 바룬다는 길이다. →「體方用圓」

> 后天 體圓用方 三百六旬而正(正19:6)

체위도수〈體位度數〉: 정역正易에는 사대체위도수四大體位度數가 있는데 일
극日極·월극月極과 무극无極·황극皇極의 체위도수體位度數가 그것이다. 이것
이 우주생성宇宙生成의 모체母體가 되며, 원천운행原天運行의 초석礎石이 되
는 것이다. 천체天體에는 북극北極에 천황대제天皇大帝 즉 북극성北極星이 체
위體位하여 모든 중성衆星을 거느리고 천체天體의 주위周圍를 도는 것 처럼
정역正易의 사대체위도수四大體位度數 또한 모든 변화變化의 용정用政을 하
는 것이라 하겠다. 이것을 도표로 하여 사상분체도四象分體圖와의 연관을
살펴보면 아래와 같다.

四大體位度數	四象分體圖 159
无極體位己巳戊辰己亥戊戌 　度數而數六十一	地天合道六十一
皇極體位戊戌己亥戊辰己巳 　度數而數三十二	天地合德三十二
月極體位庚子戊申壬子庚申己巳 　度數而數三十	大明后天三十日
日極體位丙午甲寅戊午丙寅壬寅辛亥 　度數而數三十六	三十六宮先天月

> 无極體位度數(正11:2)
> 皇極體位度數(正11:6)
> 月極體位度數(正11:10)
> 日極體位度數(正11:15)

체화〈體化〉: 후천后天 이십사절기二十四節氣의 하나. 후천后天 축월丑月 십팔
일十八日의 절후節侯.

> 丑月十八日庚子子正一刻十一分體化(正32:7)

초초일도〈初初一度〉: 태음太陰과 태양太陽이 생기는데 포궁胞宮 초일도初一度의 터전이 되는 도수度數, 즉 태음太陰의 경우 초일도初一度인 경자庚子에서 포胞하므로 초초일도初初一度는 경자庚子의 1도전인 기해己亥가 되는 것이다. 태양太陽의 경우는 일칠도一七度인 병오丙午에서 포胞하므로 초초일도初初一度는 역시 기해己亥가 된다. 그런데 태음太陰의 경우는 초일도初一度 경자庚子에서 포胞하니 초초일도初初一度는 있어도 없는 것이라 하였고, 태양太陽의 경우는 일칠도一七度 병오丙午에서 포胞하니 초초일도初初一度는 없어도 있는 것이라 하였다.

初初一度 有而无(正11:12)

初初一度 无而有(正12:2)

초초지역 내내지역〈初初之易 來來之易〉: 초초역初初易은 선천先天의 윤역閏易을 말하고, 래래역來來易은 후천后天의 정역正易을 말한다.

初初之易 來來之易 所以作也(大序)

추연〈推衍〉: 추리推理와 같음. 이치理致를 미루어 불린 뜻.

一元推衍數 二百一十六(正4:11)

推衍 无或違正倫(正10:8)

추연무혹위정륜〈推衍 无或違正倫〉: 이치理致를 미루어 불리는데 혹시 올바른 윤리倫理에 위배違背됨이 없게 하라는 상제上帝의 말씀이시다. 정윤正倫에 대하여서는 서경書經의 기자홍범箕子洪範에

「箕子乃言曰 我聞在昔 鯀陻洪水 汩陳其五行 帝乃震怒 不畀洪範九疇 彝倫攸斁 鯀則殛死 禹乃嗣興 天乃錫禹洪範九疇 彝倫攸敍」

라 하였다. 이는 옛날 우우임금이 홍범구주洪範九疇를 상제上帝에게서 받을 때의 일을 기자箕子가 들은대로 말한 것이다. 서경書經의 이윤彝倫이나 정역正易의 정윤正倫이나 그 의의義義는 한가지이다. →「推衍」

推衍 无或違正倫 倒喪天理 父母危(正10:8)

추리수〈推理數〉: 도수度數를 추리推理하는 것. 즉 360도를 알기 위하여 천지天地의 도수를 추리推理하는 것. 여기서는 다만 천지天地 부모父母의 마음을 편안케 하여 드릴 뿐이오 불초不肖가 감히 어찌 도수度數를 추리推理

하겠나이까라고 하는 말이다.

不肖敢焉推理數 只願安泰父母心(正10:9)

축궁득왕〈丑宮得旺〉: 선천先天에는 천정天政이 자子에서 열렸으나 후천后天에는 지정地政으로 바뀌어 축궁丑宮이 왕운旺運을 얻는다는 것이다. → 「子宮退位」

丑宮得旺 子宮退位(正10:15)

축운오륙자운일팔〈丑運五六 子運一八〉: 천정개자天政開子한 자운子運은 일팔一八자리에서 하고, 지정벽축地政闢丑한 축운丑運은 오육五六자리에서 한다는 것으로서 일팔一八이란 복상월復上月의 빛이 비로소 생하는 수(生數)요, 오육五六이란 황중월皇中月의 실체가 비로소 성하는 수(成數)이다. 일팔一八은 태음太陰의 복지지리復之之理 일팔칠一八七의 상象을 나타내고, 오육五六은 태양太陽의 복지지리復之之理 일칠사一七四의 상象을 보인다. 이것을 도표로 하면 다음과 같다.

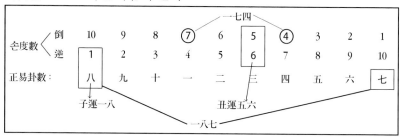

丑運五六 子運一八(正22:5)

축월〈丑月〉: 후천后天 십일월十一月의 별칭別稱.

丑月初三日乙酉酉正一刻十一分太和(正32:6)

축회〈丑會〉: 선천先天의 천정天政을 자회子會라 하고, 후천后天의 지정地政을 축회丑會라 하니 이를 축운丑運이라고도 한다.

上元丑會干支圖(正14:12)

춘추〈春秋〉: 공자孔子가 노魯나라 사기史記를 편년체編年體로 쓴 것을 춘추春秋라고 하였다. 노魯나라 은공隱公 원년元年으로부터 애공哀公 십사년十四年까지 242년年간의 정치사政治史 및 왕통王統에 관한 사기史記를 춘하추동

春夏秋冬 사시四時로 구분하여 편년체編年體로 엮었다. 당시 칠웅七雄이 난립亂立하여 난상패륜亂常悖倫이 극도에 달했을 때에 여러나라 제후국諸侯國을 공公 후侯 백伯 자子 남男으로 등급하여 포폄褒貶한 것이다. 이는 공자孔子가 아니면 할 수 없고, 천자天子라야 등급을 정定하고 포폄褒貶을 가하는 것인데 필부匹夫로서 공자孔子가 이것을 한 것이 춘추春秋의 대의명분大義名分이다. 그러므로 맹자孟子에,

「知我者 其唯春秋乎 罪我者 其唯春秋乎」

라고한 것이다. 일부선생一夫先生이 육십六十평생에 솔성지공率性之工으로 의리義理를 잡아 춘추대의春秋大義에 나타난 일은 위에서 가르치신 바라고 한 것이다.

六十年 率性之工 秉義理 大著春秋事者 上教也(大序)

출입〈出入〉: 금화문金火門에 출입出入하는 뜻. 천天과 지地와 인간人間 (一夫) 즉 삼재三才가 금화문金火門에 출입出入함을 말함. 이 현상을 또

「通觀天地无形之景」「道通天地无形外」

라고도 하였다.

大哉 金火門 天地出入 一夫出入 三才門(正9:13)

충격〈衝激〉: 남방南方의 이칠二七 병정丙丁 화기火氣는 위로 타 올르고 북방北方의 일육一六 임계壬癸 수성水性은 아래로 흘러 내려 서로 세차게 대질러 부딪치는 조수潮水의 왕래往來를 말한다.

火氣炎上 水性就下 互相衝激 互相進退(正8:14)

취소농명월〈吹簫弄明月〉: 퉁소를 불면서 명월明月을 노래한 것이니 이 시詩는 구단됴丹의 시에

「中有學仙人 吹簫弄明月」

이라한 시詩를 취한 것이다. 정역正易에서는 적적赤赤 백백白白 호호互互한 속에서 그 중에 학선여學仙侶가 퉁소를 불며 명월明月을 노래하는 것을 말한 것이다. 이 금화삼송金火三頌은 도연명陶淵明의 무현금无絃琴에 창화暢和하던 북창北窓의 청풍淸風과 학선여學仙侶가 노래하던 명월明月에서 청풍명월淸風明月의 광풍제월光風霽月을 자아내고 있다. 정역正易에 도수度數로는

<pre>
吹簫   弄明月
 ＼／   ／＼
巽震   四坎
</pre>

이라고 한다.

中有學仙侶 吹簫弄明月(正5:15)

취언〈萃焉〉: 모이는 것. 즉 신명神明이 모이는 것. →「神明萃焉」

神明萃焉(正1:16)

취하〈就下〉: 아래로 좇아 나감. 물의 성질은 아래로 좇아 내려 가는 것.
→「水性就下」

水性就下(正8:4)

치정종장〈治政宗長〉: 정치政治에 종사宗師가 될만한 장長은 맹가孟軻라고
하였다.

治政宗長 孟軻是也(大序)

친시〈親施〉: 화옹化翁이 몸소 가르치심을 베풀음. →「必親施敎」

必親施敎(正18:7)

친시〈親視〉: 화옹化翁이 친親히 보이심. →「化翁親視監化事」

化翁親視監化事(正10:10)

친정〈親政〉: 기위己位가 친親히 정사政事함. →「己位親政」

己位親政 戊位尊空(正10:14)

친천지성〈親天之聖〉: 하늘을 친親한 성인聖人. 또는 하늘을 어버이로 하
는 성인聖人. 자공子貢은 공부자孔夫子에 대해

「天縱之將聖」

이라고 하였다. 이 또한 친천親天의 성인聖人이신 하나의 증거라 하겠다.

親天之聖 其惟夫子之聖乎(大序)

친필〈親筆〉: 손수 쓴 글. 공부자孔夫子가 손수 쓰신 글은 십익十翼과 춘추
春秋인데 이 친필親筆 십익十翼을 내 몸에 지녔다 함.

夫子親筆吾已藏(大序)

칠수〈七宿〉: 이십팔수二十八宿를 사정방四正方으로 나누면 일방一方에 칠수七宿씩 들어선다. →「四正七宿用中數」

四正七宿用中數(正9:9)

칠원군〈七元君〉: 북두칠성北斗七星을 칠원성군七元聖君이라고 한다. →「大聖七元君」

大聖七元君書(正9:9)

칠월〈七月〉: 시경詩經의 빈풍豳風 칠월장七月章을 말한다. 또 칠월七月이란 선천先天 음력陰曆 칠월七月이다. →「歌頌七月章」

二南七月(正1:6)

歌頌七月章一篇(正6:3)

七月 十七日 己未 不肖子金恒 感泣奉書(正10:10)

칠일이복〈七日而復〉: 주역周易 복괘復卦에는

「反復其道 七日來復」

이라고 하였다. 정역正易에서는 칠일七日만에 복복한다 하였고, 현재現在도 일주정사一週政事를 하고 있는 것은 칠일이복七日而復하는 이치理致를 쓴 것이라 하겠다. 이 칠七이라는 수수數를 불가佛家에서도 인간人間의 사후死後에 49제齋를 칠칠제七七齋라 하여 말하기도 한다.

「七七齋 人命終復 未受報之間 是中有也 中有之壽命 但極於七日而死 死而復生 未得生緣則 至七七日 七七日罪業審定 方受其報 此間親屬爲亡者 修追福則 傳 劣而爲勝云(佛學大辭典七七齋條)」

이와 같이 칠七수는 인간人間에도 사후死後에 행용하고 있다.

七日而復(正12:3)

칠정옥형〈七政玉衡〉: 서경書經에

「在璇璣玉衡 以齊七政」

이라고한 바 천문측정기天文測程器를 선기옥형璇璣玉衡이라 하였고, 일월日月과 오성五星에 의해 정치政治하는 것을 이제칠정以齊七政이라 하였다. 오늘날 쓰고 있는 일월화수목금토日月火水木金土인 칠요七曜는 바로 옛날 칠정옥형七政玉衡과 일치一致되니 제순帝舜의 성정聖政을 알만하다. 이밖에 각국各國에서 쓰고 있는 칠정七政에 대하여 칠요七曜의 명칭名稱을 열거하면 불학대사전에 다음과 같이 설명하고 있다.

「七曜 日月與火水木金土五星也 宿曜經上曰 夫七曜 日月五星也 其精上曜於天 其神河直於人 所以司善惡而主理吉凶也 其行一日一易 七日一周而復始 宿曜經 下列胡國 波斯語 天竺語之名」

이라 하여 칠요七曜의 명칭名稱을 도표해 보자.

曜日名	日曜	月曜	火曜	水曜	木曜	金曜	土曜
	太陽	太陰	熒惑	辰星	歲星	太白	鎭星
胡名	蜜 Mihr	莫 Mah	雲漢 Vahram	咥 Tir	鶻勿 Harmuzd	那歇 Nahid	枳院 Kevan
波斯名	曜森勿 Yek sumbad	婁禍森勿 Douh sumbad	勢森勿 Sch sumbad	聖森勿 Ohehar sumbad	本森勿 Peni sumbad	數森勿 Shesh sumbad	翁森勿 Haft sumbad
天竺名	阿彌底耶 Aditya	蘇摩 Soma	盎哦囉迦 Angaraka	部陀 Bubha	勿哩訶婆跛底 Bshaspati	戌羯羅 Sukra	賖乃以室析羅 Snnaisoara

帝舜七政玉衡(正1:5)

칠화지기 팔목지체〈七火之氣 八木之體〉: 이는 태양太陽의 내체 구조인 바 병칠화丙七火의 기운과 갑팔목甲八木의 체위體位를 말한다. 이것은 정령政令의 기경임갑병己庚壬甲丙중 갑병甲丙을 두고한 말이다.

七火之氣 八木之體 先天火木太陽之父(正3:16)

탈건괘석벽〈脫巾掛石壁〉: 이태백李太白이 하일산중시夏日山中詩에

「脫巾掛石壁 露頂灑松風」

이라고한 것을 취하였지만 그 뜻은 정역正易에서는 전연 달리하여 정역팔괘도正易八卦圖의 건괘乾卦가 남南에서 북北으로 이동하는 것을 상징象徵한 말이다.

脫巾掛石壁 南望靑松架短壑(正5:12)

태극〈太極〉: 주역周易에서는

「易有大極 是生兩儀 兩儀生四象 四象生八卦 八卦定吉凶 吉凶生大業」

이라 하여 태극大極은 역易속에 들어 있는 우주宇宙의 생성生成의 원리原理이다. 이를 정역正易으로 표현하면 십무극十无極과 일태극一太極이 있어서 십十이 문득 이 태극(十便是太極)이라는 것이니 일一이라고 하였다. 일一은 십十이 없으면 체體가 없고, 십十은 일一이 없으면 용用이 없듯이 태극太

極과 무극无極의 관계성도 일반이다. 그러므로 무극无極이로되 태극太極이니 수數는 십일十一이다. 우주만물宇宙萬物 생성生成의 근원根源이 되는 본체本體가 무극无極이라면 그 본체本體에서 운행되는 작용作用이 곧 태극太極이라 하겠다. 종래에 중국 송宋나라 이후 학자學者들이 주렴계周濂溪를 비롯하여 우리나라 이씨조선李氏朝鮮朝 말기에 이르기까지 태극太極에 대한 이론理論이 분분紛紛하였으나 정역正易에서 표현한 것처럼

　　「十便是太極一」

이라고 한마디로 정의定義한 것보다 더 간명한 말이 없었다는 것은 두말할 것도 없이 십十이 열리지 않았기 때문이라고 하겠다. 그러므로 선유先儒들은 역유대극易有大極의 이치理致는 알면서도 거변무극擧便无極이니 십十이요, 십변시태극十便是太極이니 일一이라는 것을 알지 못하였으니 이것은 무지拇指손가락을 꼽아보면 그대로 알 수 있는 태극太極의 소재所在를 상수象數는 무시无視하고 이기理氣만 존중尊重하여 이기설理氣說로 어수선하게 끝도 없이 시시비비是是非非를 계승하여 온 까닭이라 하겠다. 즉

　　「太極 理也
　　　太極 心也」

라는 등이 그 한 예이다.

　　十便是太極一(正1:11)
　　先天太極(正2:4)
　　无極而太極十一(正26:3)
　　易有大極 是生兩儀(周易繫辭)

태래〈泰來〉: 후천后天 지천태운地天泰運이 온다는 것. →「否往泰來」

　　否往泰來(正10:13)

태양〈太陽〉: 양기陽氣만 있고 음기陰氣가 조금도 없는 상태이다. 주역周易 이론에 의해 전개된 사상四象이 있는데 이것을 도표로 하면

	六太陰	七少陽	八少陰	九太陽
四　象	■		■	
兩　儀	■			
无極而太極				

위와 같다. 그러나 정역正易에서는 천지天地와 일월日月을 사상四象이라 하고, 일월에 일日을 태양太陽, 월月을 태음太陰으로 표시한다.

太陽之父(正3:5)
太陽 倒生逆成(正3:15)
太陽恒常 性全理直(正8:3)
十五 太陽之政一七四(正26:16)

태양도생역성〈太陽 倒生逆成〉: 태양太陽은 열(十)에서 거꾸로 생생하여 하나(一)에서 거슬려 이룬다. 즉 십十을 도倒라 하고, 일一을 역逆이라 하였으니 이를 도표로 하여 보면 다음과 같다.

太陽 倒生逆成 后天而先天 未濟而旣濟(正3:15)

태양지부〈太陽之父〉: 기위己位를 태양太陽의 부父라 하니 이는 기십己十이 십건十乾의 수에 당하는 까닭이다.

先天火木太陽之父(正3:5)

태양지정〈太陽之政〉: 태양太陽의 정사政事는 도생역성倒生逆成하는 바 즉 십十에서 오五로 가는 것이라고 한다.

十五 太陽之政 一七四(正26:16)

태양항상〈太陽恒常〉: 태양太陽은 영허소장盈虛消長이 없이 항상恒常한 것이다. 그 까닭은 태양太陽은 본성本性이 온전하고 도리道理가 순직純直하기 때문이다.

太陽恒常 性全理直(正8:3)

태음〈太陰〉: 달을 태음太陰이라 하였고, 또 태음太陰이란 본시 음기陰氣뿐이고 양기陽氣가 전연 없는 것을 말한다. →「太陽」

太陰之母(正3:3)

太陰 逆生倒成(正3:6)

太陰消長 數盈氣虛(正8:4)

五九 太陰之政(正26:15)

태음소장 수영기허〈太陰消長 數盈氣虛〉: 태음太陰이 사라졌다가 다시 자라는 것은 수數가 영영하고 기운氣運이 허虛하기 때문이다. 달의 후보름에서 다음달 선보름까지를 소장消長이라 하며 후천后天이라 하고, 달의 선보름 초하루부터 그믐까지를 영허盈虛라하며, 선천先天이라 한다.

太陰消長 數盈氣虛(正8:4)

태음 역생도성〈太陰 逆生倒成〉: 태음太陰은 역逆에서 생생生하고, 도도倒에서 이룬다는 것이다. →「太陽 倒生逆成」

太陰 逆生倒成 先天而后天 旣濟而未濟(正3:6)

태음지모〈太陰之母〉: 무위戊位를 태음太陰의 모체母體라 말하니 이는 무오戊五가 오곤五坤수에 당당當하는 까닭이다. →「太陽之父」

后天水金太陰之母(正3:3)

태음지정〈太陰之政〉: 태음太陰이 생장하는 것은 역생도성逆生倒成하는 바 오五에서 구九까지 가는 것을 태음太陰의 정사政事라 한다.

五九 太陰之政 一八七(正26:15)

태화〈太和〉: 후천后天 이십사절기二十四節氣의 하나. 즉 축월丑月 초삼일初三日의 절후節侯이다.

丑月初三日乙酉酉正一刻十一分太和(正32:6)

토이생화〈土而生火〉: 토土는 화火에서 생생生한 것이다. 화옹化翁은 무위无位시고 원천原天은 화火인지라 화생토火生土하니 토이생화土而生火라고한 것이라 생각된다.

木克生土 土而生火(正2:9)

통관천지무형지경〈洞觀天地无形之景〉: 천지天地의 무형无形한 경개景概를 통관洞觀한 것은 일부一夫가 능히 하였다는 말이다.

洞觀天地无形之景 一夫能之(大序)

통득오공부자소노의〈洞得吾孔夫子小魯意〉: 맹자孟子는 이르기를

「孔子登東山而小魯 登泰山而小天下 是故觀於海者 難爲水 遊於聖人之門者 難爲言………」

이라고 하였다. 이 뜻을 정역正易에 옮긴 바 동산제일東山第一 삼팔봉三八峯에 올라보니 우리 공부자孔夫子께서 노魯나라 작게 여기신 뜻을 통득洞得하였다 함은 후천后天을 통通해보니 선천先天의 천지天地는 소천지小天地였음을 알았다는 것이다.

洞得吾孔夫子 小魯意(正5:12)

통천지제일〈通天地第一〉: 천지天地를 통通하여 제일第一가는 것.

通天地第一福祿云者 神告也(大序)

통천지제일원〈通天地第一元〉: 천지天地를 통通하여 제일第一가는 으뜸은 김일부金一夫라는 데서 온 말.

通天地第一元 金一夫(大序)

퇴위〈退位〉: 본 위치位置에서 물러나는 것. →「子宮退位」

丑宮得旺 子宮退位(正10:15)

팔괘〈八卦〉: 주역계사周易繫辭에,

「易有大極 是生兩儀 兩儀生四象 四象生八卦………」

라고 하여 팔八종의 괘卦를 말하는데 괘卦는 괘掛의 뜻으로써 위의 글을 도표로 하면 다음과 같다.

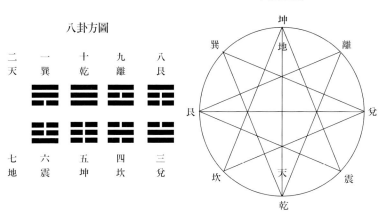

八卦方圖

順	止	陷	入	動	麗	說	健	德
牛	狗	豕	鷄	龍	雉	羊	馬	禽獸
腹	手	耳	股	足	目	口	頭	身
母	少男	中男	長女	長男	中女	少女	父	人
北	西北	西	西南	東北	東	東南	南	方位
地	山	水	風	雷	火	澤	天	象
坤	艮	坎	巽	震	離	兌	乾	八卦
冬	太陰	秋	少陽	夏	少陰	春	太陽	四象
		陰				陽		兩儀
								太極

易易九宮 易易八卦(正22:14)

河圖八卦生成數(正24:1)

伏羲八卦圖(正29:)

文王八卦圖(正29:)

正易八卦圖(正30:)

팔풍풍〈八風風〉: 여덟 방면의 바람. 이는 팔괘八卦에 의한 방위로써 팔풍八風의 이름이 시대에 따라 다르니 이를 도표로 살펴보면 아래와 같다.

八風異秤

東北	北	西北	西	西南	南	東南	東	方位
融風	廣莫風	不周風	閶闔風	涼風	景風	清明風	明庶風	說文
調風 條風	廣莫風	不周風	閶闔風	涼風	景風	清明風	明庶風	通掛驗 易緯
炎風	寒風	厲風	飂風	淒風	巨風	熏風	滔風	有始覽 呂覽
炎風	寒風	麗風	醪風	涼風	巨風	惠風	条風	地形訓 淮南子

백호통白虎通에는

「風之爲言 萌也 養物成功」

이라고 하였고 회남자淮南子 사훈훈氾訓訓에는

「德有盛衰 風先萌焉(注)風氣也」

라 하였고 논어論語 선진先進에는

「風乎舜雩」

라 하였고, 좌전左傳에는

「如馬牛之風」

이라고 하여 풍風을 싹이 튼다. 바람을 쏘인다. 바람이 났다는 등의 뜻으로도 썼지만 정역正易에서

「八風風 一夫風 十无門」

이라고한 것은 좌전左傳에

「節八音而行八風」

이라든지, 한서漢書에

「理八風而節八政」

이라한 뜻과 상통하는 점이 있다고 하겠다. 그리하여 팔풍(八卦風)이 풍風하면 구궁九宮이 되어 이에 또 일부一夫가 풍風하니 십무문十无門이 되는 것이라고 생각된다.

「橈萬物者 莫疾乎風 動萬物者 莫疾乎雷」

라고 하였다. 뇌풍雷風이 만물을 요동橈動시키어 팔풍八風을 일으키고 일부一夫가 풍동風動하니 이것이 십무문十无門이라고 하겠다.

八風風 一夫風 十无門(正9:15)

평생〈平生〉: 일생(一生)살아있는 동안. →「六十平生狂一夫」

六十平生狂一夫(正17:16)

평위산〈平胃散〉: 배속이 나빠서 소화불량消化不良에 먹는 한약명漢藥名인데 정역正易에서는 이십팔수二十八宿의 위수胃宿를 표방하는 말이다. →「武功平胃散」

武功平胃散(正17:11)

평화〈平化〉: 후천后天 이십사절기二十四節氣의 하나. 즉 신월申月 십팔일十八日의 절후節侯.

申月十八日庚午午正一刻十一分平化(正31:13)

포도시〈布圖詩〉: 금화정역도金火正易圖를 펴는 시詩를 말한다. →「萬古文章日月明」

布圖詩(正20:14)

포오함륙 십퇴일진지위〈包五含六 十退一進之位〉: 오五를 싸고 육六을 머금은 것은 손의 일육궁一六宮자리에서 십十은 물러가고 일一이 나가는 것은 오십토五十土자리에서 위치하였다는 말이다. 이것을 도표하면 다음과 같다.

손으로 본 包五含六 十退一進之位方圓圖

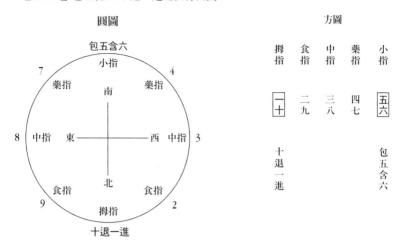

圓圖

包五含六
小指

7　　　　　　　　　　4
藥指　　　　　　藥指
　　　　南
8　中指　東━━━━西　中指　3
　　　　北
食指　　　　　　食指
9　　　　　　　　　　2
拇指

十退一進

方圖

拇指	食指	中指	藥指	小指
一十	二九	三八	四七	五六

十退一進　　　　　　　　　包五含六

이 도표로 보면 십퇴일진十退一進은 건乾이나 손으로는 간艮이요, 태음지정太陰之政인 일팔칠一八七자리며, 포오함육包五含六은 곤坤이나 손으로는 태兌이요, 태양지정太陽之政인 일칠사一七四자리임을 알 수 있다.

　　一夫所謂包五含六十退一進之位 小子 明聽吾一言 小子(正25:15)

포화〈布化〉: 후천后天 이십사절기二十四節氣의 하나. 즉 진월辰月 십팔일十八日의 절후節候.

　　辰月十八日庚午午正一刻十一分布化(正31:5)

풍삼산이일학〈風三山而一鶴〉: 삼산三山을 풍동風動하는 한 마리 백학白鶴이 날으고 삼벽三碧을 교화敎化하는 한 마리 대관大觀이 보인다는 것이니 이것은 간태합덕艮兌合德을 상징象徵하는 말이다. 풍삼산風三山은 진변위간震變爲艮을 형용한 것이요, 화삼벽化三碧은 손변이태巽變爲兌를 나타낸 글이라고 해석할 수 있다.

　　風三山而一鶴 化三碧而一觀(正5:8)

풍운〈風雲〉: 바람과 구름. 정역괘正易卦를 손도수에 올려서 볼 때 일손풍一巽風 자리에 바로 사감수(四坎水·雲)가 닿는다. →「風雲動於數象」

　　風雲動於數象(正5:6)

풍운동어수상〈風雲動於數象〉 : 풍운風雲의 조화造化는 수數와 상象에서 변동變動된다는 것이다. 이것을 도표로 나타내어 생각해 보면,

$$數 \qquad\qquad 象$$
正易卦: 1 + 2 + 3 + 4 = 10 風雲動於數象
巽　天　兌　坎
爲　　　　　爲
風　　　　　雲

이라고 하여 천리天理나 인사人事에 변동變動될 때만이 풍운風雲이란 말을 쓴다.

風雲動於數象(正5:6)

풍화〈風化〉 : 후천后天 이십사절기二十四節氣의 하나. 즉 사월巳月 십팔일十八日의 절후節侯.

巳月十八日庚子子正一刻十一分風化(正31:7)

필친시교〈必親施敎〉 : 우리 화화옹化化翁이 반드시 친親히 가르치심을 베풀어 주신다는 것이다. 화옹化翁이 친親히 감화사監化事를 보인다는 것은 자연현상自然現象의 변화變化를 말한 것이요, 필친시교必親施敎는 인간人間에게 가르치는 계시啓示 즉 교훈敎訓이라고 생각된다.

丁寧我化化翁 必親施敎(正18:7)

하도〈河圖〉 : 하도河圖는 주역계사周易繫辭에

「河出圖 洛出書 聖人則之」

라 하였고, 논어論語에도

「鳳鳥不至 河不出圖 吾已矣」

라고 하여 하도河圖라는 명칭名稱이 이에서 비롯되었지만 전설傳說에 의하면 복희伏羲 때 황하黃河에서 나왔다는 용마龍馬(높이가 八尺以上_{괄 척 이 상} 되는 말)의 등에 나타난 도형圖形이다. 또한 하도河圖 낙서洛書로 전傳하여지는 것으로는 고하도古河圖와 고낙서古洛書가 있다. 그 설설說說은 오징吳澄의 역찬언易纂言 등에서 상세詳細히 설명說明하고 있으나 여기서는 그 진위眞僞를 말할 수 없고 다만 정역正易 원전原典에 그려진 하도河圖와 낙서洛書를 진리眞理로 생각한 것이다.

河圖八卦生成數(正24:1)

河圖(正28:)

하도팔괘생성수〈河圖八卦生成數〉: 하도河圖는 십수팔괘十數八卦의 생성生成한 수數이다. 천간天干을 지地라하고, 지지地支를 천天이라한 것이 낙서구궁생성수洛書九宮生成數와 정반대이다. 하도팔괘河圖八卦는 십수팔괘十數八卦를 말한다.

河圖八卦生成數(正24:1)

하물능청각〈何物能聽角〉: 어느 물건이 능能히 뿔소리를 들을 수 있는가? 하는 말이니, 용龍은 뿔로 소리를 듣는다고도 한다. 각수角宿는 동방 창용칠수蒼龍七宿중에 바로 뿔에 해당하고 또 진방辰方에 위치하였으니 각角은 곧 용각龍角이라 하겠다. 또 각성角聲은 오성五聲중에서 동방의 목성木聲이다.

何物能聽角 神明氐不亢(正17:9)

하상용윤역〈何常用閏易〉: 원역原易이 어찌 항상恒常 윤역閏易만 쓸 것인가? 하는 말이다.

原易 何常用閏易(正20:11)

하습〈下襲〉: 아래로 답습踏襲케 하는 것. →「上律下襲」

乾坤中立 上律下襲 襲于今日(正1:7)

하언〈何言〉: 무엇을 말하리오. →「天何言哉」

天何言哉 地何言哉(正9:1)

天地无言 一夫何言(正9:10)

학선여〈學仙侶〉: 단구시丘丹詩에

「中有學仙人 吹簫弄明月」

이라 하여 신선神仙 배우는 무리라고 하였지만 정역正易의 이 시구 학선여學仙侶는 유儒·선仙·불佛 삼도三道를 뜻하기도 한다. 이를 도표하면

學:儒道   仙:仙道   侶:佛道

로 해석할 수 있다. 또 이것은 바로 일부선생一夫先生 자신을 가리킨 것이라고도 할 수 있다. 왜냐하면 그것은 무위시无位詩에

「道乃分三理自然 斯儒斯佛又斯仙 誰識一夫眞踏此 无人則守有人傳」

이라고 하였으니 일부선생一夫先生은 학선여學仙侶를 겸해있기 때문이다.

→「中有學仙侶」

中有學仙侶 吹簫弄明月(正5:15)

中有學仙人 吹簫弄明月(丘丹詩)

학역〈學易〉: 역리易理를 배움. 서경書經을 읽고, 주역周易을 배우는 일. 이것은 선천先天에 하던 일이라는 말이지만, 선천先天의 선비들이 학역學易이란 말을 좋아하며 자기 서재書齋를 학역재學易齋라고 제題한 실례가 허다 하였다.

讀書學易 先天事(正17:15)

함항〈咸恒〉: 함괘咸卦와 항괘恒卦인데 주역周易에서 건곤乾坤은 상경上經의 시작始作이오, 천지天地의 일을 설說한 것이라면 함항咸恒은 하경下經의 시작始作이요, 인사人事를 말한 남녀부부男女夫婦의 도道이다. 그러므로 함항咸恒은 부부지도夫婦之道라고한다.

咸恒旣濟未濟(正27:1)

함혜항혜〈咸兮恒兮〉: 함咸은 천하天下를 화평和平하게 하는 괘卦요, 항恒은 세상을 화성化成하는 괘卦이다. 항구불이恒久不已한 것은 항상 화평和平하기 때문이오, 화평和平하기 때문에 항구성이 있는 것이다. 소동파蘇東坡가 전적벽부前赤壁賦에서 그려낸 것은 항구불변恒久不變하는 진리를 찬미讚美한 것으로 생각할 수 있다. 그리고 함항咸恒에 의해서 이십사절기二十四節氣의 화和와 화化가 연유된 것이니, 후천后天의 만력도萬曆圖는 함咸과 항恒이라고한 것이다.

萬曆而圖兮 咸兮恒兮(正19:2)

咸兮恒兮兮 十兮五兮(正19:3)

함화〈咸和〉: 후천后天 이십사절기二十四節氣의 하나. 즉 술월戌月 초삼일初三日의 절후節侯.

戌月初三日乙卯卯正一刻十一分咸和(正31:16)

합계수〈合計數〉: 한데 모아서 계산한 수. 정역正易에서는 선후천先后天의 주회도수周回度數인 선천先天 216만리萬里와 후천后天 324만리萬里를 한데 모아서 계산한 바 540만리萬里라고 한다. →「先后天合計數」

　　先后天合計數 五百四十萬里(正19:11)

합덕〈合德〉: 땅이 하늘 도수에 합합하는 것을 합도合道라 하고, 하늘이 땅의 도수에 합합하는 것을 합덕合德이라고 한다. 그러므로 천지합덕삼십이天地合德三十二의 천天인 무술戊戌이 지地인 기사己巳에 합덕合德을 하니 그도수가 32가 된다는 것이다. →「天地合德」

　　天地合德三十二. 地天合道六十一(正4:7)

　　天地之合德 日月(正8:2)

합도〈合道〉: 지地인 기사己巳가 천天인 무술戊戌에 합도合道를 하니 그 도수는 61이 된다고 하였다. →「合德」「地天合道」

　　地天合道六十一(正4:7)

합토거중오황극〈合土居中五皇極〉: 십十과 일一이 합합하면 토土가 되며, 그 중심中心에는 오五가 있으니 이것이 황극皇極이 된다. 합합하면 토土라 함은 십十과 일一을 합합해보면 토土자가 된다고도 보이지만 이 토土는 십일十一을 합합한 토土보다는 오토五土 중천中天을 말한 것이다. 이것을 도표로하여 보면 다음과 같다.

손도수:	屈					伸				
	1	2	3	4	5	6	7	8	9	10
河圖	十	九	八	七	六	五	四	三	二	一
洛書	十	一	二	三	四	五	六	七	八	九

五居中位 合土居中五 皇極

　　合土居中 五皇極(正1:12)

항각이수존공시〈亢角二宿尊空詩〉: 이십팔수二十八宿의 운기運氣가 진軫·익翼에서 시작하니 각角·항亢으로 하던 것은 존공尊空이 되고 27일日 28일日은

신명神明자리라 저氐까지만 하고 항각亢角은 29일日 30일日로 놓아서 존공
尊空시킨다는 말이다.

　　亢角二宿尊空詩(正17:8)

항다소〈恒多笑〉: 스스로 웃으니 사람들이 비웃어서 항상恒常 웃음이 많
다고 하였다. →「自笑人笑恒多笑」

　　自笑人笑恒多笑(正18:1)

항상〈恒常〉: 늘 언제나. 태양太陽은 항상 한 운행을 하니 이는 성정性情이
온전하고 이체理體가 곧기 때문이라 하였다.

　　太陽恒常 性全理直(正8:3)

해월〈亥月〉: 후천后天 구월九月을 말함.

　　亥月初三日乙酉酉正一刻十一分正和(正32:2)

행인〈行仁〉: 호덕好德은 체體니 십十에 비기고 행인行仁은 용用이니 일一에
비긴다. 이것이 주역周易에서 이른 바

　　「安土敦乎仁」

이라 함이다. 행의行義나 행의行誼란 말은 많이 쓰였으니 행인行仁이란 말
은 흔히 쓰이지 않던 말이다. 정역正易에서 말한 행인行仁은 도수度數가 들
어 있으니, 즉 무극이태극无極而太極 십일十一을 뜻한 것이다. 이를 도표로
하면 다음과 같다.

觀淡 莫如水	＞	癸亥 終始	＞	天地設位形
好德 宜行仁	＞	十退 一進	＞	用九象
影動 天心月	＞	包五 舍六	＞	用六象

　→「好德宣行仁」

　　好德宣行仁(正19:16)

행화〈行化〉: 후천后天 이십사절기二十四節氣의 하나. 즉 오월午月 십팔일十八
日의 절후節侯.

午月 十八日庚午午正一刻十一分行化(正31:9)

현귀〈玄龜〉: 즉 낙서洛書이니 거북이 등에 그림을 업고 낙수洛水에서 나온 것이므로 현귀玄龜라 하였다. 우禹임금이 홍수洪水를 다스릴 때에 나왔다는 신귀神龜를 말한다.

大禹九疇玄龜(正1:5)

현금〈絃琴〉: 거문고. 후한서後漢書에

「悅此詩書 絃琴樂古」

라 하여 거문고로 고악古樂을 했다는 것이 있지만 정역正易에서는 도연명 陶淵明의 줄 없는 거문고(无絃琴)를 취한 말이다. →「无絃琴」

暢和淵明无絃琴(正5:11)

현망〈弦望〉: 현弦은 상하현上下弦이 있는데 초팔일初八日은 달이 동東쪽으로 반달이 되어 상현上弦이 되고, 이십삼일二十三日은 달이 서西쪽으로 반달이 되어 하현下弦이 된다고 한다. 망望은 십오일十五日인 보름으로써 태양과 달이 맞서서 상망相望하고 있다는 뜻이라고 하였다. 한달의 달 운행에 따라 번형되는 바를 넷으로 나누어 명칭을 정한 것은 역시 사상四象에서 온 것이라 하겠다. 이것을 도표로 그려 달의 운행에 따라 변형된 명칭을 살펴보면 다음과 같다.

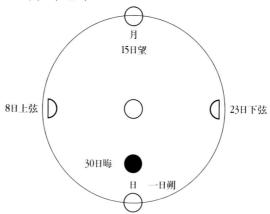

晦朔弦望進退屈伸(正6:7)

현묘리〈玄妙理〉: 노자老子는 도덕경道德經에

「玄之又玄 衆妙之門」

이라고 하여 현묘玄妙라는 말이 있으며, 또 불가佛家에서는 개경게開經偈에

「無上深深微妙法 百千萬劫難遭遇」

라 하여 묘법妙法이란 말이 있다. 정역正易의 현묘리玄妙理는 이러한 유儒·불佛·선仙에서 나온 뜻을 합슴한 것이라 하겠으니, 현玄과 묘妙는 선仙과 불佛을 의미하고, 리理는 유儒를 뜻한 것이라고 생각된다. →「妙妙玄玄玄妙理」

妙妙玄玄玄妙理 无无有有有无中(正20:4)

현현〈玄玄〉: 노자老子의

「玄之又玄」

이라는 말과 같은 뜻이나 현지우현玄之又玄은 현玄하고 또 현玄한 것이요, 현현玄玄은 현중玄中에 현玄한 것이라 생각된다. 우리 말에 가물가물하다 함은 현현玄玄과 비슷하다. 이것을 수리數理로 표현할 때 현현玄玄은 십십 ++이요, 묘묘妙妙는 일일――이며 현묘리玄妙理는 중中이며 공空인 것이다.

正理玄玄眞經 只在此宮中(正18:6)
妙妙玄玄玄妙理(正20:4)

형화〈亨化〉: 후천后天 이십사절기二十四節氣의 하나. 즉 술월戌月 십팔일十八日의 절후節侯.

戌月十八日庚午午正一刻十一分亨化(正32:1)

호덕〈好德〉: 서경書經 홍범洪範에 인간의 오복五福을 말하는 데서

「一曰壽 二曰康寧 三曰富 四曰攸好德 五曰考終命」

이란 말이 있다. 이 호덕好德이 인간人間의 오복五福중에 하나이다. 사람이 덕망德望이 얼마나 높으냐함은 덕德을 얼마나 좋아하느냐에 따라 평가되는 것이라 하겠다. 덕德을 주역周易에서는

「天地之大德曰生 聖人之大寶曰位 何以守位曰仁………」

이라고 하였다. 정역正易에 호덕好德은 바로 이 천지天地의 대덕大德이다. 정역正易에 이른 바,

「德符天皇不能名」

이라고한 덕德이요, 수리數理로 말하면 기위己位인 십十이다. 주역周易에서

는 이것을
> 「安土敦乎仁」

이라고 하였다.

> 觀淡莫如水 好德宣行仁(正19:16)

호상〈互相〉: 상대相對하여 화합하는 것을 상호相互라 한다면 맞적수를 대결하는 것을 호상互相이라고 한다. 그러므로 조류潮流가 밀고 썰고 하는 것을

> 「互相衝激」「互相進退」

라고하였다. 호호중互互中이라든지 호위互位 등은 하나의 방소方所를 가리킨 것이요, 호상互相은 일정한 방위方位가 없이 주류周流하는 경우를 말하고 있다.

> 互相衝激 互相進退(正8:14)

호상진퇴〈互相進退〉: 서로 상대하여 나가고 물러가고 함. 진퇴進退는 십퇴일진十退一進의 기운으로써 태음太陰의 복지지리復之之理 일팔칠一八七의 운행도수와 관계가 있다. →「互相衝激」

> 互相衝激 互相進退(正8:14)

호상충격〈互相衝激〉: 서로 상대하여 충돌하고 격돌하는 것. 충격衝激은 포오함육包五含六의 기운으로써 태양太陽의 복지지리復之之理 일칠사一七四의 운행도수와 관계가 있다. →「互相進退」

> 互相衝激 互相進退(正8:14)

호오호〈好吾好〉: 논어論語에는

> 「從吾所好」

라고 하여 공자孔子가 내 좋아하는 바를 좇는다고 했다. 정역正易에 나의 좋아하는 것을 좋아한다는 것도 이와 흡사하다.

> 是非是好吾好(正18:8)

호위〈互位〉: 호위互位는 교위交位에 대하여 서남西南에 교통交通하는 장소를 말한 것이다. →「交位」

> 理金火之互位 經天地之化權(正5:6)

西南互位(正23:1)

호택〈互宅〉 : 금화지호위金火之互位는 금화호택金火互宅과 같은 말 같지만 호위互位라고 할 때는 금화金火를 더 귀貴하게 볼 경우요, 호택互宅이라고 할 때는 장소를 더 중重하게 보는 경우라고 하겠다. 도표로 호택互宅을 살펴보면 다음과 같다.

十 │九│ 八 七 六 五 四 三 │二│ 一　　十 │九│ 八 七 六
一 │二│ 三 四 五 六 七 八 │九│ 十　　一 │二│ 三 四 五
　　金　　　　　　　　　　互　　　　　金
　　火　　　　　　　　　　宅　　　　　火
　　互　　　　　　　　　　　　　　　　互
　　宅　　　　　　　　　　　　　　　　宅

金火互宅 倒逆之理(正2:10)

호호무량〈好好无量〉 : 좋고 좋은 일이 무량无量하다. 공덕무량功德无量은 십일十一이 귀체歸體한 운기運氣의 공덕功德을 말한 것이요, 호호무량好好无量은 십일十一이 귀체歸體한 상제의 조림(上帝照臨)^{상 제 조 림}이 좋아라고한 말이다.

正正方方兮 好好无量(正27:13)

호호중〈互互中〉 : 사구四九와 이칠二七은 금화金火가 적적赤赤(二七)^{이 칠} 백백白白(四九)^{사 구}으로 된 것이니 이와 같이 서로서로한 가운데 학선여學仙侶가 있어서 통소를 불고 달노래(弄明月)^{농 명 월}를 한다는 것이다.

赤赤白白互互中 中有學仙侶 吹簫弄明月(正5:15)

화공각필뇌풍생〈畵工却筆雷風生〉 : 팔괘八卦 그림 그리는 화공畵工이 붓을 물리치니 뇌풍雷風이 생겼다. 성인수도금화명聖人垂道金火明이 공자孔子를 뜻한 구절이라면 화공각필뇌풍생畵工却筆雷風生은 일부선생一夫先生을 뜻한 것이라고 해석된다. 정역正易에 공자孔子와 일부一夫의 대대待對로 된 구가 몇곳 있으니 이를 도표하면 다음과 같다.

孔子에 대한 구	一夫에 대한 구
聖人垂道金火明	畵工却筆雷風生
萬古文章日月明	一張圖畵雷風生
聖人所不言	豈一夫敢言時命
洞得吾孔夫子小魯意	東山第一三八峯次第登臨
夫子之不言	一夫能言
麟兮我聖	一乎一夫

畵工却筆雷風生(正4:16)

화권〈化權〉: 천지天地 조화造化의 권능權能으로 감화感化하는 능력能力. 중국인 채양蔡襄이 군옥전사연시群玉殿賜宴詩에

「叙藻敦風化 冥搜出化權………」

이라고 하였다.

「經天地之化權」

이라 하니 이는 천지天地의 감화력을 경륜經綸하다고 한데서 있는 말이다.

經天地之化權(正5:6)

화금금화원천도〈火金金火原天道〉: 화금火金은 선천先天이오, 금화金火는 후천后天이다. 화금火金에서 금화金火로 되는 것은 원천原天의 도道이다. 화금火金·금화金火를 도표로 보면 다음과 같다.

			火金						金火		
先天:	甲	乙	丙	丁	戊		己	庚	辛	壬	癸
后天:	己	庚	辛	壬	癸		甲	乙	丙	丁	戊

火金金火原天道 誰遣龍華歲月今(正24:14)

화기염상수성취하〈火氣炎上水性就下〉: 화기火氣는 이칠二七 병정화丙丁火요, 수성水性은 일육一六 임계수壬癸水이다.

火氣炎上 水性就下 互相衝激(正8:14)

화명금청〈火明金淸〉: 화명火明은 이칠二七 병정화丙丁火요, 금청金淸은 사구四九 경신금庚辛金이다. 선천先天의 화금火金이 후천后天에 금화金火가 되므로 화명금청火明金淸이 되는 것이다.

九二錯綜兮 火明金淸(正27:6)

火明金淸兮 天地淸明(正27:7)

화무상제언〈化无上帝言〉: 화무옹化无翁이란 스승격인 지위地位에서라면 화무상제化无上帝는 임금격인 지위에서 말씀한다는 것이니, 말씀이란 후천后天 황중월皇中月을 분부하신 것이다. →「化无翁」

化无上帝言(正10:2)

화무상제중언〈化无上帝重言〉: 화무상제化无上帝께서 거듭 말씀하심. 논어論語에

「天之曆數在爾躬 允執厥中 四海困窮 天祿永終」

이라고 하여 천지력수天之曆數가 그대에게 있노라고 함과 같이 정역正易에

「推衍 无或違正倫 倒喪天理父母危」

라고 하여 이 또한 천지력수天之曆數가 일부一夫에게 있음을 말한다. →「化无翁」

化无上帝重言(正10:7)

화무옹〈化无翁〉: 화옹化翁. 화화옹化化翁과 함께 화무옹化无翁도 물론 조화옹造化翁이시다. 정역正易에는 하나님의 별칭이 다섯가지가 있으니, 이 또한 오행五行에 상응相應되는 것일까? 이를 도표로 하면 다음과 같다.

一. 化化翁
二. 化翁
三. 化无上帝
四. 化无翁
五. 盤古

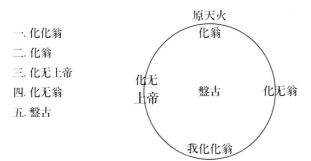

반고盤古는 중앙 오황극五皇極에서 덕화만방德化萬方으로 화化하는 일을 하고, 화무상제化无上帝는 동방東方에서 제림호간帝臨乎艮으로 분부하시었고, 화옹化翁은 남방南方에서 원천화原天火로, 화무옹化无翁은 서방西方에서, 화화옹化化翁은 북방北方에서 위치하신 것으로 보면 한 분이 오방五方을 섭리攝理하심에 따라 이와 같이 일컫는 이름이 달라진다고 하겠다. 물론 이것은 하나의 천착穿鑿이다.

天地无窮化无翁(大序)

화삼벽이일관〈化三碧而一觀〉: 삼벽三碧을 화化하는 일관一觀이라는 것은 즉 정역괘正易卦로 일손一巽 이천二天 삼태三兌의 삼벽三碧을 화化하여 하나의 태兌로 나타내는 학鶴이다. 이것이 금화이송金火二頌에서 말하는 바

「西塞山前白鷺飛」

가 되는 것으로 생각된다.

風三山而一鶴 化三碧而一觀(正5:8)

화수미제〈火水未濟〉: 리상감화離上坎下를 화수미제火水未濟라고 하나 여기서는 수리數理로써 다음과 같은 도표로 나타낸다.

水火旣濟兮 火水未濟(正9:4)
水火旣濟兮 火水未濟(正18:10)

화옹〈化翁〉: 조화옹造化翁을 말함. →「化无翁」

普化一天化翁心(正10:6)
化翁親視監化事(正10:12)
化翁无位原天火(正12:5)
我化化翁 必親施敎(正18:7)

화옹무위원천화〈化翁无位原天火〉: 주역周易에

「神无方而易无體」

라고 하여 신神은 본시 일정한 방위方位가 없다고 했다. 신神이란 상제上帝의 천사天使격이라 하겠다. 화옹化翁은 위位가 없고 원천原天의 화火이시니 그러므로 여기서는 십토十土를 생生한다고 하였다. 즉 기사궁己巳宮을 말한다.

化翁无位 原天火 生地十己土(正12:5)

화옹심〈化翁心〉: 조화옹造化翁의 마음. 화化란 한 하늘을 보화普化한다는 것이다.

普化一天化翁心 丁寧分付皇中月(正10:6)

화옹친시감화사〈化翁親視監化事〉: 조화옹造化翁이 친親히 감화感化하는 일을 보이심. 조감照監하면 곧 화化하는 일은 화옹化翁의 조화造化이다.

翁親視監化事(正10:12)

화화옹〈化化翁〉: 정역正易에 화化와 무无는 「화옹化翁은 무위无位시라」한데서 온 것이니

「化无翁」

「化无上帝」

등으로도 일컬었으며, 화화옹化化翁은 보화일천화옹普化一天化翁에서 온 것이니, 무무위无无位와 대대待對를 이루고 있다. →「化无翁」

丁寧我化化翁 必親施教(正18:7)

화입금향금입화금입화향화입금〈火入金鄉金入火 金入火鄉火入金〉: 화火가 금향金鄉에 들어오면 금金은 화火에 들어오고, 금金이 화향火鄉에 들어오면 화火는 금金에 들어온다는 것이니, 이것이 금화호역金火互易이라하는 것이다. 즉 갑을병정무甲乙丙丁戊………하면 이것은 기경신임계己庚辛壬癸………가 배경이 되는 것이며, 기경신임계己庚辛壬癸………하면 갑을병정무甲乙丙丁戊………가 배경이 되는 것이니, 이는 체원용방體圓用方이 그렇고, 체방용원體方用圓이 그렇고 월합중궁지중위月合中宮之中位가 그러하다. 그 곳과 참조하여 연구하기 바란다. 이에 향鄉이란 건곤乾坤자리를 말한다. 이것을 도표로 표시하면 다음과 같다.

손도수:	1	2	3	4	5	6	7	8	9	10		
正易卦:	八 艮	九 離	十 乾 火入	一 震	二 天	三 兌	四 坎	五 坤 金入	六 震	七 地		
用:	甲	乙	丙	丁	戊	己	庚	辛	壬	癸	先天 火金	火金金火原天圖
體(배경):	己	庚	辛 金鄉	壬	癸	甲	乙	丙 火鄉	丁	戊		
用:	己	庚	辛 金入	壬	癸	甲	乙	丙 火入	丁	戊	后天 金火	
體(배경):	甲	乙	丙 火	丁	戊	己	庚	辛 金	壬	癸		

火入金鄉金入火 金入火鄉火入金 火金金火原天道(正24:14)

황극〈皇極〉: 황극皇極이란 말은 서경書經의 홍범洪範편에서 비로소 보인다. 그후 소강절邵康節이 황극경세서皇極經世書에서 논한 것이 대표적이다. 주역계사周易繫辭에 삼극지도三極之道가 있는데 이 또한 무극无極과 태극太極 황극皇極을 말하는 것으로 해석되고 있다. 정역正易에서 말하는 황극皇極은 거중오居中五한 것이며 오거중위五居中位한 것이 황극皇極이라고 하였다. 무극无極은 태극太極과 체용관계體用關係에 있다면 황극皇極은 무극无極과 체용관계體用關係에 있다고 하겠다. 그러므로 무극无極은 기위己位이며, 황극皇極은 무위戊位이다. →「皇極體位度數」

> 居中五皇極(正1:12)
> 五居中位皇極(正2:6)
> 皇極體位度數(正11:6)
> 戊位二火三木六水九金之中皇極(正26:7)
> 皇極而无極五十(正26:8)
> 五皇極 皇建其有極(書經洪範)

황극이무극〈皇極而无極〉: 황극皇極이로되 무극无極이니 오십五十이라고 하여 주로 무위戊位로 작용作用한다. 황극체위도수皇極體位度數가 작용作用하는 경우에는 황극이무극皇極而无極이라고 말한다. 이것이 귀서龜書 운용설명運用說明하는데서 나온다. 이른 바

> 「龜書 旣濟之數而逆生倒成 后天无極」

이라고 함은 귀서龜書의 묘용妙用에 있어 황극이무극皇極而无極을 구체화具體化해서 말한 것이다.

> 皇極而无極五十(正26:8)

황극체위도수〈皇極體位度數〉: 황황으로 극極을 세운 것은 무위戊位이다. 체위도수體位度數는

> 「戊戌 己亥 戊辰 己巳」

라고 하였으니 이 수數는 무술戊戌에서 기사己巳까지 삼십이三十二라고 하였다.

> 皇極體位度數(正11:6)

황심〈皇心〉 : 황皇은 곧 기리이며 기리는 즉 지地이니 황심皇心은 즉 지심地心이다. 정역괘正易卦를 손으로 쳐서 칠지七地자리에 천심天心인 무戊가 닿으니 그곳이 바로 기리인 황심皇心자리이다. →「皇心月」

　　皇中起月當皇心(正10:3)

황심월〈皇心月〉 : 황심달(皇^황心^심月^월)은 즉 후천后天의 기위己位에서 일으킨 달이다. 선천先天 달은 복상월復上月이요, 천심월天心月이다. 이 황심월皇心月을 도표로 보아 갑기甲己와 기갑己甲이 다른점을 살펴 보자.

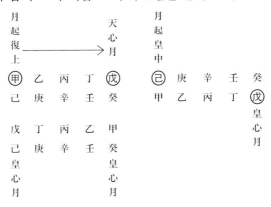

　　月起皇中皇心月(正10:5)

황제〈黃帝〉 : 중국의 옛 성인聖人이니 그 형모形貌는

　　「河目隆顙 日角龍顔」

이라고 하였고 수壽는 110세歲를 누리고, 제위帝位는 백년百年을 하였다고 전한다. 주역周易에서

　　「黃帝堯舜 垂衣裳而天下治 蓋取諸乾坤」

이라고 하여 황제黃帝는 덕합건곤德合乾坤하신 성인聖人으로 전전傳해온다. 황제黃帝는 육갑六甲과 천문天文을 밝혔으므로 갑자성두甲子星斗라고 하였다.

　　黃帝甲子星斗(正1:4)

황제갑자성두〈黃帝甲子星斗〉 : 황제黃帝때 천문天文과 육갑六甲을 발명하여 정치政治를 천도天道에 맞추어 썼다고 한다. 갑자甲子는 육십갑자六十甲子를 말한 것이며, 성두星斗는 북두北斗로서 천문天文을 말한다. 원람原覽에도

　　「命大撓 驗斗柄 初昏所指 月建 以天幹十 地枝十二. 配爲六十甲子」

라고 하니 갑자甲子란 육십갑자六十甲子를 말한다.

　　黃帝甲子星斗(正1:4)

황중〈皇中〉: 황심皇心이 무오토戊五土요, 황중皇中은 기십토己十土이다.　→
「皇心月」「皇中月」

　　皇中起月 當皇心(正10:3)
　　月起皇中 皇心月(正10:5)
　　丁寧分付皇中月(正10:6)
　　五六 皇中月體成數(正22:6)

황중월〈皇中月〉: 기위己位에서 일으킨 후천后天 황중皇中 달.　→「皇心月」

　　丁寧分付皇中月(正10:6)
　　五六 皇中月體成數(正22:6)

황하지일청〈黃河之一淸〉: 황하黃河는 중국에 있는 큰 강江인데 이 강물이
항상恒常 흐려 있지만 한 번 맑으면 성인聖人이 나서 태평성세太平盛世를 이
룬다고 한다. 그러므로 고인古人이 세상이 흐림을 개탄慨嘆한 시중詩中에

　　「黃河何時盡………」

이라 하였다. 정역正易에서

　　「喜黃河之一淸 好一夫之壯觀」

이라 하였으니 이것은 「좋구나 황하黃河가 한 번 맑음이여! 일부一夫가 나와서
천지天地에 장관壯觀을 이룰 좋은 징조로다」 라고한 것이다.

　　喜黃河之一淸 好一夫之壯觀 (正5:7)

회삭현망 진퇴굴신〈晦朔弦望 進退屈伸〉: 회삭현망晦朔弦望은 달의 운행運
行에 따라 일어나는 현상現象이요, 진퇴굴신進退屈伸은 지구地球의 자전自轉
공전公轉과 달의 인력引力에 따라 일어나는 조류潮流현상이다. 즉 호상진
퇴互相進退하고 호상충격互相衝激함을 말하니 충격衝激은 곧 굴신屈伸이라
생각된다.

　　晦朔弦望 進退屈伸 律呂度數(正6:7)

획결〈劃結〉: 복희씨伏羲氏가 괘卦를 긋고, 결승지정結繩之政을 하였다는 것
으로서 주역周易에

「昔者 包犧氏王天下也 仰則 觀象於天 俯則 觀法於地 觀鳥獸之文 與地之宜 近
取諸身 遠取諸物 於是 始作八卦」

라 하였으니 이것이 획획劃劃이며 또 이어서

「作結繩而爲網罟 以佃以漁 蓋取諸離」

라 하였으니 이것이 결결結結이다. 이와 같이 된 획결劃結은 후천后天으로 이어
져 획획劃획을 완성完成하고 결자結者가 풀어주는 것이라 하겠다.

神哉伏羲劃結 聖哉神農耕市(正1:3)

후천〈后天〉: 후천后天에는 두가지 개념槪念이 있다. 유한有限한 선천先天에
대하여 무량无量한 후천后天이 있는가하면 선천先天에도 선천先天 후천后天
이 있고, 후천后天에도 선천先天 후천后天이 있으며 하루사이에도 밤을 선
천先天이라면 낮을 후천后天이라고 한다. 체용體用면으로 볼 때는 선천先
天은 후천后天에 정사하게되니 화수미제火水未濟요, 후천后天은 선천先天에
정사하게 되니 수화기제水火旣濟라 한다. 선천先天에서는 하도河圖를 선천
先天으로 보았고, 낙서洛書를 후천后天으로 보았다. 오늘에는 낙서洛書가 선
천先天이오, 하도河圖가 후천后天인 것이다. 이러한 이론은 체용體用에 따
라 달리보는 것이며, 이 이론理論이 전에 없던 독특獨特한 이론전개理論展
開로서 금화정역후천金火正易后天의 대도大道를 밝힌다.

圖書之理 后天先天(正2:3)

后天无極(正2:5)

后天水金太陰之母(正3:2)

太陰 逆生倒成 先天而后天(正3:6)

太陽 倒生逆成 后天而先天(正3:15)

大明后天三十日(正4:9)

后天 政於先天 水火(正4:12)

先天 政於后天 火水(正4:13)

三十日晦 后天(正8:6)

后天之道 屈伸(正8:7)

調陽律陰 后天性理之道(正8:11)

己巳宮 先天而后天(正12:6)

戊戌宮 后天而先天(正12:12)

丁乙辛三宮 后天之地天(正14:7)

后天 三地兩天(正14:9)

后天 體圓用方 三百六旬而正(正19:6)

后天 三百二十四萬里(正19:10)

天地地天 后天先天(正22:11)

后天之易 變易之易(正22:13)

后天十五 順而用六合正中(正26:14)

후천무극〈后天无極〉: 태극太極은 후천后天의 체體요, 무극无極은 선천先天의 체體이다. 이를 도표로 하면 아래와 같다.

先天 龜書 :	1	2	3	4	5	6	7	8	9	10
	太極									后天 无極
	一									十
㉧		逆生 ————————>						倒成		㉣

后天 龍圖 :	1	2	3	4	5	6	7	8	9	10
	无極									先天 太極
	十									一
㉧		倒生 ————————>						逆成		㉣

龍圖 未濟之象而倒生逆成 先天太極(正2:5)

후천·선천〈后天·先天〉: 도서지리圖書之理에 하도河圖는 후천后天이오, 낙서洛書는 선천先天이라고한 것이며, 천지天地와 지천地天에 지천地天은 후천后天, 천지天地는 선천先天이라고 한 것이다.

圖書之理 后天先天(正2:3)

天地地天 后天先天(正22:11)

후천성리지도〈后天性理之道〉: 음陰과 양陽을 자율적自律的으로 조화調和하는 일은 후천后天의 성리性理의 도道라고한 것이다. 선천先天은 억음존양抑陰尊陽인데 이것을 잘 실천하여 알악양선遏惡揚善하면 올바른 심법心法의 학學이 될 것이다. 주역周易에서 이른 바

「閑邪尊誠」

이라고한 것이 이것이다. 후천后天에는 모든 일이 다 개물성무開物成務로 성성존존成性存存이 되니 도의문道義門이 활짝 열려 성리性理의 도道가 온

전히 실현될 것이다.

　　　　調陽律陰 后天性理之道(正8:11)

후천수금태음지모〈后天水金太陰之母〉: 무위戊位는 후천무극后天无極을 체
體한 일수一水 사금四金인 태음太陰의 어머니라하니 즉 달의 모체母體를 말
한다. 달은 수금水金 기운氣運을 지녔으니 이것을 도표로 하여보면 아래
와 같다.

　　　戊位 度順而道逆 度成道於三十二度 后天水金太陰之母(正3:2)

후천십오 순이용륙〈后天十五 順而用六〉: 후천后天은 십十에서 오五로 순順
히 내려와 육六을 쓰게되니 오五와 육六이 합合하는지라 정역正易으로 중
中한다는 것이다. 이것을 도표로 표시하면 아래와 같다.

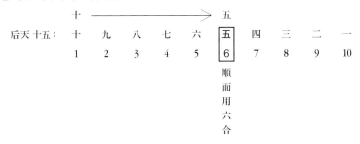

　　　后天十五 順而用六合正中(正26:14)

후천이선천〈后天而先天〉: 정역正易에

　　　「后天而先天」

이라는 말이 두 곳이 있는데 뜻은 다르다. 즉

　　　「太陽 倒生逆成 后天而先天」

이라함은 후천后天이로되 선천先天을 체體한 것이라는 뜻이요, 또

「戊戌宮 后天而先天」

이라함은 후천后天을 체體한 것이로되 용用은 선천先天이라는 것이다. 무술궁戊戌宮에서 말하는 후천이선천后天而先天은 체體를 먼저 말하는 것이오, 태양太陽은 도생역성倒生逆成하니 후천이선천后天而先天이라함은 용用을 먼저 말하는 것이다.

太陽 倒生逆成 后天而先天(正3:15)

戊戌宮 后天而先天(正12:12)

후천정어선천⟨后天政於先天⟩: 후천后天은 선천先天에 정사政事한다는 것이니 정역正易에는 선천先天을 후천后天이라고한 경우가 많으므로 이것을 밝혀두기 위하여 말한 것이다. 즉 후천后天이라고한 것은 선천先天에 용정用政하니 수화기제水火既濟라한 것이다. 여기 선천先天을 후천后天이라고, 후천后天을 선천先天이라고한 것이 다섯군데이니

先天을 后天이라고한 것

1. 后天无極
2. 后天水金太陰之母
3. 后天而先天
4. 大明后天三十日
5. 后天政於先天

등으로 되어 있다. 이에서 선후천先后天의 체용體用에 따라 뜻이 달라짐을 볼 수 있는 것이다. →「先天政於后天火水」

后天 政於先天水火(正4:12)

후천지도굴신⟨后天之道屈伸⟩: 후천后天의 천도정사天道政事는 동서東西로 굴신屈伸하는 지구地球의 자전운동自轉運動을 뜻하기도 한다. 그러나 달의 굴신屈伸으로 보면 16일日은 달이 굴屈한데서 시작始作하여 다음달 보름까지 되면 신伸하는 것이니, 이것 또한 굴신屈伸이라 한다. 선천지정先天之政은 진퇴進退라 함을 달의 현상으로 볼 때 초初하루에서 보름까지는 달이 커져가서 진전進展되지만 16일日부터 30일日까지는 사려져가서 퇴소退消하므로 선천先天은 진퇴進退라고 한다. →「先天之政進退」

后天之道屈伸(正8:7)

후천지역 변역지역〈后天之易 變易之易〉: 후천后天의 역易은 변역變易한 역易이라 하니 변역變易은 물리적物理的 변화變化가 아니라 화학적化學的 변화變化와 같은 것이다. 변역變易에 대하여는 정이천程伊川이 역전서易傳序에서

「易 變易也 隨時變易 以從道也」

라고 하였으나 이는 어디까지나 선천先天의 안목眼目에서 말하는 변역變易이기 때문에 실지實地는 교역交易인 것이며, 정역正易에서 말하는 변역變易은 아닌 것이다. 정확히 말하면 복희괘伏羲卦가 문왕괘文王卦로 변變하는 것은 교역交易이요, 문왕괘文王卦가 정역괘正易卦로 변變하는 것이 변역變易인 것이다. →「先天之易 交易之易」

后天之易 變易之易(正22:13)

후천지지천〈后天之地天〉: 후천后天의 지천地天이라 하니 선천先天을 천지天地라 하고 후천后天을 지천地天이라 함은 주역周易의 비괘否卦와 태괘泰卦에서 유래한 것이다. 수리數理로 보면 일삼오칠구一三五七九인 삼천양지三天兩地를 천지天地라 했고, 이사육팔십二四六八十인 삼지양천三地兩天을 지천地天이라 하였다. 정을신丁乙辛 삼궁三宮에서 정을丁乙은 지地쪽이요, 신辛은 천天쪽이므로

「丁乙辛三宮 后天之地天」

이라고한 것이다.

乙辛三宮 后天之地天(正14:7)

후천체원용방〈后天體圓用方〉: 후천后天은 낙서洛書인 일삼오칠구一三五七九의 원圓을 체體로 하고, 하도河圖인 이사육팔십二四六八十의 방方을 용用으로 하니 이것을 후천后天이라 한 것이다. →「先天體方用圓」

后天 體圓用方 三百六旬而正(正19:6)

희호일곡서봉명〈喜好一曲瑞鳳鳴〉: 희호喜好는 기쁘고 좋다는 것. 주역周易에

「鳴鶴在陰 其子和之 我有好爵 吾與爾靡之」

라고한 바 주역周易의 명학鳴鶴이 정역正易에는 봉명鳳鳴으로 된다. 이것이 또한

「風三山而一鶴」

이라 함과도 상통한다. 간지도수干支度數로는 정역괘正易卦의 육진뢰六震雷
가 손도수로 유유(九자리)자리에 해당하니 팔간八艮을 거쳐 십건十乾까지
올라오면 닭이 하늘에서는 봉봉鳳이 학鶴이 되는 상象이다. 그래서 한 곡조
曲調 서봉瑞鳳이 운다고한 것이다. 서경書經에 이른 바

「簫韶九成 鳳凰來儀」

라한 것과 다름이 없다. 일곡一曲은 무슨 곡曲일까? 이는 바로 영가咏歌인
것이다. 영가咏歌야말로 후천后天의 오행찬송가五行讚頌歌인 것이다. 오행가
五行歌인지라 도인道人이 부르면 용음동해심龍吟東海深이요, 속인俗人이 부르
면 여탄화유태如彈花柳態라. 영가咏歌에 대하여 시詩 한수를 읊어 본다.

咏歌由來久
龍吟東海深
勿爲花柳態
恐損閑邪心
→「瑞鳳鳴」
喜好一曲瑞鳳鳴 瑞鳳鳴兮 律呂聲(正5:1)

희황하지일청〈喜黃河之一淸〉 : →「黃河之一淸」

喜黃河之一淸(正5:7)

句索引

字 索 引

又

三

尾

乙巳尾乙亥 (16:16)

弄

弄明月 (5:15)

我

麟兮我聖 (1:7)
儘我萬世師 (2:13)
我爲主人 (6:1)
聽我一曲放浪吟 (17:14)
我摩道 (18:6)
我化化翁 (18:7)

成

倒生逆成 (2:4)
逆生倒成 (2:5)
度成道於三十二度 (3:2)
度成道於六十一度 (3:4)
太陰逆生倒成 (3:6)
戊位成度之月 (3:7)
度成道於三十 (3:9)
終于己位成度之年 (3:10)
復於戊位成度之年 (3:10)
太陽倒生逆成 (3:15)
胞於己位成度之日 (3:16)
度成道於三十六 (4:2)
終于戊位成度之年 (4:3)
復於己位成度之年 (4:3)
歲功成 (4:16)
月魄成午 (7:4)
水土之成道 (8:2)
成天一壬水 (13:12)
成地二丁火 (13:13)
成天九辛金 (13:14)
成地八乙木 (13:15)
成天五戊土 (13:16)
成地六癸水 (14:1)
成天七丙火 (14:2)
成地四庚金 (14:3)
成天三甲木 (14:4)
成地十己土 (14:5)

誰識天工待人成 (20:14)
體成數 (22:6)
洛書九宮生成數 (23:5)
地一成子水 (23:6)
地三成寅木 (23:7)
地七成午火 (23:8)
地五成辰土 (23:9)
地九成申金 (23:10)
河圖八卦生成數 (24:1)
天十成丑土 (24:2)
天四成申金 (24:3)
天六成亥水 (24:4)
天八成未木 (24:5)
天二成巳火 (24:6)
成和 (31:14)

抑

抑陰尊養 (8:10)

折

萬折必東 (9:7)
萬折于歸 (9:8)

李

李先生 (19:14)

狂

狂一夫 (17:16)

矣

至矣哉 (2:11)

肖

不肖敢焉推理數 (10:9)
不肖子金恒感泣奉書 (10:10)
不肖子金恒謹奉書 (27:14)

見

始見工 (20:3)

角

壬子角壬午 (17:7)

亢角二宿尊空詩 (17:8)
何物能聽角 (17:9)

言
十五一言 (1:1)
上元元元兮十五一言 (18:15)
十五一言兮 (18:16)
夫子之不言 (2:11)
夫子之不言是今日 (6:5)
不言而信 (2:12)
聖人所不言 (6:8)
豈一夫敢言 (6:9)
書不盡言 (8:16)
天何言哉 (9:1)
地何言哉 (9:1)
一夫能言 (9:1)
一夫能言兮 (9:2)
天不言 (9:5)
地從言 (9:6)
天地无言一夫何言 (9:10)
天地有言一夫敢言 (9:10)
天地言一夫言 (9:2)
一夫言天地言 (9:2)
化无上帝言 (10:2)
化无上帝重言 (10:7)
不言无極 (17:16)
十一一言 (22:1)
明聽吾一言 (25:16)

赤
赤壁江 (5:14)
赤赤白白互五中 (5:14)

身
窮理修身 (17:15)

辛
丙午甲寅戊午丙寅壬寅辛亥 (11:16)
地十己土生天九辛金 (12:7)
天九辛金生六癸水 (12:8)
天五戊土生地四辛金 (13:7)
地四辛金生天一壬水 (13:8)
地二丁火成天九辛金 (13:14)

天九辛金成地八乙木 (13:15)
丁乙辛三宮 (14:7)
庚寅辛卯 (14:13)
庚子辛丑 (14:15)
庚戌辛亥 (15:1)
庚申辛酉 (15:3)
庚午辛未 (15:5)
庚辰辛巳 (15:7)
辛卯觜辛酉 (16:2)
辛丑女辛未 (16:12)
辛亥亢辛巳 (17:6)
辛兌申 (21:)
干之庚申 (23:4)
丙申夜半生戊子 (23:14)
地四生辛金 (24:3)
辛丙夜半生丁亥辛卯頭 (24:10)
癸戊夜半生辛亥 (24:12)
呂律戊丁乙癸辛 (24:16)
地數方丁乙癸辛 (26:10)
三辛九 (30:)

辰
日月甲辰 (1:4)
月窟于辰 (7:6)
日月星辰 (9:14)
己巳戊辰己亥戊戌 (11:3)
戊戌己亥戊戌己巳 (11:7)
辛卯壬辰 (14:13)
癸卯甲辰 (14:15)
乙卯丙辰 (15:2)
丁卯戊辰 (15:4)
庚辰辛巳 (15:7)
丙戌星丙辰 (15:13)
壬辰畢壬戌 (16:3)
戊戌室戊辰 (16:9)
甲辰箕甲戌 (16:15)
庚戌 庚辰 (17:5)
日戊辰二十六 (20:8)
卯巽辰 (21:)
地五成辰土 (23:9)
辰月 (31:4)

天七丙火成地四庚金 (14:3)
地四庚金成天三甲木 (14:4)
正明金火理 (17:11)
金火而易 (18:16)
金火而易兮 (9:1)
金火正易圖 (21:)
天九生庚金地九成辛金 (23:10)
地四生辛金天四成酉金 (24:3)
火入金鄉金入火 (24:14)
金入火鄉火入金 (24:14)
火金金火原天道 (24:14)
己位四金一水八木七火之中 (26:2)
戊位二火三木六水九金之中 (26:7)
火明金淸 (27:6)
火明金淸兮 (27:7)
金恒謹奉書 (27:15)

長
太陰消長 (8:4)
消長理也 (8:6)
月消而月長 (8:9)
六宗之長 (23:2)

門
金火門 (6:1)
大哉金火門 (9:13)
三才門 (9:13)
五元門 (9:14)
十无門 (9:15)

靑
南望靑松架短壑 (5:13)

非
是非是好吾好 (18:8)

便
擧便无極十 (1:10)
十便是太極一 (1:11)

信
不言而信 (2:12)

侶
中有學仙侶 (5:15)

則
極則反 (2:7)
无人則守有人傳 (20:7)

前
西塞山前白鷺飛 (5:13)

南
二南七月 (1:6)
理西南而交通 (5:4)
南望靑松架短壑 (5:13)
二七丙丁火宮南 (8:14)
水潮南天 (9:2)
丙南 (21:)
西南互位 (23:1)
南西交位 (23:4)
五[]南 (30:)

哉
神哉 (1:3)
聖哉 (1:3)
大哉 (1:16)
大哉金火門 (9:13)
至矣哉 (2:11)
天何言哉地何言哉 (9:1)

咸
咸兮恒兮 (19:2)
咸兮恒兮兮 (19:3)
咸恒 (27:1)
咸和 (31:16)

圍
理氣圍焉 (1:16)

奎
丙申奎丙寅 (16:7)

殷
殷廟可以觀德 (1:5)

氣
理氣囿焉 (1:16)
十日一氣 (3:13)
七火之氣 (3:16)
氣東北而固守 (5:4)
庚金九而氣盈 (5:5)
數盈氣虛 (8:4)
盈虛氣也 (8:5)
火氣炎上 (8:14)
隨時候氣節 (8:15)
日月星辰氣盈 (9:14)
一夫氣盈 (9:14)
六氣氣 (11:1)
運氣圖 (15:9)
氣候度數 (31:1)

消
太陰消長 (8:4)
消長理也 (8:6)
月消而月長 (8:9)

流
流火六月 (9:9)

泰
只願安泰父母心 (10:13)
否往泰來 (10:13)
否泰 (27:1)

玆
周德在玆 (1:6)

益
損益 (27:1)

眞
正理玄玄眞經 (18:6)
勸君尋此眞 (20:1)
誰識一夫眞蹈此 (20:7)

神
神哉 (1:3)
神農耕市 (1:4)
神堯日月甲辰 (1:4)
神明萊焉 (1:16)
神明氏不亢 (17:9)
示之神物 (2:2)
至神至明 (8:16)

笑
自笑人笑恒多笑 (18:1)
笑中有笑笑何笑 (18:1)
能笑其笑笑而歌 (18:2)

扇
白羽扇 (5:14)

翁
普化一天化翁心 (10:6)
化翁親視監化事 (10:12)
化翁无位原天火 (12:5)
我化化翁 (18:7)

耕
神農耕市 (1:4)

能
德符天皇不能名 (5:1)
一夫能言 (9:1)
一夫能言分 (9:2)
何物能聽角 (17:9)
能笑其笑 (18:1)

豈
豈一夫敢言 (6:9)

起
復上起月當天心 (10:3)
皇中起月當皇心 (10:3)
月起復上天心月 (10:5)
月起皇中皇心月 (10:5)

好好无量 (27:13)

開
次第開 (6:2)
天政開子 (22:4)

閏
先后天正閏度數 (19:4)
二十七朔而閏 (19:5)
原易何常用閏易 (20:11)
逆而用八錯閏中 (26:13)

陽
太陽之兮 (3:5)
太陽倒生逆成 (3:15)
太陽恒常 (8:3)
抑陰尊陽 (8:10)
調陽律陰 (8:11)
律呂調陰陽 (17:12)
太陽之政 (26:16)

雅
儒雅士 (17:14)

雲
風雲動於數象 (5:6)

順
度順而道逆 (3:2)
度逆而道順 (3:4)
度逆道順 (11:4)
度順道逆 (11:8)
順而用六 (26:14)
旣順旣逆 (27:2)

黃
黃帝甲子星斗 (1:4)
喜黃河之一淸 (5:7)

傳
无人則守有人傳 (27:7)

嗚
嗚呼盤古化 (1:2)
嗚呼今日今日 (1:8)
嗚呼至矣哉 (2:11)
嗚呼金火互易 (6:7)
嗚呼日月之德 (6:10)
嗚呼日月之政 (8:16)
嗚呼天何言哉 (9:1)
嗚呼天地无言 (9:10)
嗚呼金火正易 (10:13)
嗚呼己位親政 (10:14)
嗚呼丑宮得旺 (10:15)
嗚呼卯宮用事 (10:16)
嗚呼五運運 (11:1)
嗚呼旣順旣逆 (27:2)

圓
天包地而圓環 (1:15)
體方用圓 (19:5)
體圓用方 (19:6)
天道圓庚壬甲丙 (26:5)
天度圓九七五三 (26:1)

塞
西塞山前白露飛 (5:13)

意
小魯意 (5:12)
古人意思不到處 (6:1)
不言无極有意存 (17:16)
誠意正心 (18:7)

感
感泣奉書 (10:11)

搖
懶搖白羽扇 (5:14)

損
損益 (27:1)

潭
蓮潭李先生 (19:14)

璃
琉璃世界 (27:9)

盤
盤古化 (1:2)
盤古五化 (19:12)

窮
窮理修身 (17:15)

節
十五日一節 (3:13)
時候氣節 (8:15)
十二月二十四節 (31:1)

篇
七月章一篇 (6:4)

緯
十紀二經五綱七緯 (3:1)

編
三絶韋編 (17:15)

緒
大清光緒 (19:12)

蓮
蓮潭李先生 (19:14)

衝
互相衝激 (8:14)

調
調陽律陰 (8:11)
律呂調陰陽 (17:12)

誰
誰識先天復上月 (9:16)
后人誰 (17:15)
誰識一夫眞蹈此 (20:6)
誰識天工待人成 (20:14)
誰遣龍華歲月今 (24:15)

賜
賜號二字 (19:14)
賜詩一絶 (19:15)

鋤
農夫洗鋤歲功成 (4:16)

震
酉震戌 (21:)
卦之震巽 (23:2)
震四 (29:)
震三 (29:)
六震 (30:)

養
養心湯 (17:11)
養於十三度 (3:8)
養於十九度 (4:1)

魄
四金之魄 (3:7)
月魄成午 (7:4)

魯
洞得吾孔夫子小魯意 (5:12)

儘
儘我萬世師 (2:13)

儒
凡百滔滔儒雅士 (17:14)
斯儒斯伏又斯仙 (20:6)

壁
脫巾掛石壁 (5:13)

赤壁江 (5:14)
丁酉壁丁卯 (16:8)

學
中有學仙侶 (5:15)
心法之學 (8:10)
讀書學易 (17:15)

曆
萬曆而圖 (19:1)
萬曆而圖兮 (19:1)
十易萬曆 (27:2)

激
互相衝激 (8:14)

積
分積十五刻 (6:10)
刻積八時 (6:11)
時積十二日 (6:11)
日積三十月 (6:11)
月積十二朞 (6:11)

羲
伏羲劃結 (1:3)
伏羲八卦圖 (20:)

衡
七政玉衡 (1:5)

親
化翁親視監化事 (10:12)
己位親政 (10:14)
必親施教 (18:7)

謂
一夫所謂 (25:15)

辦
早暮難辦 (9:3)

錯
三五錯綜三元數 (23:11)
九二錯綜五元數 (24:7)
五八尊空兮九二錯綜 (27:5)
九二錯綜兮火明金淸 (27:6)
錯閏中 (26:13)

隨
隨時候氣節 (8:15)

靜
靜觀萬變一蒼空 (20:3)
靜觀宇宙无中碧 (20:13)

頭
丙寅頭 (23:12)
戊寅頭 (23:13)
庚寅頭 (23:14)
壬寅頭 (23:15)
甲寅頭 (23:16)
丁卯頭 (24:8)
己卯頭 (24:9)
辛卯頭 (24:10)
癸卯頭 (24:11)
乙卯頭 (24:12)

龍
龍圖未濟之象 (2:4)
龍華歲月 (24:15)

龜
大禹九疇玄龜 (1:5)
龜書旣濟之數 (2:5)

壑
南望靑松架短壑 (5:13)

濟
天地之道旣濟未濟 (2:3)
龍圖未濟之象 (2:4)
龜書旣濟之數 (2:5)
旣濟而未濟 (3:6)

未濟而旣濟 (3:15)
水火旣濟兮火水未濟 (9:4)
水火旣濟兮火水未濟 (18:10)
旣濟未濟兮天地三元 (18:11)
未濟旣濟兮地天五元 (18:12)
咸恒旣濟未濟 (27:1)

燧
燧人乃燧 (1:3)

環
天包地而圓環影 (1:15)

瞰
俯瞰赤壁江 (5:14)

聲
律呂聲 (5:2)

臨
次第登臨 (5:12)
上帝照臨 (27:10)
上帝照臨兮 (27:11)

謝
寅宮謝位 (10:16)

蹈
誰識一夫眞蹈此 (20:7)

点
五十五点昭昭 (18:5)
四十五点斑斑 (18:5)

擧
擧便无極十 (1:10)

歸
萬折于歸 (9:8)
十一歸體 (11:1)
單五歸空 (18:4)
十五歸空 (18:5)

十一歸體詩 (24:13)
卯兮歸丑 (25:1)
十一歸體兮 (27:4)

札
禮三千而義一 (5:9)

翼
十而翼之 (2:13)
甲申翼甲寅 (15:11)

謹
謹奉書 (27:15)

懶
懶搖白羽扇 (5:14)

疇
大禹九疇玄龜 (1:5)

簫
吹簫弄明月 (5:15)

識
誰識先天復上月 (10:1)
誰識一夫眞蹈此 (20:6)
誰識天工待人成 (20:14)

辭
敢將多辭古人月 (10:4)

難
早暮難辦 (9:3)

離
午離未 (21:)
卦之離乾 (22:15)
離三 (29:)
離九 (29:)
九離 (30:)

金火正易

〈금화정역 차례〉

001

大易序라.

[역] 대역의 서라.

[해] 正易의 序文으로서 前篇十五一言과 後篇十一一言이라 함.

002

①**聖哉**라 **易之爲易**이니 **易者**는 **曆也**라.

[역] 聖스러운지라 易이 易이 됨이니 易이란 것은 册曆을 말함이니

[해] 先天閏易과 后天无閏易을 뜻함 이라 함.

②**无曆**이면 **无聖**이요 **无聖**이면 **无易**이라.

[역] 册曆이 없으면 聖人도 없고 聖人이 없으면 易도 없느니라.

[해] 后天十易萬曆을 뜻함이라 함.

③**是故**로 **初初之易**과 **來來之易**을 **所以作也**시니라.

[역] 이런 故로 初初의 易과 오고오는 易을 지으신 바이니라.

[해] 初初之易은 閏易이니 先天帝堯之朞三百有六旬有六日과 帝舜之朞三百六十五度四分度之一의 閏易을 뜻함이요 來來之易은 孔夫子之朞와 一夫之朞의 三百六十日 后天无閏易인 正易을 뜻함이라 함.

003

①**夫子親筆吾己藏**하니

[역] 孔夫子의 親筆을 내 몸에 간직하였으니

[해] 孔夫子의 親筆을 내 몸에 지녀서 글 또한 春秋와 같다는 것.

②**道通天地无形外**라.

[역] 道를 天地形象 없는 밖에까지 通達한지라

[해] 宇宙无中碧을 通察하심이니 后天十數易이라 함.

③伏羲粗畫文王巧하니.

[역] 伏羲氏는 兩儀八卦를 簡略하게 그으시고 文王께서는 洛書九宮圖에 依한 八卦를 精巧하게 그으시니

[해] 先天設計圖에 依한 生長卦圖를 뜻함이라 함.

④天地傾危二千八百年을

[역] 天地가 기울어져 危殆롭게 됨이 二千八百年임을

[해] 文王께서 先天運인 龜書에서 卦圖를 그으신 後 二千八百年을 乾坤의 父母 位置가 傾危되니 乾卦는 西北間으로 坤卦는 西南間으로 位置하였음이라 함.

004

①嗚呼聖哉라 夫子之聖乎신저

[역] 아! 성스러우신 孔夫子의 聖人이신저

[해] 不言而信은 夫子之道라 하심을 讚揚하신 뜻이라 함.

②知天之聖이라야 聖也시오 樂天之聖이라야 聖也시니

[역] 하늘을 아시는 聖人이라야 聖人이시요 하늘을 즐거워하는 聖人이라야 聖人이시니

[해] 知天之聖은 伏羲氏요 樂天之聖은 文王이시라 함.

③親天之聖은 其惟夫子之聖乎신저

[역] 하늘을 親한 聖人은 오직 孔夫子의 聖人이신저

[해] 하늘을 어버이로 하시는 聖人이라 하며 《論語》에 子貢이 孔子께 "固天縱 之將聖이시고 又多能也시니라" 함.

④洞觀天地无形之景은 一夫能之시고

[역] 天地无形한 景地를 通觀한 것은 一夫께서 能하시고

[해] 无形之景은 河圖后天无極인 太陽之景을 말함이라 함.

⑤**方達天地有形之理**는 夫子先之시니라.

[역] 바야흐로 天地有形한 理致에 到達하심은 孔夫子께서 먼저 하심이니라.

[해] 有形之理는 先天五皇極인 太陰之理라 함.

⑥**嗚呼聖哉**라 夫子之聖乎신저

[역] 아! 성스러우신 孔夫子의 聖人이신저

[해] 无極之无極과 不言无極有意存의 德行을 讚揚하신 뜻임.

⑦**文學宗長**은 孔丘是也시요 治政宗長은 孟軻是也시니라.

[역] 文學의 스승이신 宗長은 孔夫子이시고 治政의 스승이신 宗長은 孟子임이시니라.

[해] 文學宗長과 治政宗長을 말씀하신 것은 后天文學에는 孔夫子의 儒道學問이 으뜸이요 治政에는 孟子의 井田法인 王道政治學이 으뜸이라는 것이니 三八中指인 乾坤中立位置에서 上으로 九離火 六震雷는 上律天時요 治政은 下로 一巽風 四坎水인 下襲水土라 云함.

⑧**嗚呼**라 兩夫子시여 萬古聖人也시니라.

[역] 아! 兩夫子께서는 萬古의 聖人이시니라.

[해] 孔夫子와 孟子께서는 옛적부터 第一 으뜸이신 聖人이시니 皆古萬世의 聖人이시라 함.

005

一夫事實이라.

[해] 一夫先生의 學統淵源과 血統來歷의 事實을 말씀함이라 함.

006

①淵源은 天地无窮化无翁이요 來歷은 新羅三十七王孫이라.

[역] 淵源은 天地无窮한 化하신 翁이시오 血統來歷은 新羅三十七王의 後孫이라.

[해] 道學淵源의 根本은 天地의 无窮한 化无翁이시오 血統的인 來歷은 新羅
三十七王의 後孫이시라 함.

②淵源无窮來歷長遠兮여

[역] 淵源은 无窮하고 來歷의 長遠함이여

[해] 道學의 淵源은 无窮하고 祖上의 血統來歷은 長遠함이라 함.

③道通天地无形之外也라

[역] 道를 天地의 形象 없는 밖에까지 通達한지라.

[해] 无中碧을 觀察하시니 无形之外는 十无極이라 함.

007

我馬頭 通天地第一元 金一夫시니라.

[역] 아마두 天地를 通하야 第一元 자리는 金一夫시니라.

[해] 我摩道와 같은 뜻이며 天地를 通察하야 學統源泉의 无窮함과 祖上來歷의
長遠함이란 天地를 通하는바도 第一 으뜸이신 金一夫시라 함.

008

一夫事蹟이라

[역] 一夫의 事蹟이라.

[해] 一夫先生께서 平生에 이룩하신 功勞의 業績이시라 함.

009

三千年 積德之家 通天地 第一福祿云者 神告也시니라.

[역] 三千年 積德한 집의 第一가는 福祿을 이룰 것은 神께서 告하심이니라.

[해] 三千年 동안 積德한 집에서 第一가는 福祿을 天地神明을 通하야 누리는 것을 豫告하야 주심을 뜻함이라 함.

010

六十年 率性之工 秉義理 大著春秋事者 上敎也시니라.

[역] 六十年 率性의 工과 義理를 잡아서 크게 春秋에 나타낸 것은 위에서 가르침이시니라.

[해] 六十年동안 率性대로 따르는 工夫를 하고 義理를 잡아서 크게 나타내여 春秋大義로 일한 것은 위에서 가르치심이라 함이요, 六九之年 率性之工은 一夫先生 五十四歲시라 함.

011

一夫敬書 庶幾逃罪乎인저

[역] 一夫는 삼가 쓰노니 天理에 어긋나는 罪를 거의 免할수 있아올진저.

012

辛巳六月二十二日에 **一夫**

[역] 辛巳年 六月 二十二日에 一夫.

001

十五一言이라

[역] 열과 다섯과 하나가 합한 말씀이니라.

[해] 正易에는 十五一言이 上篇이요 十一一言이 下篇으로서 干支度數로는 己
丑宮에서 戊戌宮까지 十과 戊戌에서 壬寅까지 五를 合해서 十五一言이라 稱하
고 河圖인 中央 五十土로서 十无極(天皇氏)과 五皇極(地皇氏)과 一太極(人皇
氏)이라 하고 十五聖人의 말씀이라 함.

002

①嗚呼라 盤古化하시니

[역] 아! 盤古께서 化하시니

[해] 盤古는 上元의 元元인 己丑宮으로서 太極이요 陰陽의 비롯이요 天地萬物
의 始祖시며 太古의 基盤이라면 化는 元和의 中樞가 되고 己丑宮에서 戊戌이
요 无極이 太極이며 十便是太極이요 太陰·太陽에도 胞胎課程에서 庚子로부터
庚申까지 二十一度요 丙午에서 丙寅으로 二十一度에 가서 生하는 理致와 같이
天地 또한 壬寅에서 壬戌까지 二十一度를 거쳐 開闢한다 하므로 手指에 九指
十指자리에서 壬戌 癸亥라 함.

②天皇无爲시고

[역] 天皇께서는 아무 하염이 없으시고

[해] 天은 无爲의 乾坤의 道라 하니 《周易繫辭下篇》에 "黃帝堯舜이 垂衣裳而
天下治하니 蓋取諸乾坤이라" 하였고. 干支次로는 天開於子라 하야 拇指 一자
리를 屈하니 甲子宮이라 함.

③地皇載德하시니

[역] 地皇氏께서는 德을 실으셨으니

[해] 坤卦에서 坤厚載物이 德合无疆이라 하였고, 地皇氏는 龍顥馬蹄의 像이시

라 傳함. 干支次로는 食指 二자리를 屈하면 地闢於丑으로 乙丑宮이라 함.

④人皇作이로다.

[역] 人皇氏께서는 지으셨도다.

[역] 人類의 祖上은 人皇氏가 비롯이라 하고, 人皇氏는 人面龍身이시오 身有九章이시라 전함. 干支로는 中指 三자리를 屈하니 人生於寅이라 하야 丙寅時라 함.

⑤有巢旣巢하시고

[역] 有巢氏가 이미 四象 理致로 巢居케 하시고

[해] 《繫辭下篇》에 "上古엔 穴居而夜處러니 後世聖人이 易之以宮室하야 上棟下宇하야 以待風雨하니 蓋取諸大壯이라" 하야 穴居에서 巢居로 바꾸는 일을 有巢氏게서 行하시였고, 干支次로 無名指 四자리를 屈하니 丁卯宮이라 함.

⑥燧人乃燧로다.

[역] 燧人氏께서 이에 鑽火하셨도다.

[해] 燧人氏는 太古時代에 鑽木取火하야 生食에서 火食토록 하신 聖人이시며, 小指 五자리를 屈하니 二天이 己巳 原天火의 重乾天에 當하니 干支次로는 戊辰宮이라 함.

⑦神哉伏羲劃結하시고

[역] 神靈하신 伏羲氏께서는 八卦를 그으사 노를 맺어 政治를 하시고

[해] 河水에서 龍馬가 등에 十數象을 지고 나타나서 河圖라 하였고 이에 八卦를 그으시며 王天下原理를 밝히시고 結繩해서 짐승과 고기를 잡게 하는 일과 문자 없는 정치를 노를 맞어 행사케 하시니 《繫辭下篇》에 "古者包羲氏之王天下에 仰而觀於天文하고 俯而察於地理라 觀鳥獸之文과 與地之宣하며 近取諸身하고 遠取諸物하야 於是에 始作八卦하야 以通神明之德하며 以類萬物之情하니 作結繩而爲網罟하야 以佃以漁하니 蓋取諸離라"함. 百十五年 王座의 寶位

에서 王天下의 道를 이루시니, 伏羲氏는 蛇身人首의 像이시라 함. 干支次로는 小指 六자리를 伸하면 包五舍六자리로서 己巳宮이라 함.

⑧ 聖哉神農耕市로다.

[역] 聖스러우신 神農氏께서는 밭을 갈고 저자를 만드셨도다.

[해] 炎帝 神農氏는 農事짓는 方法과 市場에서 物物交易하는 聖業을 行하시고 醫學의 始祖시라 하니 《繫辭下篇》에 "斲木爲耜하고 揉木爲未耨之利로 以敎 天下하니 蓋取諸益하고 日中爲市하야 致天下之民하며 聚天下之貨하야 交易 而退하야 各得其所케 하니 蓋取諸噬嗑이라" 함. 神農氏는 人身牛首大眉의 像 이시라고 傳함. 無名指 七자리를 伸하면 神明의 尊空자리라 하고 干支次로는 庚午宮이라 함.

⑨ 黃帝甲子星斗요

[역] 黃帝께서는 六甲을 내시고 별을 밝히심이요

[해] 黃帝께서는 造化无窮한 天文인 星斗에 對한 發明으로 政治를 天道에 맞추 어 行事하시며 六甲을 마련하심으로 神而化之하야 使民宣之라 하셨고 享壽는 百十歲시오 帝位百年이시며 黃帝形貌는 河目隆顙에 日角龍顔이시라고 傳함. 中指 八을 伸하면 子運一八에 坤德이라 함. 干支次로는 辛未宮이라 함.

⑩ 神堯日月甲辰이로다.

[역] 神靈하신 堯임금께서는 甲辰年에 登極하시고 日月의 曆法을 마련하시니라.

[해] 冊曆을 지으시고 甲辰年을 在位元年이라 함. 堯의 帝號는 陶唐氏시고 享 壽는 百十八歲시며 在位九十八年이라 함. 手指로는 食指 九자리를 干支次로는 壬申에 當한다 함.

⑪ 帝舜七政玉衡이요

[역] 舜임금께서는 七政의 政事를 하시고 璇璣玉衡을 지으심이요

[해] 七政은 日月과 五星(金水木火土)의 五行理致인 政事를 말함이요 璇璣玉衡

은 玉으로 꾸민 天文觀測器이니, 《書經》에 "正月上日에 受祚于文祖하시다 在璿璣玉衡하사 以齊七政이라" 하심. 舜임금의 帝號는 有虞氏시고 百歲의 享壽에 在位六十一年이시라 하며, 堯임금으로 받으신 心法은 允執厥中이라 함. 干支次로는 癸酉天根宮으로서 拇指 十자리를 伸한다.

⑫ 大禹九疇玄龜로다.

[역] 위대하신 禹임금께서는 治水中에서 玄妙한 거북이 나타나서 洛書의 九州를 마련하셨도다.

[해] 大禹께서는 天下를 九州로 나누어 行政區域을 定하실 때 洛水에서 玄龜가 등에 九州形象을 한 것이 소위 洛書(龜書)로서 洪範九疇의 大法으로 政治를 行하시니 中國 夏나라를 創始하신 夏禹氏라고 하며, 舜임금으로부터 傳受心法은 人心은 惟危하고 道心은 惟微하니 惟精惟一이라야 允執厥中이라 하시다 함. 身長은 九尺九寸이시고 長頸鳥喙(새부리임)에 虎鼻兩耳로 窺(三窺)시라 傳함. 百歲享壽에 在位八年이시요, 手指로 拇指 一자리를 屈하면 相對方 九수로서 九宮度數라 함.

⑬ 殷廟에 可以觀德이요

[역] 殷나라 사당에서는 可히 昭穆의 덕을 볼것이요

[해] 殷나라 때에 비로소 祠堂이 있어 宗廟에서 聖德을 昭와 穆으로 神主를 左右로 모시고 秩序를 볼 수 있으니, 食指 二를 屈하면 相對方 手指中인 八자리가 當하니 坤德이라 함.

⑭ 箕聖乃聖이시니

[역] 箕子聖人도 이에사 聖人되시니

[해] 箕子께서는 殷나라 末王의 紂의 庶叔이시고 武王이 紂를 치시고 箕子를 大老로 모시어 洪範九疇의 法度를 이어받아 周나라를 興케 하시었으며 箕子聖人을 朝鮮에 封하셨다 함. 中指 三자리를 屈하니 相對 手指는 無名指 七자리가 當하는 神明政事자리라 함.

⑮周德在玆하야

[역] 周나라 聖德이 여기에 있어서

[해] 周나라 聖德이 여기에 있다는 것은 箕子의 洪範으로 周나라의 王道政治
를 하게 된 것은 箕子聖人께 있다 함. 無名指 四자리를 屈하게 되니 相對方은
小指 六자리를 가리키니 包五含六자리가 當한다 함.

⑯二南七月이로다.

[역] 閏德이 二南과 七月章의 周德이 바로 이것이로다.

[해]《詩經》에 周南과 召南을 二南이라 하고 七月은 豳風七月章을 말함이니, 二
南은 文王의 德化詩이고 豳風七月은 周公이 지은 시라 함. 小指 五를 屈하면 二
天火의 重坤地 位置라 함.

⑰麟兮我聖이여

[역] 麒麟다우신 우리 聖人이시여

[해] 孔夫子를 麟聖이라 함은《春秋》에 "哀公四十年, 西狩獲麟, 孔子絶筆"이라
는 文句가 있고, 哀公이 그 짐승을 몰라 孔夫子께 물었을 때 孔子께서 보시고
놀라시며 이르시기를 이는 바로 麒麟이라 하시고 마침내 쓰시든《春秋》를 中止
하셨다. 그 麒麟이 다리가 부러져 있어 孔夫子께서 말씀하시기를 仁慈한 麒麟
이 저렇게 되었다 하여 歎息하시니 그 後로부터 麟兮我聖이라 하였다고 傳함.
手指로는 小指 六자리를 伸하면 相對方 手指 位置는 七자리가 當하니 神明政
事하는 當期 360日(九九中)자리라 함.

⑱乾坤中立하사

[역] 乾과 坤이 中立하사

[해] 乾과 坤의 位置가 어느 쪽에도 편들지 아니하고 南北 中央에 中立하였으
니, 天地性情은 乾坤이요 乾坤의 形體는 天地인 것임. 手指로는 三八 中指로서
十五乾坤 位置가 되는 것이라 함.

⑲ **上律下襲**하시니 **襲于今日**이로다.

[역] 위로는 天時를 본받고 아래로 水土를 물려받아 오늘에 넘기셨도다.

[해] 위로 天地와 律曆을 360으로 밝히고 아래로 水土天地로 밝히시어 오늘에 因襲하게 하셨다는 말씀이다. 論語에 行夏之時라는 孔子의 말씀이 있고 오늘날까지도 夏曆인 太陰曆을 쓰고 있으며, 手指로는 中指 中心으로 十五乾坤자리를 中立으로 하고 無名指 四인 一巽風과 역시 無名指인 七자리가 上律이오 下襲은 水土가 됨으로 乾坤日月四象이 되는 것이다.

003

① **嗚呼**라 **今日今日**이여

[역] 아! 오늘이여 오늘이여.

[해] 時運의 讚詞이며, 拇指 一인 八艮山과 小指 六인 三兌澤을 意味함이니 艮兌合德의 深奧한 뜻이 있음이라 함.

② **六十三 七十二 八十一**은

[역] 九九法으로는 七九 六十三 · 八九 七十二 · 九九 八十一은

[해] 乾坤策 二百十六의 推衍數가 되는 것임. 手指上에 六十三은 中指屈인 三자리요 七十二는 食指屈인 二자리요 八十一은 拇指屈인 一자리로서 九九法度數下에서 正易八卦의 現象의 뜻이라 함.

③ **一乎一夫**로다.

[역] 一夫께서 하나로 定하셨도다.

[해] 一夫께서 하나로 이름질수 있다는 말씀이요, 天地曆數가 一夫께 當到하였음을 뜻하고 拇指 一자리를 屈하니 天下統一된다는 意志라 함.

004

擧便无極이니 **十**이니라.

[역] 들으면 문득 无極이니 十이니라.

[해] 拇指 一자리를 伸하면 十數인 无極이니 倒生逆成하는 先天太極이 后天无極이라 함.

005

十便是太極이니 **一**이니라.

[역] 열하고 拇指 一자리를 屈하면 문득 이것이 太極이니 하나가 되느니라.

[해] 十无極이 一太極이니 拇指 一자리를 屈한 것이 十數象인데 一太極을 나타내고 있으니 逆生倒成하는 后天无極이라 함.

006

① **一**이 **无十**하면 **无體**요

[역] 그러니 하나가 열이 없으면 體가 없음이요

[해] 太極이라도 无極이라는 것이니 太極一은 无極十이 없으면 體가 없는 虛라 함. 또한 无極十은 太極一이 없으면 用이 없는 空體이다. 无極十과 太極一이 合하면 土가 되니 土는 中心에 位置하는 五土로서 즉 五皇極이며, 皇極體位度數인 戊戌宮이다. 이것이 곧 五居中位의 皇極이니, 手指로는 小指 六자리를 伸한 包五舍六 形象이다.

② **十**이 **无一**하면 **无用**하니

[역] 열이 하나가 없으면 用이 없으니

[해] 无極이라도 太極이라는 것이니 无極十은 太極一이 없으면 用이 없는 虛體라 함.

③ **合**하면 **土**라 **居中**이 **五**니 **皇極**이시니라.

[역] 合하면 土라 가운데 있으니 五가 되니 皇極이시니라.

[해] 十과 一이 合하면 土가 되고 그 中心에는 五가 있으니 卽 五皇極인 皇極體位 度數요 戊戌宮이니 五居中位인 皇極으로서 小指 六자리를 伸한 象이라 함.

007

地는 載天而方正이니 體니라.

[역] 땅은 하늘을 싣고 모나고 반듯하니 體이니라.

[해] 地德은 하늘을 싣고서 方正한 것이니 實體가 되는 것이요 手指로는 六 七八九十인 河圖后天이라 함.

008

天은 包地而圓環하니 影이시니라.

[역] 하늘은 땅을 싸고 둥글고 고리가 되니 그림자시니라.

[해] 하늘의 道는 땅을 圓形으로 包用하야 圓環으로 環狀한 것이니 그림자라 하는 것이며, 手指는 一二三四午인 洛書先天이라 함.

009

大哉라 體影之道여 理氣圍焉하고 神明萃焉이로다.

[역] 크도다 體와 影의 道여 理氣가 널려 있고 神明이 모여 있느니라.

[해] 크고 큰 體影의 道를 形容한 感歎詞요 理致와 氣가 있고 神靈한 기운과 光明이 모여 있으니, 地球의 公轉과 自轉하는 理氣에 影은 氣니 五個指屈이요 體는 理니 五個指伸이라 함.

010

天地之理는 三元이니라.

[역]하늘과 땅의 理致는 三元이니라.

[해] 十无極(天皇氏) 五皇極(地皇氏) 一太極(人皇氏)이라 함.

011

元降聖人하시고 示之神物하시니 乃圖乃書로다.

[역] 元의 天上에서 聖人을 내려 보내시고 神物을 보이시니 이에 河圖며 이에 洛書로다.

[해] 元은 乾元이여 하는 元의 뜻이며 神物은 龍圖와 龜書이니라. 二 四 六 八 十은 河圖요 一 三 五 七 九는 洛書이다.

012

圖書之理는 后天先天이요 天地之道는 旣濟未濟니라.

[역] 河圖와 洛書의 理致는 后天과 先天이요 天地의 道는 旣濟와 未濟니라.

[해] 河圖와 洛書의 運行理致는 時間的으로 十九八七六五 四 三 二 一로 倒生하는 河圖와, 一 二 三 四 五 六 七 八 九 十으로 逆生倒成하는 것이 洛書이다. 天地之道는 空間的으로 水火旣濟와 火水未濟이다.

013

龍圖는 未濟之象而倒生逆成하니 先天太極이시니라.

[역] 龍圖는 未濟의 象으로서 거꾸로 나서 거슬러 이루니 先天의 太極 이시니라.

[해] 河圖는 十에서 順하게 내려가 二 一로 終하니 火水未濟의 象인데 倒生逆成하는 先天의 一數를 말하는 先天太極度數라 함.

014

龜書는 旣濟之數而逆生倒成하니 后天无極이시니라.

[역] 龜書는 旣濟의 數로서 거슬러 나서 거꾸로 이루게 되니 后天无極이시니라.

[해] 洛書는 거슬러 올라가 一 二에서 九 十으로 終하니 逆生倒成하는 水火旣濟요 十에서 終하는 后天无極度數라 함.

015

五居中位하니 皇極이시니라.

[역] 다섯은 가운데에 位置하였으니 皇極이시니라.

[해] 五가 中央에 位置하였으니 五皇極자리라 함.

016

易은 逆也니 極則反하나니라.

[역] 易은 거슬리는 것이니 極度에 達하면 돌이키는 것이니라.

[해] 易은 거슬러 가는 數 一 二에서 九 十으로 極자리에 이르면 다시 一 자리로 돌아오는 理致라 함.

017

土極하면 生水하고 水極하면 生火하고 火極하면 生金하고

金極하면 生木하고 木極하면 生土하고 土而生火하나니라.

[역] 土가 極하면 水가 생기고 水가 極하면 火가 생기고 火가 極하면 金이 생기고 金이 극하면 木이 생기고 木이 極하면 土가 생기니 土가 火에서 생기느니라.

[해] 拇指 十자리를 伸하고 다시 拇指 一을 屈하니 土極生水요 食指 二를 屈하니 水極生火요 無名指 四를 屈하니 火極生金이요 中指 八을 伸하니 金極生木이요 小指 五를 屈하니 木極生土요 拇指 十을 伸하니 七地자리에서 土而生火로 終이라 함. 《正易》에 化翁은 无位시고 原天火하시니 生地十己土라 하였으니 己巳宮이 原天火시고 化翁无位시다.

018

金火互宅은 倒逆之理니라.

[역] 金과 火가 서로 같은 집을 하는 것은 거꾸로 가고 거슬러 가는 理致이다.

[해] 食指 二자리에서 九金이 닿고 食指 九자리에서 二火가 같은 집을 서로 집

차지하는 理致이니, 干支度數로는 己庚壬甲丙하는 庚金과 戊丁乙癸辛하는 丁
二火가 食指 九二자리에서 같은 집을 서로 合하게 되니 金火互宅이라 하였고
辛酉宮에서 河圖宮으로 넘어가는 九二錯綜度數라고도 함.

019

①嗚呼至矣哉라 无極之无極이여

[역] 아! 지극하도다. 无極의 无極이여

[해] 无極之无極이란《繫辭上篇》에 "成性存存과 引而伸之하며 觸類而長之하
면 天下之能事畢矣라" 함과 相通됨이니 十數가 先天의 닫힌 拇指자리 다음 食
指 二자리에서 一 二 三 四 五 六 七 八 九까지 가면 九는 十자리에서 날리게 되
므로 十而翼之가 되며 다시 十하면서 하나자리에 꽂히니 一以貫之라 함이요.
中은 十十一一之空의 中이 되고 成性存存이 되는 現象을 无極之无極이라 表
現한다 함.

②夫子之不言이시니라.

[역] 孔夫子께서 말씀하지 않으신 것이니라.

[해] 말씀 않으신 자리는 十无極이라 함.

020

不言而信은 夫子之道시니라.

[역] 말씀 않으시고 믿은 것은 孔夫子의 道시니라.

[해]《繫辭上篇》에서 "默而成之하며 不言而信은 存乎德行이라" 말씀하셨고
《正易》에서는 无極之无極이며 夫子之不言과 不言而信은 夫子之道시며 夫子之
不言은 是今日이며 聖人所不言이시며 不言无極有意存이라 하야 无極에 對한
讚揚의 말씀이 있음.

021

①晚而喜之하사 十而翼之하시고 一而貫之하시니

[역] 늦게야 기뻐하사 열로 날개하시고 하나로 꿰뚫으시니

[해] 易을 十으로 翼傳하고 一로 貫通한다는 것은 十數가 닫혔던 것을 열(十)로서 날리고 하나(一)로 拇指자리에서 屈하면 하나로써 꿰뚫는 手指形象이라 함. 旣往《周易》에서 말씀한 十翼은 〈彖傳〉上下, 〈象傳〉上下, 〈繫辭〉上下, 〈文言傳〉 〈說卦傳〉〈序卦傳〉〈雜卦傳〉을 합하여 十翼이라 함.

②儘我萬世師신저!

[역] 진실로 우리 萬世의 스승이신저!

[해] 孔夫子께서는 永遠한 无窮世界까지 人類의 스승이시라는 말씀.

022

天四면 地六이요 天五면 地五요 天六이면 地四니라.

[역] 하늘이 넷이면 땅은 여섯이요 하늘이 다섯이면 땅도 다섯이요 하늘이 여섯이면 땅은 넷이니라.

[해] 伏羲卦는 生卦로서 自九指에서 癸亥而始하니 四指에 戊辰이 닿고 巳午未申이 十指에 終하니 天四地六이요, 文王卦는 長卦로서 拇指 一에서 甲子而始하야 五指에 戊辰이요 巳午未申酉에 終하니 天五地五요, 正易卦는 成卦로서 自拇指에 一에서 癸亥而始하야 六指자리에 戊辰이요 巳午未申으로 拇指 十에서 終하니 天六地四라 하야 八卦의 生長性을 論한 것이라 함.

023

天地之度는 數止乎十이니라.

[역] 하늘과 땅의 度는 數가 열에 그치느니라.

[해] 天地之度는 數가 十에 그쳤다함은 하늘의 度는 无限한 것이나 數는 无極數인 河圖十에 限定이라 함.

024

十은 紀요 二는 經이요 五는 綱이요 七은 緯니라.

[역] 열은 紀요 둘은 經이요 다섯은 綱이요 일곱은 緯니라.

[해] 紀綱은 上下南北이니 十乾五坤으로 己土戊土를 말함이요 經緯는 左右東西이니 二天七地로서 南北二七火가 入中宮이라 함.

025

①戊位는 度順而道逆하야 度成道於三十二度하니

[역] 戊位는 戊戌宮으로 干支로는 順하고 數로는 거슬러서 度數가 三十二度에 가서 成道하니

[해] 戊戌 己亥 戊辰 己巳로 干支度數는 順하고, 數로는 五에서 十으로 거슬러서 己巳宮까지 三十二度로 成道하니 皇極體位度數라 함.

②后天水金太陰之母이니라.

[역] 后天水金으로 된 太陰의 어머니가 되느니라.

[해] 洛書后天 四金一數의 太陰의 母가 되며, 手指로 庚金四는 食指 二자리를 屈하고 壬水一은 無名指 四자리를 屈함.

026

①己位는 度逆而道順하야 度成道於六十一度하니

[역] 己位는 己巳宮으로서 干支로는 거스르고 數로는 順하야 度數가 六十一度에 가서 成道하니

[해] 己巳 戊辰 己亥 戊戌로 干支로는 거스르며 數는 倒生으로 十에서 五로 順하므로 己巳宮에 가서 六十一度로 成道하니 无極體位度數라 함.

②先天火木太陽之父시니라.

[역] 先天火木으로 된 太陽의 아버지시니라.

[해] 先天河圖 七火八木은 太陽의 父가 되며 手指로 甲八木은 小指 六자리를 伸하고 丙七火는 中指 八자리를 伸함.

027

①太陰은 逆生倒成하니 先天而后天이요 既濟而未濟니라.

[역] 太陰은 거슬러 나서 거꾸로 이루니 先天이로되 后天이요 既濟로되 未濟니라.

[해] 太陰은 逆生倒成하니 先天이로되 體는 后天이요 水火既濟로 用하였으나 體는 火水未濟之象이며 一 二에서 九 十으로 逆生倒成하니 一 二는 水火니 洛書의 天數는 終於九로 十에 未達이니 既濟라도 未濟의 象이라 함.

②一水之魂이요 四金之魄이니 胞於戊位成度之月初一度하고

[역] 一水의 魂이요 四金의 魄이니 戊位의 成度를 이루는 달 初一度에 胞하고

[해] 庚은 四金의 魄이요 子는 一水의 魂이니 政今은 己庚壬甲丙에서 魂魄이 水金기운으로 나타나는 것이요 干支로는 己亥에서 庚子로 拇指 一자리를 屈하면서 初一度를 胞하니 戊位度數를 이루는 달은 己亥가 되고 初一度는 庚子라 함.

③胎於一九度하고 養於十三度하고 生於二十一度하니

　　度成道於三十이니라.

[역] 단 九度에 胎하고 十三度에 養하고 二十一度에 生하니 度數가 三十度에 가서 成道하나니라.

[해] 拇指 一자리에서 庚子로 始作하야 九指자리에 가서 伸하면 戊申에서 胎하고 十三指를 屈하면 壬子에서 養하고 二十一指자리에 가서 庚申에서 生하니 三十指자리에 가서 己巳宮으로 成道라 함.

028

終于己位成度之年初一度하고 復於戊位成度之年十一度니라.

[역] 己位度數에서 이루는 해 初一度에 마치고 戊位의 度數 이루는 해 十一度에 회복하나니라.

[해] 己位成度之年은 己巳요 初一度는 庚午라 하고 戊位成度之年은 戊戌이니

十一度에 回復하는 度數는 拇指 一자리에서 己亥로 하니 十一度에 가서 己酉 宮으로 成道라 함.

029

復之之理는 一八七이니라.

[역] 回復하는 理는 一八七이니라.

[해] 달이 本자리로 回復하는 理致의 原理는 太陰은 一八七을 本數로 한 十退 一進자리로서 復上하는 地軸으로 삼아 天心月에 當到하게 하고 十五日節侯政 事이며 拇指屈伸자리로서 坤은 元코 亨코 利코 牝馬之貞의 象이요 八艮山과 七地와의 合친 자리라 함.

030

五日一候요 十日一氣요 十五日一節이요

三十日一月이요 十二月一朞니라.

[역] 五日이 一候요 十日이 一氣요 十五日이 一節이요 三十日이 一月이요 十二月 이 一朞니라.

[해] 五日一候는 '한파수'라 하고 十日一氣는 天地氣運이 十日이면 한 기운이 차 는 것을 一氣라 함이요, 十五日이면 한 절기라 하야 半달 節候요 三十日이면 一 月이니 一年은 三百六十日이요 正易이니 一朞라 함.

031

①太陽은 倒生逆成하니 后天而先天이요 未濟而旣濟니라.

[역] 太陽은 거꾸로 나서 거슬러 이루니 后天이로되 先天이요 未濟로되 旣濟이 니라.

[해] 太陽은 十 九 八 七 六 五 四 三 二 一로 倒生逆成하니 后天이로되 先天을 體로 한 것이요 十九에서 二 一로 終하니 火水未濟로되 十數를 用하였으니 水 火旣濟가 되고 河圖는 二 四 六 八 十으로 用하므로 地數는 終於十하니 成數

라 함.

② 七火之氣요 八木之體니 胞於己位成度之日一七度하고

[역] 七火의 氣요 八木의 體니 己位度數 이루는 날 단 七度에 胞하고

[해] 政令은 己庚壬甲丙의 丙七火의 氣와 甲八木의 體位로서 己位成度之日은
己亥이고, 拇指 一자리에서 庚子로 始作하야 七指까지 가면 단 七度인 丙午로
胞함이라 함.

③ 胎於十五度하고 養於十九度하고 生於二十七度하니

度成道於三十六이니라.

[역] 十五度에 胎하고 十九度에 養하고 二十七度에 生하니 度數가 三十六度에
가서 成道하나니라.

[해] 無名指인 七자리 丙午에서 十五指까지 가면 甲寅 十五度로 胎하고, 十九
指자리에서 戊午 十九度로 養하고 二十七指자리에 가서 丙寅인 二十七度로 生
하는 바, 所爲 乾坤橋의 辛酉宮에서 河圖宮인 丁酉를 거쳐 가는 理致로 丙寅에
서 다시 三十六度를 뛰어 넘어서 壬寅으로 하야 辛亥宮에 三十六度로 太陽成
道라 함.

032

終于戊位成度之年十四度하고 復於己位成度之年初一度니라.

[역] 戊位 度數를 이루는 해 十四度에 마치고 己位의 度數를 이루는 해 初一度
에 회복하느니라.

[해] 戊位成度之年은 戊戌이요 十四度는 拇指 一자리에서 己亥로 始作하야
十四指에 가서 壬子인 十四度로 마치고, 己位成度之年은 己巳이며 그 初一度
는 庚午라 함.

033

復之之理는 一七四니라.

[역] 回復하는 理致는 一七四니라.

[해] 太陽의 回復하는 原理는 一七四로서 包五舍六인 皇中 자리를 天樞로하야 皇心月에 當到하게 함이요 乾道의 元亨利貞이며 倒生逆成으로 十 九 八 七 六 五 四로 하면 七 四가 七日來復하는 理致와 같이 神明자리에서 같이 맞닿는 太陽의 十一時間行事라 함.

034

十五分이 一刻이요 八刻이 一時요 十二時가 一日이니라.

[역] 十五分이 一刻이 되고 八刻이 一時요 十二時가 一日이 되느니라.

[해] 十五를 八로 乘하면 十二가 되므로 一日 十二時가 됨이니, 十二時를 八刻으로 乘하면 九十六刻이 되므로 一日은 九十六刻이라 함.

035

①天地合德三十二요 地天合道六十一을

[역] 天地가 德을 合하니 三十二요 地天으로 道를 合하니 六十一이 됨을

[해] 先天의 天地合德은 皇極體位度數로서 戊戌에서 己巳까지 三十二요 地天合道는 无極體位度數로서 己巳에서 逆으로 己巳宮까지 六十一이 되므로 天地合德은 天地否運이요 地天合道는 地天泰運이라 함.

②日月同宮有无地요

[역] 해는 달과 집을 같이 하나 없는 땅이 있고

[해] 太陽太陰이 生한 宮은 같은데 胞胎하는 課程은 다르다는 것은 太陽은 丙午에서 단 七度로 胞하니 初初一度는 太陽太陰이 己亥宮으로 同一하나 有无地가 다르므로 太陽은 己位成度之日이요 太陰은 戊位成度之月에서 각각 生하지만 다 같은 己亥宮이니 日月同宮有无地라 함.

③月日同度先后天을

[역] 달은 해와 度數를 같이 하나 先天后天임을

[해] 太陰은 三十度에 成道하고 太陽은 三十六度에 成道하니 太陰은 庚子 一度에서 胞하고 太陽은 丙午 七度에서 胞하니 月日이 成道하는 度數는 같지만 先后天이 다르다는 것임.

④三十六宮先天月이 大明后天三十日을

[역] 三十六宮의 先天달이 크게 后天 三十度의 해를 밝히는 것을

[해] 三十六宮 先天의 달이 后天의 三十日을 크게 밝힌다 함은 三十六度數(太陽)에 當하는 辛亥宮을 말함이니 先天의 初하루인 戊辰 戊戌에서 치면 十四日에 辛亥 辛巳가 當하는 先보름달이 后天에 가서는 癸未 癸丑인 初하루에서 치면 二十九日째에 가서 辛亥 辛巳가 當하니 三十六度辛亥宮이 后天三十日을 밝힌다 함.

036

四象分體度는 一百五十九니라.

[역] 四象의 나눠진 體度數는 一百五十九니라.

[해] 四象은 天地日月이며 分體度는 无極體位度數가 六十一이요 皇極體位度數가 三十二요 日極體位度數가 三十六이요 月極體位度數가 三十이니 合이 一百五十九라 함.

037

一元推衍數는 二百一十六이니라.

[역] 一元의 추련수는 二百一十六이니라.

[해] 九九法으로 九九 八十一과 八九 七十二와 七九 六十三이면 合이 二百十六이니 乾之策이라 함. (81+72+63=216)

038

后天은 政於先天하니 水火니라.

[역] 后天은 先天에서 政事하니 水火니라.

[해] 洛書 后天은 先天에서 政事하니 水火旣濟로서 先天의 天地否運이라 함.

039

先天은 政於后天하니 火水니라.

[역] 先天은 后天에서 政事하니 火水니라.

[해] 河圖 先天은 后天에서 政事하니 火水未濟로서 后天의 地天泰運이라 함.

040

金火一頌이라.(庚字韻詩)

[역] 金火를 첫 번째로 칭송하니라.

[해] 四九金과 二七火에 對하야 第一章에 찬양함.

041

①聖人垂道하시니 金火明이로다.

[역] 聖人이 道를 드리우시니 金火가 밝았도다.

[해] 垂訓은 心法 倫理 戒名 等을 내려서 教訓하는 것이니 先天的이요. 垂道는 性理 律曆 音律 等을 내려 引導하는 것이 后天的이라 하며 十數가 드리워지니 倒生逆成이니 九金二火로 밝았다 함.

②將軍運籌하니 水土平이로다.

[역] 將軍이 숫가치를 움직이니 水土가 平하였도다.

[해] 五行將軍이 運籌하므로 拇指 一자리에서 己土를 쓰게 되니 戊土五를 運行하고 癸六水의 氣를 興氣하야 十一歸體(5+6=11)로 平定하는 것이 運籌 水土平이라 하고 水土政事의 均衡은 水陵의 平等되는 理致라 하며 先天의 甲乙丙丁戊가 后天의 己庚辛壬癸로 變하는 것이 곧 將軍運籌라 함.

③農夫洗鋤하니 歲功成이로다.

[역] 農夫가 호미를 씻으니 해의 功이 이루도다.

[해] 后天의 農事器具 科學文明으로 因한 農家生活의 豐饒함이라 함. 속에는 七月章을 內包함.

④畵工却筆하니 雷風生이로다.

[역] 畵工이 붓을 물리치니 雷風이 生하였도다.

[해] 后天 金火正易圖가 成圖하니 雷風이 生하고 却筆은 十數八卦가 生하니 다

시 卦圖가 나지 않음을 뜻함이라 함.

⑤**德符天皇不能名**이로다.

[역] 天心과 皇心이 符合하니 能히 이름을 짓지 못하도다.

[해] 天心의 戊와 皇心의 己가 한자리에 符合하니 天心과 皇心을 區別해서 能히 이름을 짓지 못한다 함.

⑥**喜好一曲瑞鳳鳴**이로다.

[역] 기쁘고 좋도다. 한 곡조 瑞鳳이 우는 도다.

[해]《周易》에 "鳴鶴이 在陰이어늘 其子和之로다. 我有好爵하야 吾與爾靡之라" 하니《周易》의 鳴鶴은《正易》의 鳳鳴이요 風三山而一鶴과 相通하는 뜻이며, 干支로는 六震雷가 用九 자리인 酉戌亥子요 八艮山을 거쳐 十乾天까지 올라가면 닭이 하늘에서는 鳳이 鶴이 되는 象이므로 한 曲調 瑞鳳이 운다 하니, 一曲은 다름 아닌 詠歌요 后天五行 讚頌歌라 함.

⑦**瑞鳳鳴兮**여 **律呂聲**이로다.

[역] 祥瑞鳳이 울음이여 律呂의 소리로다.

[해]《書經》에 舜임금께서 音樂을 伴奏하시니 鳳凰이 와서 춤을 추었다는 故事이니 簫韶九成에 鳳凰이 來儀라 하였으며 律呂는 陽律과 陰呂로 되었고 十二律呂라 하니 一 三 五 七 九 十一月은 律月이요 二 四 六 八 十 十二月은 呂月이라 함.

043

金火二頌이라.

[역] 금화를 두 번째로 讚頌하니라.

[해] 四九金과 二七火의 交易하는 理致를 第二章에서 稱頌함.

044

①吾皇大道當天心하니

[역] 우리 皇極大道가 天心에 當하니

[해] 五皇大道는 戊己土의 天心과 皇心을 뜻하니 金火一頌에 德符天皇이라는 己와 戊가 한자리에서 地十爲天 天五地가 되는 것을 뜻함이요. 起月은 甲乙丙丁戊로 나가는 것은 天心이요 五六자리는 皇中 자리가 되고 皇心은 十자리라 함.

②氣東北而固守하고

[역] 氣는 東北에서 굳게 지키고

[해] 一六 三八은 東北에서 變動없이 固守함이니 氣는 一 二 三 四 五로 逆生하는 先天의 生長課程이요 理는 十 九 八 七 六으로 倒生하는 成熟課程이라 함.

③理西南而交通이라.

[역] 理는 西南에서 사귀어 通하는지라.

[해] 四九金과 二七火가 西南에서 交通함으로 河圖로 復歸하는 것이니 金火交易하는 理致라 함.

④庚金九而氣盈이요

[역] 庚金은 九로되 氣가 찼음이요

[해] 庚은 先天의 九金이 后天의 四金으로 됨을 말하고 西方의 四九金이로되 金火交易으로 因하야 南方에 氣가 찼음을 말함이니 火金에서 金火로 변할 때는

氣盈數虛라 하고 달의 形象을 말할 때는 數盈氣虛라 함.

⑤丁火七而數虛로다.

[역] 丁火는 七이로되 數가 비었도다.

[해] 南方 二七火가 西方으로 交易하는 理致로서 數가 虛하다는 것은 丁火七이 丁二火로 변하야 后天에 二火가 되니 數가 虛한 것이라 함.

⑥理金火之互位하야

[역] 金火가 자리를 같이 함을 다스려서

[해] 金火가 交易하는 位置를 다스림이니 金火互位한다는 것은 九二錯綜자리에서 金과 火가 서로 같이 位置함이라 함.

⑦經天地之化權이라.

[역] 天地의 化權을 부리는 것이니라.

[해] 天地變化하는 權能을 用九 用六을 行한다 함.

⑧風雲動於數象이요

[역] 구름과 바람은 數와 象에서 움직이고

[해] 風雲造化는 數와 象에서 變動하는 것이니 一巽風은 數라 하고 四坎水(雲)는 象이라 말함이니 無名指자리에서 風雲이 닿으므로 一巽風 二天 三兌澤 四坎水를 합치면 十數象이라 함.

⑨歌樂章於武文이라.

[역] 노래와 풍류는 武와 文에서 빛나는지라.

[해] 武는 六震雷요 文은 九離火로서 用九자리에서 武文이 빛내는 것이라 함.

⑩喜黃河之一淸이여 好一夫之壯觀이라.

[역] 기쁘다 黃河水의 한 번 맑음이여 좋다 一夫의 壯觀이라.

[해] 聖人이 나시게 되면 黃河水 濁한 물이 맑게 된다 함이니 古今天地에서 前无後无한 一夫의 壯觀이란 말씀이요 手指로는 十乾天과 五坤地인 中央位置에서 左右로 六震雷 一巽風이니 雷天大壯이며 風地觀을 表現한 것이라 함.

⑪**風三山而一鶴**이요 **化三碧而一觀**이라.

[역] 三山을 풍동하니 한 鶴이요 三碧을 敎化하니 하나의 황새이니라.

[해] 三山을 風動하는 한 마리 白鶴이 날아오고, 三碧을 敎化하는 한 마리 大觀이 보인다는 것이니 艮兌合德을 象徵함이니 三山은 八艮山이며 三碧은 三兌澤으로서 用九자리에서 六震雷 七地 八艮山하니 震變爲艮이요 用六자리에서 一巽風 二天 三兌澤하니 巽變爲兌가 되는 것으로 三山은 六震雷 七地 八艮山을 풍자한 白鶴이 되고 三碧은 一巽風 二天 三兌澤을 敎化하는 하나의 황새라 함.

⑫**觀於此而大壯**하니 **禮三千而義一**이로다.

[역] 이에서 大壯을 바라보니 禮는 三千인데 義는 하나로다.

[해] 風地觀에서는 神道와 樂이 나오고 雷天大壯에서는 禮와 義가 나온다는 것이니 三八中指인 十乾天에서 左로 六震雷하면 雷天大壯이요 五坤地에서 右로 一巽風하면 風地觀이니 艮兌合德하야 이에서 禮樂이 並出한다 함.

044

金火三頌이라.

[역] 金火를 세 번째로 讚頌하니라.

[해] 金火交易으로 氣候變動함을 第三章에서 稱頌함.

045

①**北窓淸風**에 **暢和淵明无絃琴**하고

[역] 北窓의 맑은 바람에 陶淵明의 줄 없는 거문고에 화답하고

[해] 北窓淸風은 氣候 변동으로 四時長春됨을 뜻함이요. 陶淵明은 세상에서 靖
節先生이라는 稱號가 있어 本是 갖추어지지 아니한 거문고를 어루만지고 融合
하였고 스스로 羲皇上人이라 稱하였다 함. 无絃琴은 五音聲인 咏歌라 함.

②**東山第一三八峰**에 **次第登臨**하야

[역] 東山에서 第一가는 三八峰에 올라가 臨하야

[해] 東山第一峰에 次例로 올라간다는 것은 將次 地球의 版圖가 變動하는 光
景을 본다는 뜻이기도 하며 東山三八峰은 東方三八木으로 八艮山이라 함.

③**洞得吾孔夫子 小魯意**라.

[역] 우리 孔夫子의 魯나라 작다하신 뜻을 알았노라.

[해]《孟子 盡心章》에 登東山而小魯요 登泰山而小天下라 하신 말씀과 같이 아직 地
球가 다 드러나지 아니해서 將次 后天 地球의 版圖가 變動함을 뜻한다 함.

④**脫巾掛石壁**하고

[역] 頭巾을 벗어 돌 벽에 걸고

[해] 巾을 벗어서 石壁에 걸었다 함은 十乾의 卦圖位置가 南에서 北으로 移動
됨을 뜻함이라 함.

⑤南望靑松架短壑이요 西塞山前白鷺飛라.

[역] 南쪽으로 푸른 솔이 짧은 구렁에 횃대질은 것을 바라보고 西쪽 邊方山 앞으로 白鷺가 날아드노라.

[해] 짧은 골자기에 시렁을 한다 함은 坤卦를 指稱하고 坤三絶을 象徵함이요, 西녘 가의 山 앞에는 白鷺가 날아든다 함은 白鷺가 兌方에서 八艮山을 향하야 날아오는 형상을 뜻함이니 山澤通氣의 意旨가 있다 함.

⑥懶搖白羽扇하고 俯瞰赤壁江하니

[역] 흰 부채를 게을리 흔들고 赤壁江을 굽어보니

[해] 白羽扇을 게을리 흔든다는 것은 震巽卦를 意味하고 懶搖란 震動하는 것을 말함이고 白羽扇은 巽方風을 뜻하며, 구부려 赤壁江을 본다는 것은 四坎水를 赤壁江으로 비유하고 俯瞰은 九離火를 表現한 것이라 함.

⑦赤赤白白互互中에

[역] 붉고 붉고 희고 흰 것이 서로 섞인 가운데 속에

[해] 南方의 赤赤 西方의 白白이 서로서로 한가운데라 함은 三八中指를 中心으로 하야 九二는 白赤, 四七도 白赤, 二七은 赤赤, 四九는 白白으로 四九二七金火門을 意味함이니 金火의 交易變易이요 正易의 火入金鄕金入火 金入火鄕火入金이라 함.

⑧中有學仙侶하야 吹簫弄明月이니라.

[역] 가운데에 學과 仙과 侶가 있어서 통소를 불고 밝은 달을 희롱하노라.

[해] 學仙侶는 儒仙佛이니 本是 一夫先生께서 鴻濛以前佛이시요 剖判之初仙이시고 生民以後儒가 되셨다 하시니 后天에 儒佛仙三道가 日月같이 밝아올 것을 뜻함이라 함.

046

金火四頌이라.

[역] 金火를 네 번째로 稱頌하니라.

[해] 金火四頌章에서는 四九二七金火門의 讚頌이라 함.

047

①四九二七金火門은 古人意思不到處라.

[역] 四九와 二七의 金火門은 옛사람은 意思에 이르지 못한 곳이라.

[해] 西方四九金이 南方으로, 南方二七火가 西方으로 交易 變易 互易하는 門이라는 것이니 卦圖로는 四坎水 九離火 二天 七地의 象이 되는 것으로 古人의 意思에는 想像할 수 없는 곳이라 함.

②我爲主人次第開하니 一六三八左右分列하야

[역] 내가 主人이 되어 次例로 열어놓으니 一六과 三八이 左右로 나뉘어 벌려져서

[해] 乾坤父母가 三八中指에 中立이 되어 卦를 차례로 벌인다는 것이니 一巽風(無名指四屈) 六震雷(食指九伸) 三兌澤(小指六伸) 八艮山(拇指一屈)卦 等을 左右로 分列한다 함.

③古今天地一大壯觀이요 今古日月第一奇觀이라.

[역] 古今天地에 하나의 큰 壯觀이요 古今日月에 第一奇觀이라.

[해] 옛 부터 이제까지 온 天地에서 第一壯觀은 雷天大壯과 風地觀이요 今古의 第一奇異한 것은 四九二七金火門을 가리킴이니 乾坤天地父母가 三八中指에서 中立되어 東西三八(少男少女)과 左右一六(長男長女)와 四九(中男中女) 등 三男三女로 分列하고 二天七地(重乾天 重坤地)의 十數卦도 成立으로 因한 一夫壯觀과 第一奇觀임을 表現함.

④歌頌七月章一篇하고 景慕周公聖德하니

[역] 豳風七月章 한 편을 노래 불러 칭송하고 周公의 聖德을 思慕하니

[해] 〈七月章〉一篇을 稱誦하야 노래한 것은 《詩經》에 〈豳豐七月章〉을 周公이
成王을 위하여 농사짓는 勳境을 지으시고 읊으신 것이니 周公의 聖德을 크게
우러러 思慕한 것이라 함.

⑤ 於好 夫子之不言은 是今日이로다.

[역] 아! 孔夫子께서 말씀 안하신 것은 바로 오늘날이로다.

[해] 孔夫子께서 말씀 않으신 것은 后天十无極이요 不言无極有意存이라 하심.
於好는 感歎詞로서 好意함을 밝힌 것이라 함

048

金火五頌이라.

[역] 金火五頌이라. 金火를 다섯 번째로 稱頌하니라.

[해] 金火五頌章에는 金火互易으로 因하여 不易正易의 課程에 대하여 讚頌함이라 함.

049

①嗚呼라 金火互易은 不易正易이니

[역] 아! 금과 火가 서로 바뀌는 것은 바뀌지 않는 正易이 되는 것이니

[해] 金火互易은 바뀌지 못할 正易이란 것이니, 交易 變易을 合하여 말한 것을 互易이라 하고 无閏曆인 三百六十日 政事 하는 正易이라 함.

②晦朔弦望進退屈伸律呂度數造化功用이 立이라.

[역] 晦朔弦望과 進退屈伸과 律呂度數의 造化功用이 서는지라.

[해] 晦朔弦望은 日月의 自然의 運行에 依하여 變動하는 現象이요, 進退屈伸은 地球의 公轉自轉과 日月의 引力에 따라 일어나는 潮流地殼의 現象이며 十退一進之位와 包五含六과 上下屈伸之度요 陽律陰呂의 度數와 天地自然의 造化와 六甲之功이 成立됨이라 함.

③聖人所不言이시니 豈一夫敢言이리오마는 時요 命이시니라.

[해] 聖人께서 말씀하지 않으신 바니 어찌 一夫가 敢히 晦朔弦望과 進退屈伸과 律呂度數와 造化功用 不易正易이 成立하는 課程을 말 하리오 마는 天時요 天命이 계심이라 함.

050

①嗚呼라 日月之德이여 天地之分이니

[역] 아! 해와 달의 功德은 하늘과 땅이 나뉘어진 것이니

[해] 日月의 德은 곧 天地日月의 생생한 德을 말함이니 天地에서 나뉘어 진 게 日月의 德이라 함.

②分을 積十五하면 刻이요 刻을 積八하면 時요 時를 積十二하면 日이요 日을 積三十하면 月이요 月을 積十二하면 朞니라.

[역] 分을 十五를 쌓으면 刻이요 刻을 八을 쌓으면 時요 時를 十二를 쌓으면 日이요 日을 三十을 쌓으면 月이요 月을 十二를 쌓으면 朞니라.

[해] 乾坤十五를 단위로 하야 쌓은 것이 一刻이 되고, 八刻이 一時가 되고, 十二時가 一日이 되니 九十六刻이 되고, 日을 三十하면 月이 되고, 月을 十二月하면 當朞三百六十日이라 함.

051

朞는 生月하고 月은 生日하고 日은 生時하고 時는 生刻하고

刻은 生分하고 分은 生功하니 空은 无位니라.

[역] 朞는 月에서 나고 月은 日에서 나고 日은 時에서 나고 時는 刻에서 나고 刻은 分에서 나고 分은 空에서 나니 功은 位置가 없느니라.

[해] 朞가 生月하면 十二月이 되고 月이 生日하면 三十日이 되고 日이 生時하면 十二時가 되고 時가 生刻하면 八刻이 되고 刻이 生分하면 十五分이 되고 分은 生空하니 空은 位가 없다 함.

052

帝堯之朞는 三百有六旬有六日이니라.

[역] 帝堯之朞는 三百이요 또 六旬이요 또 六日이니라.

[해] 堯임금의 朞는 三百六十六日이라 하였으니 《書經 堯典》에 "帝曰咨汝羲曁和아 朞는 三百六旬有六日이니 以閏月이라사 定四時成歲하야 允釐百工하야 庶績이 咸熙하리라" 함.

053

帝舜之朞는 三百六十五度四分度之一이니라.

[역] 帝舜之朞는 三百六十五度四分度의 一이니라.

[해] 舜임금의 朞는 三百六十五度四分度之一이니 現在 쓰고 있는 閏曆이라 함.

054

一夫之朞는 三百七十五度니 十五를 尊空하면

正吾夫子之朞니 當朞三百六十日을

[역] 一夫의 朞는 三百七十五度니 十五를 尊空하면 우리 孔夫子의 朞니 當朞 三百六十日임을

[해] 一夫之朞는 三百七十五度이니 十五乾坤數인 戊己十五를 尊空하면 孔夫子의 朞니 三百六十日 正曆度數라 하니 一元推衍數 二一六과 无極數 六十一과 皇極數 三十二와 日極數 三十六과 月極數 三十을 合하면 三百七十五度로서 十五數를 尊空하면 三百六十日正數라 함.

055

①五度而月魂生申하니 初三日이요.

[역] 五度에 月魂이 申에서 나니 初三日이요

[해] 五度를 가면 月魂이 申자리에서 나니 初三日이 되는 것은 二十八日庚辰에 달이 屈하므로(无色政事) 五度에 가서 初三日 甲申에 當하니 月魂 生申이라 함.

②月弦上亥하니 初八日이요

[역] 달이 亥에서 上弦이 되니 初八日이요

[해] 달이 半달이 된 것을 月弦이라 하고 先天 初하루 日辰인 戊辰에서 八日이 되면 乙亥가 當하니 이것을 上亥라 함.

③月魄成午하니 十五日望이니 先天이니라.

[역] 月魄이 午에서 이루어 보름이니 先天이니라.

[해] 先天 戊辰 初하루에서 十五日이면 壬午에 가서 體魄의 形成으로 圓滿한 先天 보름달이라 함.

056

①月分于戌_{하니} 十六日_{이요}

[역] 달이 戌에서 나뉘니 十六日이요

[해] 日月이 마주 바라보는 상태가 望이니 后天 癸未 初하루에서 十六日이 戊戌이므로 月分于戌이라 함.

②月弦下巳_{하니} 二十三日_{이요}

[역] 달이 巳에서 下弦하니 二十三日이요

[해] 后天 初하루인 癸未에서 二十三日이면 乙巳가 되니 이를 月弦下巳라 함.

③月窟于辰_{하니} 二十八日_{이요}

[역] 달이 辰에서 屈하니 二十八日이요

[해] 后天 初하루인 癸未 癸丑에서 二十八日이면 庚辰 庚戌이 當하니 月窟于辰이라 함.

④月復于子_{하니} 三十日晦_니 后天_{이니라.}

[역] 달이 子에서 回復하니 三十日이 그믐이니 后天이니라.

[해] 月이 子에서 回復한다는 것은 后天曆으로 癸未 癸丑인 初하루에서 三十日이면 壬子 壬午가 되는 것을 子에서 復한다 하며, 后天晦日이라 하고 달이 本是 自體에서 光을 발휘하는 것이 아니라 太陽 빛을 받아 盈虛消長의 形態를 이루는 것이므로 달의 自體는 어두운 것이요 月屈于辰하니 二十八日이요 月復于子하니 三十日이면 그믐달이 本體로 回復함다 함.

057

月合中宮之中位하니 一日朔이니라.

[역] 달이 中宮의 中位에서 合하니 一日이 초하루니라.

[해] 先天과 后天의 初하루 되는 原理는 달이 中宮의 中位에서 合한 때가 初하루가 되는 것이니, 二十八宿運氣圖의 運氣가 그런 緣由이므로 先天의 初하루는 癸未 癸丑으로부터 三十日 壬午 壬子까지의 中宮之中位는 戊辰 戊戌이 初하루가 되고, 后天의 初하루 또한 先天 戊辰 戊戌에서 三十日인 丁酉 丁卯까지의 中宮之中位는 癸未 癸丑이 된 位置가 后天 初하루가 된다 함.

058

六水九金은 會而潤而律이니라.

[역] 六水와 九金은 모여서 붙어서 律이 되느니라.

[해] 六水九金은 會潤하는 律이므로 戊丁乙癸辛인 癸六水와 辛九金이 會潤하는 陽律이라 함.

059

二火三木은 分而影而呂니라.

[역] 二火三木은 나뉘어서 그림자로 呂가 되느니라.

[해] 二火三木은 分影하는 呂가 되므로 戊丁乙癸辛인 丁二火와 乙三木이 分影하는 陰呂라 함.

060

一歲周天律呂度數라.

[역] 一歲의 하늘을 周回하는 律呂度數라.

[해] 呂律은 戊丁乙癸辛이라 함.

061

分은 一萬二千九百六十이니라.

[역] 分으로는 12960이니라.

[해] 刻864를 十五分으로 乘하면 12960이니 十五分이 一刻이라 함.

062

刻은 八百六十四니라.

[역] 刻으로는 864니라.

[해] 時108을 八刻으로 乘하면 864가 되니 八刻이 一時라 함.

063

時는 一百八이니라.

[역] 時로는 108이니라.

[해] 日9를 十二時로 乘하면 108이니 日은 단 九라 함.

064

日은 一九니라.

[역] 日로는 단 9日이니라.

[해] 時108을 十二時로 除하면 단 九가 되니 十二時 一日이라 함.

065

理會本原原是性이라 乾坤은 天地雷風中을

[역] 理가 本會에 모임이 原의 本性이니라. 乾坤은 天地의 雷風이 中이 됨을

[해] 事理를 깨달아 아는 것을 理會라 하고, 알 수 있는 까닭의 그 本原本을 이루는 것을 性이라고 하며, 乾坤과 天地雷風의 中이라 하니, 手指上으로 十乾天 五坤地의 中指자리에 左右로 六震雷(食指九伸) 一巽風(無名指四屈)이 互位하고 있는 中位라 함.

066

歲甲申 六月 二十六日 戊戌에 校正書頌이라.

[역] 甲申年 六月 二十六日 戊戌에 校正하야 쓰고 칭송하니라.

[해] 甲申年(1884) 五月이 閏달이였으므로 歲甲申 六月은 流火六月이라 하고 七月 맞임이라 함.

067

①水土之成道는 天地요

[역] 水와 土가 成道하는 것이 하늘과 땅이요

[해] 水土는 天地를 成道시킨다 하였으니 一太極과 十无極과 五皇極數인 一水 十土 五土가 수토라 함.

②天地之合德은 日月이니라.

[역] 하늘과 땅이 合德한 것이 해와 달이니라.

[해] 天地合德은 日月이라 하였으니 天地之分과 天地之合德이 모두 日月로 因한 것이므로 天地가 日月이 없으면 빈 껍질이라 함.

068

太陽恒常은 性全理直이니라.

[역] 太陽이 恒常한 것은 性이 完全하고 理가 곧기 때문이니라.

[해] 太陽은 盈虛消長이 없이 恒常한 것으로 本性이 완전하고 道理가 純直함이니 《周易》에 性을 成之者라 하고 性全을 成性存存이라 하면 理直은 正直한 道義라 함.

069

太陰消長은 數盈氣虛니라.

[역] 太陰이 消長하는 것은 數가 차고 氣가 비기 때문이니라.

[해] 달의 后보름에서 다음달 先보름까지를 消長이라 하야 后天이라 하고, 달의 先보름 初하루부터 그믐까지를 盈虛라 하야 先天이라 함. 干支로는 十六日 癸未 癸丑에서 三十日 壬子 壬午까지를 后天이라 하고 初하루 戊辰 戊戌에서 三十日 辛亥 辛巳까지를 先天이라 함.

070

盈虛는 氣也니 先天이니라.

[역] 찼다 비었다 함은 氣運이니 先天이니라.

[해] 먼저는 찼다가 뒤에 虛한 것은 氣運때문이니 先天이라 함인 즉 先天의 南北進退之政이니 地球 公轉運動이요 《周易》에 "天地盈虛로 與時消息"이란 盈虛는 盛衰之理를 말하고 《正易》의 盈虛消長은 生成之義를 뜻한다 함.

071

消長은 理也니 后天이니라.

[역] 사라졌다 자랐다 하는 것은 理致니 后天이니라.

[해] 달의 消長은 后보름 十六日부터 사라지다가 다음 달 初三日부터 보름까지 자라는 것은 消長하는 理致니 后天東西屈伸之道로서 地球 自轉運動이라 함.

072

①后天之道는 屈伸이요

[역] 后天之道는 屈하였다 伸하는 것이요

[해] 后天의 天道政事는 東西로 屈伸하는 地球의 自轉運動을 뜻함이니 달의 屈伸으로 보면 十六日 달이 屈한데서 始作하야 다음 보름까지 되면 伸하는 것이니 屈伸政事라 함.

②先天之政은 進退니라.

[역] 先天의 政事는 나아갔다 물러갔다 하느니라.

[해] 先天의 天地政事는 南北進退하는 公轉 運動이니 春夏秋冬의 節侯는 南北 進退로 因하야 發生하는 緣由로 后天은 四時長春이 된다 하니 進退가 아니요 屈伸之道라 함.

073

進退之政은 月盈而月虛니라.

[역] 나갔다 물러갔다 하는 政事는 달이 찼다 비었다 하느니라.

[해] 進退하는 政事는 달이 차는 데서 달이 비어 가는데 까지 말하야 太陰之政 이라 함.

074

屈伸之道는 月消而月長이니라.

[역] 굽혔다 폈다 하는 理致는 달이 사라졌다 달이 자랐다 하는 것이니라.

[해] 屈伸하는 道理는 后天의 太陽政事로서 先天을 標準하면 十六日에 癸未 癸 丑이 當하므로 후천 달은 사라져 가는 쪽에서부터 달이 자라가는 形態로 간다 는 것이니 이는 后天의 屈伸하는 달의 運行하는 形態를 나타내는 地球 自轉運 動이라 함.

075

抑陰尊陽은 先天心法之學이니라.

[역] 陰을 누르고 陽을 높이는 것은 先天의 心法의 學이니라.

[해] 先天은 讀書學易인 心法을 닦는 道理를 배우는 것이니 灑掃應對進退之節을 배우는 正心誠意之學이라 함

076

調陽律陰은 后天性理之道니라.

[역] 陽을 고르고 陰을 맞추는 것은 后天性理하는 道이니라.

[해] 陽을 調理하고 陰을 律和하는 것은 后天性理의 길이니 律呂調陰陽이란 調陽律陰인 것이고, 自律的으로 調和하는 窮理盡性이 后天之道라 함.

077

天地匪日月이면 空殼이시고 日月이 匪至人이면 虛影이시니라.

[역] 하늘과 땅이 해와 달이 아니면 빈 껍질이고 해와 달이 지극한 사람이 아니면 빈 그림자시니라.

[해] 天地도 日月이 아니면 空殼이라 하고 日月도 至人이 아니면 헛된 그림자라 하였으니, 后天 作易聖人을 指稱함이라 함.

078

①潮汐之理는 一六壬癸水位北하고 二七丙丁火宮南하야

[역] 밀물과 썰물의 이치는 一六壬癸水가 北쪽에 자리 잡고 二七丙丁火가 南쪽에 들어있어서

[해] 潮汐의 理致는 北方 一六壬癸水에 位置하여 있고 南方 二七丙丁火가 집을 하고 있음이니, 밀물을 潮라 하고 썰물을 汐이라 하니 달의 引力으로 因한 潮汐의 干滿하는 理致라 함.

②火氣는 炎上하고 水性은 就下하야 互相衝激하며

互相進退而隨時候氣節은 日月之政이니라.

[역] 불기운은 타오르고 물 성질은 흘러내려서 서로 충격하여 서로 進退하면서 時와 候와 氣와 節에 따르는 것은 해와 달의 政事시니라.

[해] 火氣는 二七丙丁火요 水性은 一六壬癸水로 就下하니 서로 相對하야 衝突하고 격돌하는 것은 包五含六의 氣運으로써 復之之理一七四의 太陽運行度數와도 關聯되며, 서로 相對하야 進退함은 十退一進의 氣運으로서 太陰의 復之之理인 一八七의 運行度數와도 관련되는 것이니 潮汐의 干滿과 日照의 長短에 따라 생기는 時候氣節을 따라 政事하는 것은 日月의 運行政事라 함.

079

嗚呼라 日月之政이여 至神至明하시니 書不盡言이니라.

[역] 아! 해와 달의 政事는 지극히 신기하고 지극히 밝으시니 글로도 다 말할 수 없느니라.

[해] 日月의 政事는 지극히 신비롭고 지극히 밝은 것이어서 그 얼마나 神秘하며 얼마나 밝은가에 대하야 글로서도 이루 형용하야 말 할 수 없다 함.

080

嗚呼라 天何言哉시며 地何言哉시리오마는 一夫能言하노라.

[역] 아! 하늘이 무엇을 말하시며 땅이 무엇을 말 하시리오 一夫가 能히 말 하니라.

[해] 天地도 말씀 않으신 바를 一夫가 홀로 能히 말씀하심이니 《論語》에서도 "子曰天何言哉시리오 四時行焉하며 百物이 生焉하나니 天何言哉시리요" 하신 孔夫子의 말씀이시다 함.

081

一夫能言兮여 水潮南天하며 水汐北地로다.

[역] 一夫가 能히 말 할 수 있음이여 물이 南쪽 하늘에 모이고 北쪽 땅에서 빠짐이로다.

[해] 后天에 地球의 變化가 人間에 미치는 影響이 무엇보다도 重要한 것은 潮流의 形象이며, 潮水의 變化는 太陽太陰의 引力이요 그 引力에 因한 潮汐의 理致는 潮水는 南쪽 二七丙丁火와 汐水는 北쪽 一六壬癸水에서 밀고(潮) 썰고(汐)하는 造化라 함.

082

水汐北地兮여 早暮를 難辨이로다.

[역] 물이 北쪽 땅에서 빠짐이여 이르고 늦음을 판단하기 어렵도다.

[해] 썰물은 北地에서 壬癸水인 一六水의 運動이며 밀물은 南天에서 丙丁火인 二七火의 運動이라고 하니, 潮汐의 理致는 이르고 늦을 것을 판단하기 어렵다고 함.

083

水火旣濟兮여 火水未濟로다.

[역] 水火가 旣濟함이여 火水가 未濟로다.

[해] 水火는 先天의 逆生倒成하는 理致라 하고, 火水는 后天 倒生逆成하는 理致라 함.

084

大道從天兮여 天不言가

[역] 큰 道가 하늘을 쫓음이여 하늘이 말씀 않으심인가

[해] 大道는 地十爲天天五地란 말로서 手指로 先天에 甲乙丙丁戊己로 六指자리에 있던 己位大道가 拇指인 一자리로 올라오니 이것이 天不言가라 함.

085

大德從地兮여 地從言이로다.

[역] 큰 德이 땅을 쫓음이여 땅이 쫓아 말씀하도다.

[해] 大德은 戊位天心이 皇心자리로 놓인 것이 地從言이라 하니, 皇心자리는 拇指를 伸하면 七地로서 重坤地라 함.

086

天地壬水兮여 萬折必東이로다.

[역] 天一壬水는 萬번이나 꺾어서 반드시 東쪽으로 가는 도다.

[해] 一夫께서 能言하신 水汐北地激動하는 現象의 造化를 뜻함이라 함.

087

地一子水兮여 萬折于歸로다.

[역] 地一子水여 萬번이나 꺾어서 기어코 壬水따라 돌아가도다.

[해] 新婦가 처음으로 시집에 가는 것을 于歸라 하듯이 地一子水가 결국 天一壬水 자리로 合침이라 함.

088

歲甲申 流火六月 七日에 大聖七元君은 書하노라.

[역] 甲申年 流火六月 七日에 大聖七元君은 쓰노라.

[해] 甲申年 五月이 윤달이었으므로 流水六月이라 하고 七月이 되면 大火心星이 西쪽으로 기울게 되며 날씨가 이때부터 서늘하게 되기 때문에 流火라 한 것이 流火六月은 七月에 마침이 되고 西紀로는 一八八四年 甲申六月 七日 己卯日. 大聖七元君은 一夫先生님의 별다른 尊稱이시니 北斗七星의 造化无窮하고 深奥한 뜻이 있다 함.

089

嗚呼라 天地无言이시면 一夫何言이리오 天地有言하시니 一夫敢言하노라.

[역] 아! 하늘과 땅이 말이 없으시면 一夫가 어찌 말하리오. 하늘과 땅이 말이 있으시니 一夫가 敢히 말하노라.

[해] 天地는 本是 말이 없이 行한다 하였으나 特히 여기에는 天地가 말씀이 없으시면 一夫가 어찌 말하리요 天地가 말씀하신바 있어 一夫가 敢히 말한다 하였으니 天時요. 天命이라 함.

090

天地言一夫言하시니 一夫言天地言하노라.

[역] 天地가 말씀하시고 一夫가 말씀하시니 一夫가 말하시고 天地가 말하노라.

[해] 天地의 말씀이 一夫의 말씀이요 一夫의 말씀이 天地의 말씀이라 함.

091

大哉라 金火門이여 天地出入하시고 一夫出入하시니 三才門이니라.

[역] 위대한지라 金火門이여 하늘과 땅이 出入하시고 一夫께서 出入하시니 三才門이니라.

[해] 大哉라 함은 形容詞며 感歎詞요 지극히 偉大함을 指稱함이니 四九金과 二七火의 金火門에 대한 重要性과 天地人三才와 같이 크다고 强調하는 말에서 大哉라 金火門이라 하고 九二錯綜度數라 함.

092

日月星辰이 氣影하고 一夫氣影하니 五元門이니라.

[역] 日月星辰이 기운이 영동하고 一夫의 기운이 빛나니 五元門이니라.

[해] 日月星辰이 氣影한다 함은 金火交易에 따라 日月星辰도 새 기운이 影動한다는 것이요 一夫도 또한 氣影하니 后天에 五元數인 五元門이 이루어 진다 함.

093

八風이 風하고 一夫風하니 十无門이니라.

[역] 八風이 바람 불고 一夫가 바람 부니 十无門이니라.

[해] 八卦의 變動하는 바람이 八風이요 一夫風으로 變動하니 九宮度數요 十數
八卦가 成道하니 十无門이 十无極이라 함.

094

①日月大明乾坤宅이요

[역] 해와 달은 크게 乾坤의 집을 밝히고

[해] 日月은 乾坤宅에 크게 밝힌다 함은 手指上으로 三八中指인 乾坤자리를 中
立으로 하야 坎離日月이 左右로 四九 二七자리에서 互位하고 있음을 말함.

②天地壯觀雷風宮을

[역] 하늘과 땅은 장하게도 雷風 집을 보는 것을

[해] 天地의 莊嚴한 것이 雷風집이라 함은 三八中指자리에서 乾坤(天地)位置에
左右로 六震雷 一巽風이 雍護하고 있어 風地觀과 雷天大壯을 이룬 것이라 함.

③誰識先天復上月이 正明金火日生宮가

[역] 누가 先天의 復上달이 바로 金火가 날로 나는 집을 밝힐 줄을 알았을까!

[해] 先天復上月은 一二三四五(甲乙丙丁戊)로 子午復舊자리로서 后天에 己庚
壬甲丙戊丁乙癸辛하는 庚金과 丁火자리에 酉戌亥子를 屈伸하면 用九자리로
符合되는 것이 金火가 날나는 집이라 하니 九二錯綜자리라 함.

095

化无上帝言이시니라.

[역] 化无上帝께서 말씀하심이시니라.

[해] 化无上帝께서 말씀하심은 后天皇中月을 分付하심이라 함.

096

①復上에 起月하면 當天心이요 皇中에 起月하면 當皇心이니

[역] 復上에서 달을 일으키면 天心에 當하고 皇中에서 달을 일으키면 皇心에 當하나니

[해] 天心에 當한다는 것은 先天에 角亢氐房心자리가 手指로 甲乙丙丁戊인 五자리로서 正易卦로는 二天자리니 天心에 當하고, 皇心에 當한다 함은 小指 六자리에서 后天에 干支로 甲乙丙丁戊하면 戊五土가 拇指인 皇心에 當하니 正易卦로는 七地位置에 當함.

②敢將多辭古人月하야 幾度復上當天心고

[역] 敢히 말 많은 옛사람의 달을 가져다가 몇 번이나 復上을 건너 天心에 當할 것인고!

[해] 多辭古人月이라 함은 先天에 閏易을 夏殷周가 歲首를 子丑寅으로 썼기 때문에 多辭古人月이라 하고, 天心은 甲乙丙丁戊인 戊五土가 卦로는 二天자리인 天心에 當하고

097

①月起復上하면 天心月이압고 月起皇中하면 皇心月이오니

[역] 달을 復上에서 일으키면 天心月이압고 달을 皇中에서 일으키면 皇心月이오니

[해] 달을 復上에서 起月하면 天心月이라 함은 拇指 一자리에 甲乙丙丁戊로 屈하면 二天자리가 戊가 當하니 天心月이요, 皇心月이라 하면 小指인 六자리에서 甲乙丙丁戊로 拇指를 伸하면 七地자리에 戊午土가 當하니 皇心月이라 하고,

小指인 包五含六자리로서 癸甲으로 起月하는 것을 皇中月이라 함.

②**普化一天化翁心**은 **丁寧分付皇中月**이로소이다.

[역] 하늘을 열어 化하시는 化翁의 마음은 丁寧코 皇中月을 分付하시는 것이로
소이다.

[해] 皇中月은 后天인 己位에서(拇指 一자리) 始作하되 己庚辛壬癸로 小指 五
자리를 屈하게 되니 皇中月이라 함.

098

化无上帝重言이시니라.

[역] 化无上帝께서 거듭 말씀하심이니라.

[해] 推衍에 愼重을 期하라는 分付시라 함.

099

①**推衍**에 **无或違正倫**하라

[역] 理致를 미루어 불리는데 或 올바른 倫理에 違背됨이 없게 하라.

[해] 推理에 있어 正當한 倫理에 어김없이 推理하라는 分付시라 함.

②**倒喪天理父母危**니라.

[역] 天理를 거꾸로 잃어버리면 父母가 위태할 것이니라.

[해] 天理를 거꾸로 毁喪하면 天地父母가 危殆롭게 되니 正當한 倫理에 愼重을 期할 것을 主張하심이라 함.

100

不肖敢焉推理數리오마는 **只願安泰父母心**하노이다.

[역] 不肖가 敢히 어찌 推理한다 하오릿가 마는 다만 父母의 마음 편안하시기를 祈願하노이다.

[해] 不肖하게도 敢히 天地度數를 推理하리요 마는 父母의 마음 安泰하시기를 祈願하신다 함이니 乾坤中位正易을 뜻함이라 함.

101

歲甲申 七月 十七日 己未 不肖子金恒은 **感泣奉書**하노라.

[역] 甲申年 七月十七日 己未에 不肖子 金(恒)某는 感泣하고 받들어 쓰노라.

[해] 西紀 一八八四年 七月 十七日 己未日에 不肖子는 感泣하고 받들어 쓰심이라 함.

102

化翁親視監化事라.

[역] 化翁께서 親히 보이신 監化事라.

[해] 造化翁이 親히 監化하신 일을 보이심이라 함.

103

嗚呼라 金火正易하니 否往泰來니라.

[역] 아! 金과 火가 바르게 바뀌니 天地否는 가고 地天泰가 오느니라.

[해] 四九金과 二七火가 제자리로 바뀌어 섰으니 天地否運은 가고 后天地天泰
運이 到來함이라 함.

104

嗚呼라 己位親政하니 戊位尊空이니라.

[역] 아! 己位에서 親히 政事하니 戊位는 尊空되느니라.

[해] 十數己巳宮(上帝) 親히 政事하시니 戊位는 尊空이 되니 手指로는 己巳宮은
拇指를 屈하고 戊戌宮은 拇指를 伸함이라 함.

105

嗚呼라 丑宮이 得旺하니 子宮이 退位니라.

[역] 아! 丑宮이 旺運을 얻었으니 子宮이 자리를 물러가느니라.

[해] 先天에는 子에서 열렸으나 后天에는 地政으로 바뀌어 丑宮이 旺運을 얻었으니
子宮이 退位함으로 干支로 亥子丑하니 丑宮은 拇指 一자리를 屈함이라 함.

106

嗚呼라 卯宮이 用事하니 寅宮이 謝位니라

[역] 아! 卯宮이 일을 하게 되니 寅宮이 자리를 떠나니라.

[해] 己甲夜半에 生癸亥로 后天에 卯月로 歲首하야 用事하니 先天 寅月歲首는 自然 물러가게 되며, 先天은 子丑寅으로 三元頭를 쓰고 后天은 亥子丑寅卯로 五元頭를 쓰게 되니 正月 月建을 卯月로 歲首라 함.

107

嗚呼라 五運이 運하고 六氣 氣하야 十一歸體하니 功德无量이로다.

[역] 아! 五運이 運轉하고 六氣가 기동하야 열과 하나가 한 몸이 되니 功德이 한량없도다.

[해] 先天에 甲乙丙丁戊하면 戊五가 己位親政으로 因하야 十자리로 運하여 내려가고 十자리에 있던 癸六은 小指인 五자리로 氣하야 올라와서 十一歸體가 되고, 이 變化로 因한 癸亥가 干支로 拇指 一자리에서 用事함으로 戊辰는 用六하게 되니 그 功德이 无量하다 함.

108

无極體位度數라.

[역] 无極이 體位한 度數라.

[해] 十无極이 體位한 度數라 함.

109

己巳 戊辰 己亥 戊戌이니라.

[역] 己巳 戊辰이요 己亥 戊戌이니라.

[해] 太陽之政인 无極體位度數라 함.

110

度는 **逆**하고 **道**는 **順**이니라.

[역] 干支로는 거슬리고 數로는 順하니라.

[해] 六甲干支度數는 逆하고 數로는 十·五로 倒生하니 順理的이라 함.

111

而數는 **六十一**이니라.

[역] 그 數는 六十一이니라.

[해] 己巳宮에서 逆으로 戊辰 己巳까지 六十一數이니 太陽之政이라 함.

112

皇極體位度數라.

[역] 皇極의 體位度數라.

[해] 五皇極이 體位한 度數인 太陰之政이라 함.

113

戊戌 己亥 戊辰 己巳니라.

[역] 戊戌 己亥요 戊辰 己巳니라.

[해] 太陰之政인 皇極體位度數라 함.

114

度는 順이요 道는 逆이니라.

[역] 干支로는 順하고 數로는 거스르니라.

[해] 六甲度數는 戊戌 己亥로 順하고 度數로는 五十으로 逆이라 함.

115

而數는 三十二니라.

[역] 그 數는 三十二니라.

[해] 戊戌宮에서 戊辰己巳로 順하게 가면 三十二數인 太陰之政이라 함.

116

月極體位度數라.

[역] 月極의 體位度數라.

[해] 月極이 體位한 太陰度數라 함.

117

庚子 戊申 壬子 庚申 己巳니라.

[역] 庚子와 戊申과 壬子와 庚申과 己巳니라.

[해] 庚子 一度에서 胞하고 戊申 九度에서 胎하고 壬子 十三度에서 養하고 庚申 二十一度에서 生하니 己巳宮에 三十度로 成道함.

118

初初一度는 有而无니라.

[역] 初初一度는 있어도 없느니라.

[해] 庚子에서 胞하였으니 庚子 初初一度는 있어도 己亥宮이 없다 함.

119

五日而候니라.

[역] 다섯 번째 날이 候니라.

[해] 五日이 한 파수요 한 달은 六파수고 一年이면 七十파수라 함.

120

而數는 三十이니라.

[역] 그 數는 三十이니라.

[해] 庚子에서 己巳까지 三十度로 成道함.

121

日極體位度數라.

[역] 日極의 體位한 度數라.

[해] 日極이 體位한 太陽度數라 함.

122

丙午 甲寅 戊午 丙寅 壬寅 辛亥니라.

[역] 丙午와 甲寅과 戊午와 丙寅과 壬寅과 辛亥니라.

[해] 丙午 一七度에 胞하고 甲寅 十五度로 胎하고 戊午 十九度로 養하고 丙寅
二十七度에서 生하니 丙寅에서 다시 三十六度를 뛰어넘어서 壬寅을 거쳐 三十
六度인 辛亥宮에서 成道한다 함.

123

初初一度는 **无而有**니라.

[역] 初初一度는 없어도 있느니라.

[해] 庚子宮은 없어도 己亥宮은 있음이라 함.

124

七日而復이니라.

[역] 七日에 回復하나니라.

[해] 七日來復하는 理致로 七日만에 回陽되는 것이라 하고 帝舜 七政玉衡이라
하였으니 現在도 日月火水木金土로 七日政事라 함.

125

而數는 **三十六**이니라.

[역] 그 數는 三十六이니라.

[해] 丙午에서 胞하야 辛亥宮에 三十六度로 太陽成道라 함.

126

化翁은 无位시고 原天火하시니 生地十己土니라.

[역] 化翁은 자리가 없으시고 原天은 火이시니 地十己土를 낳느니라.

[해] 《周易》에 "神无方而易无體"라 하였으니 神은 本是 一定한 方位가 없고, 神이란 上帝의 天使格이라 하고 化翁은 位가 없으신 原天의 火이시니 地十己土라 하였으니 己巳宮은 하늘이라 함.

127

己巳宮은 先天而后天이니라.

[역] 己巳宮은 先天이로되 后天이니라.

[해] 己巳宮은 庚午에서 戊寅까지를 말하며 己巳宮은 原天火의 하늘을 象徵하고 先天이로되 河圖后天이라 함.

128

地十己土는 生天九辛金하고

[역] 地十己土는 天九辛金을 낳고

[해] 呂律은 戊丁乙癸辛의 手指形象으로서 天九辛金은 中指 三자리를 屈함.

129

天九辛金은 生地六癸水하고

[역] 天九辛金은 地六癸水를 낳고

[해] 呂律은 戊丁乙癸辛의 手指形象으로서 地六癸水는 小指 五자리를 屈함.

130

地六癸水는 生天三乙木하고

[역] 地六癸水는 天三乙木을 낳고

[해] 呂律은 戊丁乙癸辛의 手指形象으로서 天三乙木은 無名指 七자리를 伸함.

131

天三乙木은 生地二丁火하고

[역] 天三乙木은 地二丁火를 낳고

[해] 呂律은 戊丁乙癸辛의 手指形象으로서 地二丁火는 食指 九자리를 伸함.

132

地二丁火는 生天五戊土니라.

[역] 地二丁火는 天五戊土를 낳느니라.

[해] 呂律은 戊丁乙癸辛의 手指形象으로서 天五戊土는 拇指 十자리를 伸함.

133

戊戌宮은 后天而先天이니라.

[역] 戊戌宮은 后天이로되 先天이니라.

[해] 戊戌宮은 后天이로되 洛書先天政事라 함.

134

天五戊土는 生地四庚金하고

[역] 天五戊土는 地四庚金을 낳고

[해] 政令은 己庚壬甲丙의 手指形象으로서 地四庚金은 食指 二자리를 屈함.

135

地四庚金은 生天一壬水하고

[역] 地四庚金은 天一壬水를 낳고

[해] 政令은 己庚壬甲丙의 手指形象으로서 天一壬水는 無名指 四자리를 屈함.

136

天一壬水는 生地八甲木하고

[역] 天一壬水는 地八甲木을 낳고

[해] 政令은 己庚壬甲丙의 手指形象으로서 地八甲木은 小指 六자리를 伸함.

137

地八甲木은 生天七丙火하고

[역] 地八甲木은 天七丙火를 낳고

[해] 政令은 己庚壬甲丙의 手指形象으로서 天七丙火는 中指 八자리를 伸함.

138

天七丙火는 生地十己土니라.

[역] 天七丙火는 地十己土를 낳느니라.

[해] 政令은 己庚壬甲丙의 手指形象으로서 地十己土는 拇指 一자리를 屈함.

139

地十己土는 生天九庚金하고

[역] 地十己土는 天九庚金을 낳고

[해] 政令은 己庚壬甲丙의 手指形象으로서 天九庚金은 食指 二자리를 屈함.

140

天九庚金은 生地六癸水하고

[역] 天九庚金은 地六癸水를낳고

[해] 呂律은 戊丁乙癸辛의 手指形象으로서 地六癸水는 無名指 四자리를 屈함.

141

地六癸水는 生天三甲木하고

[역] 地六癸水는 天三甲木을 낳고

[해] 政令은 己庚壬甲丙의 手指形象으로서 天三甲木은 小指 六자리를 伸함.

142

天三甲木은 生地二丙火하고

[역] 天三甲木은 地二丙火를 낳고

[해] 政令은 甲丙戊庚壬의 手指形象으로서 地二丙火는 中指 八자리를 伸함.

143

地二丙火는 生天五戊土니라.

[역] 地二丙火는 天五戊土를 낳느니라.

[해] 呂律은 戊丁乙癸辛의 手指形象으로서 天五戊土는 拇指 十자리를 伸함.

144

天五戊土는 生地四辛金하고

[역] 天五戊土는 地四辛金을 낳고

[해] 呂律은 戊丁乙癸辛의 手指形象으로서 地四辛金은 中指 三자리를 屈함.

145

地四辛金은 生天一壬水하고

[역] 地四辛金은 天一壬水를 낳고

[해] 政令은 己庚壬甲丙의 手指形象으로서 天一壬水는 無名指 四자리를 屈함.

146

天一壬水는 生地八乙木하고

[역] 天一壬水는 地八乙木을 낳고

[해] 呂律은 戊丁乙癸辛의 手指形象으로서 地八乙木은 無名指 七자리를 伸함.

147

地八乙木은 生天七丁火하고

[역] 地八乙木은 天七丁火를 낳고

[해] 呂律은 戊丁乙癸辛의 手指形象으로서 天七丁火는 食指 九자리를 伸함.

148

天七丁火는 生地十己土니라.

[역] 天七丁火는 地十己土를 낳느니라.

[해] 政令은 己庚壬甲丙의 手指形象으로서 地十己土는 拇指 一자리를 屈함.

149

地十己土는 成天一壬水하고

[역] 地十己土는 天一壬水를 이루고

[해] 地十己土자리에서 天一壬水를 成하니 政令 己庚壬甲丙 形象을 이룬다.

150

天一壬水는 成地二丁火하고

[역] 天一壬水는 地二丁火를 이루고

[해] 天一壬水자리에서 地二丁火를 成하니 呂律의 戊丁乙癸辛의 象이오

151

地二丁火는 成天九辛金하고

[역] 地二丁火는 天九辛金을 이루고

[해] 地二丁火자리에서 天九辛金을 成하니 呂律의 戊丁乙癸辛의 象이오

152

天九辛金은 成地八乙木하고

[역] 天九辛金은 地八乙木을 이루고

[해] 天九辛金자리에서 地八乙木을 成하니 呂律의 戊丁乙癸辛의 象이오

153

地八乙木은 成天五戊土니라.

[역] 地八乙木은 天五戊土를 이루니라.

[해] 地八乙木자리에서 天五戊土를 成하니 呂律의 戊丁乙癸辛의 象이다.

154

天五戊土는 成地六癸水하고

[역] 天五戊土는 地六癸水를 이루고

[해] 天五戊土자리에서 地六癸水를 成하니 呂律의 戊丁乙癸辛의 象이오

155

地六癸水는 成天七丙火하고

[역] 地六癸水는 天七丙火를 이루고

[해] 地六癸水자리에서 天七丙火를 成하니 政令의 己庚壬甲丙의 象이오

156

天七丙火는 成地四庚金하고

[역] 天七丙火는 地四庚金을 이루고

[해] 天七丙火자리에서 地四庚金을 成하니 政令의 己庚壬甲丙의 象이오

157

地四庚金은 成天三甲木하고

[역] 地四庚金은 天三甲木을 이루고

[해] 地四庚金자리에서 天三甲木을 成하니 政令의 己庚壬甲丙의 象이오

158

天三甲木은 成地十己土니라.

[역] 天三甲木은 地十己土를 이루니라.

[해] 天三甲木자리에서 地十己土를 成하니 政令의 己庚壬甲丙의 象이다.

159

丙甲庚三宮은 先天之天地니라.

[역] 丙과 甲과 庚의 三宮은 先天의 하늘과 땅이니라.

[해] 丙甲庚 三宮은 洛書先天의 三天兩地이니 天地否運이라 함.

160

丁乙辛三宮은 后天之地天이니라.

[역] 丁과 乙과 辛의 三宮은 后天의 땅과 하늘이니라.

[해] 丁乙辛 三宮은 河圖后天의 三地兩天이니 地天泰運이라 함.

161

先天은 三天兩地니라.

[역] 先天은 세 하늘과 두 땅이 있다.

[해] 一 三 五는 三天이니 手指屈함이요 七 九는 兩地이니 手指로 伸한 形象이라 함.

162

后天은 三地兩天이니라.

[역] 后天은 세 땅과 두 하늘이니라.

[해] 六 八 十은 三地로서 手指伸함이요 二. 四는 兩天이니 手指로 屈한 形象이라 함.

163

子寅午申은 先天之先后天이니라.

[역] 子와 寅과 午와 申은 先天의 先后天이니라.

[해] 手指로는 一三五七九의 屈伸形象으로서 先天子運은 拇指 一자리에서 子로 起用하니 子寅은 一指三指屈이요 午申은 七指九指伸이니 子午는 先天의 用이 되고 后天은 體가되며, 寅甲은 先天의 體가 되고 后天은 用이 되니 先天의 先后天이라 함.

164

丑卯未酉는 后天之先后天이니라.

[역] 丑과 卯와 未와 酉는 后天의 先后天이니라.

[해] 一三五七九의 三天兩地인 屈伸形象으로서 后天丑運은 拇指 一자리에서 亥를 起用하니 丑卯는 三指五指屈이요 未酉는 九指를 伸함이니 河圖后天의 先后天이라 함.

165

上元丑會干支圖라.

[역] 上元인 丑會의 干支圖라.

[해] 上古의 原天은 河圖后天이니 地政丑會運의 干支度數라 함이요 先天은 上元인 子會運이요 后天은 上元의 丑會運이라 함.

166

己丑宮은 庚寅 辛卯 壬辰 癸巳 甲午 乙未 丙申 丁酉 戊戌

[해] 第一指로부터 十指까지. 戊戌에 終함.

167

己亥宮은 庚子 辛丑 壬寅 癸卯 甲辰 乙巳 丙午 丁未 戊申

[해] 第一指로부터 十指까지. 戊申에 終함.

168

己酉宮은 庚戌 辛亥 壬子 癸丑 甲寅 乙卯 丙辰 丁巳 戊午

[해] 第一指로부터 十指까지. 戊午에 終함.

169

己未宮은 庚申 辛酉 壬戌 癸亥 甲子 乙丑 丙寅 丁卯 戊辰

[해] 第一指로부터 十指까지. 戊辰에 終함.

170

己巳宮은 庚午 辛未 壬申 癸酉 甲戌 乙亥 丙子 丁丑 戊寅

[해] 第一指로부터 十指까지. 戊寅에 終함.

171
己卯宮은 庚辰 辛巳 壬午 癸未 甲申 乙酉 丙戌 丁亥 戊子

[해] 第一指로부터 十指까지. 戊子에 終함.

172

二十八宿運氣圖라.

[역] 二十八宿의 運氣圖라.

[해] 先天과 后天의 運氣圖를 定하는 것으로 運氣圖은 戊辰 戊戌을 中宮之中位라 하야 先天 初하루를 戊辰 戊戌로 定하고, 后天은 癸未 癸丑을 中宮之中位라 하야 癸未 癸丑을 后天 初하루로 定하였으니, 先天에서 角亢으로 始作한 것을 后天에는 軫翼으로 始作하야 亢角으로 終하는 后天運氣圖라 함.

軫翼張星柳鬼井　南方朱雀七宿

參觜畢昴胃婁奎　西方白虎七宿

壁室危虛女牛斗　北方玄武七宿

箕尾心房氏亢角　東方蒼龍七宿

173 癸未　軫　癸丑

174 甲申　翼　甲寅

175 乙酉　張　乙卯

176 丙戌　星　丙辰

177 丁亥　柳　丁巳

178 戊子　鬼　戊午

179 己丑　井　己未.

180 庚寅　參　庚申

181 辛卯 觜 辛酉

182 壬辰 畢 壬戌

183 癸巳 昴 癸亥

184 甲午 胃 甲子

185 乙未 婁 乙丑

186 丙申 奎 丙寅

187 丁酉 壁 丁卯

188 戊戌 室 戊辰

189 己亥 危 己巳

190 庚子 虛 庚午

191 辛丑 女 辛未,

192 壬寅 牛 壬申

193 癸卯 斗 癸酉.

194 甲辰 箕 甲戌

195 乙巳 尾 乙亥

196 丙午 心 丙子

197 丁未 房 丁丑

198 戊申 氐 戊寅

199 己酉   己卯

200 庚戌   庚辰

201 辛亥 亢 辛巳

202 壬子 角 壬午.

203

亢角二宿尊空詩라.

204

①何物이 能聽角고

[역] 무슨 물건이 能히 뿔로 소리를 듣는고

[해] 龍은 뿔로 소리를 듣는다 하니 角宿은 東方蒼龍七宿中 바로 뿔에 該當하고 辰方에 位置하였으니 角은 龍角이라 하고 角聲은 五聲中에 東方의 木聲이라 함.

②神明氐不亢을

③室張三十六은 莫莫莫无量을

205

①武功은 平胃散이요 文德은 養心湯을

[역] 武功은 위장(뱃속)을 편안케 하는 藥이 됨이요 文德은 心臟(마음)을 기르는 藥이 됨을

[해] 武功은 平胃散이라야 하고 文德은 養心湯이라 함은 金火가 바뀌는 理致를 밝혔으니 뱃속(坤爲腹)이 不和한 데는 平胃散이라야 하고 머릿속(乾爲頭)이 不和한 데는 養心湯이라야 한다는 것이니 胃政事는 武功으로 平定하고 心政事는 文德으로 이루어지는 것을 뜻함이라 함.

②正明金火理하니 律呂調陰陽이라.

[역] 금과 火의 바뀌는 理致를 곧 바르게 밝히니 律呂가 陰陽을 고르느니라.

[해] 金火交易하는 理致를 밝혔던 음이요 律呂로는 陰陽을 고르게 하였으니 胃腸을 고르게 하는 데는 平胃散이라 한 즉 武功이요 心臟을 平安하게 하는 데는 養心湯이라 하니 이는 文德이 가장 크게 이루어짐을 뜻함.

206

九九吟이라.

[역] 九九度數의 읊음이라.

[해] 一種의 七言詩로 九九法에 대한 度數를 讚美하야 읊은 것이라 함.

207

①凡百滔滔儒雅士아 聽我一曲放浪吟하라.

[역] 凡百의 滔滔한 선비님네야 나의 한 曲調 放浪吟을 들어보아라.

[해] 凡百의 滔滔하게 온갖으로 흘러가는 선비들아 나의 한 曲調 放浪하게 읊은 노래를 들어보라는 말씀이시니 九九吟을 뜻함이라 함.

②讀書學易은 先天事라 窮理修身은 后人誰오

[역] 書傳을 읽고 易을 배우는 것은 先天의 일이라 理致를 窮究하고 몸을 닦는 것은 后人의 누구인고

[해] 書傳을 읽고 學易을 하는 것은 先天事요 窮理盡性하는 것은 后天사람의 할 일이라 함.

③三絕韋編吾夫子는 不言无極有意存이시니라.

[역] 다룬 가죽 끈으로 엮은 冊을 세 번 끊으신 우리 夫子께서는 말씀안하시고 뜻만 두어 있음이시니라.

[해] 다룬 가죽 끈으로 엮은 冊이 세 번 끊어지도록 《周易》을 읽으신 우리 孔夫子께서는 말씀 않으신 无極 자리를 뜻에만 두셨다는 말씀이라 함.

④六十平生狂一夫는 自笑人笑恒多笑라.

[역] 六十平生에 미친 一夫는 스스로 웃고 남이 웃으니 恒常 웃음이 많도다.

[해] 六十平生이면 乙酉年(1885)에 《正易》을 끝마치시고, 狂一夫라 한 것은 詠歌舞蹈에 手舞足蹈하시게 되니 當時 사람들이 미쳤다고 하야 當身도 狂一夫라 自

稱하시고, 스스로 웃고 항상 웃음이 많다는 것은 自然 기쁜 일이 있어서 웃는 것을 사람들은 미쳤다 하야 웃으니 이래서 항상 웃음이 많다 하였음이라 함.

⑤笑中有笑笑何笑ㅗ 能笑其笑笑而歌를

[역] 웃음 속에 웃음이 있으니 무슨 웃음을 웃을고 能히 그 웃음을 웃고 웃으며 노래하심을

[해] 웃는 中에 웃음이 있으며 웃음이 무슨 웃음일고 하야 능히 또 웃고 그 웃음으로 노래하시니 그 노래는 다름 아닌 詠歌인 五行歌이므로 雅樂中 基本雅樂이며 웃음 소(笑)자가 열 자이고 實地로 웃는 웃음은 다섯 자이니 또한 十五를 뜻함이라 함.

208

①三百六十當朞日을

[역] 三百六十日이 朞日에 當함을

[해] 一年은 三百六十日이 朞가 되니 歲有十二月하고 月有三十日하니 三百六十者는 一勢之常數也라 하였음.

②大一元三百數는 九九中에 排列하고

[역] 其中 하나의 큰 으뜸인 三百數는 九九中에 排列하고

[해] 크게 하나로 되는 三百數(十個月三百日)는 九九度數法에 있음을 말하고 一年 三百六十數에서 无色政事 六十數를 空除하면 大一元三百數라 함.

③无无位六十數는 一六宮에 分張하야

[역] 없고 없는자리 六十數는 一六宮에 갈라 베풀어서

[해] 无色政事하는 六十數는 一六宮에 나뉘어 베풀어 놓은 것이요

④單五를 歸空하면 五十五點이 昭昭하고

[역] 單五를 歸空하면 五十五點이 昭昭하고

[해] 太陽은 戌方을 못비추어 一日 一時間 空이므로 六十日間 六十時間이 空이니 十二時로 나누면 五日分이 되므로 單五를 歸空하면 五十五點(河圖)이 昭昭함이라 함.

⑤十五를 歸空하면 四十五點이 斑斑하다.

[역] 十五를 歸空하면 洛書數 四十五點이 斑斑하다.

[해] 太陰은 戌亥子 三方位를 못비추어 一日 三時間이 空이므로 六十日間에 百八十時間이 空하니 十二時로 나누면 十五日이 되므로 十五를 歸空하면 四十五點(洛書四十五點)이 斑斑이라 함.

⑥我摩道正理玄玄眞經이 只在此宮中이니

[역] 我摩道正理의 玄玄한 眞經이 다만 이 宮中에 있을찌니

[해] 내가 道를 어루만지매 玄妙하고 眞實한 經書(正易)가 이 册 가운데에 있다는 말씀이라 함.

⑦誠意正心하야 終始无怠하면

[역] 뜻을 精誠케 하고 마음을 바르게 하야 終과 始를 게으름이 없으면

[해] 意志를 誠實히 하고 마음을 바르게 가져서 終과 始(始終如一)를 게으름 없이 篤實하게 勤勉하라 함.

⑧丁寧我化化翁이 必親施敎시리니

[역] 丁寧코 우리 化翁께서 반드시 가르침을 베풀어 주시리니

[해] 丁寧코 우리 化하신 化翁님께서 親히 가르침을 베풀어주신다는 말씀이라 함.

⑨是非是好吾好아.

[역] 이것이 바로 내가 좋아하는 것을 좋아하는 것이 아닌가!

[해] 眞實로 내가 좋아하는 것을 좋아한다는 것이며 여기에는 特히 少男少女의 好意를 뜻함이라 함.

209

十五歌라.

[역] 十五에 대한 歌라.

[해] 十五一言을 노래한 것이니 十五는 十一에 대한 體가 되고 十一은 十五에 대한 用이라 함.

210

水火既濟兮여 火水未濟로다.

[역] 水火가 기제이고 火水가 미제로다.

[해] 先天은 逆生倒成하는 水火既濟이며, 后天은 逆生倒成하는 火水未濟라 함.

211

既濟未濟兮여 天地三元이로다.

[역] 기제가 미제로되 天地는 三元이로다.

[해] 先天의 逆生은 水火既濟요 后天의 倒生은 火水未濟이다.

212

未濟既濟兮여 地天五元이로다.

[역] 未濟가 既濟가 되니 地天五元이로다.

[해] 后天의 火水未濟며 先天의 水火既濟요 地天五元은 地天泰運의 五元數이니 九二錯綜度數라 함.

213

天地地天兮여 三元五元이로다.

[역] 天地가 地天이 되니 三元은 五元으로 되는 도다.

[해] 天地否運이 地天泰運이며 先天 三元頭는 后天 五元頭라 함.

214

三元五元兮여 上元元元이로다.

[역] 三元이 五元으로 되니 上元에 元이 元으로 되는 도다.

[해] 先天三元이 后天五元이니, 上古의 子會運이 丑會運이 되는 것이라 함.

215

上元元元兮여 十五一言이로다.

[역] 上元의 元이 元으로 되니 十五가 一言이 되도다.

[해] 上元의 元元(丑會運)이 十五一言이 되고 十五一言은 十五乾坤의 말씀이라 함.

216

十五一言兮여 金火而易이로다.

[역] 十五一言이 되니 金과 火가 바뀌도다.

[해] 十五乾坤 天地의 말씀이 金火가 互易된다는 말씀이라 함.

217

金火而易兮여 萬曆而圖로다.

[역] 金과 火가 바뀌니 萬世의 册曆이 그림이 되도다.

[해] 金火互易이 되니 金火正易圖가 萬世의 曆元이 된다 함.

218

萬曆而圖兮여 咸兮恒兮로다.

[역] 萬世册曆이 그림 되니 澤山咸이며 雷風恒이 되는 도다.

[해] 萬世의 曆이 金火正易圖라 하며 澤山咸과 雷風恒이 되니 艮兌合德의 十一用政과 雷風正易이라 함.

219

咸兮恒兮여 十兮五兮로다.

[역] 澤山咸과 雷風恒이 되니 十이며 五로다.

[해] 澤山咸과 雷風恒이요 十은 己丑宮이고 五는 戊戌宮이니 十五雷風恒政事
라 함.

220

先后天正閏度數라.

[역] 先天과 后天의 正閏度數라.

[해] 先天은 碁三百인 閏曆度數요 后天은 三百六十日 當碁日인 后天正易度數라 함.

221

先天은 體方用圓하니 二十七朔而閏이니라.

[역] 先天은 方을 體로 하고 圓을 쓰니 二十七個月이 閏달이 되느니라.

[해] 先天은 陰數 二四六八十으로 體하고 一三五七九 陽數로 用하니 二十七朔이 되는 閏曆이라 함. 干支로는 先天에는 寅甲巳亥로 體하고 子午卯酉로 用하니 天地否運이라 함.

222

后天은 體圓用方하니 三百六旬而正이니라.

[역] 后天은 圓을 體로 하고 方을 쓰니 三百六十日이 돌이 되느니라.

[해] 后天은 一三五七九 陽數로 體하고 二四六八十 陰數로 用하니 三百六旬이 太陽曆이라 함. 干支로는 后天은 子午卯酉로 體하고 寅甲巳亥로 用하니 地天泰運이라 함.

223

原天은 无量이시니라.

[역] 原天은 한량없으시니라.

[해] 上元의 元元은 헤아릴 수 없이 限界가 없음이라 함.

224

先后天周回度數라.

[역] 先天과 后天의 周回度數라.

[해] 先后天周回度數는 地球가 太陽周回를 公轉하는 度數라 하고 地球가 一日 公轉하는 里程은 約六百萬里라 함.

225

先天은 二百一十六萬里이니라.

[역] 先天은 二一六萬里가 되느니라.

[해] 太陰의 用六하는 里數는 36×6×100=216萬里라 함.

226

后天은 三百二十四萬里이니라.

[역] 后天은 三百二十四萬里가 되느니라.

[해] 太陽의 用九하는 里數는 36×9×100=324萬里라 함.

227

先后天合計數는 五百四十萬里이니라.

[역] 先后天合計數는 五百四十萬里가 되느니라.

[해] 216萬里+324萬里=合이 540萬里이라 함.

228

盤古五化元年壬寅至大淸光緖十年甲申이

十一萬八千六百四十三年이니라.

[역] 盤古五化元年은 壬寅으로부터 淸나라 光緖 十年 甲申까지 118,643年이니라.

[해] 盤古化는 己丑에서 戊戌까지 十을 形象하고 盤古五化는 己丑에서 戊戌까지 十과 戊戌에서 壬寅까지 五가 되니, 이를 五化라 함이요 五化인 壬寅을 太初의 元年으로 삼은 것은 天開於子하고 地闢於丑이며 人生於寅이라는 뜻이 있고 다시 壬寅에서 壬戌까지 生하는 度數 二十一度를 加算하야 十一萬八千六百四十三年에 當한다 함.

229

①余年三十六에 始從蓮潭李先生하니

　先生이 賜號二字曰觀碧이라 賜詩一絶曰

[역] 내 나이 三十六年에 비로소 연담 李先生을 좇으니 蓮潭 李先生께서 號 二字를 내리시니 觀碧이라 하시고 詩 한 수를 주시되

[해] 余年 三十六歲(1861年)辛酉年에 비로소 蓮潭 李先生을 좇으시니 蓮潭 先生께서 道號 두 자를 주시고 觀碧이라 絶句詩를 주시었다 함.

②觀淡은 莫如水요 好德은 宣行仁을

　影動天心月하니 勸君尋此眞하소.

[역] 밝은 것을 보는 것은 물만 같음이 없고 德을 좋아하는 것은 仁을 行함이 마땅함을 빛이 天心月에서 動하니 그대에게 勸하노니 眞實한 眞理를 찾아보소.

[해] 담박한 것을 觀察함에는 물 같음이 없다 하는 것은 己甲夜半에 生癸亥 하는 癸亥水를 뜻함이요, 德을 좋아함에는 仁을 行함이 마땅하다는 것은 无極太極하는 十退一進자리로서 天地設位인 用九자리에서 癸亥 甲子 乙丑하면 拇指 一자리에 乙丑宮이 當함을 仁이라 하고, 影이 天心月에 動한다 함은 復上에서 일으킨 甲乙丙丁戊하는 戊辰달이 皇中으로 移動함을 말함이니, 己土를 拇指 一자리에서 쓰니 戊五土는 皇心月로 移動한다 함.

230

立道詩라.

[역] 道를 세우는 詩라.

[해] 道를 成立한 詩라 함은 西紀 1879年 己卯에 先生께서 五十四歲 되시든 해 道를 通觀하시니 后天正易八卦圖가 眼前에 나타나 보였다고 傳함이라 함.

231

①靜觀萬變一蒼空 六九之年에 始見工이니라.

[역] 고요히 만 갈래 變하는 한 푸른 하늘을 바라보니 六九되는 해에 비로소 天 工을 보게 되니라.

[해] 한 蒼空을 觀察하심은 六九 五十四歲때 비로소 天工의 造化攝理

를 보셨다 함.

②妙妙玄玄玄妙理는 无无有有有无中을

[역] 妙妙하고 玄玄한 玄妙한 理致는 없고 없고 있고 있는 없는 가운데에 있 음을

[해] 妙한 中에 더욱 神妙하고 玄玄中에 더욱 玄奧한 理致는 없는 것 같고 있는 것 같으며 없는 가운데 있다 함. 无无는 无色政事를 意味함이요 有有는 有色政 事라 하기도 함.

232

无位詩라.

[역] 位가 없는 詩라.

[해] 人間의 无位와 儒佛仙의 无位를 뜻함이라 함.

233

①道乃分三理自然하니 斯儒斯佛又斯仙을

[역] 道가 셋으로 나눠짐이 理致의 自然이니 儒도 되고 佛도 되고 또 仙도 되는 것을

[해] 道가 이에 셋으로 나뉘어진 것은 天地自然한 理致이며 儒道 佛道 仙道의 原理는 하나인데 셋으로 나뉘어진 것은 无極 太極 五皇極인 三元의 뜻이라 함.

②誰識一夫眞踏此오 无人則守有人傳을

[역] 누가 알리요 一夫가 眞實로 이 자리를 밟을 줄을 사람이 없으면 지키고 사람이 있으면 傳할 것임을

[해] 누가 一夫께서 眞實한 이 자리를 밟을 것을 알았을고 하며 眞實한 사람이 없으면 지키다가 眞實한 사람이 있으면 正當한 學問을 傳할것이라 함.

234

歲甲申月丙子日戊辰二十八書正하소.

[역] 甲申年 丙子月 戊辰日 二十八에 쓰고 바로잡느니라.

[해] 西紀 1884年 月建 丙子 十一月 戊辰. 書正의 書는 前篇終을 뜻하고 正은 後篇 十一一言을 뜻함이라 함.

235

正易詩라.

[역] 正易의 詩라.

[해] 易은 曆을 말한 것이니 三百六十日政事하는 正曆의 詩라 함.

236

①天地之數는 數日月이니 日月이 不正이면 易匪易을

[역] 하늘과 땅의 數는 해와 달을 수놓은 것이니 日月이 바르지 않으면 易이 易이 아님을

[해] 天地의 度數는 日月을 數하는 것이니 日月이 바르지 않으면 易이 아니라 함은 日月의 變動의 따라 后天无閏曆을 쓰게 됨이라 함.

②易爲正易이라사 易爲易이니 原易이 何常用閏易가.

[역] 易이 바른 易이 되어야 易이 참된 易이 될 것이니 原易이 恒常 閏易을 쓸 것인가.

[해] 易이 三百六十日이 되는 曆이라야 易이 曆이 될것이니, 原天의 曆이 어찌 恒常 閏易만을 쓰리요 將次 三百六十日 되는 正易을 쓸 것이라 함.

237

布圖詩^{라.}

[역] 金火正易圖를 베풀은 詩라.

[해] 后天金火正易圖를 公布하는 詩라 함.

238

①萬古文章日月明^{이요} 一張圖畵雷風生^을

[역] 萬古文章이 해와 달과 같이 밝음이요 한 장의 그림이 雷風이 낳음을

[해] 한 폭의 그림을 그려 펼치지 雷風이 生하였다는 것은 金火一頌章에서 畵工却筆雷風生과 同一한 뜻이라 함.

②靜觀宇宙无中碧^{하니} 誰識天工待人成^고

[해] 고요히 宇宙无中碧을 靜觀한다는 것은 萬變하는 宇宙蒼空의 神秘한 造化攝理를 觀察하는 것이요 天工도 眞人한 사람을 기다려 이루는 줄을 알리오 한 것은 金火正易圖를 말함이라 함.

239

金火正易圖라.

[역] 金火正易圖라.

[해] 金火交易에서 金火變易으로 金火互易한 无閏易이니 乾北坤南에 艮東兌
西요 震巽坎離로서 戊己日月成道易임.

①先天之易은 交易之易 甲庚曆 三百六十五度四分度之一閏曆

②后天之易은 變易之易 乙辛曆 三百六十日无閏曆

③金火正易(无閏易) 戊己日月雷風正位十五乾坤中位正易

金火正易圖

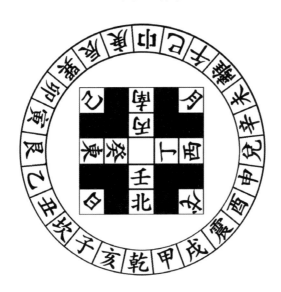

240

十一一言이라.

[역] 十과 一이 하나로 合하는 말씀이니라.

[해] 《正易》의 下篇이니 十一歸體의 生成과 雷風用政의 生成과 河圖洛書의 生成
度數 理致와 最終의 十干原度數이며 十二月 二十四節候度數로 磨勘이라 함.

241

十土六水는 不易之地니라.

[역] 十土와 六水는 바뀌지 않는 땅이니라.

[해] 十數와 六數는 變易할 수 없는 地數라 함.

242

一水五土는 不易之天이니라.

[역] 一水와 五土는 바뀌지 않는 하늘이니라.

[해] 一水와 五土는 變易할 수 없는 天度라 함.

243

天政은 開子요 地政은 闢丑이니라.

[역] 하늘의 政事는 子에서 열리고 땅의 政事는 丑에서 열리느니라.

[해] 先天의 政事는 子에서부터 열렸으니 天開於子라 하고 后天의 政事는 丑에
서부터 열렸으니 地闢於丑이라 하였다 함.

244

丑運은 五六이요 子運은 一八이니라.

[역] 丑의 運數는 五六이요 子의 運數는 一八이니라.

[해] 五六은 皇中月體成數로서 太陽一七四의 象이요 子運은 一八이니 復上月

影生數로서 太陰의 一八七의 象이며 丑運은 包五含六자리이고 子運은 五九니
太陰之政이라 함.

245

一八은 復上月影生數요 五六은 況中月體成數니라.

[역] 一八은 復上月의 生하는 數요 五六은 皇中月이 體가 이루는 數니라.

[해] 一八은 甲乙丙丁戊에서 始作하는 復上의 天心月자리를 말하는 影生數요,
五六은 己庚辛壬癸에서 始作하는 皇中月 지리를 말하는 體成數라 함.

246

九七五三一은 奇니라.

[역] 九七五三一은 奇數니라.

[해] 陽數니 生數요. 手指로는 九七은 伸이요 五三一은 屈이라 함.

247

二四六八十은 偶니라.

[역] 二四六八十은 偶數니라.

[해] 陰數니 成數라 함. 手指로는 二四는 屈이요 六八十은 伸함이라 함.

248

奇偶之數는 二五니 先五는 天道요 后五는 地德이니라.

[역] 奇偶의 數는 二五니 先五는 天道요 后五는 地德이니라.

[해] 奇偶의 數는 各其 五數이니 先五는 陽數로서 天道요 后五는 陰數로서 地
德이라 함.

249

一三五次는 度天이요 第七九次는 數地니 三天兩地니라.

[역] 一三五의 차례는 하늘의 法度요 七九의 차례는 땅의 數이니 세 하늘과 두 땅이니라.

[해] 手指로는 一三五次는 拇指 中指 小指 屈이요 第七九次는 無名指 食指를 伸하면 三天兩地니 洛書生數라 함.

250

天地地天은 后天先天이니라.

[역] 天地가 地天이 되니 后天과 先天이니라.

[해] 天地는 太陰洛書인 先天이니 天地否運이요 地天은 太陽河圖인 后天이니 地天泰運이라 함.

251

先天之易은 交易之易이니라.

[역] 先天의 易은 交易의 易이니라.

[해] 先天之易은 火入金鄕金入火하는 交易으로 天四地六이라 함.

252

后天之易은 變易之易이니라.

[역] 后天의 易은 變易의 易이니라.

[해] 后天之易은 金入火鄕火入金하는 變易之易으로 天六地四라 함.

253

易易九宮하고 易易八卦니라.

[역] 易이 九宮으로 바뀌고 易이 八卦로 바뀌니라.

[해] 易易九宮은 先天洛書九宮生成數로 交易之易이요 易易八卦는 后天河圖八卦生成數로 變易之易이라 함.

254

卦之離乾은 **數之三一**이니 **東北正位**니라.

[역] 伏羲卦의 離와 乾은 數로는 三과 一이니 文王卦에서 東과 北에 正位 하니라.

[해] 伏羲八卦로 一乾天 三離火로서 東北正位요 位置는 洛書方位 함.

255

卦之坎坤은 **數之六八**이니 **北東維位**니라.

[역] 伏羲卦의 坎과 坤은 數로는 六과 八이니 文王卦에서는 北과 東에 維位하니라.

[해] 伏羲八卦의 六坎水 八坤地로서 北東維位로 位置는 洛書方位라 함.

256

卦之兌艮은 **數之二七**이니 **西南互位**니라.

[역] 伏羲卦의 兌와 艮은 數로는 二와 七이니 文王卦에서는 南에서 西쪽으로 바꿔 자리하니라.

[해] 伏羲八卦의 二兌澤 七艮山으로서 西南互位한 位置는 洛書方位라 함.

257

卦之震巽은 **數之十五**니 **五行之宗**이요 **六宗之長**이니 **中位正易**이니라.

[역] 伏羲卦의 震과 巽은 數로는 十과 五니 五行의 根本이요 六宗의 어른이니 中位에 正易을 이루니라.

[해] 伏羲八卦의 四震雷 五巽風으로서 伏羲卦에서는 九와 十이 없음으로 十震 대신 四震에서 五巽과 相對하여 있음이요 正易卦에 와서는 十數가 열렸으므로 十震五巽으로 되어 있음을 말함. 十五는 五行之宗이 되고 六宗之長은 震巽이므로 十五는 中央의 位置이며 震巽은 十五乾坤父母의 代行이니 中位正易이라 하고, 六宗은 震巽艮兌坎離가 三男三女임.

258

干之庚辛은 數之九四니 南西交位니라.

[역] 天干의 庚과 辛은 數로는 九와 四이니 文王卦에서는 南西로 交位하니라.

[해] 干支度의 庚辛은 四九金으로 河圖의 西方位置에서 金火交易으로 因하야 洛書에서는 南方에 位置라 함.

259

洛書九宮生成數라.

[역] 洛書九宮生成數라.

[해] 先天洛書九宮度數로 生成하니 一에서 九까지 이루어진 數라서 九宮이라 하니 九宮의 用數는 一三五七九인데 天一生壬水하면 地一成子水 等의 生成을 뜻함이라 함.

260

天一生壬水하고 地一成子水니라.

[역] 하늘의 一은 壬水가 되고 땅의 一은 子水가 되느니라.

[해] 天一은 壬水를 生하고 地一은 子水를 成이라 함.

261

天三生甲木하고 地三成寅木이니라.

[역] 하늘의 三은 甲木이 되고 땅의 三은 寅木이 되느니라.

[해] 天三은 甲木을 生하고 地三은 寅木을 成이라 함.

262

天七生丙火하고 地七成午火니라.

[역] 하늘의 七은 丙火가 되고 땅의 七은 午火가 되느니라.

[해] 天七은 丙火를 生하고 地七은 午火를 成이라 함.

263

天五生戊土하고 地五成辰土하니 戌五는 空이니라.

[역] 하늘의 五는 戊土가 되고 땅의 五는 辰土가 되니 戌五는 空이니라.

[해] 天五는 戊土를 生하고 地五는 辰土를 成하니 戌五는 尊空이라 함.

264

天九生庚金^{하고} 地九成申金^{이니라.}

[역] 하늘의 九는 庚金이 되고 땅의 九는 申金이 되느니라.

[해] 天九는 庚金을 生하고 地九는 申金을 成한다 함.

265

三五錯綜三元數라.

[역] 三五錯綜의 三元數라.

[해] 山風蠱의 先甲三日 后甲三日로서 辛酉에서 壬戌 癸亥 甲子 乙丑丙寅 丁卯로 變하는 度數를 뜻함이니 《周易》에서는 三五以變이라 함.

266

甲己夜半에 生甲子丙寅頭니라.

[역] 甲己夜半에는 甲子時가 나고 丙寅月로 머리를 하느니라.

[해] 先天太歲數로서는 甲己之年에 丙寅으로 歲首라 함.

267

乙庚夜半에 生丙子戊寅頭니라.

[역] 乙庚夜半에는 丙子時가 나니 戊寅으로 머리를 하느니라.

[해] 先天太歲數로서는 乙庚之年에 戊寅으로 歲首라 함.

268

丙辛夜半에 生戊子庚寅頭니라.

[역] 丙辛夜半에는 戊子時가 나니 庚寅으로 머리를 하느니라.

[해] 先天太歲數로서는 丙辛之年에 庚寅으로 歲首라 함.

269

丁壬夜半에 生庚子壬寅頭니라.

[역] 丁壬夜半에는 庚子時가 나니 月은 壬寅으로 머리를 하느니라.

[해] 先天太歲數로서는 丁壬之年에 壬寅으로 歲首라 함.

270

戊癸夜半에 生壬子甲寅頭니라.

[역] 戊癸夜半에는 壬子時가 나니 月은 甲寅으로 머리를 하느니라.

[해] 先天太歲數로서는 戊癸之年에 甲寅으로 歲首라 함.

271

河圖八卦生成數라.

[역] 河圖八卦의 生成數라.

[해] 后天河圖數 二四六八十度數의 地天泰運이라 함.

272

地十生己土하고 天十成丑土니라.

[역] 땅의 十은 己土를 낳고 하늘의 十은 丑土를 이루니라.

[해] 地十은 己土를 生하고 天十은 丑土를 成한다 함.

273

地四生辛金하고 天四成酉金이니라.

[역] 땅의 四는 辛金을 낳고 하늘의 四는 酉金을 이루니라.

[해] 地四는 辛金을 生하고 天四는 酉金을 成한다 함.

274

地六生癸水하고 天六成亥水니라.

[역] 땅의 六은 癸水를 낳고 하늘의 六은 亥數를 이루니라.

[해] 地六은 癸水를 生하고 天六은 亥水를 成한다 함.

275

地八生乙木하고 天八成未木하니 卯八은 空이니라.

[역] 땅의 八은 乙木을 낳고 하늘의 八은 未木을 이루어 卯八은 空이 되느니라.

[해] 地八은 乙木을 生하고 天八은 未木을 成하니 卯八은 尊空이 되는 것이라 함.

276

地二生丁火하고 **天二成巳火**니라.

[역] 땅의 二은 丁火을 낳고 하늘의 二는 巳火를 이루느니라.

[해] 地二는 丁火를 生하고 天二는 巳火를 成한다 함.

277

九二錯綜五元數라.

[역] 九二錯綜의 五元數라.

[해] 后天의 己庚辛壬癸 甲乙丙丁戊로 쳐서 己甲으로 하야 至變하는 五元數를 쓰고 九二는 重風巽 五爻의 先庚三日 后庚三日로서 太陽河圖宮인 丁酉로 變하는 過程을 九二錯綜이라 하고 干支度數로는 辛은 九요 丁은 二로서 用九하니 辛酉에서 丁酉로 넘어가는 것이라 함.

278

己甲夜半에 生癸亥丁卯頭니라.

[역] 己甲夜半에는 癸亥時가 나니 丁卯로 머리를 하느니라.

[해] 后天度數太歲로는 己甲之年에 丁卯로 歲首한다 함.

279

庚乙夜半에 生乙亥己卯頭니라.

[역] 庚乙夜半에는 乙亥時가 나니 己卯로 머리를 하느니라.

[해] 后天度數太歲로는 庚乙之年에 己卯로 歲首한다 함.

280

辛丙夜半에 生丁亥辛卯頭니라.

[역] 辛丙夜半에는 丁亥時가 나니 辛卯로 머리를 하느니라.

[해] 后天度數太歲로는 辛丙之年에 辛卯로 歲首한다 함.

281

壬丁夜半에 生己亥癸卯頭니라.

[역] 壬丁夜半에는 己亥時가 나니 癸卯로 머리를 하느니라.

282

癸戊夜半에 生辛亥乙卯頭니라.

[역] 癸戊夜半에는 辛亥時가 나니 乙卯로 머리를 하느니라.

[해] 后天度數太歲로는 癸戊之年에 乙卯로 歲首한다 함.

283

十一歸體詩라.

[역] 十一歸體의 詩라.

[해] 十一이 體로 돌아가는 十一에 功德无量한 바로 十一種類의 體用이 있느니라.

284

①**火入金鄕金入火**요 **金入火鄕火入金**을

[역] 火가 金의 고을로 드니 金이 火에게로 들고 金이 火의 고을로 드니 火가 金에게로 들어감을 말함.

[해] 南方火가 西方으로 들어가고 金이 火에 들어가는 것은 先天交易之易이요 西方金이 南方火鄕에 들어가 火가 金자리로 回復하는 것은 金火正易之易也라 함.

②**火金金火**는 **原天道**라 **誰遣龍華歲月今**고

[역] 火金이 金火로 되는 것이 原天의 道라 누가 龍華歲月을 이제야 보냈는고.

[해] 先天火金이 后天金火로 變하는 것이 原天의 道요 누가 龍華歲月을 지금에 쫓아 보냈는가 라고 하였음이요 火와 金이 一단 洛書의 方位로 갔다가 河圖의 秩序인 金과 火로 復歸하는 것이 原天의 道라 함. 將次 龍華彌勒이 出世하야 敎化衆生하는 世上을 말함이라 함.

285

①**政令**은 **己庚壬甲丙**이요 **呂律**은 **戊丁乙癸辛**을

[역] 天政令은 己에서 庚壬甲丙이요 地政呂律은 戊에서 丁乙癸辛임을 말함.

[해] 해와 달의 表面의 作用이 萬物에 미치는 影響은 政令이요 해와 달의 裏面의 作用이 미치는 律動의 呂律이니, 政令은 天政으로 太陰太陽의 魂魄과 氣體를 뜻함이니 月의 庚壬은 一水之魂과 四金之魄이요 日의 甲丙은 七火之氣요 八木之體라 함.

②地十爲天天五地하니 卯兮歸丑戌依申을

[역] 땅의 十이 하늘이 되고 하늘의 五는 땅이 되니 卯의 자리에는 丑이 돌아오니 戌의 자리에는 申이 의지함을

[해] 地十己土가 拇指 一자리로 올라와 天이 되고 戌五土가 땅의 十자리에 내려가서 地十爲天天五地가 됨이요.

286

十은 十九之中이니라.

[역] 十은 十九의 中이니라.

[해] 十 하고 拇指 一자리를 屈하면 相對方은 九를 形象하니 合하면 十九가 되니 十九之中이라 함.

287

九는 十七之中이니라.

[역] 九는 十七의 中이니라.

[해] 九 하고 食指 二자리를 屈하면 相對方은 八을 形象하니 合하면 十七이 되니 十七之中이라 함.

288

八은 十五之中이니라.

[역] 八은 十五의 中이니라.

[해] 八 하고 中指 三자리를 屈하면 相對方은 七을 形象하니 合하면 十五가 되니 十五之中이라 함.

289

七은 十三之中이니라.

[역] 七은 十三의 中이니라.

[해] 七 하고 無名指 四자리를 屈하면 相對方은 六을 形象하니 合하면 十三이 되니 十三의 中이라 함.

290

六은 十一之中이니라.

[역] 六은 十一의 中이니라.

[해] 六 하고 小指 五자리를 屈하면 相對方은 五를 形象하니 合하면 十一이 되니 十一之中이라 함.

291

五는 一九之中이니라.

[역] 五는 단 九의 中이니라.

[해] 五. 하고 小指 六자리를 伸하면 相對方은 四를 形象하니 合하면 九가 되니 一九之中이라 함.

292

四는 一七之中이니라.

[역] 四는 단 七의 中이니라.

[해] 四 하고 無名指 四자리를 伸하면 相對方은 三을 形象하니 合하면 七이 되니 一七之中이라 함.

293

三은 一五之中이니라.

[역] 三은 단 五의 中이니라.

[해] 三 하고 中指 八자리를 伸하면 相對方은 二를 形象하니 合하면 五가 되니 一五之中이라 함.

294

二는 一三之中이니라.

[역] 二는 단 三의 中이니라.

[해] 二 하고 食指 九자리를 伸하면 相對方은 一을 形象하니 合하면 三이 되니 一三之中이라 함.

295

一은 一一之中이니라.

[역] 一은 단 一의 中이니라.

[해] 一 하고 拇指 十자리를 伸하면 손을 다 펼친 形象으로서 空이 되므로 一一 之中이라 함.

296

中은 十十一一之空이니라.

[역] 中은 열과 열, 하나와 하나 사이의 空이니라.

[해] 中은 十十一一의 空이 되는 것이며 十一의 重復이니 堯舜之厥中之中과 孔 子之時中之中의 뜻이라 함.

297

堯舜之厥中之中이시니라.

[역] 堯舜의 厥中의 中이시니라.

[해] 堯임금과 舜임금의 道統心法은 允執厥中이라 하시다.

298

孔子之時中之中이시니라.

[역] 孔子의 時中의 中이시니라.

[해] 孔子之時中之中은 可以速則速하며 可以久則久하며 可以止則止하며 可以仕則仕라 하시고 聖之時者也라 함.

299

①一夫는 所謂包五含六十退一進之位하니

[역] 一夫의 이른바 五를 싸고 六을 머금어 十은 물러가고 一이 나가리라.

[해] 一夫께서는 所謂 五를 싸고 六을 품은 것은 一六宮자리가 되고 十退一進 자리라 함.

②小子아 明聽吾一言하라 小子아

[역] 小子들아 나의 한 마디 말을 밝게 들어라 小子들아.

[해] 《論語》에 孔夫子께서 "吾黨之小子"라 하였듯이 弟子를 뜻함이요, 小子아 나의 말하는 것을 밝게 들어보라고 함.

300

雷風正位用政數라.

[역] 雷風의 正位된 用政數라.

[해] 雷風은 震巽卦이니 己位十과 戊位五數로서 乾坤十五를 代行하는 正位用政數라 함.

301

己位는 **四金一水八木七火之中**이니 **无極**이시니라.

[역] 己位는 四金一水와 八木七火의 中에 있으니 无極이시니라.

[해] 一水之魂이요 四金之魄은 太陰之政이요 八木七火之中은 太陽之政임.

302

无極而太極이니 **十一**이니라.

[역] 无極이로되 太極이니 十이며 一이니라.

[해] 无極이로되 太極이라면 十无極과 一太極이라 함.

303

十一은 **地德而天道**니라.

[역] 十이며 一은 地德이요 天道니라.

[해] 地德은 生育하는 數字요, 天道는 六甲干支度數라 함.

304

天道는 **圓**하니 **庚壬甲丙**이요

[역] 天道는 圓滿하니 干支로 庚壬甲丙이요

[해] 庚壬은 四金一水이니 二指四指 屈이요 甲丙은 七火八木으로 六指八指를 伸하니 數는 二四六八로서 河圖數라 함.

305

地德은 **方**하니 **二四六八**이니라.

[역] 地德은 方位이니 二四六八이니라.

[해] 干支로는 庚壬甲丙이니 四金一水八木七火로서 太陰太陽政事라 함.

306

戊位는 **二火三木六水九金之中**이니 **皇極**이시니라.

[역] 戊位는 二火와 三木과 六水와 九金의 中에 있으니 皇極이시니라.

[해] 戊位는 地政으로서 二火三木은 陰呂의 度數요, 六水九金은 陽律의 度數이니라 함.

307

皇極而无極이니 **五十**이니라.

[역] 皇極이로되 无極이니 五이며 十이니라.

[해] 皇極이로되 无極이라면 五皇極과 十无極을 말함이라 함.

308

五十은 **天度而地數**니라.

[역] 五와 十은 天度이며 地數니라.

[해] 天度는 數를 말하고 地數는 六甲干支度數를 말함이라 함.

309

地數는 **方**하니 **丁乙癸辛**이요

[역] 地數는 方位이니 丁乙癸辛이요

[해] 手指로 丁二乙三은 九指七指 伸함이요 癸六辛九는 五指三指 屈한 象이니 數로는 九七五三이라 함.

310

天度는 圓하니 九七五三이니라.

[역] 天度는 둥근 것이니 九七五三이니라.

[해] 하늘의 法度는 圓하니 九七五三이라 함.

311

四正七宿用中數라.

[역] 四正七宿의 用中數라.

[해] 二十八宿가 東西南北으로 七宿式 配列된 것을 中으로 씀을 말함.

312

先天은 五九니 逆而用八하니 錯이라 閏中이니라.

[역] 先天은 五에서 九이니 거슬렸고 八을 쓰니 錯한지라 閏曆으로 맞추니라.

[해] 先天은 洛書數 五에서 九로 가서 八을 쓰니 어기쪄서 閏中함을 말함.

313

后天은 十五니 順而用六하니 合이라 正中이니라.

[역] 后天은 十에서 五이니 順하고 六을 쓰니 合當한지라 正易으로 맞추니라.

[해] 河圖數는 倒生逆成하니 十에서 五로 順하게 내려와서 쓰게 됨은 五와 六이 合한 자리라 正易으로 中이 되는 것이다.

314

五九는 太陰之政이니 一八七이니라.

[역] 五에서 九는 太陰의 政事이니 一八七이니라.

[해] 五에서 九까지 逆으로 가는 것이니 一八七이 되는 것이라 함.

315

十五는 太陽之政이니 一七四니라.

[역] 十에서 五는 太陽의 政事이니 一七四이니라.

[해] 十에서 五로 順하게 가는 것은 用政度數의 一七四라 함.

316

易은 三이니 乾[]이요 卦는 八이니 否泰損益咸恒旣濟未濟니라.

[역] 易은 셋이니 乾[]이요 卦는 八이니 否泰와 損益과 咸恒과 旣濟未濟니라.

[해] 易은 三變하는 理致가 있고 卦는 八이니 天地否와 地天泰와 山澤損과 風雷益과 澤山咸과 雷風恒과 水火旣濟와 火水未濟로 됨이라.

317

①嗚呼라 旣順旣逆하야 克終克始하니

[역] 아! 이미 順하고 이미 거슬려서 能히 마치고 能히 비롯하니

[해] 順逆하는 理致와 終始하는 理氣가 體用을 이루니 旣順은 河圖의 倒生逆成이요 旣易은 洛書의 逆生倒成하는 太陰太陽의 成道를 뜻함이라 함.

②十易萬曆이로다.

[역] 十數易이 萬世의 曆이로다.

[해] 十易은 十无極易이니 十數易이요 萬曆은 萬世까지 쓰는 冊曆으로 三百六十日 正度數인 无閏易이라 함.

318

十一吟이라.

[역] 十과 一을 음이라.

[해] 十一一言에 대한 功德을 讚美化吟이라 함.

319

十一歸體兮여 五八尊空이로다.

[역] 十과 一이 한 몸이 됨이여 五와 八이 尊空이 되도다.

[해] 十과 一이 體로 돌아가니 戌五와 卯八이 尊空이라 함.

320

五八尊空兮여 九二錯綜이로다.

[역] 五와 八이 尊空됨이여 九와 二가 錯綜이 되도다.

[해] 戌五와 卯八이 尊空됨이요 九와 二가 錯綜이라 함.(金火互宅자리에서 干支로 辛酉에서 丁酉로 착종함)

321

九二錯綜兮여 火明金淸이로다.

[역] 九와 二가 錯綜함이여 火가 밝고 金이 맑도다.

[해] 九와 二가 錯綜되니 金과 火가 淸明이라 함.

322

火明金淸兮여 天地淸明이로다.

[역] 불이 밝고 金이 맑음이여 하늘과 땅이 맑고 밝도다.

[해] 火와 金이 淸明하게 되니 天地가 淸明이라 함.

323

天地淸明兮여 日月光華로다.

[역] 하늘과 땅이 맑고 밝음이여 해와 달이 빛나고 빛나도다.

[해] 天地가 淸明하게 되니 日月이 光華라 함.

324

日月光華兮여 琉璃世界로다.

[역] 해와 달이 빛나고 빛남이여 琉璃같은 세계가 되도다.

[해] 日月이 光華하게 되니 琉璃같은 世界라 함.

325

世界世界兮여 上帝照臨이로다.

[역] 琉璃世界 됨이여 上帝께서 照臨하시도다.

[해] 琉璃같은 世界가 되니 上帝께서 照臨하심이라 함.

326

上帝照臨兮여 于于而而로다.

[역] 上帝께서 照臨하심이여 기쁘고 즐겁도다.

[해] 上帝께서 照臨하시니 기쁘고 또 즐거움이라 함.

327

于于而而兮여 正正方方이로다.

[역] 기쁘고 즐거움이여 正正하고 方方하도다.

[해] 기쁘고 즐거우니 正大하고 方大하다 함.

328

正正方方兮여 好好无量이로다.

[역] 正正하고 方方함이여 좋고 좋아 한량없도다.

[해] 正大하고 方大하니 좋고 좋음이 限量없다 함.

329

乙酉歲癸未月乙未日二十八 不肖子金恒은 某는 謹奉書하노라.

[역] 乙酉年 癸未月 乙未日 二十八에 不肖子 金恒(某)는 삼가 받들어 쓰노라.

[해] 乙酉年(西紀1885年) 六月 二十八日 乙未에 不肖子 金恒은 敬虔히 奉書라 함.

330

河圖

331

書洛

332

伏羲八卦圖

333

文王八卦圖

334

正易八卦圖

335

十干原度數

336

十二月二十四節氣候度數라.

337 卯月 初三日 乙酉酉正一刻十一分 元和

338   十八日 庚子子正一刻十一分 中化

339 辰月 初三日 乙卯卯正一刻十一分 大和

340   十八日 庚午午正一刻十一分 布化

341 巳月 初三日 乙酉酉正一刻十一分 雷和

342   十八日 庚子子正一刻十一分 風化

343 午月 初三日 乙卯卯正一刻十一分 立和

344   十八日 庚午午正一刻十一分 行化

345 未月 初三日 乙酉酉正一刻十一分 建和

346   十八日 庚子子正一刻十一分 普化

347 申月 初三日 乙卯卯正一刻十一分 清和

348   十八日 庚午午正一刻十一分 平化

349 酉月 初三日 乙酉酉正一刻十一分 成和

350   十八日 庚子子正一刻十一分 入化

351 戌月 初三日 乙卯卯正一刻十一分 咸和

352   十八日 庚午午正一刻十一分 亨化

353 亥月 初三日 乙酉酉正一刻十一分 正和

354 　　　　十八日　庚子子正一刻十一分　明化

355 子月　初三日　乙卯卯正一刻十一分　至和

356 　　　　十八日　庚午午正一刻十一分　貞化

357 丑月　初三日　乙酉酉正一刻十一分　太和

358 　　　　十八日　庚子子正一刻十一分　體化

359 寅月　初三日　乙卯卯正一刻十一分　仁和

360 　　　　十八日　庚午午正一刻十一分　性化

原文

十八日庚午午正一刻十一分性化_이_{니라}

十八日庚午午正一刻十一分^이亨化^{니라}

亥月初三日乙酉酉正一刻十一分^이正和^{니라}

十八日庚子子正一刻十一分^이明化^{니라}

子月初三日乙卯卯正一刻十一分^이至和^{니라}

十八日庚午午正一刻十一分^이貞化^{니라}

丑月初三日乙酉酉正一刻十一分^이太和^{니라}

十八日庚子子正一刻十一分^이體化^{니라}

寅月初三日乙卯卯正一刻十一分^이仁和^{니라}

十八日庚午午正一刻十一分行化이니라

未月初三日乙酉酉正一刻十一分建和이니라

十八日庚子子正一刻十一分普化이니라

申月初三日乙卯卯正一刻十一分清和이니라

十八日庚午午正一刻十一分平化이니라

酉月初三日乙酉酉正一刻十一分成和이니라

十八日庚子子正一刻十一分入化이니라

戌月初三日乙卯卯正一刻十一分咸和이니라

十二月二十四節氣候度數라

卯月初三日乙酉酉正一刻十一分이元和니라

十八日庚子子正一刻十一分이中化니라

辰月初三日乙卯卯正一刻十一分이大和니라

十八日庚午午正一刻十一分이布化니라

巳月初三日乙酉酉正一刻十一分이雷和니라

十八日庚子子正一刻十一分이風化니라

午月初三日乙卯卯正一刻十一分이立和니라

十干原度數

一
十己土

二辛金四九庚金

三壬水一

四癸水

五戊土六

乙甲六

七乙丁二

八丙火九丁火二

正易八卦圖

文王八卦圖

圖 卦 八 羲 伏

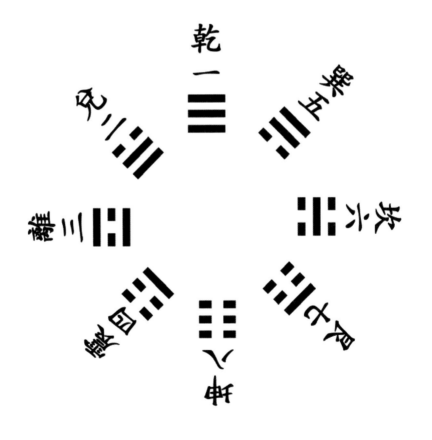

書　洛

河 圖

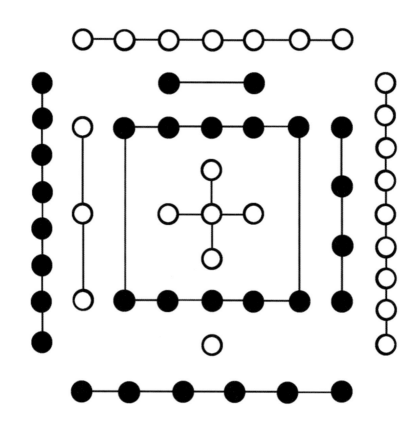

日月光華兮琉璃世界로다

世界世界兮上帝照臨이로다

上帝照臨兮于于而而로다

于于而而兮正正方方이로다

正正方方兮好好无量이로다

乙酉歲癸未月乙未日二十八에不肖子

金恒謹奉書하노라

易三乾中卦八이니否는泰損益咸恒旣濟이니未濟니라

嗚呼旣順旣逆라克終克始하야十易萬曆이로다

十一吟이라

十一歸體兮五八尊空이로다

五八尊空兮九二錯綜이로다

九二錯綜兮火明金清이로다

火明金清兮天地清明이로다

天地清明兮日月光華로다

五十天度而地數니라

地數方丁乙癸辛이요

天度圓九七五三이니라

四正七宿用中數라

先天五九逆而用八錯閏中이니라

后天十五順而用六合正中이니라

五九太陰之政一八七이니라

十五太陽之政一七四니라

雷風正位用政數라

己位는四金一水八木七火之中无極이시니라이니

无極而太極十一이니이니라

十一地德而天道니라은

天道圓庚壬甲丙이요는하니

地德方二四六八이니라은하니

戊位는二火三木六水九金之中皇極이시니라이니

皇極而无極五十이니라이니

三一五之中_{이니라}

二一三之中_{이니라}

一一一之中_{이니라}

中十十一一之空_{이니라}

堯舜之厥中之中_{이시니라}

孔子之時中之中_{이시니라}

一夫所謂包五含六十退一進之位_{하니}

小子明聽吾一言小子_아_{하라}_아

爲天天五地卯兮歸丑戌依申하니을

十은九之中이니라

九十七之中이니라

八十五之中이니라

七十三之中이니라

六十一之中이니라

五一九之中이니라

四一七之中이니라

庚乙夜半生乙亥己卯頭니라

辛丙夜半生丁亥辛卯頭니라

壬丁夜半生己亥癸卯頭니라

癸戊夜半生辛亥乙卯頭니라

十一歸體詩라

火入金鄉金入火金入火鄉火入金火金

金火原天道誰遣龍華歲月今고

政令己庚壬甲丙呂律戊丁乙癸辛地十

河圖八卦生成數_라

地十生己土天十成丑土_{하고} _{니라}

地四生辛金天四成酉金_{하고} _{이니라}

地六生癸水天六成亥水_{하고} _{니라}

地八生乙木天八成未木卯八空_{하고} _은 _{이니라}

地二生丁火天二成巳火_{하고} _{니라}

九二錯綜五元數_라

己甲夜半生癸亥丁卯頭_에 _{니라}

天五生戊土하고地五成辰土戊五空은이니라

天九生庚金하고地九成申金이니라

三五錯綜三元數라

甲己夜半에生甲子丙寅頭니라

乙庚夜半에生丙子戊寅頭니라

丙辛夜半에生戊子庚寅頭니라

丁壬夜半에生庚子壬寅頭니라

戊癸夜半에生壬子甲寅頭니라

卦之兌艮數之二七西南互位니라

卦之震巽數之十五五行之宗六宗之長이니

中位正易이니라

干之庚辛數之九四南西交位니라

洛書九宮生成數라

天一生壬水地一成子水니라

天三生甲木地三成寅木이니라

天七生丙火地七成午火니라

奇偶之數는二五는先五天道요后五地德이니라

一三五次度天은第七九次數地는三天兩地니라

天地地天后天先天이니라

先天之易은交易之易이니라

后天之易은變易之易이니라

易易九宮하고易易八卦니라

卦之離乾은數之三一이니東北正位니라

卦之坎坤은數之六八이니北東維位니라

十一一言이라

十土六水는不易之地니라

一水五土는不易之天이니라

天政開子하고地政闢丑이니라

丑運五六이요子運一八이니라

一八復上月影生數요五六皇中月體成數니라

九七五三一奇니라

二四六八十偶니라

正易上經　終

金 火 正 易 圖

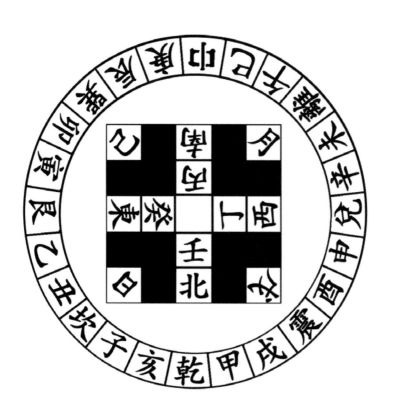

正易詩라

天地之數數는日月이니日月이不正易이면匪易을爲

正易이라사爲易이니原易이何常用閏易가

布圖詩라

萬古文章日月明이요一張圖畵雷風生靜觀을

宇宙无中碧誰識하니天工待人成고

君尋此眞하소

立道詩라

靜觀萬變一蒼空六九之年始見工妙妙에 이니라

玄玄玄妙理는无无有有无中을

无位詩라

道乃分三理自然斯儒斯佹又斯仙誰識하니 을

一夫眞蹈此无人오則守有人傳을

歲甲申月丙子日戊辰二十八書正하소

先天은 二百一十六萬里이니라

后天은 三百二十四萬里

先后天合計數는 五百四十萬里이니라

盤古五化元年壬寅至大淸光緖十年甲

申이 十一萬八千六百四十三年이니라

余年三十六에始從蓮潭李先生先生賜

號二字曰觀碧이라賜詩一絶曰

觀淡莫如水好德宜行仁影動天心月勸하니

金火而易兮萬曆而圖_여로다

萬曆而圖兮咸兮恒兮_여로다

咸兮恒兮十兮五兮_여로다

先后天正閏度數_은라

先天體方用圓_은二十七朔而閏_{하니}이니라

后天體圓用方_은三百六旬而正_{하니}이니라

原天无量_은이시니라

先后天周回度數_라

十五歌라

水火旣濟兮火水未濟로다

旣濟未濟兮天地三元이로다

未濟旣濟兮地天五元이로다

天地地天兮三元五元이로다

三元五元兮上元元元이로다

上元元元兮十五一言이로다

十五一言兮金火而易이로다

夫自笑人笑恒多笑ᄂᆞᆫ笑中有笑笑何笑能고

笑其笑笑而歌를

三百六十當朞日大一元三百數九九中에

排列无无位六十數는一六宮分張單五歸를

空五十五點昭昭十五歸空四十五點斑

斑我摩道正理玄玄眞經只在此宮中誠

意正心終始无怠丁寧我化化翁必親施

敎是非是好吾好아

何物能聽角神明氐不亢室張三十六莫

莫莫无量

武功平胃散文德養心湯正明金火理律

呂調陰陽

九九吟

凡百滔滔儒雅士聽我一曲放浪吟讀書

學易先天事窮理修身后人誰三絶韋編

吾夫子不言无極有意存六十平生狂一

丙午　心　丙子

丁未　房　丁丑

戊申　氐　戊寅

己酉　　　己卯

庚戌　　　庚辰

辛亥　亢　辛巳

壬子　角　壬午

亢角二宿尊空詩_라

戊戌　室　戊辰

己亥　危　己巳

庚子　虛　庚午

辛丑　女　辛未

壬寅　牛　壬申

癸卯　斗　癸酉

甲辰　箕　甲戌

乙巳　尾　乙亥

庚寅	參	庚申
辛卯	觜	辛酉
壬辰	畢	壬戌
癸巳	昴	癸亥
甲午	胃	甲子
乙未	婁	乙丑
丙申	奎	丙寅
丁酉	壁	丁卯

二十八宿運氣圖 라

癸未	軫	癸丑
甲申	翼	甲寅
乙酉	張	乙卯
丙戌	星	丙辰
丁亥	柳	丁巳
戊子	鬼	戊午
己丑	井	己未

己酉宮_은庚戌辛亥壬子癸丑甲寅乙卯丙

辰丁巳戊午_{니라}

己未宮_은庚申辛酉壬戌癸亥甲子乙丑丙

寅丁卯戊辰_{이니라}

己巳宮_은庚午辛未壬申癸酉甲戌乙亥丙

子丁丑戊寅_{이니라}

己卯宮_은庚辰辛巳壬午癸未甲申乙酉丙

戌丁亥戊子_{니라}

后天三地兩天이니라

子寅午申先天之先后天이니라

丑卯未酉后天之先后天이니라

上元丑會干支圖라

己丑宮庚寅辛卯壬辰癸巳甲午乙未丙

申丁酉戊戌이니라

己亥宮庚子辛丑壬寅癸卯甲辰乙巳丙

午丁未戊申이니라

天五戊土成地六癸水_{하고}

地六癸水成天七丙火_{하고}

天七丙火成地四庚金_{하고}

地四庚金成天三甲木_{하고}

天三甲木成地十己土_{니라}

丙甲庚三宮先天之天地_{니라}

丁乙辛三宮后天之地天_{이니라}

先天三天兩地_{니라}

天一壬水는 生地八乙木하고

地八乙木은 生天七丁火하고

天七丁火는 生地十己土니라

地十己土는 成天一壬水하고

天一壬水는 成地二丁火하고

地二丁火는 成天九辛金하고

天九辛金은 成地八乙木하고

地八乙木은 成天五戊土니라

天七丙火生地十己土니라

地十己土生天九庚金하고

天九庚金生地六癸水하고

地六癸水生天三甲木하고

天三甲木生地二丙火하고

地二丙火生天五戊土니라

天五戊土生地四辛金하고

地四辛金生天一壬水하고

地六癸水生天三乙木는

天三乙木生地二丁火은

地二丁火生天五戊土는

天五戊土生地四庚金는

戊戌宮后天而先天이니라

地四庚金生天一壬水은

天一壬水生地八甲木는

地八甲木生天七丙火는하고

天一壬水生地八甲木하고

地四庚金生天一壬水하고

天五戊土生地四庚金하고

地二丁火生天五戊土니라

天三乙木生地二丁火하고

地六癸水生天三乙木하고

亥_{니라}

初初一度无而有_{니라}

七日而復_{이니라}

而數_는三十六_{이니라}

化翁_은无位原天火_{하시니}生地十己土_{니라}

己巳宮_은先天而后天_{이니라}

地十己土_는生天九辛金_{하고}

天九辛金_은生地六癸水_{하고}

而數三十二니라

月極體位度數라

庚子 戊申 壬子 庚申 己巳니라

初初一度有而无니라

五日而候니라

而數三十이니라

日極體位度數라

丙午 甲寅 戊午 丙寅 壬寅 辛

嗚呼라 五運이 運六氣하고 氣十一이 歸體하니 功德无量이로다

无極體位度數라

己巳 戊辰 己亥 戊戌이니라

度逆道順이니라

而數六十一이니라

皇極體位度數라

戊戌 己亥 戊辰 己巳니라

度順道逆이니라

不肖敢焉推理數只願安泰父母心_{하노이다}

歲甲申七月十七日己未不肖子金恒_은

感泣奉書_{하노라}

化翁親視監化事_라

嗚呼金火正易否往泰來_{니라}

嗚呼己位親政戊位尊空_{이니라}

嗚呼丑宮得旺子宮退位_{니라}

嗚呼卯宮用事寅宮謝位_{니라}

識先天復上月이正明金火日生宮가

化无上帝言이시니라

復上起月當天心皇中에起月當皇心敢將하면이요하면이니

多辭古人月幾度復上當天心하야고

月起復上天心月月起皇中皇心月普하면이압고하면이오니

化一天化翁心丁寧分付皇中月은이로소이다

化无上帝重言이시니라

推衍无或違正倫倒喪天理父母危에하라니라

歲甲申流火六月七日_에大聖七元君書_은_{하노라}

嗚呼_라天地无言一夫_{이시면}何言_{이리오}天地有言_{하시니}一夫_{하노라}

敢言_{하노라}

天地言_{하시니}一夫言天地言_{하노라}

大哉_라金火門天地出入_{이여}一夫出入_{하시고}三才門_{하시니}_{이니라}

日月星辰氣影_이一夫氣影_{하고}五元門_{하니}_{이로다}

八風風_이一夫風_{하고}十无門_{하니}_{이로다}

日月_은大明乾坤宅_{이요}天地_는壯觀雷風宮_을誰

嗚呼天何言哉_라地何言哉_{시며}一夫能言_{시리오마는}

一夫能言兮_여水潮南天_{하며}水汐北地_{로다}

水汐北地兮_여早暮難辨_{이로다}

水火旣濟兮_여火水未濟_{로다}

大道從天兮_여天不言_가

大德從地兮_여地從言_{이로다}

天一壬水兮_여萬折必東_{이로다}

地一子水兮_여萬折于歸_{로다}

屈伸之道는 月消而月長이니라

抑陰尊陽은 先天心法之學이니라

調陽律陰은 后天性理之道니라

天地匪日月이면 空殼이시고 日月이 匪至人虛影이시니라

潮汐之理는 一六壬癸水位北하고 二七丙丁火

宮南火氣炎上하야 水性就下하야 互相衝激하며 互相

進退而隨時候氣節은 日月之政이니라

嗚呼라 日月之政이여 至神至明하시니 書不盡言이니라

歲甲申六月二十六日戊戌校正書頌에이라

水土之成道天地는 天地之合德日月이요이니라

太陽恒常性全理直은이니라

太陰消長數盈氣虛은니라

盈虛氣也先天는니이니라

消長理也后天은니이니라

后天之道屈伸先天之政進退는이요은니라

進退之政月盈而月虛은니라

六水九金會而潤而律이니라

二火三木分而影而呂니라

一歲周天律呂度數라

分은一萬二千九百六十이니라

刻은八百六十四니라

時는一百八이니라

日은一九니라

理會本原原是性이라乾坤天地雷風中을

一夫之朞는 三百七十五度니 十五를 尊空하면 正吾

夫子之朞當朞 三百六十日을

五度而月魂生申初 三日月弦上亥初八

日月魄成午 十五日望先天이니라

月分于戌 十六日月弦下巳 二十三日月이요

窟于辰 二十八日月復于子 三十日晦后니

天이니라

月合中宮之中位 一日朔이니라

豈一夫敢言時命
嗚呼日月之德天地之分分積十五刻刻
積八時時積十二日日積三十月月積十
二朞
朞生月月生日日生時時生刻刻生分分
生空空无位
帝堯之朞三百有六旬有六日
帝舜之朞三百六十五度四分度之一

四九二七金火門은古人意思不到處라我爲

主人次第開하니一六三八左右分列古今天

地一大壯觀이요今古日月第一奇觀歌頌七

月章一篇하고景慕周公聖德於好夫子之不

言是今日이로다

金火五頌이라

嗚呼金火互易은不易正易이니晦朔弦望進退

屈伸律呂度數造化功用이立聖人所不言이시니

於此而大壯하니禮三千而義一이로다

金火三頌이라

北窓淸風에暢和淵明无絃琴하고東山第一三

八峯에次第登臨하야洞得吾孔夫子小魯意라脫

巾掛石壁하고南望靑松架短壑이요西塞山前白

鷺飛라懶搖白羽扇하고俯瞰赤壁江하니赤赤白白

互互中에中有學仙侶하야吹簫弄明月이니라

金火四頌이라

不能名喜好_{이로다}一曲瑞鳳鳴_{이로다}瑞鳳鳴_{이로다}兮律呂_여

聲_{이로다}

金火二頌_{이라}

吾皇大道當天心_{하니}氣東北而固守理西南_{하고}

而交通_{이라}庚金九而氣盈_{이요}丁火七而數虛理_{로다}

金火之互位_{하야}經天地之化權_{이라}風雲動於數

象歌樂章_{이요}於武文_{이라}喜黃河之一清_{이요}好一夫

之壯觀風_{이라}三山而一鶴_{이요}化三碧而一觀觀_{이라}

六宮先天月이 大明后天三十日을

四象分體度는 一百五十九니라

一元推衍數는 二百一十六이니라

后天政於先天水火하니라

先天政於后天火水니라

金火一頌이라

聖人垂道金火明하시니 將軍運籌水土平이로다 農夫

洗鋤하니 歲功成이로다 畫工却筆하니 雷風生이로다 德符天皇

一七度하고胎於十五度養하고於十九度生하고於二

十七度度成道하니於三十六이니라

終于戊位成度之年十四度復하고於己位成

度之年初一度니라

復之之理는一七四니라

十五分이一刻이요八刻이一時요十二時가一日이니라

天地合德三十二요地天合道六十一日을

月同宮有无地요月日同度先后天三十을

十一度度成道於三十이니라

終于己位成度之年初一度復於戊位成

度之年十一度니라

復之之理一八七이니라

五日一候十日一氣十五日一節三十日

一月十二月一朞니라

太陽倒生逆成后天而先天未濟而旣濟니라

七火之氣八木之體胞於己位成度之日

十은 紀요 二는 經이요 五는 綱이요 七은 緯니라

戊位는 度順而道逆하야 度成道於三十二度后하니

天水金太陰之母이니라

己位는 度逆而道順하야 度成道於六十一度先하니

天火木太陽之父시니라

太陰은 逆生倒成하니 先天而后天이요 旣濟而未濟니라

一水之魂이요 四金之魄이니 胞於戊位成度之月

初一度胎於一九度하고 養於十三度하고 生於二

木極生土土而生火

金火互宅倒逆之理

嗚呼至矣哉无極之无極夫子之不言

不言而信夫子之道

晚而喜之十而翼之一而貫之儘我萬世

師

天四地六天五地五天六地四

天地之度數止乎十

天地之理는 三元이니라

元降聖人示之神物乃圖乃書하시고 하시니 로다

圖書之理는 后天先天天地之道는 旣濟未濟니라 이요

龍圖는 未濟之象而倒生逆成하니 先天太極이시니라 하니

龜書는 旣濟之數而逆生倒成하니 后天无極이시니라

五居中位하니 皇極이시니라

易은 逆也니 極則反하나니라

土極生水하고 水極生火하고 火極生金하고 金極生木하고
하면 하면 하면 하면

乎一夫_{로다}

擧便无極十_{이니}_{이니라}

十便是太極一_{이니}_{이니라}

一_이无十_{하면}无體_요十_이无一_{하면}无用_{하니}合土居中_{하면}五皇_라_이_니

極_{이시니라}

地載_는天而方正體_{이니}_{니라}

天包_은地而圓環影_{하니}_{이시니라}

大哉體影_라之道_여理氣囿焉_{하고}神明萃焉_{이로다}

十五一言이라

嗚呼盤古化_라天皇无爲_{시고}地皇載德_{하시니}人皇作_{이로다}

有巢旣巢_{하시고}燧人乃燧_{로다}神哉伏羲劃結聖哉_{하시고}

神農耕市_{로다}黃帝甲子星斗_요神堯日月甲辰_{이로다}

帝舜七政玉衡_{이요}大禹九疇玄龜_{로다}殷廟可以_에

觀德箕聖_{이요}乃聖周德在茲_{하야}二南七月麟兮_{로다}

我聖乾坤中立_{이여}上律下襲_{하사}襲于今日_{이로다}

嗚呼今日今日_라六十三七十二八十一一_{이여}_은

一夫事蹟이라

三千年積德之家에通天地第一福祿云者는

神告也시니라六十年率性之工에秉義理大著春

秋事者는上教也시니라

一夫敬書하니庶幾逃罪乎인저

辛巳六月二十二日一夫

有形之理는 夫子先之ᄉᆞ니라 嗚呼聖哉夫子之聖

乎ㅣ신저 文學宗長孔丘是也ㅣ시오 治政宗長孟軻是

也ㅣ시니라 嗚呼兩夫子ᄉᆡ여 萬古聖人也ㅣ시니라

一夫事實이라

淵源天地无窮化无翁來歷은이요 新羅三十七

王孫淵源无窮來歷長遠兮여 道通天地无

形之外也ㅣ라

我馬頭通天地第一元金一夫ㅣ시니라

大易序라

聖哉라 易之爲易者는 曆也라 无曆이면 无聖이요 无聖이면

无易이라 是故로 初初之易과 來來之易을 所以作也시니라

夫子親筆吾己藏하니 道通天地无形外伏羲라

粗畫文王巧하니 天地傾危二千八百年을

嗚呼聖哉夫子之聖乎라 知天之聖聖也시요 樂

天之聖聖也시니 親天之聖其惟夫子之聖乎신저

洞觀天地无形之景은 一夫能之시고 方達天地

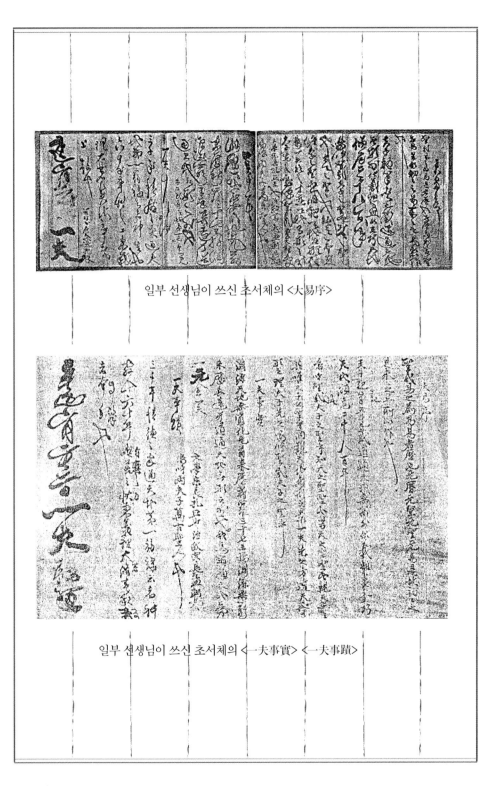

일부 선생님이 쓰신 초서체의 <大易序>

일부 선생님이 쓰신 초서체의 <一夫事實> <一夫事蹟>

正易

저자소개 : 三正 權 寧 遠

- 충남 대덕 출생. (1928)

- 역서 : 반계수록磻溪隨錄(柳馨遠 著) 충남대학교 刊
  미수기언眉叟記言<東事>(許穆 著)박영사 刊
  농가집성農家集成(申洬 著) 충남도청 刊

- 저서 : 정역구해(경인문화사, 1983)
  정역입문과 천문력 附 易韻(동서남북, 2010)
  한국정운(동서남북, 2010)
  삼정문집(동서남북, 2010)
  전초입문篆草入門(오성사,1985)

증산도 상생문화 총서

인류문명의 뿌리, 東夷

인류문명의 시원을 연 동방 한민족의 뿌리, 동이東夷의 문명 개척사와 잃어버린 인류 뿌리역사의 실상을 밝혔다.

김선주 저 | 112쪽 | 6,500원

인류원한의 뿌리 단주

강증산 상제에 의해 밝혀진 반만 년 전 요임금의 아들 단주의 원한, 단주의 해원 공사를 바탕으로 전개되고 있는 상생문명건설의 실상을 보여준다.

이재석 저 | 112쪽 | 값 6,500원

일본고대사와 한민족

수많은 백제인의 이주와 문화전파에 따른 문화혁명, 그리고 문화 선생국 백제의 멸망. 그 때마다 일본이 보여준 태도는 모두 한가지 사실로 모아진다. 곧 '일본 고대사 는 한민족의 이주사'라는 사실이다.

김철수 저 | 168쪽 | 값 6,500원

생명과 문화의 뿌리 삼신三神

삼신은 만유생명의 창조와 문화의 뿌리이며 한민족의 정서에는 유구한 정신문화로 자리매김 되어 있음을 보게 된다.

문계석 저 | 196쪽 | 값 6,500원

천국문명을 건설하는 마테오리치

살아서 뿐만 아니라 죽어서도 새 시대 새 문명을 여는데 역사하고 있는 마테오리치의 생애를 집중조명한다.

양우석 저 | 140쪽 | 값 6,500원

일본의 고古신도神道와 한민족

우리가 왜 일본의 고대사에 주목하는가? 그것은 일본 고대사의 뿌리가 한민족에 있기 때문이다.

김철수 저 | 239쪽 | 6,500원

서양의 제왕문화

역사를 돌이켜보면 역사시대의 태반은 왕정시대였다. 이 책은 고대로부터 현대에 이르기까지 이러한 서양 왕정의 역사를 간략히 조망한 책이다.

김현일 저 | 215쪽 | 값 6,500원

만고萬古의 명장名將, 전봉준 장군과 동학혁명

전봉준의 혁명은 동학의 창도자 최수운이 노래한 세상, 곧 후천 오만년 운수의 새 세상을 노래한 것이었다.

김철수 저 | 192쪽 | 6,500원

천지공사와 조화선경

증산상제가 제시한 우주문명의 새로운 틀짜기와 판짜기의 프로그램이 바로 '천지공사天地公事'이다.

원정근 저 | 136쪽 | 값 6,500원

홍산문화
【한민족의 뿌리와 상제문화】

홍산문화의 주인공은 동이족의 주체세력이며, 적석총·제단·여신묘의 제사유적군은 상제문화를 대표로 하는 한민족의 뿌리문화를 보여주는 것이다.

김선주 저 | 144쪽 | 값 6,500원

천주는 상제다

『천국문명을 건설하는 마테오 리치』의 자매편으로 동서양의 종교를 대표하는 기독교와 신교의 신인 천주와 상제가 결국은 동일하다는 사상을 주제로 삼는다.

양우석 저 | 151쪽 | 값 6,500원

주역周易과 만나다

주역 64괘중 기본괘인 건괘, 곤괘,
감괘, 리괘와 겸괘, 사괘, 대유괘, 혁
괘를 정리한 주역입문서.

양재학 저 | 285쪽 | 값 6,500원

도道와 제帝

개벽사상에 대한 새 담론은 도道와
제帝의 관계에서 출발하며, 인류문
명의 패러다임의 전환이 어떻게 가능
한가 하는 물음이 담겨 있다.

원정근 저 | 188쪽 | 값 6,500원

하도낙서와 삼역괘도

인류문명의 뿌리인 하도와 낙서의 세
계와 복희팔괘, 문왕팔괘, 정역팔괘
를 쉽게 정리한 입문서.

윤창열 저 | 197쪽 | 값 6,500원

원한을 넘어 해원으로

140여 년 전 증산상제가 밝혀 준 해
원 문제의 '코드'를 현대인들이 보다
쉽게 이해할 수 있도록 재조명 하였
다. 원리적 접근과 역사적 경험적 접
근으로 다가간다.

이윤재 저 | 186쪽 | 값 6,500원

한민족 문화의 원형, 신교

신교는 상고 이래 우리 겨레의 삶을
이끌어 온 고유한 도로써 정치, 종
교, 예술 등이 길어져 나온 뿌리가
되는 원형문화다.

황경선 저 | 191쪽 | 값 6,500원

어머니 하느님
【정음정양과 수부사상】

상제의 수부이자 만 생명의 어머니인
태모사상을 통해서 어머니 하느님 신
앙의 새로운 의미를 되살펴보고, 진
정한 여성해방의 길이 무엇인지를 모
색하고 있다.

유 철 저 | 189쪽 | 값 6,500원

당태종唐太宗**과이십사장**二十四將

이십사장은 이연李淵을 도와 당 왕조를 건립하고, 또 현무문玄武門의 정변에서 진왕秦王 이세민李世民을 도와 그가 황제로 등극하는데 결정적인 공을 세운 24명의 공신을 말한다.

이재석 저 | 512쪽 | 값 20,000원

광무제光武帝**와 이십팔장**二十八將

이십팔장은 후한 광무제 유수劉秀가 정권을 수립하는데 큰 공을 세운 스물여덟 명의 무장을 말한다.

이재석 저 | 478쪽 | 값 20,000원

잃어버린 상제문화를 찾아서 동학

상제관이 바로 서지 않으면 우주만물의 원 주인도 제자리를 잡지 못한다. 그래서 이 책은 최수운이 창도한 동학에서 상제관 바로 세우기의 일환으로 집필되었다.

증산도상생문화연구소 | 255쪽 | 값 15,000원

근본으로 돌아가라 【원시반본, 보은, 해원, 상생】

개벽를 극복하고 후천선경을 건설하기 위해 인간은 어떠한 삶을 살아야 하는가를 증산 상제님의 행적과 가르침이 담긴 『증산도 도전』을 중심으로 설명

유 철 저 | 301쪽 | 20,000원

격동의 시대 19세기 조선의 생활모습

이 책은 19세기의 사회상을 리얼하게 보여주려는 자료집이다. '증산상제의 강세를 전후한 모습, 곧 선후천의 갈림길에 선 19세기 조선의 모습'이다.

김철수 저 | 311쪽 | 값 20,000원

인류의 어머니 수부首婦 고판례

강증산 상제님의 종통을 계승한 고판례 수부님의 숭고한 사랑과 은혜의 발자취.

노종상 저 | 454쪽 | 값 20,000원

정역과 주역

김일부선생의 생애와 학문적 연원에 대해 쉽게 설명을 하고있으며, 정역을 공부할 수 있게 대역서의 구성원리와 서괘원리, 중천건괘와 중지곤괘에 대한 해석을 하고있다.

윤종빈 저 | 500쪽 | 값 20,000원

정역구해

김일부의「正易」을 한 구절씩 낱낱이 풀이한 입문서에 해당한다. 정역을 전문으로 연구하는 사람들은 물론, 처음 배우는 사람들을 대상으로 삼고 있다.

권영원 저 | 500쪽 | 값 25,000원

정역과 천문력

한평생 정역을 공부한 저자가 강의록을 책으로 출간하였다. 이 책을 통해 저자는 세상에 처음으로 수지도수手指度數의 실체를 드러내었다. 정역의 핵심인 수지도수의 이론과 동양천문에 대해서 쉽게 도해로 설명하고 있다.

권영원 저 | 656쪽 | 값 29,000원

주역참동계

만고 단경왕丹經王인 주역참동계를 통해서 저자는 동양의 내외단과 서양의 연금술의 전통이 일치함을 주장한다. 지금까지의 참동계 관련 문헌을 총정리하였으며, 도장경에 나오는 참동계관련 도해를 처음으로 소개하여 독자들의 이해를 높였다.

임명진 저 | 600쪽 | 값 29,000원